山东文化教程

朱亚非　主　编

李　伟　副主编

浙江工商大学出版社
ZHEJIANG GONGSHANG UNIVERSITY PRESS

图书在版编目(CIP)数据

山东文化教程 / 朱亚非主编. —杭州：浙江工商
大学出版社，2018.10
ISBN 978-7-5178-1439-9

Ⅰ. ①山… Ⅱ. ①朱… Ⅲ. ①文化史－山东省－高等
学校－教材 Ⅳ. ①K295.2

中国版本图书馆 CIP 数据核字(2015)第 300690 号

山东文化教程

朱亚非　主编

责任编辑	王黎明	
封面设计	林朦朦	
责任印制	包建辉	
出版发行	浙江工商大学出版社	
	(杭州市教工路 198 号　邮政编码 310012)	
	(E-mail:zjgsupress@163.com)	
	(网址:http://www.zjgsupress.com)	
	电话:0571－88904980,88831806(传真)	
排　版	杭州朝曦图文设计有限公司	
印　刷	杭州五象印务有限公司	
开　本	787mm×1092mm　1/16	
印　张	21	
字　数	436 千	
版 印 次	2018 年 10 月第 1 版　2018 年 10 月第 1 次印刷	
书　号	ISBN 978-7-5178-1439-9	
定　价	42.00 元	

《山东文化教程》编委会

目录 Contents

导　言

一、山东文化生态

黄河被称为古老中国的母亲河,黄河下游横穿山东大地,中国的古老文明也在这块大地上诞生。距今 7000 年以前,山东已有史前人类活动,著名的大汶口文化和龙山文化是山东人类早期活动的代表性遗存。三皇五帝的活动遍及山东大地,虞舜王朝从这里诞生,被认为是最早的政权,商朝在这块土地上建立都城。春秋战国时期,齐、鲁两国人民创立了灿烂辉煌的齐鲁文化,并成为中国封建社会主流文化的重要来源。

从魏晋南北朝到清朝,随着北方少数民族不断南下及民族迁移,山东居民受到不同民族文化的影响与融合,物质文化与精神文化不断丰富。随着隋朝时京杭大运河的贯通,南北经济往来便利,元明清三朝在北京建都,则使山东成为临近京师的腹里之地。以农耕文化为主,尊崇商业文化、海洋文化等促进了山东地区经济的发展。以儒家思想和程朱理学作为指导的历代封建王朝,对作为孔子故里的山东的控制尤为重视,儒家传统思想对山东人思想的束缚也十分严重。山东是中国传统文化传承最为牢固的省份之一。

山东位于中国东部沿海,黄河下游;境域包括半岛与内陆两部分,半岛突出于渤海、黄海之中,与辽东半岛隔海相望,内陆部分自北向南与河北、河南、安徽、江苏四省接壤,全境南北长 420 千米,东西宽 700 多千米,总面积 15.79 万平方千米,约占全国面积的 1.64%。

山东半岛有 3000 多千米海岸线,约占全国海岸线六分之一,近海海域有 299 个岛屿,多数无人居住。

山东省境内山川河流湖泊众多,名山多集中在东部和南部,著名的有泰山、崂山、蒙山、沂山、五莲山、梁山、昆嵛山等。山东分属于黄河、淮河、海河三大河流区域。黄河从西南向东北横穿山东全境,长达 600 多千米,从渤海湾入海。京杭大运河从东南至西北纵贯鲁西平原,长 630 千米;由微山湖、昭阳湖、独山湖和南阳湖组成的南田湖,总面积 13 万平方千米,为中国十大淡水湖之一。另外,泰安东平湖、聊城东昌湖、章丘白云湖也颇为知名。

山东省属于暖温带半湿润季风气候区,气候温和,四季分明。全年平均气温11℃—14℃,年平均降雨量550—950毫米,无霜期沿海地区180天,内陆地区220天以上。

山东省目前是我国人口第二大省,山东境内56个民族俱全。其中:汉族人口占总人口99%以上;少数民族人口72.59万,其中回族人口最多,有53.57万。朝鲜族、满族、苗族、蒙古族、彝族、壮族、土家族、佤族等11个民族人口均超过5000。其中回族主要分布在济南、德州、泰安、菏泽、聊城5市,其他各少数民族多散居在济南、青岛、烟台、威海等市。

山东省省会济南市及青岛市现为副省级城市,其主要地级市有潍坊、烟台、淄博、东营、滨州、聊城、德州、菏泽、枣庄、济宁、泰安、莱芜、临沂、日照14个市,共辖县级市、区、县140个。

山东历史悠久,文化灿烂,名人辈出。在数千年的历史长河中,涌现出孔子、孟子、墨子、荀子、庄子、邹衍等一批卓越的思想家,虞舜、齐桓公、晏婴、诸葛亮、房玄龄、刘晏、刘统勋等政治家,孙武、孙膑、司马穰苴、戚继光、左宝贵等著名军事家和民族英雄,左丘明、郑玄、崔鸿、张尔岐、柯劭忞、傅斯年、季羡林等著名学者,东方朔、左思、刘勰、李清照、辛弃疾、张养浩、李开先、李攀龙、蒲松龄、孔尚任等著名文学家,王羲之、王献之、颜真卿、张择端、高凤翰等著名艺术家,甘德、刘徽、王叔和、燕肃、鲁班、扁鹊、贾思勰、王桢、薛凤祚、黄元御等著名科学家。

山东作为一个历史悠久的大省,文物古迹丰富,文化遗产灿烂。曲阜市、济南市、青岛市、聊城市、邹城市、临淄区、泰安市、蓬莱市、烟台市、青岛市被列为国家历史文化名城,济宁市、淄博市、潍坊市、临沂市、临清市、莒县、枣庄市、滕州市被列入山东省级历史文化名城。孔府孔庙、泰山刻石、蓬莱水城与蓬莱阁、临淄齐国故城、齐长城、四门塔等192处被列入全国重点文物保护单位,泰山、孔府被列入世界文化遗产名列。

山东自明清以来艺术繁荣,各种地方戏曲流行。代表性的有柳子戏(弦子戏)、柳琴戏、五音戏、茂腔、山东梆子等。尤其吕剧,是山东代表性的地方剧种,起源于黄河三角洲一带,《李二嫂改嫁》《姐妹易嫁》等经典剧目相继被搬上荧幕。

山东民间艺术作品更是缤纷多彩。如潍坊市杨家埠木版年画至今已有400多年历史。它以浓郁的乡土气息和淳朴的艺术风格驰名中外,2006年入选中国首批国家级非物质文化遗产名录。高密剪纸更是流传千年,作品多取材于民间传说、生活习俗及戏曲故事,剪纸艺术灵秀、生动又富有神韵,高密市也因此被评为"中国民间(剪纸)艺术之乡"。还有博山琉璃,造型独特,艺术精湛,花色品种达3000多个,博山也被誉为"琉璃之乡"。

另外,山东大鼓、山东快板、山东琴书、胶州秧歌等民间艺术也广为流传、长盛不衰,极大地丰富了人们的精神生活。

二、山东文化的起源

山东地区有证可据的人类文化起源,从考古学角度看,可以追溯到距今 8000 年前的"后李文化"和距今 7000 年前的"北辛文化"。然而最受学术界瞩目的,也是考古发掘最多的,最具代表性的山东早期文化是"大汶口文化""龙山文化"和"岳石文化"。1959 年,在泰安大汶口一次性发掘 133 座早期墓葬,被称为"大汶口遗址",也被称为"大汶口文化"。其文化遗址分布地区广,包含黄河流域下游、淮河中下游,山东绝大部分地区以及安徽、江苏、河南部分地区,时间距今 5500—6000 年。大汶口文化多处墓葬口上发现了石器和陶器,石器包括削刮器、石铲、石斧、磨石、石球等,多为生产和生活用品;陶器则包括黑陶、白陶和彩陶做成的罐、壶、钵、抔,并有多种花纹构成的生活用品和原始宗教祭祀品。从这些墓葬品中还发现了殉葬的狗、獐牙等动物骨骼。大汶口文化所代表的山东早期文化尽管处在母系氏族时代,但已具备了文化水平,人们所居住的是地六式房屋建筑。房屋的地面已经开始使用黄土、灰土以及姜石粉等加以铺垫,已开始熟练使用石器和陶器工具进行生产和生活,已经具备了初期的农业生活,并养殖猪、狗、牛等家畜及进行渔猎活动。

大汶口文化遗存表明了当时山东居民已经进入以农业生产为主,家畜养殖业、采集、狩猎和捕鱼为辅的生活,已可以用自制的石铲、石斧、石锛等进行农田耕作。在粮食上已达到基本自足,与大汶口文化相对应的是历史上的三皇时代,即太昊氏伏羲氏、少昊氏(金元氏)和炎帝(神农氏)三大部落集团。这三大部落主要活动在鲁东、鲁中及鲁南地区;随着时间的演变,他们与来自西北的黄帝部落族群在鲁西南和中原地区交会,华夏民族也诞生于此。

(一)从东夷文化到齐鲁文化

在大汶口文化后期,出现了东夷人及东夷文化。东夷早期被称为"鸟夷",泛指山东半岛地区以鸟为图腾的各原始部落。《大戴礼记·五帝德》称其为"东方鸟夷羽民"。对于东夷人的起源,目前学术界有不同观点,第一种观点认为东夷人是距今 5000 年前由北方和西北方迁徙至胶东半岛的;第二种观点认为其是由江淮向北迁而至山东半岛;还有一种观点认为他们是来自西部黄帝部族的一支。但东夷族的主体仍是山东半岛土著居民,外来的游动部族都融入了这一主体。

东夷族公认的始祖是太昊氏和少昊氏,这些以鸟为图腾的部族已经有了早期的文化活动,主要表现在祭礼等礼仪活动中。从东夷人早期墓葬出土的猪、狗的遗骨来看,人们已经能养殖这些家畜作为食物和祭祀用品。大汶口文化出土的众多质量很高的陶器,如各种形状的陶鼎、陶抔、陶壶等以及一些玉器如玉佩等装饰物,也反映了早期手工业生产水平的进步。大汶口文化时期人们已开始了纺织和缝纫,从大汶口的墓葬中发现了石质和陶质纺织部件,大小不同的骨针 20 件,还有不少骨梭以及残存的布纹。据此可以认为大汶口文化时期人们已经能够进行织布为衣的活动。大汶口文化遗存中所出土的陶器上还发现了众多符号,这些符号比较整齐,很像后来青铜器上的铭文,一些学者据此认为是早期中国文字,是"商周时代文字的远祖"①。

公元前2500年,山东地区进入了龙山文化时代。龙山文化因发源于山东济南章丘龙山镇而得名。龙山文化遗存遍及黄河中下游的山东各地,从发掘的遗址看,龙山文化时期粮食作物不仅有粟黍,还开始了水稻种植;制陶业发展尤为显著,整套的磨光黑陶已成系列,达到了当时国内制陶业的最高水平。

与龙山文化相对应的是五帝时代。五帝一般指黄帝、颛顼、帝喾、尧、舜。五帝时期也是由原始社会向文明社会的过渡时期。五帝时期在山东活动的主要有太昊族系的颛顼、帝喾、虞舜、皋陶等部,少昊族系的蚩尤、祝融、伯益等部,炎帝族系的大庭、夏禹等部,黄帝族系的帝尧部。这些部落既有战争,也在不断地融合,在互相交往的过程中促进了生产力的发展。

五帝时期最早在山东活动的是蚩尤部,是少昊集团的后裔,蚩尤所统领的部落主要活动范围是山东东部与北部,成为与中原黄帝集团相抗衡的主要部落联盟,在逐鹿之战中被黄帝打败且被杀。《史记·五帝本纪》记载:"蚩尤冢在东平郡寿张县阚乡城中,高七丈,民常十月祀之。有赤气如出匹绛帛,民名为蚩尤旗。"

蚩尤部落失败以后,颛顼部又在山东大地上崛起。《山海经·大荒东经》说颛顼是"少昊帝",说明他也是少昊氏的后代。颛顼部主要活动在山东中部与南部,后来势力发展到河南东部,颛顼也成为部落联盟的领袖。

继颛顼部之后,山东地区又出现了另一部落领袖——帝喾。帝喾部落也是太昊氏的后代,属于东夷族。帝喾继颛顼后成为山东、河南一带部落联盟的领袖,这一部落联盟势力范围包括山东中部、南部以及今豫、皖交界地区。《礼记·祭》篇有"殷人帝喾",一些学者据此认为商族源于帝喾,但在《国语·鲁语上》又有"商人喾舜",说商族起源于大舜。而《史记·五帝本纪》则认为颛顼是黄帝三世孙,帝喾为四世孙,舜为九世孙。这样推出舜应该是帝喾一系的后代,帝喾和舜同为商朝先人均是合理的解释。

在五帝中,在山东活动区域最广、影响最大的是大舜。《孟子·离娄下》载:"舜生于诸冯,迁于负夏,卒于鸣条,东夷之人也。"诸冯之地被后人考证为今山东诸城一带。《史记》《墨子》等都记载了大舜在山东各地的活动情况。《史记·五帝本纪》称:"舜耕历山,历山之人皆让畔;渔雷泽,雷泽上人皆让居;陶河滨,河滨器皆不苦窳。一年而所居成聚,二年成邑,三年成都。尧乃赐舜绤衣与琴,为筑仓廪,予牛羊。"雷泽之地,后人考证为今山东菏泽东北一带,而对历山之地,今山东境内就存多处,包括今天济南千佛山,历史上也称为历山。虽然对这些地点究竟在何处,今人有所争议,但大舜足迹遍布整个山东则是不争之事。大舜继承尧之位置为部落联盟领袖之后,所领导部落联盟民众在手工业、农业、渔猎和兴修水利方面都取得了重要成就,并且已初步形成了国家政权的雏形。

大舜成为部落联盟领袖后,加强了对所控制地区各部落的有效管理,他任命"融为

---

① 唐兰:《再议大汶口文化的社会性质和大汶口陶器文字》,《光明日报》1978—02—03。

司空，总领百官政事，兼管水土；弈为司徒，掌管教化与民政；弃为后稷，掌管农事；皋陶为士，掌管刑狱；益为虞，掌管山林畜牧；倕为工，掌管手工制造；伯夷为秩宗，掌管礼教；夔为典乐，掌管乐舞；尤为纳容，负责出纳"。在大舜政权下，已初步建成了祭祀制度、礼乐制度和刑法制度。他又将所控制的地区划分为12州，成为我国历史上第一个行政区划，并派人定期巡视各方。在舜的统治下，史称："举八元，使布王教于四方，父义、母慈、弟恭、子孝，内平外成"。他将一个少数部落扩大为"方五千里，至于荒服"的泱泱大国，"四海之内，咸戴帝舜之功"。由于大舜建立起部落联盟制政权，因此史学界也将虞舜政权和以后的夏商周并列，成为中国历史上第一个独立的朝代。① 舜后来让位于大禹，大禹又传其子启，开始了中国历史上第一个奴隶制王朝——夏朝。

　　进入夏朝以后，也就是山东岳石文化时期，青铜器开始出现。其统治中心前期以黄河中下游的山东地区为主，到少康中兴以后，开始向西迁徙。山东地区存在许多东夷人建立的古国，《后汉书·东夷传》称："夷有九种，曰畎夷、于夷、方夷、黄夷、白夷、赤夷、玄夷、风夷、阳夷"。这些九夷中有相当大的一部分指山东地区中部及东部的部落。夏王朝对他们既笼络又冲突，但总体上对山东地区还是保持了有效的控制。

　　商朝的始祖弈，是最早融入华夏族的东夷人，他在大舜政权时代担任司徒，负责教化民众的工作，后又协助大禹治水，被舜"封为于商，赐子姓"。商人部落主要活动在今山东南部，到第三代相土时，夏朝恰逢太康执政，陷于内乱，相土的商部落乘机向东扩张，《诗·商颂》记载："相土烈烈，海外有截"，势力范围已到达山东半岛东部沿海一带。夏代最后一位帝王夏桀统治时期，由于夏桀"残害海内，敛无度，人民甚苦"。导致山东地区有民氏（今金乡附近）等部落方国反抗，夏朝费尽力气才平定了叛乱。商汤看夏国衰弱，在亳（山东曹县）一带起兵，先后灭掉了葛、顾、昆吾等夏属国，桀调动"九夷之师"攻商，但"九夷之师"并不配合，成汤率领的商军与夏桀的军队激战于鸣条（今河南开封附近），并大败夏军。夏桀不久死亡，成汤宣布建立商朝。

　　商朝在灭夏的过程中，不断扩大自己的地盘，形成以鲁西南地区为中心的统治区域，曾一度以奄（今山东曲阜）为首都。势力范围已扩大到整个河南、山东以及安徽、江苏北部地区。至商朝盘庚为王时，将首都迁至河南安阳。盘庚迁都后，山东地区仍是商朝重要的统治腹地。商朝时的主要方国如昼、齐、莱蒲姑、奄、莒、郯、杞等国都在山东。在商代，山东地区物质文明与精神文明程度远远高于夏代，在已出土的青州商代墓葬中，除了发现殉葬的奴隶外，还发现了制作十分精美的青铜器，在山东沿海莱州等地也发现了青铜器。在济南大辛庄商代遗址中，还发现了诸侯用于占卜的甲骨文，这是甲骨文在山东的第一次发现，表明了商代山东已经进入奴隶制时代和青铜器文化时期。

　　公元前11世纪，周武王起兵推翻商纣王统治，建立了周朝。周王朝的祖先弃在大舜大禹时代担任过农官，弃的后代也在夏朝为官。太康统治时，由于夏朝内乱，周人向

---

① 参见安作璋主编《山东通史·先秦卷》，人民出版社2009年版，第68—70页。

西迁徙,进入陕西,并在此发展起来。

周武王灭商以后,采纳周公提出的办法,将纣王之子武庚封在原商朝控制的山东地区,让其统治商朝遗民。又将其弟弟管叔、蔡叔和霍叔也封在山东、河南一带,让其监督武庚及其商民,号称"三监"。但由于"三监"不满周公在武王死后大权独揽,与武庚联合并聚集山东地区的徐、奄、浦茹等国,发动反抗周朝统治的叛乱。周公用了三年时间平定了叛乱并且完全控制了山东地区。为了更好地控制这一商朝起源的旧地,他将开国功臣姜尚(俗称姜子牙或姜太公)分封到以今临淄为中心的地区,称为齐国,齐国范围向东延伸到山东沿海。周公分封到以今曲阜为中心的地区,称为鲁国,鲁国范围包括今鲁中和鲁南地区。另外还分封了曹(今定陶)、滕(今滕州西南)、郎(今宁阳)等小国,经过这次大分封,周朝完成了对山东地区的统治。

自西周至春秋时代,齐、鲁两国是山东最重要的两个封国。两国的开国者都是西周开国功臣,所统治的地区又是商朝腹地,生产力发展已达到一定水平,两国后来的执政者由于推行的方针路线不尽相同,发展道路也大相径庭,然而两国都保留和创造了丰富的历史文化,共同创造了中国历史文化中灿烂辉煌的齐鲁文化。

齐国建国后,姜太公推行的治国方针是"举贤而尚功",就是推举贤才,崇尚功利;除了不断向四周扩张外,还重视经济和政治改革。公元前7世纪,齐桓公执政后,以管仲为相,进行了一系列改革。在经济上制订了"相地而衰征"政策,大力发展渔盐贸易,开矿冶铁,奠定了经济富足的基础。在行政制度上,他将"士、农、工、商"四民分别安置在不同区域内,勿使杂处,让他们各自发挥才干,他在邑设司官,卒设卒帅,分设分帅,县设县帅,属设大夫,自下而上严密控制,把农民变成国家编户,削弱了血缘宗法关系,调动了农民积极性。在军事制度上,他设计出"作内政而寄军令"制度,建成了系统的军事编制方案——"士乡十五",一乡为二千军士,五乡为一万军士,编成一个军。全国共有三个军三万精兵。管子说:"君有此士也三万人,以方行于天下,以诛无道,以屏周室,天下大国之君莫之能御。"

管仲的改革为齐桓公在春秋年间的称霸奠定了坚实的基础。齐国先后打败了中原强大的鲁国和郑国,又迫使鲁、宋、郑、陈等国与之结盟,称为诸侯霸主。齐桓公还提出"尊王攘夷",联合中原华夏族各国,共同对付北方少数民族入侵。他亲率大军北击山戎,解救燕国,击败共方狄人入犯,解救邢国、燕国、卫国之危。公元前659年,楚军伐郑,齐桓公召集鲁、宋、郑、陈、许、卫、曹七国军队联合征楚,迫使强大的楚国签约撤军,齐桓公威信达到鼎盛。齐国之强盛,为避免中原地区为少数民族政权入侵和破坏做出了贡献。

战国时期,齐国作为"七雄"之一,继续保持了在山东地区的独大地位。尤其是在齐威王统治时期(前356—前321),励精图治,广揽人才,善于纳谏。他任用著名军事家孙膑在公元前354年和前342年与中原霸主魏国进行了历史上著名的桂陵之战和马陵之战,大败魏国军队,取代了魏国的霸主地位,齐国成为东方最强大的国家。与西方强大的秦国进行了长时期的东西对峙,直到公元前221年才为秦国所灭。

鲁国建立后的指导思想与齐国相反，所走的道路也与齐国大相径庭。因为周公在周朝建国及平定武庚叛乱中的贡献，鲁国在诸侯国中排列首位，待遇优厚，享有特权。鲁国地处战略要地，经济发展较好，实力在齐国之上，但是周公为鲁国制定的路线方针是"尊尊而亲亲"。在用人中重视血缘关系，讲究等级，排斥人才。又因为鲁国在进入春秋时代，仍"犹重周礼"，强调遵循周礼旧制，不思改革，在当时各国纷纷进行改革、富国强兵的大潮下，鲁国与齐国等大国在国力上逐渐拉开差距。再加上鲁国进入春秋以后，统治阶级内部争战重重，内乱不止，国势急剧下降。春秋初年，鲁国尚能与齐国相抗衡，双方战争互有胜负，但到了齐桓公称霸以后，鲁国已难与齐国抗衡了。战国时期，鲁国只能在大国争霸中求生存，或依附魏，或依附楚，或依附齐，已沦为小国行列。公元前249年，楚国出兵灭鲁，鲁国历史结束。

从西周到战国，作为山东地区两个大国——齐国和鲁国都创造了灿烂文化，成为后世闻名的齐鲁文化。

齐国在春秋时代出现了中国历史上最伟大的军事理论家孙武，他的著作《孙子兵法》成为世界军事理论的宝典，孙武也被称为"武圣"和"兵学始祖"。孙武的出现与齐国治国思想和统治是分不开的。齐国开创者姜太公是一位出色的军事家，传说其有兵书《六韬》问世。《孙子兵法》可以说是春秋时期乃至后世最具代表性的军事理论著作。在《孙子兵法》中提出了"慎战"等思想，"知己知彼，百战不殆"的至理名言，以及"集中优势兵力歼敌""攻其不备，出其不意""避实而击虚""兵贵胜，不贵久"等战略战术。孙武认为战争的胜利是由多种因素决定的，并不仅限于采用武力战胜敌人，他提出"上兵伐谋，其次伐交，其次伐兵，其下攻城"，主张利用政治、外交和军事手段相配合战胜敌人。《孙子兵法》中提出的军事思想不仅为当时军事家所用，而且历代军事家都从《孙子兵法》中吸取精华用于战争中。在当代，《孙子兵法》不仅仅用于军事，而且在政治、经济、管理等领域都为人们所广泛使用。孙武虽然是齐国人，但在年轻时就移居吴国，成为吴王阖闾的大将，为吴王称霸奠定了基础。

与孙武活动在同一时代，在鲁国出现了中国历史上伟大的思想家孔子（前551—前479）。孔子名丘，字仲尼，是儒家思想学派的创始人。他的思想对后世中国思想文化及伦理道德产生了重大影响，被称为"文圣"。

孔子出身于没落的鲁国贵族，自幼受到周礼熏陶，他希望回到周文王、武王时代，恢复周公礼制，挽救西周末年"礼崩乐坏"的局面。因此从政治上而言，他的思想与当时各国统治阶级内部要求"变法""改革"是格格不入的，所以他希望从政以推行自己的理想，但是并没能很好地实现。他在鲁国曾入朝为官，但不久就被新兴势力排挤出朝。孔子率弟子周游列国，但其政治主张不为列国统治者所认可，孔子在政治上难以得到施展观点的机会。因此他将精力投到教育上，不仅培养出了一批能力卓越的弟子，而且创立了儒家学派。自汉代以后，儒家经典为历代统治者所提倡，成为中国封建社会指导思想，孔子也被尊授为"圣人""至圣先师行圣公"等一系列头衔，被提升到了至高无上的地位。

孔子的思想,主要反映在他的弟子们整理的《论语》中,其思想核心是主张"礼"和"仁"。孔子倡导维护夏商周三代相传的礼乐制度,要求人们遵循"君君、臣臣、父父、子子"的等级制度,防止人们"犯上作乱"。为了推行礼制,他提出"仁"的道德标准,把礼与仁结合起来,他提出"仁者爱人",要求人们互相尊重、互助互爱。主张"己所不欲,勿施于人""己欲立而立人、己欲达而达人",不要互相伤害。同时他也要求统治者爱惜民力,反对苛政,主张"举贤才""节用""使民时"等。

为了让仁与礼相统一,孔子提出"中庸"的方法论。他认为"过犹不及""和而不同""君子要审时度势、通权达变,能达到礼和仁的高度统一"。孔子的最高政治理想就是大同思想,即"大道之行也,天下为公,选贤举能,讲信修睦。故人不独亲其亲,不独子其子,使老有所终,壮有所用,幼有所长,矜寡孤独废疾者皆有所养。男有分,女有归。货,恶其弃于地也,不必藏于己;力,恶其不出于身也,不必为己。是故谋闭而不兴,盗窃乱贼而不作。故外户而不闭,是谓大同"(《礼记·礼运篇》)。

孔子的大同思想,反映了当时人们追求社会安定、生活幸福的美好愿望,也有积极意义。

战国时期,是齐鲁两国文化发展的一个灿烂辉煌的时期,诸子蜂起、百家争鸣是这一时期思想文化的显著特征。齐国出现了稷下学宫这一有组织、有俸禄、有聘任的研究机构。各种学术流派汇聚于此,开展学术研究,这些研究涉及政治、法律、军事、教育、历史、哲学等领域。各学派政治上平等、思想上互相交流,取长补短,进行自由的学术争鸣。其中最具代表性的有法家、道家、儒家、阴阳家、兵家等学派。

法家代表人物是慎到,他吸收了管仲礼法兼治的思想,认为"礼出于法""以法为主,以礼为辅"。慎到重视法、术、势三者结合,要求统治者将法律、权威和权术结合起来进行统治,把权力集中到君主手中。因此慎到重势,与商鞅重法、申不害重术并称于世,是当时法家三大流派。慎到虽是法家,但也吸取了稷下学宫中其他流派的思想,如他吸收道家思想精华,认为道是法的基础,"宪律制度必法道。"(《管子·法治》)

稷下学宫中黄老学派代表人物有田骈、宋研、环渊等,黄老学派思想基础是老子"道"的学说,同时又提出以黄帝为始祖。

黄老学派提出以道为法、因循自然的观点。要求统治阶级处事要顺应天道和社会。黄老思想虽然继承了道家思想,但也吸取了法家一些理论,要改变"道之无为"为"法之有为",将道与法相结合,道为主体,法为道之用,这种观点与田齐法家学派有相似之处。

儒家的代表人物是荀子。荀子在稷下学宫学习和从事研究多年,他接受了孔子的思想,但与儒家另一代表人物孟子不同的是对儒学思想有不同的解释和创新。荀子提出人性恶的观点,主张对礼乐制度的合理性进行重新定位,通过礼来克制人们欲望。荀子的思想中也带有法家的色彩,他把儒家的礼看得最重,而同时也强调"法"的作用,强调"礼,人道之极也",也说"法者,治之端也"(《荀子·礼论》)。主张"隆礼尚法",希望君主在治国中礼法并用,弥补了孔孟传统儒家思想中重礼轻法的一面。

　　名家的代表人物是尹文、田巴等,名家强调名与实的辩证关系,因为当时社会出现大变动,名与实的关系与传统已不相吻合,因此产生了这一学派。其代表人物公孙龙的"离坚白,合同异""白马非马",在当时都成为稷下学宫中很有影响的讨论议题。因此这一学派以善辩、思维敏锐、口才伶俐而为后世称道。

　　阴阳家的代表人物是邹衍和邹奭。阴阳家所提出的著名论点主要有大小九州说和五德终始说。大小九州说把世界分为9个大州,每个大州又分为9个小州,中国只是九小州之一,被称为"赤县神州"。每个大州之间为大瀛海所环绕,战国至秦汉时期在山东沿海涌现出许多方士,将这种说法与黄老学说相结合,鼓励人们走出海外,寻找仙境、仙人,也推动了秦始皇、汉武帝去海外寻求长生不老之仙药的行动。

　　邹衍认为,历史变化是"五德转移"的结果,五德指五行"水、火、木、金、土",每一朝代即为一德,五德相生相克,朝代变化也是按此规律运行。

　　兵家的代表人物是孙膑等。孙膑是战国时期最为重要的兵家代表,他虽没有在稷下学宫学习,但在齐国为军师,写成了《孙膑兵法》,弘扬了齐国传统的兵学文化。齐国当时还出现了《司马兵法》,传为司马穰苴所写,也是一部军事学著作。

　　鲁国在春秋时期就是思想文化中心,主要的思想学说是孔子创立的儒家学派。孔子有弟子70余人,其中著名的有曾参、子贡、子路等。战国时期,对孔子思想发扬光大的是孟子,孟子是曾参弟子子思的学生。他继承发扬了儒家文化传统,主要是丰富了孔子"仁"的思想,他把"仁"用于社会政治生活中,提出了"仁政"的主张。他认为作为统治者,要对人民实行仁政,做到"推己及人""老吾老以及人之老,幼吾幼以及人之幼",要爱惜民力。孟子还提出"恻隐之心,仁也",人与人之间要有恻隐仁爱之心,要和睦相处。孟子也在稷下学宫学习过,并向齐国统治者宣传仁政,但并没能被齐国统治者采纳。

　　在鲁国战国时期的思想文化中,还出现了以墨翟为代表的墨家学派。墨子主张人与人之间要"兼爱",他提出"天下尊相爱则治,交相恶则乱",反对过分剥削。墨子提出"尚贤""非攻""节用"等观点,主张有贤能的人做国君,反对用战争解决矛盾以及倡导节俭,反对铺张浪费。墨家代表了当时小生产者的利益,希望用阶级调和的办法反对贵族特权,维护本阶层利益。

　　以上只是战国时期山东思想的主要流派,战国时期以稷下学宫各流派为代表的山东思想界在中国思想史上达到了一个新的高度,将齐鲁文化发扬光大,对后世中国传统文化的发展起到了十分重要的作用。

　　齐鲁文化之所以成为中国古代传统文化的主流和核心部分,与这一文化体系的博大精深,即既有精辟理论,又有包容性、开放性,便于人们理解与推行是密不可分的。

　　齐文化与鲁文化尽管在内容上有所不同,但二者均源于东夷文化与西周文化。二者结合所形成的齐鲁文化在其发展的过程中,又容纳了春秋战国时期诸子百家的思想内容,因此更显广博且厚重。

　　齐文化崇尚功利,兼容并蓄,表现出务实性与开放性的特征。鲁文化则崇尚礼仪,追求德治,表现出系统性、严整性的特征。因此齐鲁文化也为统治阶级和各阶层人民所普遍接受,成为秦汉以后占据统治地位的儒家思想的一个重要组成部分。

(二)从汉代到民国山东文化的发展

秦统一后,秦始皇大兴土木,劳役兵役繁重,造成人民群众流离失所;他又采用法家思想,用严厉手段镇压人民,导致了秦末农民大起义。汉朝建立后,统治者针对当时国力凋敝的状况,采取黄老无为而治,经过文帝、景帝两代励精图治,到汉武帝时,国力得到了极大发展。汉武帝在政治上、经济上采取了一系列改革措施,同时反击匈奴,开通西域,汉朝发展到强盛局面。在思想上,汉武帝为巩固封建王朝统治,采取董仲舒的建议“罢黜百家、独尊儒术”,然而此时的儒术已不仅仅限于孔子所倡导的儒学,还兼容了其他学术流派的一些思想内容。自此以后,儒学逐渐成为统治阶级主导思想,作为儒家思想发源地的山东又成为儒学发展中心,西汉的五经八师,山东的经师有 6 人;东汉的五经十四博士,山东占了 8 位。其中最有名的儒家大师是高密人郑玄,他遍注群书,是西汉儒学(经学)的集大成者,对经学的发展起到了承前启后的作用。

汉代山东在文学艺术方面也有不凡的成就,其中散文、辞赋、碑刻、画像石在国内同时期都处于领先地位。

山东散文在春秋战国时期已达到创作高峰,出现了《春秋》《国语》《晏子春秋》等历史散文,《论语》《孟子》《墨子》《孙子兵法》《管子》《荀子》等诸子散文。其思想内容深刻,文风气势磅礴,至今仍熠熠生辉。汉武帝推行独尊儒术,加强皇权之后,当时文风也转为典雅深沉,文章重视引经据典和弘扬道德。此时山东也出现了一批极具代表性的文人,如东方朔、主父偃、孔融、仲长统等。东方朔语言幽默诙谐、妙趣横生,堪称语言艺术大师;主父偃文章纵横论述,条理分明、文辞流畅,让人一读为快;孔融文章充满理想,情真意切,思想周全,气势高远,为后人所称颂;仲长统文风严密,说理透彻,多以揭露批判社会弊端为内容。这些文学家在中国文学史上都占有十分重要的地位。

进入魏晋南北朝以后,山东地区各少数民族建立政权,互相征伐,陷入分裂纷乱局面。一部分山东人南迁,将以儒学为中心的传统文化带入南方,山东也受到少数民族文化以及外来文化尤其是佛教的影响。佛教从东汉进入中国后,曾吸引了众多有志高僧去印度寻法取经。四大高僧之一的法显于隆安三年(339)到天竺取经,义熙八年(412)返回青州长广郡(今青岛崂山),并在此停留一年弘扬佛法。佛教大师僧朗于351 年在济南柳埠首建佛寺,成为当时最兴盛的佛教圣地。从此以后,与佛教有关的石窟雕塑、绘画及书法艺术在山东兴盛,最为著名的是济南千佛山黄石窟造像,现存佛与菩萨造像85 尊。时间上从北魏到东魏历时 17 年,佛像造型精美,人物神采飘逸,栩栩如生。在济南市西约 40 千米的柳埠镇,现存有隋大业七年(611)所建的四门塔,是我国现存最早的石塔,现为全国重点文物保护单位。这是方形单层石塔,高 15.04 米,宽 7.4 米,四面各辟圆形大青石砌成的半圆形拱门,故而自明清后被称为四门塔。四门塔附近还有千佛崖,是唐代石刻造像艺术的代表性遗存,有大小佛窟 100 多个,造像220 个。造像人物多为唐前期皇亲贵族僧侣,包括唐太宗女儿南平公主的造像以及太宗十三子赵王福为太宗本人所造的弥勒像。千佛崖下的塔,塔高 10.8 米,塔身雕罗汉、力士、飞天等造像。气势庞大壮观,是隋唐石刻艺术代表作之一。当时山东青州的云驼山、云门山、东平白佛山等也有众多大小不等的石刻造像,均属魏晋至隋唐时期石刻雕像艺术中的奇葩。

魏晋南北朝时期,由于北方动乱,大批山东人南迁,文化中心也由北方向南方迁移。东晋以后,南迁江南的山东士族以王氏力量最强,当时就有"王与马,共天下"之说。王氏的势力可以与皇族司马氏相媲美。在王氏家族中,涌现出了王羲之、王献之父子这样卓越的书法家。王羲之书法"飘若浮云,矫若云龙"。他的行书代表作《兰亭序》共 324 字,以清丽流畅的文笔,描写了山川之美和宴饮之乐。王羲之被人称为"书圣"。王羲之的儿子王献之工草书、隶书,他的书法既豪迈也俊秀,对后世有很大的影响,代表作有《中秋帖》《十三行》,与其父被后人称为"二王"。

南北朝时我国历史上第一部文学理论学术专著《文心雕龙》问世,对后世学界影响巨大,作者刘勰是山东莒县人。《文心雕龙》成书于南齐时,全书 50 篇,书中就创作指导思想、文体特点演变、创作历程、文学批评方法等方面进行了阐述,被后人称为"体大而虑周"的文学理论著作,对今天文学创作仍有宝贵的借鉴作用。

唐朝诗歌得到发展,唐高宗天宝年间,著名的诗人李白与杜甫相伴踏入山东大地,他们两次结伴同游齐州(今济南),再同游鲁郡(今兖州),在此作诗交友,双星连璧,二人结下了深厚的友谊,也成为文学史上的一段佳话。

唐代对外交往频繁,山东籍著名高僧义净西行求法,遍历印度和东南亚,历时二十年之久。他不仅带回了大量佛教经典,而且写成了《西行求法高僧传》等书,该书成为中外文化交流史上的重要典籍。

宋代山东又进入了一个文化繁荣时期,由于儒学的兴盛,学术界十分活跃。著名的政治家范仲淹从小生活在山东,《宋史·范仲淹传》称他"熟通六经,长于《易》,学者多从质问,为执经讲解,无所倦,尝推其俸以食四方游士,诸子至易衣而出,仲淹如也。每感激论天下事,奋不顾身。一时士大夫去矫厉尚风节,自仲淹倡之"。他的"先天下之忧而忧,后天下之乐而乐"成为后人传诵的千古名句。

在范仲淹的激励下,山东学者孙复、石介等在泰山建立泰山学院,讲授儒学,号召学生以安天下为己任。他们推崇古文,维护儒家道统。在政治上宣传民本思想,积极支持范仲淹的"庆历新政"。泰山学派对于理学的开创和古文运动的推动,都产生了很大的影响。

宋代文坛涌现出了欧阳修、王安石、曾巩、"三苏父子"、黄庭坚等一批杰出的作家。欧阳修、曾巩、苏轼、苏辙等都曾在山东为官,留下了许多脍炙人口的故事和诗文。其中被称为"诗词八大家"的曾巩为官齐州太守一年,政绩颇著,尤其是对济南著名景区——大明湖、趵突泉的改造,让后人多有赞誉。他在大明湖修筑长堤,号称"百花堤",又在湖边修建了鹊山亭、百花洲、百花桥等景观,使大明湖更加美丽迷人。他还在趵突泉附近建历山堂和泺源堂,并题写《齐州二堂记》,为趵突泉增色不少。曾巩离任时，"州人绝桥闭门"，为其送行，后人还在大明湖北岸建"南丰祠"，以纪念号称"南丰先生"的曾巩。

南宋时期，山东涌现出著名的词人李清照与辛弃疾，因二人祖籍均在济南，又被称为"济南二安"（李字易安，辛字幼安）。李清照的词精于造句，意境深远，善于用白描手法人词造句，在艺术上多有创新。后期流落江南，词句中多流露出怀念故乡之情，情深意切，被称为婉约派词人。辛弃疾的词热情豪放，明快有气势，表现出强烈的爱国主义情怀。辛弃疾还参加了抗金义军，颇有战功，成为传奇人物。中华人民共和国成立后，人们分别在章丘漱玉泉和大明湖九曲亭为这两位著名词人建造了纪念堂和纪念祠。

元朝统治时期，国土辽阔，交通发达，山东地界成为南来北往的官员、商人及外交使者必经之地。著名的意大利旅行家马可·波罗曾经游历山东多地，在他的《游记》里，赞美济南"园林美丽，赏心悦目，是一座漂亮的城市"，在山东境内的运河中则是"船舶如织"，商业繁荣。

散曲是元代兴起的一种诗歌体裁，它继唐诗宋词以后在元代兴盛。张养浩是山东著名的元曲作家。张养浩早年在元朝为官，晚年辞官归隐，以创作为乐。他的散曲自然洒脱，尤其是赞美家乡山水的曲文，更是为人所称道。

元代在地方戏曲基础上发展而来的杂剧，在山东也十分流行。当时的杂剧名家多出自北方，济南和东平是杂剧创作和演出的中心。元代知名杂剧作家中，就有武汉臣、岳伯川、高文秀、张寿卿、康进之、贾仲明等人。他们每人所创作的杂剧均有十余种至数十种之多，有一些经典剧目至今仍被后人所演唱。

明清时期，山东学术思想、文化艺术均进入一个繁荣时期。明朝文坛上著名的前七子与后七子中山东籍的文化名人边贡、李攀龙是其杰出代表，二人在当时文坛上都享有很高的地位。

明朝中叶，传奇剧取代杂剧发展兴盛，济南著名文学家李开先的《宝剑记》成为传奇剧中最具代表性的一部作品。李开先与王慎中、唐慎之等人并称"嘉靖八才子"，他"藏书之富，甲于齐鲁"。《宝剑记》是根据流传的《水浒传》中林冲被逼上梁山的故事改编而成，人物形象鲜明，曲辞清新流畅，被后人称为明朝三大传奇剧之一。

明万历年间出现的长篇小说《金瓶梅》，反映了明代中后期市民商人的社会生活，也有很高的艺术性，被认为是与《三国演义》《水浒传》等相提并论的文学名著。该书的作者兰陵笑笑生，因兰陵为今山东枣庄一带，书中又引用了大量山东方言土语，其作者虽多有争议，但公认应出自山东作家之手。

清代山东文坛上出现了著名的小说家蒲松龄和戏曲作家孔尚任，蒲松龄的《聊斋志异》可以说是我国古代短篇小说集大成之作。它继承了古代志怪小说、传奇故事传统，吸收了民间流传的故事精华，以高超的语言艺术、丰富活泼的联想，撰写出一篇篇生动虚幻的故事，塑造了一个个栩栩如生的人物形象，达到了中国小说史上极高的艺术境界。小说出版后，不仅在国内广泛流传，而且被翻译为多国文字，在世界文坛上占有一席之地。

　　孔尚任的《桃花扇》是一部以明末清初复社领袖侯方域与秦淮名妓李香君爱情故事为线索，描写南明政权兴亡历史的小说作品，主旨是"借离合之情，写兴亡之感"。该剧将历史真实性与文学独特性恰到好处地结合起来，情节紧凑，结构完整，在写作上既有大局感也有形象的细节描写，是一部古典历史剧的杰出代表作。

　　明清时期山东诗坛也是名家涌现，明代诗坛后七子中有二子是山东人，一为历城人李攀龙，一为临清人谢榛。他们生活在明代中后期嘉靖、隆庆、万历年间，其诗文已为当时人们所传诵。清代诗歌以山东桓台人王世祯最为知名，他作诗倡导神韵，被称为"神韵派"诗人，也是清初诗坛领袖。清初山东还有青州诗人赵执信、安丘诗人曹贞吉、莱阳人宋琬等，他们为清代诗坛复兴做出了贡献。

　　清代乾隆年间，中国画坛上出现了著名的"扬州画派"，这一画派代表人物郑燮，号称"诗、书、画三绝"。他在中进士后先后在山东为官十年，在山东留下了许多书法与绘画作品，对山东艺苑影响很大。扬州画派中有一位山东籍著名画家，他就是胶州人高凤翰。高凤翰的画潇洒秀逸、画风新颖，书法奇趣横生，落笔有力，不囿于画院派束缚，多有创新。晚年右手病残，改用左手书法、绘画，成为清代著名的左手画家。

　　清朝由于在意识形态上严厉控制知识分子的反满思想，迫使许多知识分子将主要精力用于对历史文献的研究，因而考据学盛行。山东作为孔子和儒学的故乡，学术氛围十分浓厚，从清初直到光绪年间，200多年汉学盛行，出现了一大批在国内颇负盛名的汉学大师，其中最有影响的当数张尔岐、郝懿行、马国翰、王懿荣等。

　　张尔岐的学问主要是《三礼》（《仪礼》《周礼》《礼记》）。他的代表作《仪礼郑注句读》一书，观点深刻、语言简练，为当时及后世学术界普遍推崇。学术大师顾炎武曾来山东活动，与张尔岐交往深厚，他在《日知录·广师篇》中称赞张尔岐"独精三礼，卓然经师，吾不如张稷若"。

　　张尔岐及清初史学家马骕（《绎史》作者）、汉学家江藩（《汉学师承记》作者）是山东汉学先驱，自此山东学者读史治经、重视考据，引领学风的转变。

　　乾嘉年间，汉学考据学大兴，有吴派、皖派之分，山东也出现了汉学蓬勃发展的局面，他们多附于皖学，但也有自己鲜明独到的见解，被学术界称为"北学"。这一学派代表人物有郝懿行、孔广森、桂馥、周永年等。郝懿行是这一学派最有成就的学者之一。他的代表作《尔雅义疏》用时数十年写成。他提倡经史学问不仅要广博前人著述，而且要注重实地考察，追求严谨、实事求是的治学方法，为后人所广泛推崇。

　　周永年学识渊博，在学问上涉猎极广。他参加了《四库全书》的编纂工作，收藏各种书籍计5万余册。为弘扬传统文化，他与桂馥等学者在济南五龙潭边建"潭西精舍"，招徕学子聚此读书，不慕虚名，不图利益，得到了人们的好评。桂馥饱览群书，尤其精通金石文字之学。他潜心研究文字学，用了40余年时间写成《论文义正》50卷，桂馥治学严谨，著作旁征博引，对字义阐释精确，多有新见。与当时另一位大学问家段玉裁的《说文解字学说》相互映辉，它们是清代文字考证学的两部巨著。

　　山东学者浓厚的治学风气一直延续到清末。道光年间至光绪年间，又出现了王筠、马国翰、王懿荣等学术大师。王筠博道经史,尤其对《说文》理解深刻,他在充分吸取了桂馥、段五裁等人研究成果的基础上,著《说文句读》30卷,对文字学多有创新。马国翰既是知名学者,也是历史文献收藏家,他收集各类文献57000多卷,其中多有孤本善本。他用了数十年时间,完成《玉函山房佚书》700多卷,并多次刊印,为后人查阅历史文献提供了便利。

王懿荣是近代史上最早的甲骨文发现者和收藏者。光绪二十五年(1899),他开始收集甲骨1000多种,并大力加以宣传,引起了学术界广泛重视,殷墟的发现也由此而生。甲骨文的发现,是我国学术史上重大事件,为文字学研究、古史考证都开辟了一个新领域,王懿荣的贡献功不可没。王懿荣还是一位不屈的爱国者,当八国联军进攻北京之时,他在国子监祭酒任上,在京英勇抗敌失败后自杀而死,妻子、儿媳也同时殉难,事迹十分感人。

民国时期,山东学术和文化进入一个新的发展阶段。由于西方各种学术思想和文化传入,开阔了山东学界的眼界,涌现出了傅斯年、王献唐、王统照等知名学者和文学家,他们分别在哲学、史学及文学领域做出了贡献。在抗日战争和解放战争时期,在山东抗日根据地和后来的解放区,来自各地的青年知识分子亲临前线,写出了大量反映抗战中保卫家园和反映军民鱼水情深的诗歌、散文、剧本和报告文学,极大地鼓舞了根据地人民抗战热情。根据地还创办了多种报刊,组织研究社团,宣传红色文化,谱写了在中国共产党领导下文化宣传史上的绚丽篇章。

三、弘扬传统、继往开来的山东精神

"泰山是你的风采,光明磊落正气豪迈;黄河是你的柔情,胸襟宽广传递友爱。天南地北传说着你的故事,五湖四海流传着你的侠肝气概。"伴随着《好样的,山东人》的歌声,我们又一次领略了山东人浓浓的人文情怀和骨子里流淌不息的精神气质。有齐鲁之邦、文明圣地之称的山东,承载着悠悠的精神传统,在新时期的改革和建设中继续书写着光辉的华章。绚丽的山东风采、傲然的山东精神正以崭新的姿态传递着和谐与能量。

我们所说的山东精神,实在是难以用一言或者一文以蔽之。概括而言之,山东精神应该是多元的结合体,即齐鲁优秀传统精神、共产党领导的革命精神以及新时期发展建设的时代精神相互融合而形成的。又因山东独特的自然环境与人文环境,在漫长的历史发展过程中形成了多种极富山东特色的地域文化精神,如泰山文化精神、黄河文化精神、运河文化精神、海洋文化精神等等。正是因为多种优秀精神基因的共同作用,山东人呈现出异于别地人民的精神风貌和性格特质。

(一)仁义刚健、明礼诚信、热情好客

"仁"是道德准则,亦是精神追求。"仁"的概念非常广泛,从广义上来说,温、良、恭、俭、让、恕、宽、信、敏、惠等都包含于"仁"中;从狭义上来讲,即"仁爱之心",但这又分为许多层次:仁爱在家庭关系中表现为孝悌,将仁爱之义推及社会关系中,即"己欲

立而立人,已欲达而达人"。在政治统治中,为政者要"以人为本",施行仁政;在教育中,教师要以平等之心对待学生,有教无类,因材施教。仁义精神是传统山东精神的重要组成部分,孔孟被尊为"圣人",也是山东仁义的典范,孔融7岁让梨的故事也为历代所传颂,这是山东先民为我们留下的宝贵精神财富。

　　刚健是山东人气节的象征,是不屈人格的写照。《论语·子罕》有言:"三军可夺帅也,匹夫不可夺志。"《论语·泰伯》曰:"士不可以不弘毅,任重而道远。仁以为己任,不亦重乎? 死而后矣,不亦远乎?"《孟子·公孙丑》曰:"富贵不能淫,贫贱不能移,威武不能屈。"刚健不屈的精神为山东人所推崇,这种精神外化为自强不息、奋斗不止的理想追求,琅琊(今山东临沂)人诸葛亮、济南人终军等为这种精神做了最好的代言。他们的人生经历灼灼其华,他们的精神品质历久弥新。智圣诸葛亮是三国时期蜀国著名的政治家、军事家和战略家。在几十年的辅政过程中,他"鞠躬尽瘁,死而后已"。无论遭遇到多么艰险的形势,他都没有选择退却,为蜀国的发展奉献了毕生的智慧和精力。正如《出师表》中所流露的一般:"臣本布衣,躬耕于南阳,苟全性命于乱世,不求闻达于诸侯。先帝不以臣卑鄙,猥自枉屈,三顾臣于草庐之中,咨臣以当世之事,由是感激,遂许先帝以驱驰。后值倾覆,受任于败军之际,奉命于危难之间,尔来二十有一年矣。"终军是汉代济南郡人,西汉杰出的政治家和外交家。为了维护汉王朝的稳定统一,终军主动请缨出使南越。终军踏遍千山万水,吃尽千辛万苦,终于说服南越王取消独立国号,归顺汉朝。可恰逢南越贵族叛乱,年仅20岁的终军宁死不屈,结果被杀害。他为了完成使命付出了生命的代价,成为中国历史上年轻外交家的典范。历史上的山东人,用生命践行着刚健不屈的精神追求,这是我们的榜样,也是我们的光荣和骄傲。

　　中华民族素有"礼仪之邦"的美誉。我们说:"礼仪之风数中国,中国守礼、明礼看山东。"孔子最看重的莫过于仁和礼。他提倡"克己复礼",故而知礼、习礼、明礼、守礼的文化传统在山东很早就已经蔚然成风。鲁国上继周朝,礼乐制度较为完整和系统,保存了大量的礼乐典籍:《周礼》《仪礼》《礼记》等。儒家亦重礼,强调"不学礼,无以立""非礼勿听、非礼勿言、非礼勿动"。经过孔孟等众多儒学家的延伸和发展,"礼"文化逐渐附于伦理道德的范畴中,君臣之礼、父子之礼、夫妻之礼……均被容纳于统一的规范中,这些烦琐的礼虽然有压抑人性的不合理的成分在里面,但确实在较大意义上维护了社会的和谐与稳定。随着历史的演进,礼变得越来越简单,可无论形式如何变化,礼的思想内核却从未动摇过。如今我们山东人仍然有着谦谦君子之风,我们尊师重道、礼貌待人接物,在宴请亲朋好友时,仍坚持严格的座次,举止大方有礼,赢得了国内外的众多好评。

　　诚而有信,是山东精神中的优良传统。"人而无信,不知其可也。"(《论语·为政》)、"诚者,天之道也;思诚者,人之道也。"(《孟子·离娄上》)、"信者,国之宝也,民之所庇也。"(《左传·僖公二十五年》)……关于诚信的名言警句,真可谓不胜枚举,足见诚信对于成长成才的重要性。山东人在漫长的社会生活和实践中,树立了诚实守信的良好形象,赢得了好的口碑。提起山东人,言必及诚信精神,诚信精神在市场经济高度发展的今天已经成为非常重要的品德,这是山东人走南闯北的信条和坚守。

"有朋自远方来,不亦乐乎!"生动地刻画出山东人热情好客的豪爽秉性,山东人古来就真实、热情,喜欢结交朋友。齐鲁文化虽有不同,但热情好客的传统却是出奇地相似。鲁国儒家学派强调为人要有宽广的情怀,"老吾老以及人之老,幼吾幼以及人之幼"是一种品德,也是一种热情。《礼记》中更是提到了"礼尚往来",注重结交有识之士。齐国向来尊贤尚功,不拘一格用人才。齐桓公重用自己的政敌管仲,终成就了一番霸业。齐威王时,任用布衣之士邹忌为内相,出身低微的淳于髡被尊为上卿。齐桓公在临淄设稷下学宫,招徕各方诸子、学者,交流学术,共谋发展,成为人类文明"轴心时代"的良好典故。隋唐英雄秦琼、罗成等聚义瓦岗寨,使得众人来归。宋代梁山泊好汉们,虽来自五湖四海,但是皆在山东团结凝聚,同仇敌忾。山东人的热情好客随着历代人的发扬,已然成为山东人所特有的性格特点。一提到山东人,热情、豪爽、好客一定是少不了的赞誉。打造好客山东和好品山东是我们文化建设和精神文明建设的应有之义。

(二)忠诚爱国、无私奉献

忠诚爱国、无私奉献是整个中华民族的优良传统,是积淀于每位华夏儿女心目中不变的主旋律。而山东作为全国精神文明建设的重地,其忠诚爱国、无私奉献的精神表现得更为突出。据统计,在抗日战争和解放战争时期,山东有 1100 万人次支前,100万人当兵,22 万人献出了生命,为祖国的独立统一做出了巨大的贡献。说到战争年代,便不得不说山东的沂蒙革命老区。在中国人民解放战争时期,沂蒙人民不畏艰险,积极参战,支援前线。战争已经离我们远去,但"我为战士熬鸡汤""沂蒙红嫂""沂蒙六姐妹"的故事,成为我们山东人永远不能忘怀的红色记忆。沂蒙老区人民在战争中所表现出的忠诚爱国、坚忍耐劳的精神,深刻浓缩了"小人物"的"大情怀",八百里沂蒙是一片红色的热土、抗战的圣地。沂蒙精神与井冈山精神、延安精神等共同铸就了中国厚重的革命精神,这是中国人的红色精神财富,更是山东人的精神脊梁和光荣传统。

中华人民共和国成立后,山东英雄模范人物辈出,焦裕禄、孔繁森、王廷江、时传祥、王乐义、许振超、韩素云、徐本禹、孟祥斌……他们用自己坚定不移的信念书写着山东人的精神。他们不畏条件的艰险,不顾生命的安危,甘愿做祖国大厦建设中的一砖一瓦。是他们用行动诠释了精神的力量,是他们以热血和年华充实了山东精神的内涵。

其实,忠诚爱国、无私奉献精神在山东亦有许多灿烂的历史传统。历史是记忆,更是启示。孔子有云:"志士仁人,无求生以害仁,有杀生以成仁。"为了这崇高的人生境界,多少山东儿女为了民族大义、祖国兴亡而不懈抗争。他们的精神似种子,经过一代又一代山东人的浇灌和培育,终将成为参天的精神之树。"醉里挑灯看剑,梦回吹角连营……了却君王天下事,赢得生前身后名。"这是辛弃疾的吟诵,他生于乱世,面对金兵入侵,他没有妥协,而是坚决主张抗金,维护民族大义;即使郁郁不得志,亦心系天下黎民;即使"可怜白发生",亦坚定抗金报国之心,忠君爱国之情至死不渝。"足称振古之名将，无愧万里之长城"是对戚继光的礼赞。生于山东蓬莱的戚继光，是明代著名的抗倭名将。明时东南沿海倭寇猖獗，成为隐患，严重影响了国家的稳定和人民的安居乐业。戚继光发奋图强考中武举，加紧了海防设施的整修，建立了海上营卫，还训练了一支素有"戚家军"之称的奇兵劲旅，极大地削弱了倭寇的势力，维护了国家的安定。辛弃疾和戚继光是山东爱国精神的历史模范。

（三）务实拼搏、不惧艰苦、敢为人先

山东人敢为人先的精神历史悠久。早在商周时期，山东先民即践行了"敢为人先"的精神。箕子是商王朝的贵族，受封在箕（今山东龙口一带）。后周朝建立，箕子坚持殷商正统，不愿臣服周朝，便率约5000人前往古朝鲜地区，建立了箕氏朝鲜，他也因此成为中国历史上走出海外的第一人。秦始皇统治时期，徐福等山东居民不满于秦朝的暴政，用自己的智慧设法说服了秦始皇，曾以为秦始皇寻求海外仙药的名义，组织数千人不惧风浪，毅然东渡大海，历经朝鲜半岛，直到日本列岛，寻求在海外生活和发展的家园，并为中日韩早期文化交流以及海上丝绸之路的开辟奠定了基础。

这种不惧艰苦、务实拼搏的精神历经千年，不断被传承和发展。《闯关东》和《大染坊》两部影视作品可以说将山东务实拼搏的精神生动形象、多角度、多层次地展现在了世人面前，两位主人公也是典型山东人的形象代表。从清朝末年到中华人民共和国成立前夕，山东地区自然灾害多，许多山东人像《闯关东》的主人公朱开山一样背井离乡、远走东北，他们勤劳勇敢，务实肯干，原本清贫如洗的他们用自己的智慧和勤劳在东北打拼出一片属于自己的广阔天地，同时为东北的经济发展注入了活力。《大染坊》中的陈寿亭也是根据山东周村的真人真事改编的，主人公陈寿亭少时以行乞为生，后凭借踏实肯学的态度和勤勤恳恳的打拼，终成为山东乃至全国的染织业巨头，是山东民族工商业者自主创业的一个缩影。

在新时期的山东建设中，我们要始终坚持务实拼搏、敢为人先的精神传统，在改革开放的大潮中奋勇争先，使山东成为经济强省和文化强省。

（四）倡导孝道、尊老爱幼、重视家庭

孝是中华民族的传统美德，重视孝道这一传统在大舜时代已出现，历经夏商周，孝的观念开始形成，汉代儒学确立为中国思想界的统治地位，儒家孝道伦理体系也最终形成。可以说山东是孝文化的发源地，父慈子孝、家庭和睦、邻里和谐是历代山东人所倡导和遵循的优良传统。

虞舜王朝的开创者大舜出生和长期生活在山东。他对父母尽孝的事迹在《史记》《孟子》等书中被多次提到。舜的父亲和继母偏爱他的弟弟，几次想谋害舜，舜不仅不以为仇，反而十分爱他们。舜父母死后很久，他仍然怀念他们，时常痛苦。儒学的创始人孔子把孝的传播和孝的教育当作教育的基础，在《论语》中论孝的篇幅多达16章，孝字应用了19次。他的孝道思想包括孝养、孝敬、孝谏、孝悌等内容。他的弟子闵子骞和曾参都以孝道而闻名，闵子骞的故事家喻户晓，今天的济南仍然有闵子骞路，以纪念这位先人。曾子也以孝著称，不仅有"啮指心痛"的故事流传于世，而且编成了《孝经》

这部儒学经典伦理著作,为历代统治阶级所推崇并为广大民众所接受。南北朝时期,山东琅琊人颜之推写出四万多字的《颜氏家训》,将儒家的"孝、悌、仁、义"思想发挥得淋漓尽致。书中关于治家方法、家庭伦理、人格操守、启蒙教育等内容,以及父慈子孝、兄友弟恭、忠孝爱国等内容对后人影响极大。元代人郭守敬编的二十四个孝子的故事等,由于后来印本大都绘以图画,故又称《二十四孝图》,是中国历史上最为权威的孝子故事大全。这二十四个孝子中,至少有九个孝子出自山东。如虞舜孝感天地、老莱子戏彩娱亲、郯子鹿乳奉亲、仲由百里负米、曾母啮指心痛、闵子骞芦花顺母、董永卖身葬父、江革行佣供母、王祥卧冰求鲤等等。这些脍炙人口的故事自明清以后便家喻户晓,绘成了一幅幅动人的历史画卷,成为后人尽孝长辈所学习的典范。

山东人自古以来就有着尽孝事亲的传统,父慈子孝、兄友弟恭是家庭和谐的基础。家庭作为社会的一个微量元素,家庭和谐又是整个社会和谐的重要保证。孝文化延续至今已经有几千年的历史,新时期的孝文化既传承了历代孝文化的精华部分,又赋予新的时代内容。孝已经不仅仅是对长辈的孝顺和奉养,还关系到家庭和谐、邻里融洽和社会和谐。孝文化已经成为新时期社会主义精神文明的一个重要组成部分。新世纪以来,山东省各级政府、各级群团组织对孝文化的重视、宣传和倡导持之以恒,召开各种孝文化研讨会,采取各种实际行动关爱老人,表彰在奉亲尽孝方面做出突出成绩的个人和家庭,利用各种媒体宣传孝文化的重要意义。

(五)与时俱进、改革创新、开放包容

2007年6月,中共山东省委在第九次党代会上提出了"改革创新、开放包容、忠诚守信、务实拼搏、敢为人先"的新时期山东精神。新时期的山东精神与传统的山东精神相比,明显地有继承有发展,两者有重合的精神成分,例如忠诚守信、务实拼搏是山东一以贯之的精神,已经成为一个稳固、完整的系统精神理论。

改革创新、开放包容是当今日新月异的社会发展对我们提出的更高的精神要求,体现了山东精神鲜明的时代性。结合新的经济发展形势,山东提出了"海洋发展战略"和"旅游带动经济"的发展思路。除了继续发展重工业、轻工业和第三产业外,注重开发海洋资源,发展海洋产业链,形成沿海与内陆良好的交流与合作。在发展格局上,也逐步形成了模式化发展,如诸城模式、胶东模式、淄博模式等。在企业发展领域,海尔电器、青岛啤酒、潍柴动力、浪潮集团等都确立了创新、包容的发展理念,在企业创新发展中名列前茅。我们山东人正在树立包容的开放眼光,积极吸收和引进国内外先进的发展成果。改革创新的精神正在号召着我们在自己的学习、工作领域用脑创新、用心包容、用手拼搏,只要我们不忽视行动和个人的能量,相信这种精神会带领我们不断前进。

第一章

山东农业文化

农业生产是农民"以土地的植物性产品或动物性产品的形式,或以渔业等产品的形式,提供出必要的生活资料"。农民的生产过程,不仅仅是经济的再生产过程,而且也是自然的再生产过程,故农业的发展要受外界自然条件的制约。马克思指出:"外界自然条件在经济上可以分为两大类:生活资料的自然富源,例如土壤的肥力,渔产丰富的水等等;劳动资料的自然富源,如奔腾的瀑布、可以航行的河流、森林、金属、煤炭等等。在文化初期,第一类自然富源具有决定性的意义;在较高的发展阶段,第二类自然富源具有决定性的意义。"

外界自然条件使得山东地域的自然富源丰裕多样,自古以来农业物产就较为富足,以"齐鲁膏腴地"著称于世。因其富足,山东农业初级阶段发展的成就比较明显。而在农业的高级发展阶段,随着地域文化发展的盛衰,山东农业有着较大的起伏波动变化。

第一节　山东农业生产的自然富源

空气、河流、植物、动物、气候等一切动植物生长的环境因素,皆可视为生活资料的自然富源。

山东地域东临大海,其东部的山东半岛突出于黄海、渤海之间,而西部陆地又远伸入内陆腹地,东西最长距离约 700 千米。以潍县为界,其东为半岛区,其西为内陆区。这种既沿海又内陆的海陆地理位置,使山东的气候既具有海洋性气候特征,又兼具大陆性气候特征。

山东地域位于北纬 34 度至 39 度,处于北半球北纬 20 度至 40 度最佳气候适宜带的北部位置,因此山东省"寒暑变化的强烈程度,不若东三省及河北,而夏季亦不若江苏与浙江之长久,故气候之优良,为北部各省之冠"。作为北省之冠的山东气候,多年平均气温在 11—14℃,全年无霜期较长,鲁西北与胶东地区一般为 130 天,鲁西南地区可达 220 天。这样的气候条件,适宜各种农作物生长。

山东的纬度带位置,属暖温带季风气候区,雨热同季,降水集中,多年平均降水量亦可为北省之冠。历史时期的多年平均降雨量曾达到 1000 毫米以上,可以种植对降水量要求比较高的竹子、甘蔗等作物,现今多年平均降水量通常在 550—950 毫米之间。

地形地貌是决定农业生产布局的重要因素之一。大自然独厚于山东齐鲁之地,在一望无际的黄淮大平原上,兀然耸立着泰沂山系,于山东中南部形成一系列丘陵、盆地与山前冲积平原。而源起于泰沂山系的汶、泗、沂、沭、淄、潍等水系,呈辐射状分别注入黄河、淮河及渤海、黄海的莱州湾和胶州湾。这样的地形条件与水流,适宜发展出各种类型的农业生产布局。山东比较典型的农业布局类型有山前平原农业类型、低山丘陵农业类型。

山东比较著名的山前冲积平原,有位于鲁山的弥河冲积扇、淄河冲积扇,位于泰山的玉府河冲积扇、大汶河冲积扇等。这些山前冲积平原,中下部坡度平缓,地下水、地表水都很丰富,且水流随坡排放顺畅,很少沥涝为灾,土壤亦无盐碱化现象。山前冲积平原既有平原的优势,又兼有山区的某些特点,可以综合开展林特果木经济与种植业,是古代先民优先选择的最佳适宜居住地带,所以成为农业开发最早的地区。

胶东丘陵与鲁中南低山丘陵,林果业在低山丘陵农业生产中占有重要的地位,如烟台与威海的苹果、莱阳的茌梨、青州的蜜桃、大泽山的葡萄等。丘陵地带地形复杂多变,许多局域小环境比较优异,多种具有地标性意义的动植物生长于这些局域小环境中,如鲁桑、柞蚕、峄阳之桐、高平荚榆、东齐羝羊等,都是他处所不能取代的标志性的地域物产,这些物产即属马克思所定义之生活资料与生产资料的自然富源,所以在丘陵地带适宜发展农林产品的多种经营。

山东的土壤大体可分为棕壤、褐土、潮土、砂姜黑土、水稻土、盐碱土等六大类型。棕壤、褐土、潮土、砂姜黑土、水稻土等富含钙、磷、钾等矿物质养分,适于栽培多种粮食作物和经济作物。盐碱土指土壤里面所含的盐分已影响到作物的正常生长,它占山东全省土地总面积的 3.1%,主要分布于鲁西北黄泛平原地势低平地段、河间洼地和滨海地带。"在河北和山东的很多地方,大量的盐碱凝结在土壤表面,使大地看起来像是覆盖着一层薄薄的雪"。盐碱地,古代称为"斥卤"之地。"水灌斥卤,使生稻粱",通过以淡水洗盐和种植耐盐碱作物,人们很早就对斥卤之地进行了利用。至明代时,山东人民创造出"赶盐、压盐、压青、泡茬、躲盐、放淤"等方法,使斥卤之地成为良田。主要做法有以下几种:一是修建水利设施,引水洗盐种植水稻,这是自战国以来就一直在用的方法;二是在低洼地带挖沟洫,构筑台田系统,在台田上种植作物;三是种植耐碱林木与作物,如山东农民培植出来的种子谷,"性甚耐碱,虽极重之碱地,也可收成。"再如苜蓿,"碱地寒苦,惟苜蓿能暖地不畏碱,先种苜蓿,岁夷其苗食之,三年或四年后犁去其根,改种五谷蔬菜,无不发也"。

适宜的气候条件与降雨量,多种多样的物种资源,多变地形上的合理农业布局,再加上土地利用技术,山东农业的发展有了坚实的自然富源基础,这是战国以后山东被称为"天下膏腴地,莫盛于齐者"的重要因素之一。

第二节　山东涉农五业的生产状况

涉农五业,即除粮食生产之外的种植业、林业、牧业、渔业、副业等五个方面。下面以唐代为例说明古代山东涉农五业的情形。

敦煌文献第 3723 页《记室备要》录有一份礼物清单,是鲁地充海节度监军使王姓太监为应付各种场合的送礼,命记室郁知言事先挑选鲁地特色物品,并预作书状以备不时之需。通过这份唐后期的礼品清单,可以比较清晰地认识唐代山东涉农五业的情形。

《记室备要·下卷》所列鲁地送礼物品清单如下:

书籍、古画、诗篇、药方、障子、花鸟障、州县图、牙笏、木笏、剑、衣段、毛袄段、幞头、穀子、靴裁具、生蕉、竹鞋、琴、阮咸、镜子、棋局、长行局、弓箭、竹柱杖、鞍辔、鞭、籧纸、角器、越器、砚瓦、竹簟、水葱席、笔、墨、毬杖、扇子、筀、檐子、筀车子、檐子女二人、蒲扇、蝇拂、衣香、口脂、生药、木枕、交床、暖座、樱桃、藕子、蒲桃、笋、菴萝、柑橘、杏子、甘蔗、桃子、李奈、榛栗、橄榄子、笋笴、烘柿、楔槽、梅子、林擒、枣子、石榴、茶、酒、马、鹰鹞、猎狗、猢子、鹤、鹦鹉、茶酒。

在郁知言所列物品之外,另有一份更具地域代表性的鲁地物品清单,这就是历代官府"任土所出"的土贡。土贡,从来都是各地最富于地域特色的农副产品和手工业品。唐至宋初山东地域的土产贡赋,兹先列表如下。

州府	贡赋品名	州府	贡赋品名
郓州	绢、绵、防风、阿胶、蛇床子	沂州	绵、绢、黄银、紫石英、钟乳
兖州	镜花绫、双距绫、绢、绵、防风、紫石英、云母、茯苓	莱州	绵、绢、贳布、黄银、文蛤、滑石器、牛黄、决明、海藻、茯苓
青州	仙纹绫、丝、绢、绵、枣、糖、海物、红蓝、紫草、海鱼、盐、猫儿	淄州	绵、绢、防风、理石
齐州	丝、葛、绢、绵、防风、滑石、云母、阳起石、白墡石(姜石)	登州	麻、布、牛黄、水葱席、石器、文蛤、海砂
曹州	绢、绵、蛇床子、葶苈、犬	德州	绫、绢、绵
濮州	绵、绢、犬	博州	平绌、绫、绵、绢
密州	细布、绌布、牛黄、海蛤、	棣州	绵、绢

(资料来源:《元和郡县图志》卷十、十一、十六、十七,《太平寰宇记》卷十四—二四,《新唐书》卷三八,《唐六典》卷六。)

一种物产,即是该地域社会上的一个生产门类和生产单元。唐代山东的两份物品清单,交织显示了唐代山东社会生产的基本面貌。详细考察各种物品的前向、后向、侧向及其回波生产情形,它们共展示出唐代山东十八类社会生产的脉络。限于篇幅,仅撮举其中五类进行详述,余但列类目或简要说明。

(一)柞树、柞蚕、琴弦、鹰鹞、网鹰人、熬鹰人、鹤、鹦鹉

柞树是山东地域重要的经济树种之一。柞树,又称"杼",民间俗称橡子树,橡子是古代著名的代谷食品,《齐民要术》种柞条云:"俗人呼杼为橡子,以橡壳为'杼斗',以剜剜似斗故也。橡子俭岁可食,以为饭;丰年放猪食之,可以致肥也。"柞树成材后,可做房椽、屋榑及各种家具板。柞树具有的经济价值,促使山东地域很早就广泛种植。

在人工种植之外,自先秦以迄于清末,山东胶东半岛都存在着成片的天然柞树林,其中生长着野生柞蚕。《太平御览》卷八二五引晋郭义恭《广志》云:"有原蚕、有冬蚕、有野蚕、有柞蚕,食柞叶,可以作绵。"以柞树叶为食的野生柞蚕,其丝极为坚韧,适合做琴、瑟、琵琶的弦。胶东半岛柞蚕生长甚丰,《古今注》曰:"元帝永元四年(92),东莱郡东牟山,有野蚕为茧,茧生蛾,蛾生卵,卵著石,收得万余石,民以为蚕絮。"唐长庆四年(824)五月,淄青奏:"登州蓬莱山谷间,约四十里,野蚕成茧,其丝可织。"

弦类弹拨乐器,是古代中国乐器的一大门类,需求量相当大。柞蚕丝既是制作琴弦的上好原料,且山东柞蚕丝产量亦复不少,对它的利用就自不用多言了。

柞树林中还生长着一种土黄色鹰鹞,段成式云:"土黄色,所在山谷皆有。生柞栎树上,或大或小。"野生鹰鹞需要人力捕捉、训练,方能为人所用。上述物品清单中既能以本地鹰鹞作为礼品,则鲁地必有以捕捉、训练鹰鹞为生的网鹰人、熬鹰人。虽传世文献缺乏记载,但敦煌文献中的职业网鹰人却可作为异地佐证。

山东是鹤类南北迁徙所必经之地,今山东地名有大鹤陂、鹤伴山等,当是鹤类迁徙经停之所。网鹰人既能网捕凶猛的鹰,则其他驯善珍贵鸟类如鹤、鹦鹉等自然也能网捕。所以鹤、鹦鹉等鸟类会出现在郁知言的礼品清单中。

(二)楸树、桐树、琴、阮成、木枕

楸树、桐树是古代山东地域最普遍的经济树种。《史记·货殖列传》云齐鲁"河、济之间千树萩"。"萩"即"楸",《齐民要术》云楸"一树千钱,柴在外。车、板、盘、合(盒)、乐器,所在任用。以为棺材,胜于松柏"。唐人韩鄂《四时纂要》亦云"楸,作乐器,亦堪作盘合。堪为棺材,更胜松柏"。

民间谚云:"要快富,种桐树",盖桐树根、茎、花、叶均有相当高的经济价值,是古代极为重要的经济林木。青桐籽是北方著名的代谷食品,《齐民要术》云"成树之后,树别下子一石,炒食甚美。味似菱、芡,多噉亦无妨也"。白桐无籽,"成树之后,任为乐器。于山石之间生者,乐器则鸣""青、白二材,并堪车、板、盘、合、木屦等用"。其实青桐也合适作琴瑟、琵琶等弦乐器。桐叶入药,"味苦,寒,无毒。主恶蚀疮着阴。皮主五痔,杀三虫。疗奔豚气病。华,敷猪疮,饲猪肥大三倍","花、叶取以饲猪,并能肥大,且易养"。晚唐时,段成式犹在济南见房玄龄家族的私家花园——房家园中还长着桐树。

　　齐鲁之桐、楸所制作的琴乐器,自先秦以来就负有盛名。《风俗通》曰:"梧桐生于峄山阳岩石之上,采东南孙枝为琴,声甚清雅。""兖州邹县峄山,南面半腹,东西长数十步。其处生桐,相传以为《禹贡》'峄阳孤桐'者也。土人云:此桐所以异于常桐者,诸山皆发地土多,惟此山大石攒倚,石间周回,皆通人行,山中空虚,故桐木响绝,以是珍而入贡也。按《汉书·地理志》:下邳县西,有葛峄山,古之峄阳下邳者是矣。"

　　齐鲁之地既有上好的柞蚕琴弦,又有上好的琴木,自然能制作出上好的琴,所以郁知言礼单中有琴、阮咸等弦乐器。

　　由于桐木透气性强,具有防蛀、防霉、防潮等功效,是制作各类家具、用具的好材料,巾子即是其一。大业十年(614),丞相牛弘又上议请着巾子,以桐木为垫。"隋制桐木巾子,盖取便于事。武德初,使用丝麻为之,头初上平小。至则天时内宴,赐群臣高头巾子,号为武家样。后裴冕自创巾子,尤奇妙,长安谓之仆射样。"

　　桐木亦能作枕,颇有安神之效,至今沂蒙桐枕仍是馈赠佳品。唐时山东的送礼木枕更有可能是柳枕,贾思勰云:"凭柳可以为楣、车辋、杂材及枕。"凭柳,今已不知为何物,或是山东的独有树种。柳树亦古代山东地域常见的经济树种,柳树速生,三年即可作椽,但因木性生脆,所以人家种柳,多为取柴之用,收入颇为可观。贾思勰云若种柳九十亩,以每年三十亩循环种植,伐木取柴,岁可得"伍十捌万叁千二百文"。

　　(三)东齐紫羊、角器、毡、毡车子、毛袄段、暖座

　　唐人论羊,以"河西羊最佳,河东羊亦好",但这种好羊只能在当地享用,若南驱至内地,"筋力自劳损,安能补益人"?在概念上,唐时内地用羊,还是认为本地羊方能养人。山东养羊,至晋代时,"东海巨盐,东齐紫羊"已成为山东的标志性商品。宋人苏轼做官密州,见到"东齐紫羊",有诗称"剪毛胡羊大如马"。唐代时山东各地例皆养羊,齐地齐州辅公祏姑姑家"以牧羊为业",鲁地滕州王希夷"父母终,为人牧羊,收佣以供葬"。所谓"东齐紫羊",就是贾思勰《齐民要术》中所说的绵羊,毛长而厚,其毛、皮、筋、角均有较高的经济价值。

　　角器,指用动物骨角制作的器皿。用象牙、犀角、羚羊角制成的角器珍贵,用羊角、牛角制作的角器比较普遍,此类角器是封信函、盛茶叶的常用品。决定角器品质的,除材质外,关键是角器上所刻的花卉、山水、人物和蟠螭纹等图案。作为山东地域的标志性商品,"东齐紫羊"的养殖,为角器制作提供了上好的原材料,辅以山东自汉以来"俗弥侈泰"的消费文化,角器制作自然是刻意求工、求奇,招人喜爱,遂成为不可多得的地域特产物品。

　　"东齐紫羊"最有价值的部分非羊毛莫属,羊毛制成的最常见的日用品是毡,贾思勰特意记录了"作毡法":"春毛秋毛,中半和用。秋毛紧强,春毛软弱,独用太偏,是以须杂。三月桃花水时,毡第一。凡作毡,不须厚大,唯紧薄均调乃佳耳。"郁知言将"毡"作为礼品之一,当是基于"东齐紫羊"的生产。

　　车,作为古代陆上最重要的交通工具,因其要载重和长途奔波,须用上好原材料制作,方能持久使用;而"作车,当取高平荚榆之毂"。高平,今山东邹城所辖,西汉时称橐

县,新莽时改称高平,东汉时更置为高平侯国。山东榆树品种齐全,"今世有刺榆,木甚牢朌,可以为椟车材。梜榆,可以为车毂及器物。""凡种榆者,宜种刺、梜两种,利益甚多。其余软弱,例非佳木也。"梜(荚)榆木,"这种榆木特别宜于作镟材,可供镟成多种中空的器物,小者如盏、碗,大者如缸、毂,在木理上有其特性。"大约梜榆以山东高平所生者为最好,所以汉魏时代就形成了"作车,当取高平荚榆之毂"的认识。山东所生梜榆、楸、桐等木,皆为制车的上好木材,所以古代山东的车诚属名品,殆如今日汽车之宝马、奥迪者。既有好车,再用上好毛毡装饰,无疑是上佳礼物。

山东羊毛作毡毯之外的其他用途,传世史籍失载。赖《记事备要》,可知尚能制作毛袄段和暖坐。据考,"暖坐是兽毛皮或夹层絮棉制成的用于保暖的鞍马坐垫",并非今日用于日常座椅的那种坐垫。

(四)桑树、蚕丝、蚕种、衣段、縠子、益都盛服、幞头、笺纸、桑皮纸、葛布、毬杖

司马迁所云"齐、鲁千亩桑麻"的生产面貌,直到唐代仍然存续。密州:"饮马胶川上,傍胶南趣密。……落晖隐桑柘,秋原被花实"。青州,"农桑连紫陌,分野入青州"。单县一带:"秋山入远海,桑柘罗平芜"。清河:"行复见城市,宛然有桑麻"。德州:"鱼盐隘里巷,桑柘盈田畴"。敦煌文书《斯五二九背》记载五代后唐时一名僧人游历天下名寺,自河北沧州入山东青州,再经兖、郓州达于陈、许州,沿途所见"桑麻映日,柳槐交阴,原野膏腴,关闹好邑"。

齐鲁地域大面积种植的桑树,除了隐形的生态效益外,带来的第一项收益是桑葚,"葚熟时,多收,曝干之,凶年粟少,可以当食","今河以北,大家收百石,少者数十斛"。数十斛干葚,对于农家而言,已是一笔不小的收入。现在桑葚除当水果鲜吃外,已不干制,而是将其酿制为葚果酒,亦是当今送礼佳品。

齐鲁所种桑树属低干型鲁桑,桑叶肥大甘甜,能养好蚕,以故山东的蚕种国内知名。萧翼为唐太宗到越州骗取辩才僧的《兰亭序》,即是扮成山东卖蚕种的落拓书生。

谚云:"鲁桑百,丰绵帛。"好桑,好蚕种,给山东的丝织业发展提供了坚实的基础,山东各州均出产上等丝绢,见于官方贡品的丝织品有绢、绵、绫、镜花绫、双距绫、仙纹绫、平紬等几种。镜花、双距、仙纹、平纹等类,当是山东"齐纨""鲁缟"织品中具有代表性的花纹,这些上等贡品应该就是郁知言礼物中的衣段。礼物清单中的"縠子",即平织皱纹轻纱,属"鲁缟"中的名品。

"齐纨""鲁缟"自先秦以来就以雪白见称,唐初山东医者已然熟知猪胰"堪合膏练缯帛",用猪胰制作的胰酶剂来精练丝绢,不仅脱胶完全,色泽艳丽,而且省时省工,后世一直沿用,"以猪胰陈宿一晚,入汤浣之,宝色烨然"。此项技术的应用,使得"齐纨""鲁缟"的生产不仅提高了生产效率,而且保证了它的生产品质,唐人盛赞"齐纨鲁缟如霜雪"。

如霜雪的素绢之外,齐纨又以"纤华"著称,这需要有高超的染色技艺。齐鲁染色技艺在唐代以青州北海郡(治益都)为最高,如"李清,北海人也,代传染业。……子孙

及内外姻族,近百数家,皆能游手射利于益都";北海出色的染色技艺,为北海所产之绢赢得了"天下唯北海绢最佳"的美誉。用北海绢制作的服装,唐人赞其为"益都盛服":"唐天宝中,益州士曹柳某妻李氏,容色绝代。……着黄罗银泥裙,五晕罗银泥衫子,单丝罗红地银泥帔子,盖益都之盛服也。裴顾衣而叹曰:'世间之服,华丽止此耳。'"以华丽誉称于唐代的北海绢,当然是送礼佳品,只是郁知言统以"衣段"概而称之。送礼时自当随对象之不同,再行挑选不同品色的丝绢。

汉唐时期山东服饰业的发展,强力拉动了染料作物的种植,贾思勰记载了红蓝、蓝、紫草等染料作物的种植技术,并计算了种染料比种谷物多收三百匹绢的经济利益:"负郭良田种一顷,岁收绢三百匹。一顷收子二百斛,与麻子同价,既任车脂,亦堪为烛,即是直头成米。二百石米,已当谷田;三百匹绢,超然在外。"因为种植染料作物的超利润,王洪范任青、冀二州刺史之前的官吏,"或强借百姓麦地以种红花,多与部下交易,以祈利益。洪范至,一皆断之。"直到唐代,益都盛服的兴盛,红蓝、紫草在青州当有大面积的种植,以满足本地染业的发展需求。红蓝、紫草两种染料是唐代青州的贡品。

唐人衣着有头饰,称为"幞头"。"幞头之下,别施巾,象古冠下之帻也。""巾子制,顶皆方平"。顶皆方平,盖以桐木为衬。桐木巾子,取桐木透气、防蛀、防霉、防潮之效,山东既有好的桐木,又有天下第一的亮丽丝绢作巾,山东"幞头"之美由此可知,自然入列于郁知言的礼品清单中。

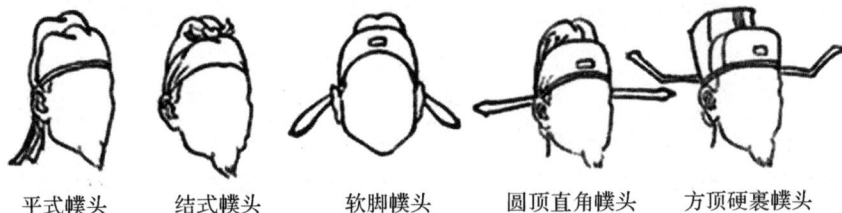

平式幞头　　　结式幞头　　　软脚幞头　　　圆顶直角幞头　　方顶硬裹幞头

幞头形制

山东桑蚕业的发展还有两项副产品:一是以到龄桑树之皮制作的桑皮纸;二是丝绵染色过程中积淀下来的棉絮所制成的彩色纸,此即礼品清单中的"笺纸"。

山东纺织贡品中还有齐州的葛,只不知此葛是人工种植还是野生的。葛皮纤维用制葛布,而割剥葛皮之后的藤干则是制作毬杖的主材料,据考:"毬杖是一根周围绘有花纹、顶端呈半弦月形的棍,类似今日的曲棍球。毬杖杖杆一般用藤条制成。"即便在现代,马球运动所使用的球杆仍是用藤条制作。

(五)笋、笋笴、竹簟、竹鞋、竹拄杖、水葱席、蒲扇

笋,指鲜竹笋,是竹子在春季萌生的嫩芽。笋笴,即笋干,是由鲜竹笋经腌制、曝晒而成。竹子是经济林中的一个大类,汉唐时期山东能种竹,《齐民要术》与《四时纂要》都有种竹的技术要领与季节安排。

竹的用途,贾思勰只记录了"笋":"二月,食淡竹笋;四、五月食苦竹笋。蒸、煮、炰、酢,任人所好。"食用笋之外的其他用途,贾思勰只提到了如何选材作器:"其欲作器者,

经年乃堪杀。未经年者,软未成也。"至于作何种器,传世史籍阙载,赖《记事备要》,可知山东竹子用以制作竹簟、竹鞋、竹拄杖等,它们当是竹制品中高档的东西,所以被当作礼物。至于竹筐、竹帚等物,则属竹制品中的百姓日常用品。

竹类生长的环境,喜温暖湿润的气候,年平均温度须在 12℃ 以上,年降水量在 1200 毫米以上。且竹子对水分的要求,高于对气温和土壤的要求。在 630 年至 992 年间是最近 3000 年来北方历时最长的多雨期,尤其从 630 年至 834 年的唐代时期,是降雨特多的时期。考古研究证明:在隋唐暖湿期,豫西洛河流域的多年平均降雨量达 1220 毫米,可以大面积种植竹子。圆仁在荣成赤山法华院,见"每房灶里,烧竹叶及草"。杜甫在济南历下亭,见"修竹不受暑,交流空涌波"。裴耀卿修复齐州黄河大堤后,"北河回其竹箭,东郡郁为桑田"。唐代山东竹类能大面积生长,表明当时山东与同纬度的河南一样,降雨量达到了 1200 毫米以上。

水葱生长在湖边、水边、浅水塘、沼泽地或湿地草丛中,香蒲草只能生长于池沼环境下。唐时山东充沛的降雨量,使得山东地域的水环境比较优越,见于《水经注》的各条河流如济水、汶水、泗水、桓水、菏水、洙水、沂水、渑水、淄水、胶水、百脉水、汜水、潍水、濮水、漯水、清水、沭水、承水、水、滴水、卢水、沮水、瓠子河、马颊河等,在唐代《元和郡县图志》中仍有明确记载,各地湖泊水体亦相当丰富,因此随处都生长着水葱和香蒲草。这两种植物都能编织席、扇、帽等物品。山东东牟、东莱两地的贡品中都有水葱席,唐玄宗曾将水葱席赐予安禄山。而今山东水环境大不如昔,已少见蒲草与水葱,更不论竹了。

(六)甘蔗、糖

(七)茶、石器、石镊、交床、越器

唐时登州、莱州均向皇室供送石器,莱州最有名的石器之一是作为煮茶器的"石镊"。煮茶器,通常用铁铸造,然"洪州用瓷为之,莱州用石为之,瓷与石皆雅器也,性非坚实,难可持久。用银为之,至洁,但涉于侈丽。雅则雅也,洁亦洁也,若用之恒,而卒归于铁也"。煮茶器需配支架,唐人以交床为之。交床"以十字交之,剜中令虚,以支镊也"。唐代皇室饮茶成风,则煮茶雅器"石镊"必是唐代贡品之一,也当是民间送礼佳品。送石镊必送交床,则郁知言礼物清单中的交床,未必是行坐用的绳式交床,当是与石镊配套的茶器交床。

越器,即青瓷器。

(八)药方、生药

自唐《新修本草》标示药材之所在道、地,从此中医就有了"道地药材"之说,而治病疗效如何,则要看是否道地药材。因此,道地药材也就成为上好的礼物,生药只是"道地药材"的一个总称。除前述贡品表中所列诸种药材之外,据《新修本草》,山东的地道药材尚有下列药材。

区域	药 材
太山山谷	云母、石钟乳、滑石、紫石英、白石英、青石脂、白石脂、太一禹余粮、石硫黄、阳起石、石膏、玄石、长石、青芝、女萎、远志、络石、千岁蔂汁、丹参、景天、徐长卿、茵陈蒿、石龙芮、瞿麦、泽漆、藜芦、茵芋、连翘、狼毒、茯苓、柏实、木兰、秦椒、龙骨、伏翼、蛞蝓、遂石、麻蕡、桃核
宛朐	远志、柴胡、龙胆、沙参、蘼芜、杜若、薇衔、黄芩、玄参、白鲜、地榆、桔梗、贯众、虎掌、牙子、白及、陆英、鬼臼、牡荆实、五加、厚朴、猪苓、山茱萸、吴茱萸、秦皮、莽草、蓬蔂、柒紫
临淄	长石、防葵、防风、蛇床子
琅玡	云母、防风、秦椒、柳华、山茱萸、阳起石
东海	海藻、昆布、蘿菌、牡蛎、海蛤、文蛤、魁蛤、贝子、山茱萸、禹余粮、石硫黄
青州	甘草、防风、麻黄、半夏、水苏、大枣、牛膝、五味子、盐
齐、鲁间	侧子、格注草、王瓜、滑石 掖县、青石脂 济南、阳起石 齐州、代赭 齐州、姜石 齐州、防风 齐州、石膏 蒙山、蔺蓄 东莱、皂荚 邹县、牛黄 莱州、阿胶 东阿、水蛭、水萍、蔄实、鸡头实 雷泽

（九）书籍、古画、诗篇、州县图、障子、花鸟障、扇子

障子,是"带有卷轴的字画",并非今人所指的屏风。花鸟障,即绘着花鸟内容的卷轴画。

（十）砚瓦、羯鼓、棋局、长行局、笔、墨

（十一）生蕉、菴萝、橄榄子、柑橘、牙笏、木笏、衣香、口脂、面脂

"又登州贾者马行余转海,拟取昆山路适桐庐","吴门转粟帛,泛海陵蓬莱","题诗在琼府,附舶出青州"。由此可知,山东诸海港至江南、两广地区存在海船航路,贸易频繁。回山东的青州商船将象牙、檀木等本地稀缺的产品运回山东,成为山东手工业者的常见原材料。

（十二）酒、茶酒

（十三）马、鞍辔、鞭、檐子、檐子女二人

（十四）剑、弓箭、靴裁具、镜子、铸镜、磨镜

（十五）藕子

（十六）樱桃、蒲桃、杏子、桃子、李奈、梂栗、烘柿、榠楂、梅子、林擒、枣子、石榴

《齐民要术》中详列"枣、桃、樱桃、葡萄、李、梅、杏、梨、栗、奈、林檎、柿、木瓜、安石榴"十四种果实的种植方法,礼单中的"榠楂"即木瓜。可见当时山东所产果品大多列入了郁知言的礼物清单。

（十七）犬、猎狗、猧子、猫

（十八）海物、海鱼、文蛤、海蛤、海藻、海砂

在上所述的十八类生产中,唐代山东涉农五业的生产与商品化情形相当清晰。

今天山东所产的绿豆、红豆、小米、紫米等五谷杂粮,是农业部门主推的特色旅游礼品。这些五谷杂粮,除玉米外,唐时山东都有生产;但郁知言的礼物清单中并没有这类粮食产品的身影,当是因为古代这些粮食各地常见的原因。这并不意味着粮食不是商品,圆仁的山东行记清楚地记录着山东市场上粟米、粳米、小豆等粮食产品的价格。

粮食生产之外的种植业,如红蓝、紫草、甘蔗、药材等非粮经济作物,在前述十八类社会生产中可见到它们有大面积的商业化种植。

涉农五业中的林业,指的是竹木林果树的生产。从前述十八类社会生产中,可见到柞树、楸树、桐树、桑树、柳树、榆树、樱桃树、桃树、李树、柿子树、石榴树等林果木种植、培育的情形。而笋、笋笴、竹簟、竹鞋、竹挂杖等系列竹制商品,说明当时竹子种植、竹器生产及销售的情形。

牧业,指的是畜牧养殖业。山东"郓城县有一农家,豢豕十余头,时于陂泽间",农家养猪十余头,其目的显然已不属单纯的自给,而是一种商品生产。前述十八类社会生产中的东齐羝羊、马、犬等礼物,说明唐代山东农家的畜牧养殖产品已确实投向了商品市场。

渔业,从贡品表中只能看出唐代山东海产渔业之一斑,至于淡水渔产情形,礼物、贡品表中都无从显现。但唐代山东年降雨量高达 1200 毫米,且湖泊众多,其淡水渔产其实有可观者,如:"历城北二里有莲子湖,周环二十里。湖中多莲花,红绿间明,乍疑濯锦。又渔船掩映,罟罾疏布,远望之者,若蛛网浮杯也";密州诸城县有"百尺陂,在县东南三十四里,中多菱莲萑蒲,水族生焉,百姓取给"。"平原高菀城东有渔津",可证农家水产、鱼类,百姓们都将其投向了市场。

涉农五业中与农家关系最为密切的是副业与家庭小手工业,这一点在两份物品清单中体现得尤为充分。

自古农家副业以采集业最为典型。在上述十八类生产中可以看到的农家采集物品有橡实、野生柞蚕茧、桑葚、桐子、松子、榆钱、皂荚、野生竹笋、水葱、萑蒲、野葛、菱芡、野生药材等多种,而不见于两份表中的农家采集品种尚有野菜、野果、木耳等物。桑葚、桐子、松子等人工种植树木的籽实,按《齐民要术》的记载,物归主家,百姓获得雇值。

农家的农副产品加工及家庭小手工业情形,在两份物品清单中有多重反映。农家小手工制作以条编产品最为明显,有水葱席、竹簟、蒲扇三种作为礼物的精品,而不见于物品清单却更为普遍的农家编艺产品当属柳编、竹编,如筐、箕、罐等日常生产和生活用品。清单中尚有更多的家庭小手工制品,如用柞蚕丝绕制琴弦,剜刻木枕、交床,打磨石镞、棋子,镂制角器,晒制笋笴,缝制暖座,染造鞍鞯等。

"耕且织"是农家副业中最为常见的小手工类型,"耕且陶"可算是农家副业中常见而又比较大型的项目,通常是数家合作。"陶"的内容是砖瓦建材、日用陶瓷器、木炭等窑烧产品,通常是农家农闲时准备好各种材料胚胎,自行装烧或者请装窑师傅来把握火候。据笔者亲见及实地调查,"耕且陶"的情形自先秦形成以来,一直维持到 20 世纪

80年代。唐代改进窑烧技术后，白瓷、彩瓷生产讲究器形及色彩艺术创作，这已不是普通农家所能完成的工作，因此在白瓷、彩瓷生产地区，"耕且陶"无法存续下去，陶逐渐从农家五业中分离出去。"耕且陶"的情形在山东比较明显，自龙山文化以来山东烧造黑陶，瓷器烧成技术出现后，山东又烧制成黑釉瓷器，黑陶、黑瓷均讲究色黑如漆，色彩上的艺术创新不是黑陶瓷生产的重点，故"耕且陶"这种农工结合形式在山东得以存续。唐代山东产白瓷，也产青瓷，尤其临淄窑烧造的油滴黑釉瓷器，是我国黑釉瓷器的名品之一。山东产青瓷器釉色纯正，光亮晶润，多呈青绿色或淡青色，烧成火候较高，致使泪滴状垂釉较多，内底常见深绿色积釉或天蓝色窑变，非常美观。郁知言礼物单中的越器，无疑即是农家"耕且陶"中的精品。

从以上涉农五业的情形看，唐代山东农家的五业产品均投向了市场，所形成的农商关系极为密切，可以说是无商则无以为农，商农结合的情形非常明显，即便深山区也卷入其中。

山东古代农家涉农五业情形大抵如上。近代山东农民涉农五业的情形，因社会环境发生大的变化，副业种类也出现较大变化，限于篇幅，亦只能略述于后。

自古至近代，条编都是山东农家副业之重。竹子是条编的主要原料之一，竹器编制、竹笋采集及干制在唐代曾是山东农家主要副业之一。然而宋代以后北方变得愈来愈干旱少雨，受降雨量影响，甘蔗与竹子等作物在山东已不能自然生长，与此相关的食糖生产、竹器生产在山东不能持续。故近代山东农家副业条编原料中，早已没了竹条的身影。近代山东农家的条编产品原料有麦秆、稻草、绵条、柳条、紫槐条、蒲苇。用麦秆、稻草为原料编制草帽辫是近代山东农家新兴的副业，其他原料皆是沿袭自古代的传统。草编始兴于1860年前后，可用以编制帽子、提篮等工艺品，草辫制作"并无专门的制造场所，大多数是不耐田野劳动的妇女作为农家副业所编制的"。草编由于原料随处可得，成为大多数农家妇女的主要副业，不独于山东。近代山东农家编业还有以头发为原料的发网编织，发网业的兴起缘于当时欧美妇女流行以发网作为头饰包套头发以增美观。发网的主要原料为头发，清末民初盛行剪发，各地弃发随处可见，为编织发网准备了充分的原料。再加上中国劳动力低廉，一些欧美商人见有利可图，纷纷携带发网式样，到山东济南、烟台、青岛等地，利用传教士传习编结技术，结成后贩往国外，"获利甚宏"。

刺绣亦是古代农家妇女传统副业之一，近代又有"花边"加入山东农家妇女副业行列。花边是刺绣的一种，亦称"抽纱"，以棉线、麻线、丝线或各种织物为原料，经过绣制或编织而成，是一种用于装饰的镂空制品。花边可用于制作各种精美物品，如花边手帕、台布、肩巾衣边、裙边等。

自番薯、马铃薯引入山东种植业，以此为原料发展出粉条生产行业，农家因此也多了"漏粉"这一副业，"龙口粉丝"即这一副业发展而在山东形成的著名的产品品牌。漏粉多是数家合伙，或是集股作本，雇工作粉，集股者若又参与其中劳动者，按劳力取工值，按股本分红。

古来传统家庭副业,女子以采集、纺织为主,男子则以"金、木、陶、土"四业为主。但自唐代以后,尤其到了明清时期,山东持此副业之男子视技术创新为"奇技淫巧"而"不习尔",以至于失去行业创新能力,导致器形朴陋,如藤县"金石土木诸工,皆粗率朴拙",惠民县"工尚质朴,故诸匠作及陶冶之类,不习淫巧"。失去创新能力的农家四业本来市场需求就少,只能局限于地方向壁一隅苟存,在近代机器生产精美产品的冲击下,此四业日渐从农家副业中分离。

近代山东农家副业稍能维持古代旧观者唯林果业,山东果品自古名品就多,近代又多引欧美及南方品种加以改良,况复气候为北国之冠,故山东果品得以维持昔日旧观。

第三节　山东农业的发展历程

农业是我国国民经济的基础,是人类社会中最早出现的产业。中国是农耕文明的典型代表,有着悠久的农业发展历史。作为农业大省的山东是中国农业发展历史的典型代表。中华人民共和国成立前,山东农业的发展历程大致分为以下九个阶段。

一、原始社会阶段

山东农业开发的历史很早。自距今10000年至8000年间原始农业产生后,山东远古居民夷人的农业生产经过了五个发展阶段:后李文化时期(前8500—前7500)、北辛文化时期(前7300—前6100)、大汶口文化时期(前6100—前4600)、龙山文化时期(前4600—前4000)、岳石文化时期(前4000—前3600)。

后李文化时期,考古所发现的原始工具有石质的斧、铲、刀、镰、锛、凿、磨盘、磨棒、磨石等。斧、铲、刀、镰是用于开垦、耕作农作物以及收割果实的工具,这标志着后李文化时期东夷人已脱离了纯粹依靠大自然赐予的生活阶段,经济生活正从采集渔猎业向种植业迈进,进入农业生产时代。

北辛文化时期的农业工具已有了鹿角锄,锄是古代农业去除杂草和进行田间管理的主要工具。锄的应用,表明北辛文化时期的农业技术水平已有大幅进步。据《山东济宁市张山遗址的发掘》称,北辛文化时期已经发明了水井,这一技术成果至龙山文化时期应该得到了较大范围的应用,胶东龙山文化薛家遗址有4米多深的水井,兖州西吴寺遗址、章丘城子崖遗址、青州凤凰台遗址的水井,一般井深5米,最深的达7米。水井"体现了人们对大自然的控制能力有了较大的提高,它不仅解除了人类对江、河、湖等水源的依赖,而且适应了村落定居和农业生产日益发展的需要。即使在旱季,人们也能给农作物提供水源,可以就近对农作物进行灌溉"。北辛文化时期的主要农作物是黍、粟,这两种农作物均属旱地作物,水井作为生活与生产的重要设施,其深远意义已毋庸多言。

大汶口文化时期,山东人已掌握了钻孔技术。应用钻孔技术制作的工具,可以很方便地安装手柄,操作容易且省力,大大提高了农作效率。这一时期的主要农作物在黍、粟之外,增加了水稻。考古研究显示,大汶口文化晚期,山东地区出现了稻作农业。

龙山文化时期山东农业生产的显著进步体现在金属工具的使用上,胶县三里河出土了两件黄铜钻形器,这意味着金属工具时代的到来。龙山文化时期的遗址发掘表明山东农业生产已经有了初步的农业水利灌溉设施,庄里西遗址等地发现了大量的炭化稻米。现有考古资料表明:龙山文化时期,稻作农业迅速发展,"水稻可能是山东东部地区龙山时代居民的主要粮食作物,稻作农业在当时的农业经济中占有比较重要的地位"。水稻、小麦在龙山文化时期从南方传入山东乃至整个北方,对于农业发展格局而言是一个大事件,它引起了北方农作物构成的变化,"龙山时代以前,黄河流域为主的北方以粟黍为主要农作物,长江流域以水稻为主要农作物,龙山时代,不仅稻作农业传播到黄淮流域并得到迅速发展,而且大豆、小麦和大麦遗存也作为农作物在遗址中频繁出现"。

岳石文化时期,泗水尹家城遗址出土了多件小型青铜器,有刀、锥、钻等工具和武器,表明东夷人已经掌握了青铜冶炼技术。城子崖和李家埠遗址中都发现了粟黍颖壳和水稻植硅体,桐林遗址中发现了炭化粟黍和水稻等粮食作物。随着农业生产技术的提高、粮食产量的增长,已有一部分粮食可用于酿酒,岳石文化遗址中出土有陶杯、石杯等酒具。

总之,龙山文化以后,山东农业呈现出如下分布格局,"除了仍然保持以传统的旱作粟类作物为主的农业区(如西部和北部地区,其东界应在桐林附近)之外,出现了新的以种植水稻为主的稻作农业区(如东南部和南部地区,其北界在庄里西和赵家庄一线),并且在与以上两区邻近的胶东半岛及其以西部分还可能存在着旱作和稻作混合耕种的农业区"。

二、春秋战国阶段

岳石文化时期,东夷部落方国纷纷出现,历史的车轮已滚入夏商时期。据逄振镐先生的统计,在夏商时期山东共计产生了古国 169 个。为争夺生产资源,各方国间战争不断。随着以农兴国的周族的崛起,周武王灭商。然周朝本身的势力虽能灭掉商王朝,但还不足以臣服当时所有的方国,故只能采取"邦联"式的统治,实行分封制,"封建亲戚,以藩屏周"。

今山东之地最大的两个封国是齐、鲁两国。齐、鲁封国后,齐国姜太公吕尚修政"因其俗,简其礼",在农业开发上沿袭了东夷人的村社土地制度(《周礼》25 家为社)。鲁国封国后,周公旦之子伯禽在鲁"变其俗,革其礼",将周朝制度强力推行于鲁国,鲁国的"籍田制",其实就是周朝的"井田制"。

通过大分封,周在关中地区发展起来的较为先进的制度文化、经济文化随之被扩散到封国地区,"齐、鲁封国之后,姬姓周人把向以农业发达而著称的周族农业技术带到山东来,鲁、滕等姬姓国又都封在土质肥沃的平原地区,更是促进了该地农业生产的发展"。

西周时期山东农业发展的重要表现是青铜犁铧的发明和使用。济南发现的西周青铜犁铧,犁面有明显的使用磨损痕迹,是一件古代实用的农具,"青铜犁铧的发明是农业耕作技术的重大进步"。

随着西周分封制与世袭制的推行,西周王室直接控制的力量逐渐变弱,诸侯坐大,历史进入春秋时期。在这一时期,铁制农具与牛耕技术在山东得到发展。据《国语·齐语》记载,当时农民使用的工具有耒、耜、枷、芟、枪、刈、耨、耰、镈、锄、夷、斤、劚等10余种,耒、耜是耕垦工具,枷、芟是割草工具,枪、刈、耨、镈、锄等是除草工具。《国语·齐语》云:"美金以铸剑戟,试诸狗马;恶金以铸锄、夷、斤、劚,试诸壤土。"恶金即指铁,用以铸制农具。据考证:春秋后期的齐鲁大地,使用牛、马作牵引动力进行土地深耕与平整,"使用畜力(牛、马)耕作不仅提高耕作效率,而且还能达到深耕的效果,这是耕作动力上的一大飞跃"。

畜力的普遍使用,为田间管理提供了足够的时间,田间种植开始实行垄作技术。作物垄作后,土地在小范围内实现了垄、畦土壤轮作休耕,有利于保持地力。垄作又有利于作物的通风透光,同时便于中耕除草进行田间管理。《国语·齐语》《管子·度地》记载了垄作、中耕等技术在山东应用的情形,垄作耕种是中国古代农业技术的一项巨大进步,沿用至今。

由于铁制农具的使用,大量的生荒地被开垦成为耕地,这些新耕地即成为公田之外的私有耕地,致使"民不肯尽力于公田"。齐、鲁两国只得进行生产关系的调整。齐国在管仲的主持下,推行"相地而衰征",即承认土地私有,赋税按土地肥瘠和产量多少确定亩税,这提高了农业生产者的积极性,大大地促进了农业生产的发展。管仲的措施不仅仅在于提倡以农业为主,而在于培育商品经济繁荣的环境,以促进本事即农业、手工业的发展。与齐国类似,鲁国也实行按亩征税的"初税亩"。

到了战国时期,铁制农具的使用更加普遍。《管子·轻重乙》云:"一农之事必有一耜、一铫、一镰、一耨、一锥、一锤然后成为农",表明当时农家工具已普遍采用铁制。考古资料证明山东的铁制农具品类多样,1958年在齐故城发掘出铁器18件,有铁锛、铁斧、铁镢、铁锄、铁凿、铁铲、铁犁、铁镰、铁钜等,其中的铁镢,有长条形,也有箭式三齿形。齿形农具是刀形农具的演化,比长条刀形农具更省力,后世利用率相当高的农具铁搭,就是三齿或四齿的农具,俗又称钉耙。山东齐故城出土的铁农具,证明当时山东农业生产工具的品类齐全,形制已多样化。随着锄、犁工具的进步与使用,"深耕易耨"成为当时全民共识。最为关键的是,齐国修筑完成了山东黄河大堤,保障了农业的持续发展。

通过精耕细作与农业生产关系的调整,推动了农业的大发展。研究表明,齐国的粮食亩产量在战国前期达到了1.56石,战国中、后期平均亩产量达到了2石。

三、秦汉阶段

秦汉时期关于山东农业生产面貌的经典表述来自司马迁。《史记》云："淮北、常山以南,河济之间千树萩;陈、夏千亩漆;齐、鲁千亩桑麻;……沂、泗水以北,宜五谷、桑麻、六畜。"由此看来山东粮食农作物的生产布局仍然保持着先秦时期的基本格局,水稻生产仍然主要分布于沂、泗水以北的鲁东南、鲁南地区。秦彭建初元年(76)为山阳太守时,"兴起稻田数千顷"。

在这里最值得关注的是,汉代山东形成的区域化的经济作物规模性生产:千树萩、千亩桑麻。"千",此处非实指,而是极言其多。在千树萩、千亩桑麻的背后,是农家的采集、家具制造、造船、染织等后向行业的兴旺。至于山东农家的基本生产规模,《汉书·循吏传》龚遂传云:"遂见齐俗奢侈,好末技,不田作,乃躬率以俭约,劝民务农桑,令口种一树榆、百本薤、五十本葱、一畦韭,家二母彘、五鸡。民有带持刀剑者,使卖剑买牛,卖刀买犊,曰:'何为带牛佩犊!'春夏不得趋田亩,秋冬课收敛,益蓄果实菱芡。劳来循行,郡中皆有畜积,吏民皆富实。"

汉代山东农业生产工具的种类已比较齐全,考古发掘出土了许多两汉时期的铁制农具,从器型看:农具类有犁、铧、镢、锸、双齿镢、三齿镢、五齿镢、铲、锄、镰诸类;工具有斧、锛、锯、锤、夯锤、凿、刀、削、钻、钎等类;铁制农具占有主导地位,不仅数量多,农具种类也很齐全,已非常普遍地应用于农业生产的各个方面。1972年在莱芜县出土了汉代农具铁范24件,有犁范、镰范、镢范、铲范、耙范等种类。其中耙是汉代出现的新农具,说明汉代山东旱作农业在耕之后已有了"耙"碎土壤的工作环节。"耙"对北方旱作农业"耕、耙、耱、耢"耕作体系的形成起到相当重要的作用。

山东滕州出土的大铁犁,长48厘米,底宽45厘米,高13厘米,是"开田间沟渠及作陆堑"用的专用工具,这说明其时山东地区已相当重视农田水利建设,开发出水利建设的专用工具。此期山东大型的水利工程除修大堤治理黄河水患外,比较大型的农田灌溉工程是汶水与钜定湖灌溉工程,"自是之后,用事者争言水利。……东海引钜定,泰山下引汶水:皆穿渠为溉田,各万余顷。佗小渠披山通道者,不可胜言。"

四、魏晋南北朝阶段

魏晋南北朝时期,山东农作物的生产分布格局一如先秦时期。水稻生产仍然主要分布在鲁东南与鲁南地区,并在鲁北地区也有所扩展。《魏书》卷六八记宣武帝时,青州北海剧县(昌乐西)人高聪依附宠臣菇皓,"启请青州镇下治中公廨,以为私宅;又乞水田数十顷,皆被遂许。"

此期山东农业耕作技术的重大进步,在于旱地耕作流程的基本定型,在《齐民要术》中可看到耕、耙、耢紧密相连的生产节奏。在工具发明上的最大贡献是齐人蔚犁,"今自济州以西,犹用长辕犁、两脚耧。长辕耕平地尚可,于山涧之间则不任用,且回转至难,费力,未若齐人蔚犁之柔便也"。

此期山东农业经济发展的最大特色是庄园经济的多种经营,房玄龄叔祖——北齐博陵君房豹所修建的房家园,即是此期庄园经济的一个代表。房家园位于济南历城,《酉阳杂俎》卷一二载:

> 历城房家园,齐博陵君豹之山池。其中杂树森竦,泉石崇邃,历中被禊之胜也。曾有人折其桐枝者,公曰:"何谓伤吾凤条。"自后人不复敢折。公语参军尹孝逸曰:"昔季伦金谷山泉,何必逾此?"孝逸对曰:"曾诣洛西,游其故所。彼此相方,诚如明教。"孝逸尝欲还邺,词人饯宿于此。逸为诗曰:"风沦历城水,月倚华山树。"时人以此两句,比谢灵运"池塘"十字焉。

据上引文字,房家园修建有池塘、假山等各种胜景,栽种有桐树等林木,"杂树森竦"。房豹自诩房家园超过了西晋巨富石崇的金谷园,可知房家园与石崇金谷园的经营模式差要比拟,现列叙于后:

一是作为风景浏览地房家园,为历中被禊胜地。被禊,乃古人"除恶之祭",其方式有二:(一)是于洁净水源之所洗濯沐浴;(二)是秉火求福。被禊有春秋两次,春季在三月初三上巳日,在这一天,人们至水滨以药草浸水沐浴、采兰草沾水拂拭周身,然后嬉游、宴饮,尽欢而归。房家园风景优美,水源洁净,时人以为被禊之地的首选。由此可知,房家园内必定修有相关的馆所设施以提供嬉游、宴饮之所,上所说的词人尹孝逸就饯宿于这些馆所设施中。则房家园此等游乐、饮食、馆所经营收入当为房家经济来源之一。

房豹自豪地称"昔季伦金谷山泉,何必逾此",则房家园有超越石崇金谷园的地方。石崇的金谷园在洛阳河南县界金谷涧中,"去城十里,或高或下,有清泉茂林,众果、竹、柏、药草之属,莫不毕备。有田十顷,羊二百口,鸡猪鸭鹅之类,莫不毕备。又有水碓、鱼池、土窟,其为娱目欢心之物备矣"。由此可见,石崇经营金谷园的目的之一是种植各种经济作物获利,同时兼顾景观欣赏作用。上引文字已指出房家园"杂树森竦",园内应当也是种植着各种经济林木作物,现所知房家园内经济林木作物之一有桐树,房豹雅称其为"凤树",只是不清楚所种的桐树究竟是青桐、白桐还是油桐。桐树的经济价值前文已有详述,此不赘。《齐民要术》《四时纂要》均记载当时北方可种竹,《入唐求法巡礼行记》亦记载山东有野生竹林,山间僧人以竹叶作烧柴取暖的燃料。适宜竹子生长的气候条件也适合油桐生长,因此按当时的气候条件,山东之地也能种油桐。油桐树为中国四大木本油料作物之一,油桐子可榨油,用途广泛,桐油是古代造船手工业防水、防腐的必备原材料,山东自古以来为造船之地,对桐油有着旺盛的需求。

《史记》云:"河、济之间千树萩",可以推知的是,房家园内必然会种有楸树,这是自汉代以来齐鲁之地的传统经济林木。"楸,作乐器,亦堪作盘合。堪为棺材,更胜松柏"。除此而外,楸子可以入药,楸木更是制作船舶的上等原料。在楸树种植的背后,是乐器制造业、家具制造业、船舶制造业的庞大需求,有着可观的经济效益,房家园内必种此树。

石崇的金谷园规模宏大,单其养殖用田就有 10 顷。石崇《思归引序》记其河阳别业云:"其制宅也,却阻长堤,前临清渠,柏木几于万株,流水周于舍下,有观阁池沼,多养鱼鸟。"金谷园为石崇举行各种主要活动之所,其规模当不亚于河阳别业。房豹既自诩房家园超越金谷园,段成式亦云房家园"泉石崇邃",可见房家园的规模确实不小,应当也有"柏木几于万株"这样的规模。在这样的规模下,仅桐树的籽、叶所带来的经济效益就已相当可观了。金谷园中修有水碓,这是当时最有效益的米面磨粉加工工具、药材粉碎工具,经济效益相当可观,石崇所拥有的 30 余区水碓是石崇巨额财富的重要来源之一。"泉石崇邃"的房家园既自比金谷园,当然也不会少了这样的设施,房氏应当利用园中流水修建了水碓,只是不知房氏水碓之具体数目。

"殖园圃之田,收市井之利"的金谷园"百道营生"治生模式,显然成为房氏极力模仿的对象,是以有历城房家园。透过房家园,可考知房氏的治生经营涉及饮食、宾馆、粮食加工、药材、娱乐、果林种植、粮食生产、畜类养殖等多种行业,的确可以称得上"百道营生",堪为魏晋南北朝时期有史可考的山东庄园经济的代表。

五、隋唐五代阶段

《史记》云:"天下膏腴地,莫盛于齐者矣",隋唐五代时期因汉魏旧迹,不仅维持着"膏腴之地"的经济繁荣,并且在新的技术背景下使地域经济有了新的突破。

依据物候、动物分布、雪线和海平面等相关资料,隋唐时期是一个总体温暖的时期,当时的年平均气温与现代气温相比高 1℃左右,气候带的纬度北移 1°左右。在总体温暖的同时,隋唐时期也是一个总体湿润的时期,在 630 年至 992 年是一个相对湿润的多雨时期,是最近 3000 年来北方历时最长的多雨期,尤其从 630 年至 834 年的唐朝是降雨特多的时期。在这个温暖湿润期,山东的降雨量相当充沛,可以大面积种植水量要求比较高的竹子、甘蔗、水稻等农作物。隋唐五代时期山东因雨雪致灾 50 次、旱灾 10 次,可知在此期山东年均降雨量较多的背景下,农业面临的主要问题乃是水多的问题,主要通过兴修水利设施来应对雨水分布不均所致的水旱问题。为此解决水旱问题,此期山东地区修建不少水利工程,如鲁西南的沂州承县,"县界有陂十三所,并贞观元年以来修立,以溉田焉";再如鲁东胶莱平原上,密州诸城县有潍水故堰,"在县东北四十六里。蓄以为塘,方二十余里,溉田万顷";辅唐县有浯水堰,"今尚有余堰,而稻田畦畛存焉"。"山东地无山,平视大海垠",从地理特征上看,今山东地域除鲁中南丘陵山区、胶东丘陵山区外,其他平原地区都是宜农区域。在唐至宋初北方历时最长温暖湿润多雨气候的背景下,只要有合适的基础设施,这些宜农平原区域就能产生出旺盛的农业生产力。尤其经过唐初的恢复性建设,山东农业发展起来,史称贞观时期"频致丰稔,米斗三四钱,行旅自京师至于岭表,自山东至于沧海,皆不赍粮,取给于路。入山东村落,行客经过者,必厚加供待,或发时有赠遗,此皆古昔未有也"。唐玄宗时期,"是时,海内富实,米斗之价钱十三,青、齐间斗才三钱,绢一匹钱二百"。

山东农业粮食生产之外，因隋唐五代时期山东还拥有尚称良好的水环境和森林资源，故而传统的畜牧、渔猎经济形态仍然得以存留，成为山东农业经济的重要补充形式。凭借着丘陵山地地区的森林资源，唐五代时期民间多有以射猎为生者，“王虔裕，琅琊临沂人也，家于楚丘。少有胆勇，多力善射，以弋猎为事。唐乾符中，诸葛爽聚徒于青、棣间，攻剽郡县，虔裕依其众”；“史论在齐州时，出猎，至一县界，憩兰若中”；“唐曹州武城人方山开，少善弓矢，尤好游猎，以之为业，所杀无数”；“李子通，东海丞人也。少贫贱，以鱼猎为事”；“唐齐州有万顷陂，鱼鳖水族，无所不有”；“唐建中初，青州北海县北有秦始皇望海台，台之侧有别浕泊，泊边有取鱼人张鱼舟结草庵止其中”；“曹、宋二州西界有大鹤陂，陂左村人陈君棱，少小捕鱼为业”；“平原高菀城东有渔津”；“历城北二里有莲子湖，周环二十里。湖中多莲花，红绿间明，乍疑濯锦。又渔船掩映，罟罾疏布，远望之者，若蛛网浮杠也”。

隋唐五代时期山东农业之水果生产亦是重要产业，最为有名者当数青州乐氏枣，《齐民要术》云：“青州有乐氏枣，丰肌细核，膏多肥美，为天下第一。……齐郡西安、广饶二县所有名枣即是也”。青州枣亦入药，唐《新修本草》云：“旧云河东猗氏县枣特异，今出青州、彭城，枣形小，核细，多膏，甚甜。……江东临沂金城枣，形大而虚少暗，好者亦可用”；宋《图经本草》云枣“惟青州之种特佳，虽晋、绛大实，是亦不及青州者之肉浓也”。青州之枣名闻天下，以致唐时“齐枣”成为诸枣品的代名词，“戎葵朝委露，齐枣夜含霜”“饥共噬齐枣，眠共席秦蒲”。山东水果中其他名品尚有桃、杏、水梨、柿子等，如“汉帝杏，济南郡之东南有分流山，山上多杏，大如梨，黄如橘，土人谓之汉帝杏，亦曰金杏”。值得注意的是，唐代山东水果生产的两个新动向，一是积极引入适宜新品种。如引入西域葡萄，“贝丘（今山东省博兴县郝乡境）之南有葡萄谷，谷中葡萄，可就其所食之”。二是运用嫁接技术改良品种。“贞观中，顿丘县有一贤者，于黄河渚上拾菜，得一树栽子大如指。持归，莳之三年，乃结子五颗，味状如柰，又似林檎多汁，异常酸美。……后树长成，渐至三百颗，每年进之，号曰朱柰，至今存。德、贝、博等州，取其枝接，所在丰足”。嫁接技术“其实内子相类者”，嫁接“皆活”的理论阐释的正是唐代在该领域的重大技术进步，上引所示，山东显然已运用了这一先进技术。

隋唐五代时期，今山东地域农业上的显著变化在于地主大庄园的产业化经营。唐元和时清河武城人崔群“夫人李氏因暇，尝劝树庄田，以为子孙之业”。这种情况到五代时依然如此，五代后周时王某回归家乡密州（今山东诸城），“厚自封植，僮仆数百指，奔走供事，树桑垦土，衣食以丰，马牛豚羊，蕃息蔽野，槌鲜酿黍，以享宾客，聚书讲学以教子弟”。除世俗庄园外，寺庙团体也拥有庄园，据园仁《入唐求法巡礼行记》，淄州长山县醴泉寺有“寺庄园十五所”、文登县赤山法华园“长有庄田，以充粥饭，其庄田一年得五百石米”。这些寺院庄园也是多种经营的，园仁在澧泉寺就见到了澧泉寺的果园。

从生产形态上看，唐五代山东庄园经济生产的主体还是农桑、畜牧、酿造，与此前庄园无别，山东人李勣“家多僮仆，积粟数千钟”，可知积粟仍然为庄园主要生产内容，在生产阶段尚体现出浓厚的自给自足气息。然而重要的是，在农桑、畜牧、果林生产之后的产后加工生产阶段,庄园经济体却是以货殖为内涵的商品化生产。从现有史料来看,山东的这些庄园应该雇用了大量农家劳动力从事商品生产,如纺织品,"兖州有民家妇姓贺氏,里人谓之织女。……其姑已老且病,凛馁切骨。妇佣织以资之,所得佣直,尽归其姑,己则寒馁";再如粮食加工,"齐州有一富家翁,郡人呼曰刘十郎,以鬻醋油为业。自云:'壮年时,穷贱至极,与妻佣舂以自给'"。证诸其他地区的庄园生产系统,可知与山东庄园的生产形态一致,楚州淮阴农人的庄园"比庄俱以丰岁而货殖焉。……乃言稻若干斛,庄客某甲等纳到者;绅绢若干匹,家机所出者;钱若干贯,东邻赎契者;银器若干件,匠某锻成者";从经营形态上看,唐代山东庄园已出现了部分城居庄园主,而庄田则委托他人经营。兖州人王鉴"开元中,乘醉往庄,去郭三十里。不涉此路,已五六年矣",王鉴五六年时间都没有到过离自己只有三十里路远的负郭庄,显然庄田不是自己打理的而是委托经营。对于这样的负郭庄田,唐人的目标就是以商品经营为导向。掺杂于《齐民要术》卷首的唐人作品《杂说》清楚地说:"如去城郭近,务须多种瓜、菜、茄子等,且得供家,有余出卖。……如有车牛,尽割卖之;如无车牛,输与人。"可知负郭田视具体条件灵活地采用批零兼营形式。总的来说,以农桑为生产根本,以货殖为目标是唐代山东庄园经济的主要特点。

六、宋元阶段

进入宋代,山东归京东道管辖,《宋会要·兵》五称"京东土地肥沃",《建炎以来系年要录》卷一○○云"山东膏腴之地"。在宋代,山东的确可以称得上膏腴地,即令盐碱地也得到了充分利用,在政府的组织下,利用黄河水淤"累岁淤京东、西碱卤之地,尽成膏腴,为利极大"。

尽管土地膏腴,农民仍然特别重视用肥。山东农谚云:"用粪如用药,粪田如买田,惜粪如惜金。"耖耙这一工具在山东得到了运用,农民耕地一般要经过"耕、耙、耢、耖、挞"五个环节,山东农业精耕细作的程度较之前期进一步提高。

宋代时山东农作物分布的基本格局仍如前朝,只不过在宋政府的政策引导下,山东水稻的种植面积有了进一步扩展。淳化年间,诏令江北诸州"就水广种粳稻",因此鲁北博、棣、德、滨等州兴种水稻,获得成功。然北方水稻种植对水利设施的依赖程度极高,随水利设施的兴废,水稻种植面积也就不时盈缩。

此期山东最有特色的农业种植业是茶树种植。唐末《四时纂要》中记载有黄河中下游地区植茶的技术,只说山中带坡峻地最适宜种茶树,然未详种于何地。山东引种茶树,《金史》卷九九记载鲁中、鲁东丘陵一带"茶树随山皆有"。在金章宗时,金政府亦曾于淄、密、宁海三州各置茶坊造茶。山东茶叶生产在遭遇明清寒冷期时逐渐萎缩,仅剩莱阳、费县、历城、齐河等县尚可维持生产。中华人民共和国成立后,山东又从皖浙一带引进30余种新品茶种,山东遂成为北方著名的产茶地。

七、明清阶段

明清时期山东农业生产工具、耕作技术进展不明显,粮食作物的生产布局在前代的基础上有了新的变化,其变化有三:一是旱地麦作生产扩大,麦收后种豆,以麦作为中心的两年三熟制耕作制度在山东普遍实行;二是随各地水利设施的修建,水稻种植遍及山东六府之地,如济南府自成化年间疏浚大、小清河后,历城县"得湖田数百顷,历城之有稻实自兹始",此后"粳稻之美,甲于山左",诸如此类,不详列述;三是引入了新的粮食作物品种:玉米、番薯、马铃薯。玉米、番薯在山东的规模性种植是在清乾隆以后,马铃薯的引种更晚,时当在清末以后,因其味淡,当时种植范围并不大。玉米、番薯"易于成熟,亦不大需肥力",在引入初期,产量也高,为缓解当时因人口增长、经济作物扩大种植等因素所带来的粮食不足产生了一定的积极作用。但更重要的是,玉米、红薯的生物特性比较适于高山种植,使得它们成为新垦岭地的首选作物,"荒山不宜五谷","只宜种包谷"。随着这两种作物的普遍栽种,山东丘陵地带的自然景观、生产景观遂由此前的"桑麻蔽山"渐渐易为"包谷蔽山",山区经济的多样性慢慢消失,短期的粮食大收益消解了山区多元发展的长期利益,山区地域经济的发展陷入了结构性贫困的泥潭,而且这种情形不独山东如此。

自明代开始,山东农家开始大规模种植棉花,逐渐形成了鲁西北、鲁西南两大商品棉产区。山东多沙地,"土性与木棉宜",山东气候秋后少雨,亦适宜棉花收摘。农民种棉花,虽"工本较五谷费重",然"其获利亦丰""闾阎生计多赖焉",以此棉花种植面积迅速扩大,"六府皆有之,东昌尤多,商人贸易四方,其利甚溥"。棉花在山东的规模性种植,产生了技术替代的社会影响。棉花的纤维短,其纺织技术与此前的桑麻纺织技术完全不属一个系统,应用于桑麻的纺织技术不能直接迁移于棉纺行业,所以棉花在山东的推广,意味着山东农民必须放弃以前所熟稔的桑麻技术系统,其影响是相当深远的。传名数千年的"齐纨""鲁缟"遂渐渐消失于人们的视野,与此同时消失的还有"齐鲁千亩桑亩"的生产景观,漫山遍野的桑树从人们的视线中消失,与桑树相伴的巨大生态效益也随之消失,而棉花并不具备等同于桑树的生态效益。

清代山东还引入了另两种影响比较大的经济作物:一是花生;二是烟草。乾隆十四年(1748)新修《临清州志·物产》有"落花生",但其时山东种植面积并不广,直到清代末年,花生才在山东省广泛种植。花生不争肥,"工省而易收",性喜沙地,以此鲁中南、鲁东南山区丘陵种植最多。如泰安山区"居民以能辨土宜之宜,种植花生获大利",花生有大小两种,"用以榨油,销行极广",以至于连穷乡僻壤都因种花生而变得较为富裕。

花生的引种起到了良好的社会效果,而烟草的引入却正好相反。烟草自清初传入山东。据调查统计,每亩地种烟的收入相当于种粮与植桑的2倍甚至4倍,所以"种烟者,其功力与区田等,而不畏其难者,为利也"。为获得厚利,各地竞相种烟,如沂水县各地"俗竞种烟草",沂水县东里店居民因善种烟草,"地方亦颇殷实"。受利益驱使,山东烟草种植面积遂不断扩大,至清末全省至少有56个州县产烟草,占全省州县总数的一半以上。烟草之外,山东还种植罂粟,清末时二者种植面积达120万亩,相当于全省棉花种植面积的二分之一,相当于花生种植面积的三分之二。罂粟属致瘾毒品,烟草初吸时有一定的御寒驱虫醒神的功效，但吸食后致上瘾产生身体依赖，对本人及周围人群的身体造成较大伤害。由于种烟需高强度劳力和高肥力，烟农宁愿放弃其他农活也要优先照顾烟草以保证烟利，"大约膏腴，尽为烟所占，而五谷反皆瘠土"，粮食生产等多种行业皆受到妨碍。总之，烟草业亦属收一时之利而消解全体利益的行业，对社会的影响相当恶劣。

明清时期山东农业因新作物品种的引入，农业生产格局发生较大的变化，虽然促进了地区经济的繁荣与商品经济的发展，但同时也带来了一些不利的动向，如山区经济日渐结构性贫困等。总之，此期新作物的引入是一柄利弊共存的双刃剑。

八、近代阶段

1840年以后，中国国门被迫洞开，中国农业发展有了一个全新的参照体系。古代仅引入外域作物品种以完善传统农业自身的发展模式无法存续，在新的参照系下，山东农业所引入的不再单纯是作物品种，还有技术设备及相应的农业制度体系，山东农业的发展逐渐走向现代化，这是近代山东农业最明显的变化。

近代山东农业现代化的主要表现有以下几个方面：

（一）成立专门的农政发展机构

清末新政时期成立的商部是全国的最高农政机关。在商部的指挥下，山东地方政府先后成立了垦务局、湖田局、垦丈局等机构，负责土地开垦；成立了河务局、运河工程局、小清河工程局等机构，负责水利工程兴修。

（二）成立农业学堂

晚清山东地方官府设立了一批农业学堂及附设有农科的新式学堂。晚清政府颁行《奏定学堂章程》，山东以此为依据，于1905年成立了农桑会；次年，农桑会改组成为山东农林学堂，设农、蚕、林三科；1907年，山东农林学堂升级成为山东高等农林学堂。1906年，山东设立高等农业学堂，以"授高等农业学艺"为办学宗旨，培养农业技术人员和管理人员。

（三）设立了农林试验机构，负责技术推广和作物品种的引进

1903年，山东第一个农事试验场由济南农桑总会在济南城东七里堡成立。农事试验场成立后，积极从事粮食、林果的栽培试验，1906年农场开始引入美国棉种，从事栽培驯化试验。同年农场附设农林学堂，随着教学规模的不断扩大，到民国初年，农场反变成学堂农科教育的附属试验地。1913年农林学堂改为省立农业专门学校。1926年改组为山东大学农学院，直到"五三惨案"后，山东大学停办，农场才再次处于单独活动状态。1904年，山东巡抚周馥创办山东树艺公司以促进山东林果业发展，迄1949年，山东有林业公司47家。民国成立后，1913年山东行政公署在济南成立农事试验场，农场的试验项目有小麦、大麦、高粱、玉米等粮食作物的种类试验、化肥试验、预防病虫害试验等。1918年又增设了园艺科、果树部，1919年又设立化学试验科。山东许多县也设立了农业试验场，但县级试验农场由于技术专业人才和资金缺乏，很少从事

农作物试验,主要业务是普及作物栽培技术,对引进良种进行地方适应性驯化栽培、繁育并进行推广。县立农场虽规模小、经费少,但对山东农业技术的引进与作物改良仍起到了较大的促进作用。

（四）引进农作物优良品种,推广新种植技术与农业工具

山东于 1904 年首次引进美国棉品种,但这次引种未获成功。1906 年,山东商务局将从美国采购的棉种发给东昌产棉地试种,获得成功。此棉种每亩可收 100 斤至 200 斤不等,纤维细长,利于纺织,大大优于本地棉种,因此次年山东官府组织全省推广种植。1913 年新成立的山东农事试验场着手引进美国新棉种,并进行中美棉品种比较试验,试验结果证实美国棉种品质确实优于中国棉种。山东引进并成功推广的作物品种还有美国大花生。山东早先引入的花生为小粒种,生长迟、产量低;1898 年美国传教士带来大仁花生,此花生粒大、产量高,农民争相种植。1904 年山东官府又在冠县、阳信、沂水、成武等地加以推广,小粒花生遂逐渐被淘汰。明朝时引入山东的烟草采用晒制,清末英美纸烟传入后,"洋纸烟盛行,土烟之利渐为所夺"。此时英美烟草公司主动将其烤烟烟种及烘烤工艺引入中国,山东是国内引种美种烟最早且成效最大的省份之一。随着新品种的引进与推广,棉花、烟草、花生逐渐成为山东省重要的商品性农产品。

除作物品种外,还引入了化肥应用技术。传统农作物历来重视施肥,肥料来自土草肥、人畜粪尿厩肥和饼肥等。国外化肥传入后,与农家肥有很好的互补作用,农业机构因此也大力推广化肥。1906 年山东农事试验场自日本购进化学肥料十数种,逐一试验。与此同时,德国洋行也在山东各地推销硫铵肥和磷肥。在推销中,他们先编印浅显易懂的使用说明书,连同一定数量的化肥免费分发给农户试用,再择地进行大范围推销。到 1910 年,化肥的销售和使用范围已从烟台、济南周边农村扩展到胶济铁路沿线和运河沿岸的部分乡村及经营农场。由于化肥的功效显著,山东本地亦开始自行生产化肥。1905 年,济南济农公司仿照美法制肥,开始无人购买,后减价出售,试用农户发现其效果好于农家肥,便逐渐推广开来。武定府一家肥料公司专门制造一种能防害的化肥,为当地农户所接受。民国成立后,化肥效用渐为农民所认识,特别是硫铵肥在美种烟、棉花及小麦种植上得以广泛使用。

中国传统农具多借助于人力,使用起来慢且费力。1906 年前后,山东农事试验场从美国购回农具 20 余种,从日本购回数十种,经试用考察,多能合用,于是进行推广。民国初年,山东又引进钻井机器进行钻井,推广井灌。

受制于旧中国农、工业的整体发展水平,尽管近代山东农业从多个方面开启了走向现代化发展的进程,但这个进程推进极为缓慢,至中华人民共和国成立前夕,传统耕作方式仍是农业生产的主体。

第四节　山东的农学

山东自然富源比较丰富,农业经营形式多样,是著名的农业大省。因此山东的农学向来发达。在山东的农业发展史上涌现出许许多多的杰出人才,他们为山东乃至全国的农业发展做出了巨大贡献。

一、管子的农学思想

最早记录山东农学的典籍是《管子》。管子,名夷吾,字仲,春秋时期杰出的政治家,相齐,辅助齐桓公成为春秋首霸。齐国调整农业生产关系的"相地而衰征"的政策,就是出自管仲的主张。《管子》一书,是后人摘录管子言论及稷下学派法家著作汇编而成,现存76篇。

农业是衣食之源,是一切社会文明发展的根本基础,所以管子曰:"仓廪实则知礼节,衣食足则知荣辱。"管子认为治国必须重农,否则就无法持续创造礼义文明,就会"四维不张,国乃灭亡"。"四维",即礼、义、廉、耻,属古代中国文明最重要的四个基本要素。基于这样的理论认识,管子提出了他的"农本"理论:"粟者,王者之本事,人立之大务,有人之途,治国之道也";"明王之务,在于强本事,去无用,然后民可使富";民富则易"知礼义""知荣辱",社会大治。

既以农业为本,则农业的具体内容不可不明,故管子又陆续阐明了农业应当包含五谷、桑麻、六畜、果蔬等内容,即今日农业所云农、林、牧、渔四大类。要把农业真正发展起来,必须有相应的推动机构与激励措施,即农政。为此,管子将与农业有关的推进部门分为虞师、司空、司田、乡师、工师等,在《立政篇》中明确了各种农官的具体职责。而其激励措施则是对六类农事人员进行奖励:"能明于农事者""能蕃育六畜者""能树艺者""能树瓜瓠荤菜百果使蕃衮者""民之知时,曰岁且阨,曰某谷不登,曰某谷丰者""通于蚕桑,使蚕不疾病者"。奖励力度是"皆置之黄金一斤,直食八石"。管子的农业观代表了当时人们的共同看法,也影响了其后数千年中国农业的发展方向,奠定了近代以前中国农业结构的基本格局。

《管子》还总结了当时的耕作技术,对深耕、均种、疾櫌、疾耰等四个方面的重要性进行了论述。《管子》中最高的农学成就当数生态地植物学上的探讨。《管子·地员篇》根据实地考察,就土壤类型、地势高下、水泉深浅等要素,把土壤分为上、中、下三级,每一级列出适宜种植的12种农作物,指出农作物的生长与土地的密切关系。这是世界上最早的生态地植物学著作。

二、孔子、孟子的农学思想

孔子改造了儒者之学,使"儒者"完成了由赞礼宾相到治国能臣的社会角色转换,齐鲁儒学因此逐渐成为古代统治者所倾心的社会管理学,影响不断扩大。农学思想作为儒者社会管理学中的有机成分,也在日后的社会发展中渐居于主导地位,主导了古代中国农学思想发展的基本方向。孔子本人坚持"学而优则仕",从社会分工的角度,他坚决主张儒者应当从事社会管理工作而不是亲自从事农业,但这并不意味着孔子不重视农业。他从社会管理的角度,将农业提到国政首位,认为"为君之道,所重者在于人食",而解决衣食问题只能靠农业,是故为国必先重农。重农而民富,民富而后教之,这与管子的治民思想是一脉相通的。孔子的富、庶、教,即富民思想,是他的经济思想中的一个突出部分,也是后世儒者所信奉的治国为政的宗旨。"有土此有财,有财此有用",儒者奠定了此后古代中国重农的社会管理学基础。

孔子之后的孟子,高度认同孔子的社会分工论,认为儒者属于劳心者,不可能也不应该去从事劳力的农业,农业属"劳力者"即农夫之事。孟子亦同孔子一样重视农业,他把农事之重要性摆到了"王道之首"的高度,主张"民事不可缓也"。民事,即农业。孟子所规划的王道民事,仅只是自耕农的自给自足经济,其理想模式是"五亩之宅,树墙下以桑,匹妇蚕之,则老者足以衣帛矣。五母鸡,二母彘,无失其时,老者足以无失肉矣。百亩之田,匹夫耕之,八口之家足以无饥矣"。此即后来《农桑辑要》原序作者所总结的"读《孟子》书,见其论说王道,丁宁反复,皆不出乎夫耕妇蚕,五鸡二彘,无失其时,老者衣帛食肉,黎民不饥不寒,数十字而已"。

孔、孟关于农业的观点,决定了古代儒者"重农而不从农"的择业立场和思想态度,而且孟子关于农业结构的设想,也在很大程度上影响了中国传统农学的内容。

三、氾胜之的农学思想

西汉氾水(今山东曹县)人氾胜之,生卒年不详,历史文献中关于氾胜之的记载很少,他总结上古到秦汉时期黄河流域的农业生产科学知识,写成农学著作《氾胜之书》。《氾胜之书》共18篇,原书在北宋时已佚。清人洪颐煊、宋葆淳、马国翰从《齐民要术》《太平御览》等书中辑出3种《氾胜之书》辑本,今有石声汉、万国鼎辑释《氾胜之书辑释》,约3700字。

现存的《氾胜之书》包含三个部分:一是耕作栽培通论;二是作物栽培分论;三是特殊作物高产栽培。在耕作栽培通论中,氾胜之强调了"耕之本"在于"趣时、和土、务粪泽、早锄早获"。耕与种是收获的前提,在强调了耕之后,氾胜之又强调了"种",提出了通过"穗选"获得嘉种,通过"溲种"提供种肥保障收获的方法。在作物栽培分论中,氾胜之介绍了禾、黍、麦、稻、稗、大豆、小豆、枲、麻、瓜、瓠、芋、桑等13种作物的栽培方法,其中最重要的是氾胜之发现了"豆有膏",能为下茬作物留下肥力和养分,须与其他作物轮作,否则"尽治之则伤膏"。在特殊作物高产栽培法中,氾胜之详细介绍了"区田法"。区田法分上农区、中农区、下农区和小方穴区种法、带状区种法。此法既可用于大田,也可用于山坡、丘陵及宅旁零星土地。每一小区四周打上土埝,中间整平,以增强土壤的保墒保肥能力。采用宽幅点播,推行密植。遇到干旱可挑水灌溉,可节省肥料、种子,耕锄方法方便,便于精耕细作,最适宜个体农民经营。区田法产生于干旱的环境下,体现了我国古代劳动人民与干旱做斗争的丰富经验。氾胜之非常重视保墒,他记述了如何观察墒情的方法,强调如何充分利用雨水、雪水甚至露水,强调磨平土地和中耕锄草对保墒的重要作用。

《氾胜之书》奠定了中国传统农学作物栽培总论和各论的基础,而且其写作体例也成了中国传统综合性农书的重要范本。从《齐民要术》到《农桑辑要》《王桢农书》,再到《农政全书》《授时通考》莫不如此。凡此种种足以说明氾胜之对中国农学的贡献。

四、贾思勰的农学思想

贾思勰,生卒年不详,东魏益都(今山东寿光)人。史籍中关于贾思勰的资料很少,只知道他曾任职高阳太守。贾思勰根据当时农业生产的新发展,系统地总结了6世纪以前黄河流域中下游地区的农业生产经验和农业生产技术,写成《齐民要术》一书,其中关于山东农业的内容最多。

《齐民要术》之"齐",是儒者"修齐治平"之"齐","齐民要术"即"治理人民使富足的重要方略"。由此可见,贾思勰也是孔子"富、庶、教"富民思想的信奉者,他试图通过教民以富足之"术"而达到天下的"齐"与"平"。

《齐民要术》"起自耕农,终于醯醢,资生之业,靡不毕书",卷首的《序》作为全书的总纲,正文10卷92篇,前6卷依次论述农、林、牧、渔各业的生产技术,是全书最主要的部分,第7、8、9三卷论述以农副产品加工为中心的副业生产,第10卷讲南方植物,属参考资料。

《齐民要术》的意义,不在于其具体技术,而在于他将这些技术组织起来使民富足的营农治生之学。学者一向将《齐民要术》仅看作一部伟大的古代农书,忽略了它所涉及范围不止于农业生产技术,对于指导地主阶级如何经营管理他们的田庄也是它的很重要的内容。将《齐民要术》看作封建地主经济的经营指南,远比将它仅看成农书要恰当得多。在《齐民要术》中,贾思勰从地主经营的角度,详细记述了地主田庄经营的项目和内容,囊括了粮食作物、经济作物、园艺作物、林木、种桑养蚕、畜牧、养鱼、农副产品加工等多方面的内容,而且明确指出通过农副产品加工可以增加利润的事实。故贾思勰在《齐民要术》中特意安排了《货殖第六十二》,具体论述了商品性农业经营和买贱卖贵的农产品购销原则。他还在《杂说第三十》中,全面征引了崔寔《四民月令》中关于一年十二个月农事及工商业经营的活动安排。在所有的货殖活动中,成本核算是必要的环节,贾思勰引入了《氾胜之书》的农业经济核算思想,将经济核算推广到所有生产经营领域。

总之,在贾思勰看来,只要经过详细的规划,认真经营,就可以通过生产、市场保证富足,就能达到儒家"富、庶、教"的目标,从而"齐民"大治。

五、王祯的农学思想

王祯,字伯善,元代东平(今山东东平)人,正史中没有关于他的传记,生卒年不详。

王祯总结南、北方广大农民的农业生产经验,写成农学名著《农书》,今称《王祯农书》。

《王祯农书》有《农桑通诀》《百谷谱》《农器图谱》三部分,共包含 370 个细目。《农桑通诀》有 6 集 26 目,是综述我国农业发展的历史,有耕垦、播种、土壤及施肥、灌溉、收获、植树、畜牧等方面的技术介绍。《百谷谱》共 11 集 83 目,分述各种谷物、蔬菜、瓜果、竹木、棉麻茶等的起源、性能和种植栽培方法。《农器图谱》共 20 集 261 目,记录了农业、手工业器械 200 多种图谱,是我国古代农业和手工业器械的大汇编。王祯所录的工具,除少部分是沿袭或传录前代工具,大部分是宋元时期使用、创新或改良完善过的。这些工具具有高效、省力、专用、完善、配套的特点。

元代文学家戴表元为《王祯农书》所作的序云王祯为儒者,他曾任县宰的广丰县《县志》云王祯“博通经史”。作为博通经史的儒者,王祯服膺儒家学派“富、庶、教”的富民主张,每“以课农兴学为务”。因此,以富、教为核心的富民思想是王祯农学中的核心思想,并始终贯穿于《王祯农书》农业经营思想的各个方面。技术只是为上述目标服务的工具。

王祯为了达到“富而教”目标的农业经营表现在以下几个方面:在经营指导思想上以力少功多为务;在经营安排上农工结合,多种经营;在农事指导思想上以顺应自然为宗旨。

以最少的投入获得最多的经济效益,在任何时代都是生产的第一要义,此即《齐民要术》《王祯农书》中所提到的力少而功多。相比于贾思勰,王祯的“力少功多”是通过采用先进的生产方法和先进的生产工具来实现,而且当时也的确有比较先进的工具可以实现“力少功多”,比如,王祯认为耧车播种“省力过半,得谷加五”,北方系列收麦工具麦钐一人日可收麦数亩,“力省而功倍”。在推介棉花这种作物时,就是认为它比蚕桑无采养之劳,免绩辑之工,“最省便”。

农工结合、多种经营是王祯着力提倡的。王祯不厌其烦地介绍 80 余种谷属、蔬属、果属,就是期望农民能相互补苴,实现多种经营。王祯在《百谷序引》中表述了他的这种思想,“蔬、果之类,所以助谷之不及也。夫蔬蓏,平时可以助食,俭岁可以救饥。其果实,熟则可食,干则可脯,丰歉皆可充饥”。王祯的多种经营还指合理分配作物以安排劳动时段、分配劳动力,以达到南宋农学家陈旉所说的“种无虚日,收无虚月”。王祯的多种经营还指种植农业与手工业的密切合作,即现在所说的延长农业产业链。

王祯主张在农事指导思想上应以顺应自然为宗旨,所谓顺应自然,一是指天时地宜,他说“审方域田壤之异以分其类,参土化、土会之法以辨其种,如此可不失种土之宜,而能尽长稼穑之利”。二是指充分应用自然力,他认为“因水之利于用”,用水利、水力设施可以“代人畜之劳”“集云雨之效”。

《王祯农书》是第一部对全国范围内的农业作系统研究的农学专著,它不仅综合了黄河流域旱地农业和南方水田农业两方面的实践经验,而且兼论南北农业技术,对土地利用方式和农田水利技术详加论述,这是此前的农学著作所不能相比的。

六、丁宜曾及其《农圃便览》

丁宜曾,字椒圃,清代山东日照人。他自小随父宦游各地,"读书官署"。屡经科场失败,30岁之后就返归故里日照西石梁村定居,由于家中"生齿日繁,家计日拙,读书之志,易为谋事,乃躬亲农圃之事"。《农圃便览》就是丁宜曾亲自营农的心得,其自序云:"凡有所得,辄笔之于册,或采农经、花史,以辅咨询所未及",而且所录"事皆身历,非西石梁所宜,及未经验者,概不录也"。故《农圃便览》又称《西石梁农圃便览》,乃是一本地方性农书。

《农圃便览》全书不分卷,是一部月令体农书,其内容涉及大田、园艺、气候、占候、农产品加工、妇幼保健、医药卫生以及诗词、春联等与农业生产和农业生活相关的方方面面。这些农事活动均按月按季节安排,使得每个时节的各项农事既有重点又互相照应,生产忙而不乱,井井有条。

精耕细作是古代农业的传统,《农圃便览》记录了针对日照土壤特点的精耕细作方式,如:"照邑下田停水处,燥则坚垲,湿则污泥,难治而易荒,硗埆而杀种,春耕者成块难耙,杀种尤甚。当不问春秋,候水尽,地白背时,速耕速耙,令熟。夏种小黄稻,秋种大麦,春种水稻。"丁宜曾反对广种薄收,他说:"照邑农夫狃于习俗,不特牛具房屋田主出办,正月以后,口粮、牛草亦仰给焉。主人或限于财力,安置未妥,则耕种失时,锄耘少数,秋成因而减少,且有广种薄收之说,真误人不浅。莫如少种勤耕,粪多任务倍,其所获亦相当。"

《农圃便览》反映了清代山东在农业上的新变化,如有关大白菜种植加工的方法。大白菜传入山东后,山东成为大白菜生产的第二大中心,《农圃便览》记录了大白菜种植、管理的方法,同时还记录了大白菜产后加工的方法,这些都是以前农书所未有的。

作为一本针对性极强的地方性农书,《农圃便览》在丁宜曾的家乡极受欢迎。

思考与讨论

1. 隋唐山东新技术背景下地域经济有哪些新突破?
2. 简述《齐民要术》及其农业思想。

第二章

山东科技文化

山东人民是勤劳质朴的代表,在条件艰苦的古代社会,山东人民为创造幸福、美满的生活,付出了辛勤的汗水,亦创造出许多智慧的结晶。千百年来,山东的农业、手工业、医学和天文学等方面不断发展,取得了许多举世瞩目的成就。氾水人氾胜之写的《氾胜之书》是中国现存最早的农书,鲁班被土木建筑工匠们视为祖师并且有诸多发明,王祯发明的木活字印刷术和转轮贮字盘是印刷史上的创举,名医扁鹊和他发明的"望、闻、问、切"四诊疗法对中医产生了深远影响,等等,这些都体现了古代山东科学技术先进,科技人才繁多。

第一节 素称发达的农业

中国农业有着悠久的历史,很早就流传有"神农尝百草"的传说。中国是最早种植水稻和粟的国家,是世界农业的起源中心之一。农业是中国古代经济的支柱,历代统治者都十分重视农业问题,《汉书》中写道:"王者以民为天,而民以食为天",可见农业在人民生活中的重要地位。山东是农业大省,地理条件优越,农业发达。古代山东农业主要分为原始农业和传统农业两个发展阶段。

一、原始农业

山东位于中国东部沿海,地处黄河下游,自然条件优越,是中国原始农业产生较早的地区之一。根据目前已有的考古发现和研究成果来看,山东地区在距今 7000 多年前,原始农业即种植业和畜养业,已从采集和渔猎经济中产生出来,并逐步代替了采集和渔猎的地位。人们在原始的自然条件下,采用简陋的石器、棍棒等生产工具,从事简单的农事活动。

　　山东迄今发现的最早的原始农业遗址是距今约 7300 年至 6100 年的北辛文化遗址[①]。北辛文化主要分布于泰沂山系南北两侧一带，包括了除胶东半岛以外的山东省大部分地区。北辛文化时期的农业已经进入锄耕阶段。这时的农业生产工具主要是石器，石器有打制和磨制两种。打制石器数量较少，有敲砸器、盘状器和斧、铲、刀等，制作虽较简单，但器形相当规整，已经定型。在北辛文化遗址，出土了大量的磨制石器，主要有铲、刀、镰、磨盘、磨饼、磨棒、凿、匕首等。其中，铲的残片居多，在千件以上，呈长方形、长梯形、舌形等几种，器形较大，通体磨光，制作比较精致，有使用痕迹。磨盘呈三角形的为多，矮足的磨盘甚为罕见。北辛文化遗址的堆积层厚达 1.5 米以上，反映了当时的居民在这里生活了相当长的时间。出土的农业生产工具和在一些窖穴底部发现的粟类颗粒，表明农业生产是他们生活资料的主要来源，也是定居生产得以巩固的重要保障。经鉴定，北辛文化遗址中出土的骨镞、鹿角矛形器、弹丸、骨鱼镖、陶网坠、骨梭，以及数量相当多的兽骨、鱼骨和贝壳，有猪、牛、梅花鹿、獐、四不像、貉、獾、鸡、龟、青鱼、丽蚌、中国田螺等种类，这些动物除了猪已经是人工驯养外，其余皆为野生动物。这一事实反映了北辛文化时期的家畜饲养、狩猎、捕鱼等采集经济也比较发达。

　　距今约 6300 年至 4500 年的大汶口文化[②]渊源于北辛文化。大汶口文化的农业生产以种植粟为主。大汶口文化胶县三里河遗址的一个窖穴中出土了 1.2 立方米已炭化的粟，说明粮食生产已有相当可观的数量。农业生产工具主要是磨制石器。早期除了使用一些磨制粗糙并带有打制痕迹的石铲、石斧之外，已经大量使用装有把柄的磨砺精良的穿孔石斧、石刀、石铲等，收割工具还有骨镰和蚌镰，加工谷物的工具则是石杵和石磨盘、石磨棒。在这一文化的中晚期，原始农业发展迅速，遥遥领先。农业生产工具出现了磨制精致、扁而宽的有肩石铲和一些石镐、骨铲以及鹿角制成的鹤嘴锄。而骨针磨制之精细，几乎可以与今天的针相媲美。粮食有了节余，家畜饲养业随之兴旺发达起来。当时人们饲养的家畜有猪、狗、牛、羊、鸡等，而以猪的数量居多。

　　距今约 4500 年至 4000 年的山东龙山文化[③]（又称典型龙山文化）时期的农业生产力水平，是在大汶口文化晚期的基础上发展起来的。其特点又表现出与中原龙山文化的许多共同性，反映了黄河流域各地区原始农业的融合。农业在山东龙山文化经济生活中占据主导地位，形成了以种植业为主、家畜饲养业为辅的综合经济。人们过着定居生活，主要种植粟、黍和水稻等农作物。栖霞杨家圈遗址龙山文化灰坑中发现过粟、黍和稻谷的痕迹。枣庄二疏城遗址发掘时，在龙山文化堆积中，发现一件磨光黑陶罐，里面装满了已经炭化的粟类。兖州西吴寺遗址发现有一定数量的小麦近似种的孢粉，就其形态看，绝大多数与小麦花粉相似。日照尧王城遗址发现 10 余粒炭化粳米之后，滕州庄里西遗址发掘中又发现人工栽培的水稻。这表明在龙山文化时期，黄河下

---

① 北辛文化遗址位于滕州市官桥镇北辛村北首薛河故道的高地处。
② 大汶口文化因 1959 年首先发现于泰安市岱南区大汶口村而得名。
③ 山东龙山文化因 1928 年最早发现于历城县龙山镇（今属章丘市）城子崖而得名。

游地区水稻的栽培已经比较普遍,进一步证实了龙山文化时期的今山东地区是人工栽培水稻的重要地区之一。这一时期的农业生产工具,主要有石质的铲、斧、长方形双孔石刀、石镰、蚌镰,还出现了前所未有的石镢和木耒。此外,还有许多石质的锛、凿等木器加工工具。

根据目前所掌握的考古材料,北辛文化时期山东地区就已经发明了水井。到了大汶口文化时期,水井的使用已经比较广泛,在枣庄建新、滕州西公桥、广饶傅家等遗址均有发现。特别是水井的使用在龙山文化时期已经非常普遍。在兖州西吴寺、章丘城子崖、青州凤凰台等遗址都发现了水井,并在井内出土了各种汲水器及其他陶器,这说明水井使用的时间是很长久的。这些水井,浅的近 2 米,深的达 7 米,一般在 5 米左右。如在西吴寺遗址发现的水井,一种井口呈圆形,直径 2.5 米,斜壁,往下逐渐收分,在深 200 厘米处内收出一周宽 14 厘米的棱台。另一种也是圆形口,斜壁,口大底小,口径 156 厘米,底径 110 厘米,深 450 厘米。第三种是长方形口,长 220 厘米,宽 160 厘米,深 430 厘米,斜壁平底,底为圆形,直径 90 厘米。水井的发明和使用,是生产力发展的一种重要标志。水井大大方便了人们的生产和生活,减少了人们对江河湖泊的依赖。人们可以离开河旁、湖畔,到广阔的冲积平原或山间盆地定居生活,灌溉农田,大大增加了农作物的产量。

我国古代的农业生产,大概从夏代起,就具备了一定的规模,出现了比较进步的耕作技术和灌溉方法。能够利用沟渠排灌,争取农作物的收成。夏代,海岱地区的经济比龙山文化时期有了进一步发展。从岳石文化[①]的遗存来看,生产工具中主要是用石、骨、角、蚌制作的农具,也出土了少量青铜锥形器。在梁山县青堌堆的岳石文化遗存中,石器有斧、刀、铲、锤等,骨器有镞、凿、锥、针,角器有镞、锥和带倒刺的鱼镖,蚌器有镞与镰,此外还有一些陶纺轮和网坠。青堌堆遗址还出土了不少淡水厚壳蚌和一些鹿角。从上述生产工具和动物遗骸可以看出,采集与渔猎经济在氏族的经济生活中仍占有一定地位。

岳石文化骨鱼钩

(http://www.jiaxiangwang.com/arch/a－sdjining－sishui－yinjiacheng.htm)

---

① 岳石文化因 1959 年最早发现于平度市东岳石村而得名。

商本来是居住在黄河下游的一个夷人部落,远祖叫契,传说是帝喾的后裔。契协助夏禹治水有功,始封于商。经过几代人的努力,商从夏朝的属国变为夏朝的强大对手,终于在公元前 1600 年推翻了夏王朝,建立起地域更为辽阔的商朝。商朝的土地归王所有,一部分土地由商王分赐给其他奴隶主作"封邑",供臣下享用。农业生产中采用的制度是井田制,井田即由比较规整的沟洫灌溉系统把土地大体划分成方块田。井田中的每一块都代表着一定的面积,是便于管理奴隶在田间耕作的基本单位。由于灌溉技术的发展,井田制有助于提高土地利用率和农作物的产量,也有利于抛荒休耕的管理。商代虽然有了比较发达的青铜铸造业,但由于铜的原料有限,奴隶制的大规模生产劳动很难使用不易制作的青铜农具,所以商代的农业生产基本上还停留在石器时代的技术水平上。但是,石器和骨角器制作技术的提高,使农业生产工具的种类和数量都显著增加了。在此基础上,耕作技术也得到了逐步改进。从考古发现和甲骨文、金文的记述来看,商代的粮食种类主要有粟、黍、稷、麦、稻等,此外还种植较多的桑、麻和一些瓜果蔬菜。

周的始祖名弃。据说弃种的"麻麦濛濛",非常茂盛。弃是夏代的人,在当时极善耕作,所以后世尊称他为后稷。周朝建立后,在农业生产上承袭了商代的井田制,同时还采用了当时比较先进的休耕法,以及除草、壅本、腐草施肥和防治病虫害等一系列农业技术,并逐步掌握了耕作规律。西周的农业经济在商代的基础上有了较大的发展。一方面,由于生产工具的改进和耕作经验的增加使粮食产量有所提高;另一方面,因为天文、历法等科学知识和技术在农业上的应用,使生产有了更快的发展。粮食品种增加了,单位面积产量也增加了,农业成为整个社会经济的基础和主要部门。畜牧业也有了相应的发展。

在西周社会中,青铜农具的应用比商代略有增加,考古发现有铲、锄、犁、镰和收割用的青铜刀等。由于青铜农具制作不易,而奴隶本身价值低微,所以奴隶主不愿推广更为先进的青铜农具,各地的农业生产工具仍然以石器、木器、骨蚌器为主,其中骨制、蚌制农具大大增加了。集体奴隶身份的庶人生活极其贫困,受到很重的剥削,无力使用先进的青铜农具,而一般平民也缺乏这个条件。因此,锋利实用的青铜农具有时在王公贵族的公田上使用,用毕即收回集中保管。在大多数情况下,奴隶们只能以木末、石耜、骨铲、蚌刀这样一些石器时代的工具进行劳动。从这个角度上说,农业生产的发展速度是不可能很快的。

二、传统农业

传统农业是在自然经济条件下,采用人力、畜力、手工工具、铁器等为主的手工劳动方式,靠世代积累下来的传统经验发展,以自给自足的自然经济居主导地位的农业。春秋战国时期,铁犁和牛耕的出现以及农田水利事业的发达,标志着我国传统农业的真正到来。

春秋时期,铁制农具和牛耕的使用,以齐、鲁两国为最早。齐桓公时期,齐国使用

西周铜铲、铜斧
(http://oec.xmu.edu.cn/gb/teacher/lishi/04/4－2－1.1.htm)

铁制农具的现象已经比较普遍。《国语·齐语》记载,管仲曾向齐桓公建议:"美金以铸剑戟,试诸狗马;恶金以铸锄、夷、斤、劚,试诸壤土。"美金是指青铜,恶金是指铁,铁在未能锻成钢之前,品质不如青铜,故有美恶之分。这是我国关于使用铁制农具最早的文字记载。伴随铁制农具而出现的是牛耕。在孔子之前,晋国中行氏在晋国政治斗争中失败,子孙流落到齐国务农。晋国一位大夫看见他们用牛耕地,叹曰:"宗庙之牺,为畎亩之勤。"也就是说,以前在宗庙祭祀用作牺牲的牛,现在用来耕田了。与此同时,人们起名字也往往把"牛"和"耕"字联系在一起,如孔子的弟子鲁人冉耕字伯牛、宋人司马耕字子牛。这些现象足以说明,春秋时期齐鲁两国已较多地使用了牛耕。

战国时期,铁器已基本排挤掉青铜和石制生产工具,给农业和手工业提供了前所未有的锐利武器,使大量荒地得到开垦,大规模水利工程的兴建成为可能,大大提高了劳动生产率。秦汉时期,山东地区的农业经济持续发展。司马迁说:"吾适齐,自泰山属之琅邪,北被于海,膏壤二千里","宜桑麻,人民多文采布帛鱼盐";"而邹、鲁滨洙、泗",亦"颇有桑麻之业"。两汉400余年间,山东的冶铁业在全国继续处于领先地位。汉武帝在全国设置铁官48处,山东就有18处。当时山东冶铁业普遍使用了先进的鼓风机。1930年,山东滕县宏道院一座汉画像石墓出土了一幅"鼓铸图",图的左部绘有一椭圆形的鼓风机,有二人鼓风,二人休憩,中部三人做打铁状;右部的图像不太清楚,似乎是从矿井中开矿或运矿石。冶铁业的发展带动了铁制生产工具的普及与改进。这一时期,山东地区的牛耕已经相当普遍,牛耕技术也有了进一步的发展。在山东出土的汉画像石上常见"牛耕图"。大多数"牛耕图"描绘的是二牛抬杠式犁耕。值得注意的是,在山东滕州宏道院出土的汉画像石上,有一牛一马共挽一犁和一牛挽一具双辕犁的图景。由此可以推断,马已经开始用于农耕,犁铧也较前更为锐利。

随着农业生产技术的进步,我国的农学研究也开展起来。到战国时期,重农思想已经形成,并且深入人心。在诸子百家的著作中几乎都可以找到重农言论以及相关的农学知识的记述。当时形成的众多学派中,有一个被称为"农家"的专门研究农业政策和农学知识的学派。我国最早的农学著作《神农》《野老》等就是他们的作品。但是,这

鼓铸图
(http://www.chufenghanyun.cn/chufenghanyun/29/2012-05-17/276.html)

一时期的农学著作现在都已失传。

随着铁制农具和牛耕技术的不断改进,秦汉时期农田耕作和作物栽培的技术也有了长足的进步。氾胜之写的《氾胜之书》是西汉末期的一部重要农学著作,也是中国现存最早的一部农学专著,反映了当时北方尤其是黄河中下游流域农业生产技术已经达到相当高的水平。《氾胜之书》已具有完整的农学思想体系。书中介绍了当时的耕田法、溲种法、穗选法、区田法,总结了农业生产上及时耕作、土地的利用和改良、施肥、保墒灌溉、及时中耕除草、及时收获等 6 个基本环节的理论和技术问题,将农作物栽培的全过程当作一个有机的整体加以研究;同时,又对冬麦、春麦、大豆、桑等 13 种农作物从选种、播种、田间管理、收获和贮藏等方面分别加以论述。此外,书中还有嫁接法、轮作、间作、混作等方面的记载。农业生产工具的改进和农作物栽培技术的进步,促进了粮食生产的增长,山东所产粮食不断溯黄河西上,运往关中地区。

东汉末年黄巾起义以后,北方黄河流域的农业生产虽然时常遭到战争的破坏,但仍在继续向前发展,是当时全国农业的先进地区。农业生产除粮食作物外,经济作物、园圃业、林业、畜牧业、蚕桑和渔业都获得了长足的进步。200 多年以后,鲜卑族拓跋氏建立了北魏政权并逐步统一了北方地区,社会秩序由此逐渐稳定,社会经济也随之从屡遭破坏的萧条景象中逐渐恢复和发展起来。北魏孝文帝在社会经济方面实施的一系列改革,更是刺激了农业生产的发展,促进了社会经济的进步。这一时期,北方旱地农业精耕细作技术体系已经形成。在种植制度上形成了丰富多样的轮作倒茬方式;在耕作技术上则以抗旱保墒为中心,形成耕、耙、耢、压、锄相结合的耕作系统,"代田法"和"区田法"等抗旱丰产方法得到进一步推广,施肥改土更受重视,穗选法和类似现代混合选种法等选种技术广泛应用,并培育出许多适应不同栽培条件的品种。与农业发展相对应,这一时期中国农学也进入了成熟阶段。

在《氾胜之书》完成 500 多年后,北魏时期出现了贾思勰的《齐民要术》。其间也有一些关于畜牧和种植方面的著作,留传下来的有《竹谱》和《南方草木状》,但这些著作对于农学来说,远不及《齐民要术》重要。我国古代杰出的农学家贾思勰,是北魏齐郡益都(今山东寿光)人,曾任北魏高阳郡(今山东淄博)太守,卸任后他开始致力于农学研究,足迹遍至今山西、河北、河南等地。每到一地,他都认真考察和研究当地的农业生产技术,向一些具有丰富经验的老农请教,获得了不少农业生产方面的知识。中年以后,他回到故乡,开始经营农牧业活动,掌握了多种农业生产技术。大约在533年至544年间,他在总结我国古代劳动人民农业生产成就的基础上,写成了著名的农业科学著作《齐民要术》。《齐民要术》是我国现存最早、最完整的一部农书。全书共92篇,分成10卷,约11万字,其中正文约7万字,注释约4万字。该书内容十分丰富,记载了6世纪及以前黄河中下游的农业生产技术,包括各种农作物的栽培,各种经济林木的生产,野生植物的利用,家畜、家禽、鱼、蚕的饲养与疾病防治,农、副、畜产品的加工,酿造和食品加工,乃至文具、日用品的生产,等等。总之,《齐民要术》几乎对所有农业生产活动都做了比较详细的记述,在农学方面具有重大意义。

元朝统治中国97年,时间虽不算很长,但却在我国农学史上留下了3部比较出色的农学著作:元朝初年司农司编写的《农桑辑要》,此后由王祯编写的《农书》和鲁明善编写的《农桑衣食撮要》。三部书中尤以王祯的《农书》影响最大。

王祯,杰出的农学家、农业机械学家。他在1295年至1300年任安徽旌德、江西永丰县尹时,非常注重发展农业生产,提倡种植桑、棉、麻等经济作物和改良农具,并撰《农书》37卷(现存36卷)。《农书》大约13万字,插图300多幅,其中包括《农桑通诀》《百谷谱》《农器图谱》三大部分,既有总论又有分论,图文并茂,系统分明,体例完整,是我国第一部力图从全国范围对整个农业做系统全面论述的著作,也是我国古代一部农业百科全书。《农书》所涉及的地域包括南北方的17个省区,这也是以前任何一部农书所不能比拟的。后人曾写诗赞颂王祯及其《农书》:"百事农为先,《农书》光灿然。粮麻林果丰,功归王伯善。"

王祯《农书》翻车
(http://economy.guoxue.com/？p=1764)

明清时期,是我国封建社会的晚期。这时封建经济日益衰败,商品经济逐渐兴起,资本主义经济开始萌芽。由于人口急剧增加,人均耕地面积也随着日益减少。为解决这一矛盾,明、清两代在农业政策与生产技术上,都采取了一系列措施以促进生产的发展。在技术措施方面.如推广精耕细作、提高土地利用率、改良土壤、兴修水利、推广多熟种植等。这在缓解当时耕地不足的矛盾方面,起到了相当大的作用。

明清时期山东经济的发展,主要表现为农业生产结构的调整与经济布局的优化。山东农业生产结构的调整,主要包括粮食种植结构的调整和经济作物种植的发展。这一变化大大提高了土地的利用率及经济收益,同时也提高了种植业的商品化程度,将小农与市场越来越紧密地联系在一起。粮食种植最主要的变化是两年三熟制的普及,而这一制度得以推广又与粮食种植结构的调整密切相关。山东两年三熟制的搭配是以麦—豆—秋杂轮种为主。粮食种植结构的上述变化,使小麦、大豆取代粟谷成为山东主要粮食作物,提高了小农的经济收益。粮食种植结构的上述变化,使山东农业种植实现了从一熟制向两年三熟制的转变,从而提高了土地复种率,使同样面积的耕地可养活更多的人口。这一方面适应了清代人口增长对粮食的需求,另一方面也为经济作物种植面积的扩大提供了可能。山东经济作物的种植首推棉花,果树种植在明清时期也有很大发展。山东果树种植以枣梨为最,核桃、柿子等次之。山东烟草种植始于清初,大约以滋阳、济宁一带种植最早。此外,染料、蔬菜、花卉等经济作物的专业化种植,在明清时代也有了较大发展。

第二节　著称于世的手工业

手工业是中国古代重要的经济部门。但由于中国历代统治者实行“重农抑商”政策,手工业一直从属于农业。中国古代手工业主要分为官营手工业和民间手工业。官营手工业由政府提供原料,不进入市场;民间手工业分为家庭手工业和私人手工业,家庭手工业与中国“男耕女织”的家庭分工相适应。山东手工业在几千年的历史发展中成果明显,不仅出现了以鲁班、王祯为代表的技术人才,还在陶器、瓷器、纺织等方面亦取得显著成就。

一、陶器业

陶器是用黏土或陶土为原料,以捏制、轮制或模塑等方法加工成形后,经800—1000℃左右的高温焙烧而成的器具。陶器的发明,是人类生产发展史上一个重要的里程碑。山东的陶器业历史悠久。根据迄今已有的考古发现,最早可以上溯到7000多年前的北辛文化时期。

作为黄河下游原始社会较早期的一种文化遗存,北辛文化的主要特点是陶器制作。北辛文化时期的陶器以夹砂黄褐陶和泥质红陶为主,有少量黑陶。夹砂陶火候较低,陶胎较厚;泥质陶火候较高,质地细腻。全部陶器均为手制,纹饰有堆纹、篦纹、划纹、压划纹等。堆纹以数条为一组,组成各种纹饰,颇有特色;蓖纹、划纹、压划纹也有一定的代表性。器形有鼎、釜、罐、钵、碗、盆、壶、支座等,都是这一文化遗存的典型性器物。这一时期的制陶工艺水平尚处在较原始的阶段,主要表现在器类简单,手制痕迹比较明显,但却发现了使用单彩的"红顶碗",为其后东方原始文化中出现的彩陶追溯到了渊源。

大汶口文化经历了 2000 多年的历程,陶器的生产表现出明显的阶段性。早期的陶器均为手制,砂质陶器火候较低,种类也不多,造型简单,仅见觚形器、盆、钵、罐、杯、鼎、豆、大口尊等。中期开始使用轮制技术,有了少量轮制的小件器物。这时已能烧制出火候较高的灰白色陶器,器物种类也明显增多,出现了颇有地方特色的实足鬶、背壶和篓形器等。到了晚期,已能用快轮生产大件陶器,如大汶口墓地中就出土了轮制的大陶盆。制陶原料有了新的来源,出现了用坩子土(即白垩土)烧制的一种质地坚硬、胎壁均匀、色泽明丽的白色、黄色、粉红色的细砂陶器,这类陶器有袋足鬶、三足盉、宽肩壶和筒形豆等。晚期烧制的薄胎磨光黑陶高柄杯,代表了这个古老部落制陶工艺的最高水平,为其后山东龙山文化更高水平的制陶技术提供了条件。制陶业的发达,还体现在制造出许多仿动物造型的陶质工艺美术品。中期所生产的兽形提梁器是中国工艺美术史上的精品,晚期这类陶制品愈益增多,如胶县三里河出土的猪形鬶、狗形鬶和龟形的容器等,反映出这一部落制陶业的兴旺发达。

泰安大汶口遗址红陶兽形器

(http://www.eaglesecu.com.cn/guoxue/201106/54738.html)

山东龙山文化以黑色陶器群为显著特征。黑色陶器群与以红陶和彩陶为主要特征的仰韶文化有显著区别,因此龙山文化又被称为"黑陶文化"。陶器普遍采用轮制,壁薄而均匀,造型规整,器表多素面磨光,器形以袋足器、三足器、圈足器较多。典型器物除以鬶为代表的少量白陶外,大量的是磨光发亮的黑陶。黑陶在烧制时采用封窑烟熏的渗碳方法,烧成温度在 1000℃ 以上。黑陶工艺不以装饰取胜,而以造型见长。黑陶的造型品种除了尖底瓶、罐、盆等外,还出现了鬲、豆、杯、鼎等品种,其中的蛋壳黑陶高柄杯,有的器壁厚仅 0.5 毫米,重 50—70 克,且陶质细腻,漆黑光亮,造型优美,制作精细,因而有"黑如漆、明如镜、薄如纸"的赞誉,堪称稀世瑰宝,工艺水平达到了古代制陶史上的顶峰。有些黑陶器上刻画了复杂的云雷纹、兽面纹等纹样,这类精致的陶器绝非日常用具,可能是一种显示尊贵身份的礼器。

夏朝以后,由于青铜器和原始青釉瓷器的出现和使用,山东地区的陶器业已不如龙山文化时期那样兴盛,除了生产日常生活器皿和随葬冥器外,开始向生产建筑用陶转型和发展。例如西周时,齐国在临淄设立"陶正"官,专司制陶。齐国的建筑用陶不仅独具特色,而且也很发达。常见的陶制建筑构件有瓦当、板瓦、筒瓦、铺地砖、下水管道、建筑用砖等。

山东陶器业的衰落还可以从岳石文化中得到印证。距今约 3950—3500 年的岳石文化,是继山东龙山文化之后分布于海岱地区的一支考古学文化。岳石文化的制陶技术比起龙山文化时期的鼎盛阶段,无论种类还是器形都有较大变化,表现出明显的衰落。大多数陶器为泥质灰胎黑皮陶和夹砂红褐陶。泥质陶的胎壁厚,种类少,不过都采取了先进的轮制方法,火候也比较高,普遍饰有凸棱数周而形成独特的风格。这一时期的陶器主要有尊、子母口罐、三足簋、圈足簋、豆、盂、鼎、盆、杯及大量蘑菇状钮的器盖。一些泥质陶器上还绘有朱色图案,也有用红、白、黄多彩兼施的云纹彩绘陶。夹砂的红褐陶器表面抹光,有敞口的大型罐和盆,还发现了袋足肥大的陶鬹,这些陶器的颈、腰、裆部常有附加堆纹。上述因素均不见于典型龙山文化,而与中原的夏代文化有一定关系。在大汶口文化和龙山文化中十分盛行的鬹,到岳石文化时期已很少见到了。

唐代以后,随着瓷器的普遍烧制和大量出现,山东制陶业部分领域逐渐被瓷器业所取代,除建筑用陶的生产得以继续发展外,其他制陶业已基本衰落下来。

二、瓷器业

瓷器业是在长期烧制陶器的经验积累过程中逐步形成的。据考古发掘和研究考证,山东地区的瓷器生产始于北朝晚期,是我国北方较早烧制瓷器的地区之一,距今已有 1400 多年的历史。山东迄今发现的古代瓷窑遗址有 50 多处,其中比较著名的是淄川、博山一带的寨里、磁村、博山大街,泰安的中淳于,新汶的磁窑头,泗水的沂家城、大泉,宁阳的尹寨、西磁、沙河,枣庄的凤凰岭、钓鱼台等遗址。从瓷器生产的历史、规模和工艺水平上来看,尤以淄博一带的瓷器业具有代表性。

淄博一带最初烧制瓷器的地方是今淄川区寨里镇的寨里窑址。寨里瓷窑是迄今已知的我国北方唯一的青瓷产地,年代上限在南北朝时期的北魏至北齐,下限至唐代。寨里瓷窑生产的青瓷,胎骨一般较薄,带灰白色,烧结度较高。早期产品大都釉色斑驳,颇具初创时期的风格;晚期工艺改进,采用二次上釉,使釉层加厚,明亮润泽,胎骨坚硬,达到了较高的水平。器形以碗、盘、罐、缸为常见。该窑生产的青釉莲花瓷器,型体高大,造型优美,装饰瑰丽,工艺复杂,颇具匠心,堪称我国早期青瓷器中的艺术珍品,是淄博早期青瓷的代表作品,也是我国北方少有的青瓷精品。

唐代,除寨里瓷窑继续烧制外,淄川的磁村窑也开始生产瓷器。磁村窑始于唐代而终于元朝。初期烧制青瓷产品,造型轻巧别致,釉色纯净;中晚期大量烧制黑釉瓷器,器类丰富,数量增多,产品有碗、盘、壶、瓶、罐及各类玩具等,釉色晶莹滋润,色黑如漆,在我国北方诸窑中颇具特色。磁村窑在唐代晚期大量烧制黑釉瓷器的同时,开始试烧釉滴瓷器(俗称雨点釉)。唐末五代时期,磁村窑开始生产白釉瓷器,并盛行在白釉上点绿色彩,开创了淄博生产彩瓷的先河。

宋代,淄博瓷器生产进入全盛时期。在淄川区,现已发现的宋代窑址,除了磁村窑址,还有岭子乡的郝家窑址,巩家坞窑址。在博山区,从城区到八陡也发现多处窑址。这一时期淄川、博山各窑生产的瓷器大致相同,反映出当时各地瓷器制作工艺的交流。产品以白釉瓷器为主,黑釉瓷器次之;在装饰技法上已较多地采用刻花、剔花、画花、茶叶末釉、油滴釉等工艺;在器物类别上除大量烧制碗、盘、盆、罐、灯等日常生活器皿外,还生产乌龟、蛤蟆、小鹿、狗等造型的瓷器玩具。

磁村窑宋代鹧鸪斑釉碗
(http://www.zcgd.net/zjzc/fqfw/2012/0131/2130.html0)

金代,淄博瓷器生产规模较北宋时期有较大发展。在烧制工艺上普遍采用匣钵套烧,窑炉结构由柴窑发展为煤窑,产品类型增多,装饰技法丰富多彩。这一时期的代表性瓷窑以磁村瓷窑和博山大街瓷窑为代表,主要生产白釉产品,黑釉产品次之,釉色晶润,光洁度高,代表了淄博瓷器较高的生产水平。博山大街瓷窑生产青釉印花瓷器,以印缠枝花卉、鱼龙纹饰为主,产品以日用生活器皿为主,常见器类有碗、盘、罐、瓶等,各类美术瓷器玩具也较多见。蛤蟆、乌龟、小鹿、小狗等瓷器玩具小巧玲珑,造型逼真,动人可爱,开创了瓷器生产的新领域。在装饰技法上,除继承了北宋时期的工艺外,新出现了三彩装饰、绿釉、黄釉、绞胎瓷、粉杆瓷等装饰工艺;油滴瓷烧制更加精美,是淄博一带烧制瓷器的高峰阶段。

元代,淄博一带的瓷器烧制不及金代,生产的瓷器以碗、盆、盘、缸、碟、罐为主,釉色受磁村窑的影响,流行白釉黑花纹饰,题材以各种折枝、缠枝花卉、兰草、莲花、水波、鱼纹为主,运笔洒脱,线条明快,图案清晰。代表性瓷窑有淄川坡地瓷窑和博山南万山瓷窑。

元末明初,山东地区战乱频仍,瓷器生产遭到严重破坏,淄博一带的瓷器业开始衰败。许多瓷窑停业于此时,福山瓷窑和八陡瓷窑等少数瓷窑虽然还在烧制,但产品单一、烧制粗糙。明清时期,由于博山琉璃业的兴起和发展,制瓷业继续衰败。清末和民国年间,淄博一带瓷窑多生产瓶、缸、罐、枕等瓷器,釉彩以青花和彩绘为主。当时生产的瓷器,胎粗器大,釉面发灰,晶润明亮度不高。这一时期,民间小窑仍生产粗瓷大缸、盆、罐等大型器物,鱼盘也有一定的产量。

三、纺织业

山东的纺织业具有非常悠久的历史。早在原始社会新石器时代,人们已经采集野生的葛、麻、蚕丝等,并且利用猎获的鸟兽毛羽,搓、绩、编、织成为粗陋的衣服,以取代蔽体的树叶和兽皮。随着农业和畜牧业的发展,先民们逐步学会了种麻索缕、养羊取毛和育蚕抽丝等人工生产纺织原料的方法,并且利用了较多的纺织工具。有的工具已是由若干零件组成,有的则是一个零件有几种用途,使劳动生产率有了较大的提高。

北辛文化时期,编织、缝纫等手工业已经有了初步发展。在北辛文化遗址出土的两件残陶器的底部清晰地印有规整的席纹,这表明编织在当时的生产活动中占有重要地位。同时出土的磨制精细的骨针和陶纺轮,则表明原始纺织业进入了手工机具纺织阶段,人们已经在利用植物纤维和动物毛绒纺线,用来编织、缝制粗陋的衣物。

大汶口文化时期,手工机具纺织业已相当发达。在许多遗址都发现了陶纺轮、石纺轮和骨针、骨锥、骨梭形器等纺织缝纫工具以及印在陶器底部的布纹。如:大汶口遗址出土的骨针长的18.2厘米,粗者7毫米,最细者只有1毫米,针顶端有鼻,孔径细的只能穿过一根细线,可见纺织、缝纫技术的进步程度。据观察,陶器底部的布纹密度一般在每平方厘米 7×8 根左右,个别地方已达到每平方厘米 8×11 根。这说明当时的纺织业正在或已经从农业中分离出来,成为一个独立的手工业部门。

春秋时期,齐国都城临淄已成为中国纺织业的中心,而以临淄为中心的纺织业的发展,又推动了齐国其他地区乃至周围各国纺织业的发展。如:《尚书·禹贡》称古兖州"桑土既蚕","厥贡漆丝,厥篚织文"。织文是一种锦绮。这段文字是说古兖州一带百姓用竹筐装丝织品作为贡品。《尚书·禹贡》又说古青州"厥贡盐绨,海物惟错"。绨,指夏布,盛产于当时青州、莱芜一带。该书还提到"莱夷作牧,厥篚檿丝"。可见,黄县、蓬莱沿海一带也出产丝织品。《尚书·禹贡》中的这些记载反映出春秋战国时期山东纺织业已有相当的规模。男耕女织,是姬周人古老的历史传统,在经济文化发展较早的齐国、鲁国更是如此。纨是一种细致光洁的白色的绢,主要生产于齐国的临淄,因此有"齐纨"之称，向为珍贵的衣料。《列子·周穆王》："衣阿锡，曳齐纨。"张湛注："齐，名纨所出也。"唐朝张籍《酬朱庆馀》诗："齐纨未是时人贵，一曲菱歌敌万金。"《汉书·地理志下》记载：齐国"太公以齐地负海涝卤，少五谷而人民寡，乃劝女工之业，通鱼盐之利，而人物辐辏"，"故其俗弥侈，织作冰纨绮绣纯丽之物，号为冠带衣履天下"。齐国之所以成为"冠带衣履天下"的纺织业中心，是因为"女工之业"的发达。缟是一种细白的生绢，历史上以曲阜所产尤为轻细，称作鲁缟。《史记·韩长儒列传》说："且强弩之极，矢不能穿鲁缟"。许慎解释说："鲁之缟尤薄。"《汉书·窦田灌韩传》记载："强弩之末，力不能入鲁缟。"颜师古注曰："缟，素也。曲阜之地，俗善作之，尤为轻细，故以取喻也。"唐代诗人李白说："鲁缟如白烟，五缣不成束，临行赠贫交，一尺重山岳。"可见直到唐代，这种洁白细轻的鲁缟仍是曲阜的名产。

春秋战国时期，齐国即号称"冠带衣履天下"。秦汉时期，封建王朝采取了保护农业与家庭手工业的政策，对纺织业发展有一定促进作用。秦时鼓励"男乐其畴，女修其业"，提倡妇女从事家庭纺织业。汉代，我国丝、麻、毛纺织技术都已达到很高的水平。工具方面，缫车、纺车、络纱、整经工具、多综多蹑织机已相当完善，束综提花机已经产生。汉代的临淄、定陶、亢父（今任城）是全国三大纺织中心。所产纺织品数量多、质量好，源源不断地通过"丝绸之路"输往西域等地。因此，当时山东地区是"丝绸之路"的主要源头之一。20世纪初，英籍匈牙利人斯坦因曾在敦煌发现任城亢父缣，上面有题字云："任城亢父缣一匹，幅广二尺二寸，长四丈，重二十五两，直钱六百一十八"。敦煌是汉代通往西域的交通要道，而产自任城的亢父缣，就是自此运往西域的丝织品之一。

隋唐时期，我国纺织技术更有提高，出现了变化斜纹组织向正规缎纹组织的过渡，织物结构上的"三原组织"（平纹、斜纹、缎纹）至此已臻完整。"丝绸之路"上出土的和日本保存至今的大量唐代纺织文物，是对当时高度技术水平的物证。在山东，兖州的镜花绫、青州的仙纹绫、密州的细布、博州的平轴、德州和郓城的绢驰名全国，并被唐政府列为贡品。杜甫"齐纨鲁缟车斑斑，男耕女桑不相失"的著名诗句，就是对当时山东地区纺织品生产发达的真实写照。

从宋元到明清，纺织技术更趋高超。起源于汉代以前的缂法、绒织、织金等技术发展到很高的水平。南宋的缂丝、元代的织金、明代的织绒都成了出名的工艺美术品。这种传统产品，至今深受各国人民的喜爱。生产工具也更臻完善。束综提花与多综多蹑相结合的提花机、多锭大纺车，以及后期出现的多锭纺纱车，在动力机器普及之前，可以说都已达到技术的高峰。这一时期，山东的纺织业更趋发达。宋代在青州设立织锦院，专门织造高级纺织品。宋神宗时，在山东"和买"绢帛，每年达30万匹左右。明清时期，济南、济宁、临清等城市都有发达的纺织手工业，有的地方还出现了带有资本主义萌芽性质的手工工场。

四、鲁班的发明创造

鲁国是手工业非常发达的国家。据《左传》记载，鲁成公二年（前589）冬，楚国进攻鲁国,鲁国献出执斫(木工)、执针(女工)、织纴(织工)各百人向楚国求和。鲁国用 300 名工匠换取苟安,其国力衰微和蒙受的屈辱姑且不论,但足以说明鲁国工匠的高超技艺为各国所认同。春秋和战国之交,由于激烈的社会变动和铁器的广泛使用,手工业者进一步获得了施展才能的机会。鲁班就是在鲁国手工业文化的滋养下出现的一位能工巧匠。

鲁班(前 507—前 444),姓公输,名般,又称公输班、公输盘、鲁般等。有些古籍则尊称他为公输子。因为他是鲁国人,"般"与"班"同音,古时通用,所以后世称他为鲁班。鲁班是我国古代一位杰出的工匠和发明家,他在木工工具、古代兵器、农业机具、仿生机械等方面有很多发明创造,2000 多年来,一直被土木工匠视为"祖师",受到后人的崇敬和纪念。

据《事物绀珠》《物原》《古史考》等著作记载,木工使用的不少工具器械,如曲尺(也叫矩或鲁班尺)、刨子、锯、墨斗、钻子、凿子、铲子等,都是鲁班发明的。鲁班发明的一系列木工工具,不仅使木工减轻了体力劳动,而且大大提高了劳动质量和劳动效率。在土木建筑方面,《事物纪原》和《物原·室原》都记载鲁班创制了铺首,即安装门环的底座。古时民间还传说他主持造桥,他的妻子云氏为了使工匠不受日晒雨淋而发明了伞。

据《世本》记载,石磨也是鲁班发明的。石磨是一种用人力或畜力把粮食去皮或研磨成粉末的石制工具。它由两块尺寸相同的短圆柱形石块和磨盘构成,一般架在石头或土坯等搭成的台子上。接面粉用的石制或木制的磨盘上摞着磨的下扇(不动盘)和上扇(转动盘)。两扇磨的接触面上都錾有排列整齐的磨齿,用以磨碎粮食。上扇有两个(小磨有一个)磨眼,供漏下粮食用。两扇磨之间由磨脐子(铁轴)连接,以防止上扇在转动时从下扇上滑落下来。石磨的发明是古代粮食加工工具的一大进步。在此之前,人们把粮食加工成粉末的办法是把粮食放在石臼里用杵来舂捣。鲁班发明石磨的真实情况已经无从查考,但是从考古发掘的情况来看,龙山文化时期已经有了杵臼。因此,到春秋战国时期,鲁班发明石磨是有可能的。

鲁班不只是土、木、石工匠的"祖师",还是一位很高明的机械发明家。在鲁班之前已有简单的锁钥,形状如鱼。鲁班改进的锁钥,形如蠡状,内设机关,凭钥匙才能打开。《墨子·鲁问》记载:"公输子削竹木以为鹊,成而飞之,三日不下。"另据《鸿书》记载,他还曾制木鸢以窥宋城。在兵器制造方面,根据《墨子》一书记载,鲁班曾为楚国制造攻城用的器械云梯和水战战具"钩强"(又名"钩拒"),在战争中发挥过巨大作用。

关于鲁班发明创造的故事和传说很多。这些故事和传说虽然不一定全部真实,却表达了人们对鲁班的敬仰和怀念,歌颂了古代能工巧匠的聪明才智。

五、王祯与木活字印刷术

中国是最早发明印刷术的国家。自从汉朝发明纸以后,书写材料比起过去用的甲骨、简牍、金石和缣帛是既轻便又经济,但是抄写书籍却是费时费工的事情,远远不能适应社会的需要。东汉熹平年间(172—178),社会上出现了摹印和拓印石碑的方法。大约在公元 600 年前后的隋朝,人们从刻印章中得到启发,发明了雕版印刷术。到了宋朝,雕版印刷事业发展到全盛时期。雕版印刷术对文化的传播起了重大作用,但也存在明显缺点:第一,刻版费时费工费料;第二,大批书版存放不便;第三,有错字不容易更正。北宋发明家毕昇经过反复试验,在宋仁宗庆历年间(1041—1048)发明了胶泥活字,实行排版印刷。毕昇发明的胶泥活字印刷术,是印刷史上一次伟大的革命。但是,胶泥活字也存在"难于使墨,率多印坏"的问题,所以直到元代这项发明尚未得到推广,当时印刷业大量使用的仍是雕版印刷术。

王祯为了使他的《农书》早日出版,便在毕昇胶泥活字印刷术的基础上,进行木活字印刷的试验研究并取得成功。这一方法既节省人力和时间,又可提高印刷质量。同时,王祯还设计了转轮贮字盘和按韵分类存字法,使活字排版的技术与工艺大大向前推进了一步。他设计的转轮贮字盘是用轻质木材做成的大轮盘,直径约 7 尺,轮轴高 3 尺,轮盘装在轮轴上可以自由转动。把木活字按古代韵书的分类法,分别放入盘内的格子里。他做了两副这样的大轮盘,排字工人坐在两副轮盘之间,转动轮盘即可找字,这就是王祯所说的"以字就人,按韵取字"。这样既提高了排字效率,又减轻了排字工的体力劳动,是排字技术上的一个创举。大德二年(1298),王祯用这种新方法试印了由他主编的《旌德县志》。全书 6 万多字,不到一个月就"百部齐成"。根据这次实际经验,他写了一篇《造活字印书法》,并绘制了《活字板韵轮图》附在《农书》末尾,成为印刷史上的珍贵文献。木活字版的应用是继毕昇胶泥活字版问世以后印刷技术上的又一重大改进,转轮贮字盘的发明和按韵分类存字法的应用则是排字技术上的一大创举。

王祯发明的轮盘检字法

(http://www.chinese.cn/cul/article/2010-03/24/content_119437.htm)

第三节 名医及其成就

中医指中国的传统医学,是中国古代先民在长期的医学实践中形成的一整套医学理论体系。中医在长期发展过程中,不仅出现了以华佗、张仲景、孙思邈等为代表的名医和以《黄帝内经》《伤寒杂病论》《神农本草经》等为代表的医药名著,而且传播到了亚洲、欧洲的各个国家,对世界医学都产生了深远影响。山东的医学发展水平也比较高,出现了中医鼻祖扁鹊、医案记录创始人淳于意、药王王叔和、儿科医圣钱乙等名医。

一、中医鼻祖扁鹊

中医发源于中国黄河流域,很早就建立了学术体系。中医在漫长的发展过程中,历代都有不同的创造,涌现了许多名医,出现了许多重要学派和名著。据史书记载,扁鹊是山东大地上出现的第一位名医。

扁鹊(约前407—前310),姓秦,名越人,齐国渤海卢(今山东长清)人,战国时期医学家,中国传统医学鼻祖。由于他对中医药学的发展有着特殊的贡献,时人借用上古轩辕时期的名医扁鹊的名字来尊称他。

扁鹊青年时曾替贵族管理客馆,结拜了名医长桑君①,得其真传,开始行医生涯。他的医术十分高明,能"尽见五脏症结"。相传他见到齐桓公,一眼就看出齐桓公身上有病,劝其及早治疗。齐桓公不听,5天后他又劝齐桓公赶紧治疗,齐桓公还是不听,过了10天齐桓公果然病死了。传说晋国的赵简子得病,昏迷5天,不省人事。经他精心治疗,没过3天,病就完全好了。又有一次,虢国太子得了"尸厥"症,家里人以为他已经死了,正准备办丧事。扁鹊问明情况,入宫为之切脉,断定没有真死,便用针灸、熨贴和汤剂综合治疗,使之恢复了健康。由于扁鹊医道高明,为百姓治好了许多疾病,百姓送他"扁鹊"称号。扁鹊看病行医有六不治原则:一是依仗权势,骄横跋扈的人不治;二是贪图钱财,不顾性命的人不治;三是暴饮暴食,饮食无常的人不治;四是病深不早求医的人不治;五是身体虚弱不能服药的人不治;六是相信巫术不相信医道的人不治。扁鹊不仅精于内科,而且精通妇产科、小儿科、五官科等。在扁鹊之前,医生诊断病情,"以五气、五声、五色视其死生"。扁鹊结合自己的经验发展了这种诊断方法。每次给人看病,他不仅详细询问病人的感受,同时还采用"切脉、望色、听声、写(观)形",而后"言病之所在",这就是望(看气色)、闻(听声音)、问(问病情)、切(按脉搏)四大诊断方法。这种四诊法,至今仍被中医所沿用。传说扁鹊曾把自己丰富的治疗经验加以总结,著有《扁鹊内经》等书,可惜今已失传。

---

① 长桑君,战国时医学家,生卒年和籍贯不详。

二、医案记录创始人淳于意

司马迁在《史记》"扁鹊仓公列传"中记载了与扁鹊齐名的一代名医仓公的行医事迹。仓公是西汉时期唯一见于正史记载的医学家，他复姓淳于，名意。淳于意留下了中国历史上最早的医案记录——"诊籍"。

淳于意（约前205—前150），临淄人，西汉临床医学家，中医医案记录的创始人。曾任齐国太仓长，故又称太仓公、仓公。淳于意年轻时喜爱钻研医术，拜公孙光为师，学习古典医籍和治病经验。高后八年（前180），经公孙光推荐，淳于意又拜公乘阳庆为师，得受《上下经》《五色诊》《奇咳术》《揆度》《阴阳外变》《药论》《石神》《接阴阳》等医药秘籍。研习三年后，医术大有提高，诊病能知人生死，遂四处行医，足迹遍及山东。

淳于意品格高尚，不愿做贵族奴仆，先后拒绝了越王、胶西王、济南王、吴王、齐王的征召，甘愿长期在民间行医。齐文王（前178—前167年在位）患肥胖病，气喘，头痛，目不明，懒于行动。当时淳于意听说后，因为家中贫穷，要为人治病谋生，又担心被官吏委任为侍医而受到束缚，就没有主动给文王诊治，但认为文王形气俱实，应当调节饮食，运动筋骨肌肉，开阔情怀，疏通血脉，以泻有余。可是，有一个庸医却给文王施以灸法，结果使文王病情加重致死。于是王公贵族诬淳于意"不为人治病，病家多怨之者"。汉文帝四年（前176），淳于意被逮至京都长安问罪。他的小女缇萦随同前往，并上书皇帝，愿荐身为官婢，以赎父刑。上书曰："妾父为吏，齐中皆称其廉平，今坐法当刑。妾伤夫死者不可复生，刑者不可复属，虽复欲改过自新，其道无由也。妾原没入为官婢，赎父刑罪，使得自新。"书奏汉文帝，汉文帝见淳于缇萦小小年纪竟这样懂事，十分悲怜其意。文帝十三年（前185），汉文帝赦免淳于意，同时宣布废除部分肉刑，这就是历史上有名的"缇萦救父"的故事。在此期间，淳于意曾多次回答朝廷的讯问，详细陈述了自己的学医经过和为人治病的具体情况。他的答词即为后世所称的"诊籍"，是中国现存最早见于文献记载的医案。在"诊籍"中，淳于意介绍了25个病例，记载了患者姓名、职业、里籍、疾病症状、脉象、诊断、治疗、预后等情况。所记病例以消化系统疾病为多，在治疗方面则偏重于药物，如汤剂有火齐汤、下气汤、消石汤等，散剂有莨菪、芫华等，含漱剂有苦参汤等。此外他还擅长刺法、灸法及冷敷等疗法。"诊籍"中还真实地报告了25例患者有10例因医治无效而死亡的治疗效果，反映了中国古代医家实事求是的优良传统。

淳于意是世界上第一个使用医案的医生，他在医案记录上的创造性贡献，比西方早几百年。此外，淳于意像秦越人一样，没有把医学经验的传授限定在神秘而狭小的范围内，他是秦汉时期文献记载中带徒最多的一位医学家。

三、药王王叔和

脉诊是通过按触人体不同部位的脉搏，以体察脉象变化的切诊方法。从魏晋南北朝到隋唐五代，脉诊取得了突出的成就。晋代名医王叔和所著的《脉经》，不仅推动了我国医学的发展,而且对世界医学的发展也起了非常重要的作用。

王叔和(201—280),本名熙,字叔和,山阳高平(今山东微山县)人,魏晋时期著名医学家。三国时期曾为魏国太医令,主持朝内医政,晚年流落到荆州,边行医边进行医学理论的研究和著述,为我国医学事业做出了巨大贡献。王叔和逝世后葬于岘山(今湖北襄樊市城南)之麓。后人称其为"药王",把埋葬他的地方叫作"药王冲"。

王叔和一生最突出的贡献是编著了我国现存最早的脉学专著《脉经》。《脉经》共10卷,98篇,计10万多字。这部著作总结和发展了西晋以前的脉学经验,将脉的生理、病理变化类列为脉象24种,使脉学正式成为中医诊断疾病的一门科学。《脉经》是我国古代医学方面一部极其重要的著作,直至今天仍然是我国医学界培养中医人才的基本教材。《脉经》早在隋唐时期就已经流传到朝鲜、日本等国家,后来又传到阿拉伯国家。此外,王叔和任太医令时,还利用皇家藏书的有利条件,对老师张仲景的遗稿进行编次、校订,并根据老师的教诲及临床实践,为《伤寒杂病论》补充撰写了《辨脉》《平脉》《伤寒例》3篇内容。整理补写后,又根据内容析为《伤寒论》和《金匮玉函要略》二书。王叔和补写的内容,是汉晋时期医学理论和实践的高度总结,得到后世医学界的高度评价。宋代林亿在《伤寒论序》中称赞王叔和说:"仲景之书,及今八百余年不坠于地者,皆其力也。"清初医学家徐灵胎也说:"不有叔和,焉有此书?"因此,后人尊称张仲景、王叔和二人为"医之圣""百世之师"。

四、儿科医圣钱乙

我国医学史上第一个著名儿科专家钱乙撰写的《小儿药证直诀》,是我国现存的第一部儿科专著。它第一次系统地总结了对小儿的辨证施治法,使儿科自此发展成为独立的学科。后人视之为儿科的经典著作,把钱乙尊称为"儿科医圣"。

钱乙(1032—1113),字仲阳,郓州(今山东东平)人,宋代著名儿科医学家,曾任太医丞。钱乙的一生,在治学上最突出的地方,就是"专一为业,垂四十年"。他在山东各地巡回行医,广泛征集民间验方,结合临床实践,根据藏象理论,在汉代名医张仲景辨证施治理论的基础上,摸索出一套适用于小儿的"五脏辨证法",研究出数十种小儿专用药方。如治疗痘疹初起的升麻葛根汤,治小儿心热的导赤散,由生地黄、甘草、木通组成的治小儿肺盛、气急、喘嗽的泻白散(泻肺散),由桑白皮、地骨皮、生甘草组成的治肝肾阴虚、目鸣、囟门不合的地黄丸,治脾胃虚寒、消化不良的异功散,治肺寒咳嗽的百部丸,治疗寄生虫病的安虫散、使君子丸等等,至今还是临床常用的名方。尤其是他将张仲景《金匮要略》所载的崔氏八味丸,即八味肾气丸(干地黄、山茱萸、薯蓣、泽泻、丹皮、茯苓、桂枝、附子),化裁制成由熟地黄、山药、山茱萸、茯苓、泽泻、丹皮组成的六味地黄丸,用来当作幼科补剂,更见其斟酌通变、动契精微的功力。

钱乙博学多识,虽以儿科最为知名,但治病各科皆通,遣方不泥古人,用药灵活善变而自有法度。著有《伤寒指微》5卷,《婴孩论》百篇,但都失传。他的临床经验和学术思想主要反映在一部流传到现在的《小儿药证直诀》中。《小儿药证直诀》一书是由钱乙的门人阎季忠按照钱乙的丰富临床经验加以总结和整理，于宣和元年（1119）成书。此书共 3 卷，上卷为脉证治法，共载小儿诊候及方论 81 篇；中卷详记钱氏小儿病医案 23 则；下卷诸方论述儿科方剂的配伍和用法。书中简要记述了小儿病的诊断与治疗，具有较高的临床实用价值。《小儿药证直诀》比欧洲最早出版的儿科著作早 300 年。清代的《四库全书总目提要》说："小儿经方，于古罕见，自乙始别为专门，而其书亦为幼科之鼻祖。"

第四节　天文学与算学

中国古代信奉"天命观"，往往把日食、月食等天文现象与现实生活中发生的变动，尤其是与政治问题联系起来。因此古代中国对天文历算非常重视，对其记载、研究也比较完备，在很多方面都超过了同时代的西方。山东的天文学和算学亦取得了辉煌的成就，涌现出了一批以甘德、刘洪、徐岳、何承天、燕肃、薛凤祚等为代表的优秀天文学家和算学家。

一、齐鲁两国的天文学成就

天文学和算学都是由于农牧业生产的需要而发展起来的最早的科学。算学，现代通称为数学，它是一连串的抽象理论和计算方法。最初的天文学其实只是历学，它研究观象授时的方法，即所谓编制历法；而编制历法，不仅需要实地观测，更需要借助于数学进行大量计算，因而天文学和数学自诞生以来，就有着密切联系。中国人很早就注意观察天象。中国古书上关于夏朝时流星雨和日食的记载，是世界天文史上最早的记录。春秋战国时期，齐鲁两国的天文学已取得了相当高的成就。

春秋战国时期，鲁国的天文学家就观测到 37 次日食，测定了冬至和夏至的日期。中国古代关于彗星的纪事也很早，最可靠的是鲁国编年体史书《春秋》对出现于鲁文公十四年（前 613）的彗星记录："秋七月，有星孛入于北斗。"现代天文学家根据星孛的轨道和时间判断，它就是哈雷彗星。这是世界上关于哈雷彗星的最早记录。

战国末年，齐国出现了杰出的天文学家甘德及其天文学专著。齐国人甘德（生卒年不详），著《天文星占》8 卷，后人将甘德的《天文星占》8 卷与同时代的魏国人石申（生卒年不详）写的《天文》8 卷合为一部，称《甘石星经》，这是中国古代最早的天文学著作。书中记录了水、木、金、火、土五大行星的运行情况，以及它们的出没规律。书中还记录了 800 个恒星的名字，有 121 个的位置现在已经被测定。甘德还用肉眼观测到了木星最亮的卫星木卫二。比意大利天文学家伽利略在 1610 年用天文望远镜发现该星要早 1800 多年。

二、刘洪的《乾象历》

汉朝建立后，有汉一代在历法、仪象（即天文观测仪器）、观测、理论以及天文著述等方面,都取得了显著成绩,可以说汉代是我国古代天文学的黄金时代。东汉后期杰出的天文学家、数学家刘洪在回归年长度、月亮运动、日月交食、五星会合以及数学歌诀和珠算的研究方面都取得了突破性进展。

刘洪(约129—210),字元卓,泰山郡蒙阴(今山东蒙阴县)人。刘洪自幼勤奋好学,具有渊博的知识。由于他是汉光武帝刘秀的侄子鲁王刘兴的后裔,所以在年轻时就成为宫廷内臣,这对于施展他的政治抱负和潜心研究天文历算有着得天独厚的条件。他的成就主要表现在数学、天文历算、珠算等方面。

他精通《九章算术》,有着非凡的数学才能。他在《乾象历》中创造的"强正弱负,强弱相并,同名相从,异名相消。其相减也,同名相消,异名相从,无对互之"的"正负数"理论,为历代学者所赞誉。刘洪不但在数学领域里取得了"当世无偶"的地位,而且研究天文历算方面的问题。熹平三年(175),刘洪作《七曜术》。七曜是太阳、月亮和"金、木、水、火、土"五大行星的合称。在《七曜术》中,刘洪精确地推算出了"五星会合"的周期,以及它们的运行规律。他的数据与现代用精密的天文仪器测算的"差值"甚微,有的还完全相同。《七曜术》的完成,为其创建《乾象历》奠定了坚实的理论和数据基础。

刘洪杰出的数学才能和在天文学上取得的成就,引起了当时皇室和学术界的重视。当时著名的文学家蔡邕,在光和元年(178)就上书汉灵帝,推荐刘洪与其"共述"《后汉记》《律历记》。"蔡邕能为文,清浊钟律;刘洪能为算,述叙三光。"他们一个是文章泰斗,一个是数学大家,二人合璧而成《律历记》。而后刘洪还曾担任过"检书东观",主要是考验日月以及对当时科学家所研制的天文历算成果的检查验证。这期间他参与了光和二年(179)对王汉所著《月食注》的审查,光和四年(181)对冯恂、宗诚等人的"推计行度"方法的校勘,从中积累了大量的资料和经验,为他创制《乾象历》奠定了坚实基础。

206年,刘洪创制完成了《乾象历》。这是我国历史上第一部传世的引进月球运动不均匀性的历法。在《乾象历》中,刘洪进一步确定了"黄白交角值"、近点月周期、交点退行,以及月亮每天实际运行的度数,使我国古代关于"月球运动"的学说得到了初步定型。这也是刘洪一生中最大的功绩。因东汉末年的社会动荡,《乾象历》在当时并未实行,刘洪也于210年去世,生前没有看到乾象历的正式颁行。但是,当时著名的经学家郑玄,三国时吴国的太子太傅、中书令阚泽都曾经注释过《乾象历》。在阚泽的倡议下,吴国自吴大帝黄武元年(222)建国起开始采用《乾象历》,直至280年吴亡。

刘洪还是我国推广珠算的奠基人。"珠算"一词,在我国古代文献中最早记载于东汉徐岳编著的《数术记遗》一书。徐岳在书中提到刘洪是他的珠算老师。因此,刘洪还是我国推广珠算的奠基者,被誉为"算圣"。

三、东汉数学家徐岳

在我国古书中最早记载"珠算"一词的是东汉数学家徐岳所著的《数术记遗》。徐岳(?—220),字公河,东莱(今山东莱州)人,东汉时期著名数学家、天文学家。徐岳曾跟东汉末年数学家、天文学家刘洪学习数学。

汉灵帝时，刘洪创制了《乾象历》，授于徐岳。徐岳潜心钻研晦、朔、弦、望、日月交食等历象端委，进一步完善了《乾象历》，后又把该历法传给吴中书令阚泽，"乾象历"遂在吴国实行。历法的钻研为徐岳以后从事算学研究打下了坚实基础。他搜集我国先秦以来大量数学资料，撰写出《数术记遗》《算经要用》等具有历史意义的数学著作。《数术记遗》以与刘洪问答的形式，介绍了 14 种计算方法，其中一种就是珠算。这种算盘每位有 5 颗可动的算珠，上面 1 颗当作 5，下面 4 颗每颗当作 1。这种以算盘为工具进行数字计算的方法称作珠算。徐岳第一次记载了算盘的样式，并第一次为珠算定名，在中国乃至世界珠算史上写下了光辉的一页。随着算盘的使用，人们总结出许多珠算口诀，加快了计算的速度。到了明代，珠算不但能进行加减乘除的运算，还能计算土地面积和各种形状东西的大小。由于算盘制作简单，价格便宜，珠算口诀便于记忆，运算又简便，所以在中国被普遍使用，并且陆续流传到了日本、朝鲜、美国和东南亚等国家和地区。

四、何承天与《元嘉历》

东汉以前的历法中，都是把月行的速度当作不变的常数，以朔望月的周期来算朔，算出的朔后来称作平朔。由于日月运动的不均匀性，采用平朔法，就会发生历面日期和月相盈亏不相一致的问题。东汉前后，人们发现了月亮运动的不均匀性，就设法对平朔进行修正，以求出真正的朔，称为定朔。第一部载有这种修正算法的历法，是刘洪创制的《乾象历》。但是，《乾象历》在刘洪时代并没有被采用，而是被冷遇了十多年后才得以在东吴颁行。在这一时期的历法中，继《乾象历》之后最好和影响最大的历法当数何承天的《元嘉历》。

何承天（370—447），东海郯（今山东郯城）人，南朝宋大臣，著名天文学家，无神论思想家。自幼好学，通览儒史百家，知识渊博，精历算，对天文律历造诣颇深。

由于当时的历法采用平朔法来排历谱，因此日食常发生在晦日或初二。何承天认为，日食发生在晦日或初二，月食发生在望的前后，都是很不合理的；提出通过确定太阳和月亮的实际位置并从它们的关系推算真正的合朔时刻的方法。这样算出的朔就是定朔。根据定朔法，朔望与月亮实际位置相符，日食一定发生在朔日，月食一定发生在望日。但由于当时还不知道太阳运动的不均匀性，所以仅仅考虑月行盈缩的修正就会在历法中产生接连三个大月或接连两个小月的现象。这种现象难以为人们所接受，何承天因此而受到了一些人的批评。在这种情况下，何承天在宋元嘉二十年（443）创制完成的《元嘉历》仍采用了平朔法。虽然定朔算法直到唐代才真正实行，但何承天创用定朔算法，仍是中国历法史上的一大进步。《元嘉历》行用到 509 年梁朝灭亡，在我国天文律历史上占有重要地位。

何承天还运用当时所能达到的自然科学水平，进行反佛的理论斗争，在形神问题上批判"神不灭"的唯心主义理论，反对因果报应说，是范缜之前最重要的无神论者，著有《报应问》《达性论》等。他熟知历代朝典，曾奉命撰修《宋书》，书未成而卒。

五、燕肃及其科学成就

潮汐现象是指海水在天体（主要是月球和太阳）引潮力作用下所产生的周期性运动，习惯上把海面垂直方向涨落称为潮汐，而海水在水平方向的流动称为潮流。中国人很早就知道潮汐和月球有密切的关系，把早晨海水上涨的现象叫作潮，把黄昏上涨的叫作汐，故合称潮汐，或称海潮。汉代王充在《论衡》中指出："涛之起也，随月盛衰，大小满损不齐同。"古代涛和潮通用，指的都是潮水。这段话说明了潮汐对月球的依赖关系。北宋燕肃对海潮进行了十年之久的观察，认识到潮汐变化"随日而应月""盈于朔望""虚于上下弦"的规律，并在乾兴元年（1022）写出了著名的《海潮论》。

燕肃（961—1040），字穆之，祖籍山东益都（今青州），后迁居阳翟（今河南禹县），北宋时潮汐学家、机械制造家。幼年家境贫困好学，中进士后，曾任左谏议大夫、龙图阁直学士、礼部侍郎等职。

燕肃在越州、明州等沿海地区任职期间（约 1014—1024），对海潮进行了十年之久的实地观测，积累了大量可靠的资料，并在研究古人潮汐理论的基础上，对海潮规律这一科学问题进行了深入研究，于宋真宗乾兴元年（1022）写成了著名的《海潮论》。燕肃在《海潮论》中分析了潮汐与太阳和月球的关系，潮汐的月变化以及形成钱塘江涌潮的地理因素等。他指出："日者众阳之母，阴生于阳，故潮附之于日也；月者，太阴之精，水者阴，故潮依之于月也。是故随日而应月，依阴而附阳。"海潮"盈于朔望""虚于上下弦"。他以阴阳学说解释了日月的吸引力是形成海潮的原因，并发现一月中朔望时潮大、上下弦时潮小的规律。在此基础上，燕肃还对潮候做了推算，计算出每天海潮涨落的时间，这些数据都是非常精确的。他为了更形象地说明问题，还专门绘制了《海潮图》，可惜此图已经失传。《海潮论》和《海潮图》对指导当时的渔业生产和海上交通，人们更有效地掌握海潮的优势、回避海潮造成的灾害，促进生产发展，起了一定的作用。《海潮论》是我国古代潮汐学研究的扛鼎之作，比西方国家整整先进了 700 余年。

燕肃不仅精通潮汐学，还精通机械学。燕肃对潮汐的精确研究得益于他发明的"莲花漏"。燕肃研究潮汐时，为了得到正确的潮候，需要用更准确的计时器。于是，在研究潮汐学的同时，不断研究改良计时器，终于在宋仁宗天圣八年（1030）发明了精确的莲花漏。他创制的莲花漏是一种多级漏壶，中间一级壶的上方开有分水孔，上面来的过量的水自动从分水孔溢出，漏壶中的水位始终保持恒定。这种漏壶因制造简便、计时准确，曾风行各地，并于景祐三年（1036）由仁宗皇帝颁行全国，以致"各州郡用之以候昏晓，世推其精密""分刻不差"，各地"皆立石载其法"。莲花漏在中国古代时间计量发展史上产生了划时代的意义。燕肃还发明了指南车和记里鼓车，两种厂车都是利用齿轮传动原理来进行工作的。其齿轮既简单又能自动离合，是古代有名的自动化机械之一。

燕肃发明的莲花漏

六、学贯中西的薛凤祚

明清之际的西学东渐,是近代中西科学文化交流史上的重要事件。在天文学领域,进行学术传教的西方传教士带来了新的天文学知识,催生了一批汇通中西的中国天文学家。薛凤祚就是这些天文学家中的佼佼者。

薛凤祚(1600—1680),字仪甫,号寄斋,淄川人,清初著名的天文学家、数学家。少攻儒学,中秀才。明熹宗天启年间(1621—1627),远游保定府定兴县,从鹿继善和孙奇逢学"陆王"之学。后跟魏文魁学习历算,继而又就教于意大利传教士罗雅各[1],复去南京投师泰西天文学名士波兰人穆尼阁[2]和德国人汤若望[3]。他集众师之长,颇得西方历学之精要,终于成为学贯中西,以历算知名海内的天文学家。

薛凤祚著述甚多,除了汉译穆尼阁所著《天步真原》并著《天学会通》以阐述《天步真原》以外,数学方面有《比例对数表》《三角算法》《比例四线新表》,其中《比例对数表》是中国最早的对数著作,书中除介绍对数求法、原理外,还编制了从 1 至 20000 的常用对数表,并计算到小数第 6 位;天文历法方面有《太阴太阳诸行法原》《交食法原》《交食表》《历年甲子》《求岁时》《今西法选要》《今法表》《日食诸法异同》《求黄赤道度及率总数》《历法立成》《新法密率》《日月食原理》《五星交食表》。此外,在物理、水利、医药等方面亦有撰著。1664 年,薛凤祚将自己的天文学著作和当时各家历算方法、实用科学方面的知识汇集为《历学会通》80 卷,刊行于世。《清史稿·艺文志》将该书分著为正

---

① 1622 年来华,参与修《崇祯历书》。

② 1645 年来华,是第一个在中国传播哥白尼《天体运行论》者。

③ 1622 年来华,参与修《崇祯历书》。

集、考验、致用三大部分。

薛凤祚综合整理介绍了中、西、回(阿拉伯)天文学。他的《太阴太阳诸行法原》《求岁时》两书,对太阳、地球、月亮的运行规律,黄道、赤道的夹角,都做了深入的研究和详尽的阐述。他经过实地观测和精密计算求出的地球绕太阳一周需要的时间,较现在举世公认的时间仅差13分37秒。另外,他对"回历""木、火、土"三星的运行规律,也都有深入的研究和精辟的见解。

薛凤祚的卓越成就,受到当时学者的高度评价。《清史稿·畴人传》把他列于首位,称他"不愧为一代畴人之功首"。清代著名历算家梅文鼎说:"近代知中西历法而有特解者,南则王寅旭(锡阐)、杨子宣,北则薛仪甫,特当为之表率。"

思考与讨论

1.原始农业和传统农业的基本特征是什么? 山东的原始农业和传统农业大致经历了哪些发展和变化?

2.中国古代三大农书的主要内容是什么?

3.从北辛文化时期到龙山文化时期,陶器的制作技术有哪些变化? 各个时期的陶器有哪些显著特点?

4.鲁班、王祯的发明对我国土木建筑业和印刷业的发展产生了怎样的推动作用?

5.山东古代医学家在中国医学史上做出了哪些贡献?

第三章

山东商业文化

鲁商就是历代的山东籍商人。与其他地域商人群体相比,历史悠久且持续不衰是鲁商极为突出的特征。鲁商将齐鲁文化的一些优良传统运用到自己的经营中,并在竞争激烈的商海中始终保持着山东人的品格,从而形成了颇具特色的鲁商文化。鲁商一些行之有效的经营策略及其在平衡义利关系基础上表现出来的强烈的社会责任感等优良传统,对于今天的鲁商仍不乏借鉴意义。

第一节 鲁商成长的足迹

在鲁商成长史上,有三个时期颇引人瞩目:一是先秦时期,鲁商从形成之初在经营之道等方面就达到了较高水平,对后世影响极大;二是明清时期,中国重要商帮之一的山东商帮形成并得以发展;三是民国时期,山东民族工商企业家队伍逐渐壮大,创办了一些有较大影响或重要地位的民族工商业。

一、鲁商溯源

追溯鲁商的源头,至晚要从西周初年齐、鲁两国的建立讲起。周灭商以后,实行分封制,有大功于周室的太公吕尚被封于齐,都营丘(今淄博临淄北);周公长子伯禽被封于鲁,都曲阜。

齐地"负海潟卤,少五谷而人民寡",不宜发展农业,故其自建国始就实行"通商工之业,便鱼盐之利"[①]的政策,确立了以工商立国的方针,使齐国商业得以发展。1981年,陕西岐县出土了一件大约是西周共王时期的鲁方彝盖,有铭文50字,其中称"齐生鲁肇贾休多赢"。齐生鲁是齐乙公之子。他努力经商,获得厚利后,为纪念父亲乙公的

---

① 《史记》卷三二《齐太公世家》。

教诲而制作鲁方彝传之后代。他经商之事,表明西周时的齐国已有经商传统。[①] 春秋时期,曾做过商人的管仲辅佐齐桓公争霸,继承并发扬了重视工商业的传统,实行"通商惠工"之策。他主张"四民分业",将国都临淄划为 21 乡,其中士乡 15 个,工、商之乡各 3 个,可知当时商人数量已不少,临淄已成为齐国的商业中心。到战国时,齐国已成为商业最发达的区域之一,突出地表现在城市的繁荣上。齐都临淄已成为海岱之间的一大都会,人口众多,城内大市、朝市、夕市、午市并举,"甚富而实……车毂击,人肩摩,连衽成帷,举袂成幕,挥汗成雨"[②]。

齐国对工商业的重视及工商业的发达,推动了齐人崇尚功利性格的形成。齐人一向以重功利闻名,《荀子·强国》就称:"好利之民莫不愿以齐为归……众庶百姓皆以贪利争夺为俗"。

齐人的功利性格是推动齐地商人群体成长、壮大的重要动力,对后世影响很大。秦朝建立后,开始广泛推行重农抑商之策,"上农除末"的主张甚至被刻到了山东沿海的琅琊台上。很明显,重视工商业的齐人是秦这一政策整顿和改造的重点。然学术界一般认为北朝时期的商品经济严重萎缩,但从主要反映山东地区状况的《齐民要术》一书中仍可看到不少农民转化成为中小商人。他们热衷于通过占候之术和巫术来预测市场行情,斤斤计较地算计农副产品如何投入市场才能获利更多。这都与齐人的功利性格密切相关。近代以来,胶东地区的崛起与繁荣,似乎又看到了当初齐人商业精神的复活。

鲁国地处内陆,以平原为主,宜于发展农业,原本就重稼穑、尚耕织的周人传统在鲁地得以发扬,形成了男耕女织的以农业为主的经济传统。春秋中期以后,鲁国的商品经济日渐抬头,鲁人的性格也发生了变化,正如《史记·货殖列传》所言:"及其衰,好贾趋利,甚于周人。"虽然鲁人也开始经商逐利,程度超过了周人,但比起齐人来,恐怕还有不小的差距。即使如此,这也有助于鲁国商人群体的壮大。到西汉初年,鲁地出现了曹邴氏那样著名的工商业者。

在齐、鲁两国商业贸易发展的过程中,涌现出了一些杰出的商人。如:

范蠡,春秋末年曾任越国大夫,辅佐越王勾践灭吴复国后,弃政从商,先到齐地,后又去陶(今山东定陶),"治产积居。与时逐而不责于人。故善治生者,能择人而任时。十九年之中三致千金","言富者皆称陶朱公"[③]。范蠡的经营思想主要包括:"旱则资舟,水则资车"的市场预测论,即要充分预测市场供求变化和价格涨落行情;"务完物"的质量管理论,即保证商品质量;"无息币"的资金周转论,即通过薄利多销等措施加速商品和货币的流转;"择人任时"的经营策略,即认真选择商业伙伴和时机;"贵出贱取"

---

①　参见李学勤:《鲁方彝与西周商贾》,《史学月刊》1985 年第 1 期。

②　《战国策·齐策一》。

③　《史记》卷一二九《货殖列传》。

的价格论,即根据价格行情的变化决定经营对象。[1] 范蠡就是凭借上述市场预测和价格决策理论"三致千金"的,由此被后人誉为"商祖"。

子贡,姓端木,名赐,卫国人,孔子弟子。他"好废举,与时转货赀"[2],师从孔子以前就开始经商,即使在拜师后也经常往来于曹、鲁之间经商,家累千金,最终卒于齐地。《论衡·知实》称他"善居积,意贵贱之期,数得其时,故货殖多,富比陶朱",可知他善于预测市场行情,并能通过及时吞吐货物来获利。他积极宣扬孔子的学说,并将孔子的诸多主张用于商业经营,被视为早期儒商的典型代表。

猗顿,鲁国人。早年穷困潦倒、饥寒交迫,听说陶朱公因经商致富,羡慕不已,便去请教。陶朱公根据其缺乏本钱的实际情况,告诉他若想迅速致富,就要从养雌性牲畜开始。猗顿迁居今山西南部,大养牛羊。有了资本后,又开始经营河东池盐,"十年之间其滋息不可计,赀拟王公,驰名天下"[3]。"猗顿"一词成了富户的代称。他被后人尊为晋商之祖。

在以上几位商人中,范蠡和子贡影响极大。他们不只是鲁商的杰出代表,更被后世视为中国商人的典范,商界长期流传的"陶朱事业,端木生涯""经营不让陶朱富,货殖何妨子贡贤"等联语就充分说明了这一点。

从魏晋南北朝到宋元时期,鲁商的成长在经历了从低谷中逐渐复兴的波折以后,在明清时期达到了传统鲁商成长的高峰期。

二、明清时期山东商帮的形成与壮大

一般来说,商帮形成的标志有如下几个方面:一是出自同一地区的经商人数众多;二是商人活动的范围广阔,在相当大的区域内或在全国市场发生影响;三是商人经营项目增多,各行业相互补充;四是在商人之间和商号内部通过一定的组织联系起来,发挥群体优势。[4] 在明代晚期,鲁商的成长已满足了上述条件,说明山东商帮开始形成。

首先,在明代中晚期,山东一些地区的经商之风日渐兴盛,经商者越来越多。在运河流域,明于慎行纂万历《兖州府志》卷四将本地风俗概括为"民逐末利"。万历《东昌府志》卷二称博平县(今属山东茌平)"务本者消,逐末者日盛"。在胶东沿海,莱州府"民务农商"[5]已是习以为常的现象。在鲁中山区,青州府"富人则商贾为利"[6],一般贫民于"农桑之外,逞逐商贩",也"变而逐末多也"[7]。在鲁北的武定州,万历《武定州志》卷二称该处"频年贫者,转徙鱼盐之利,富者多挟赀贸数升之布,至千百出都城塞上,或

---

① 参见吕庆华:《货殖思想论略》,中国言实出版社 2009 年版,第 153—154 页。

② 《史记》卷六七《仲尼弟子列传》。

③ 《孔丛子》卷五《陈士义》。

④ 参见吴慧主编:《中国商业通史》第 3 卷,中国财政经济出版社 2005 年版,第 754 页。

⑤ 《古今图书集成·职方典》卷二八五。

⑥ 万历《安丘县志》卷九。

⑦ 嘉靖《青州府志》卷六。

贩梨枣,买鲊艋下江东,争逐什一"。

其次,鲁商的活动范围越来越大。山东陆路扼南方入京孔道,海路及运河可沟通南北,交通的方便有利于鲁商活动范围的不断扩大。上文已提及登州商人到苏州、杭州、南京一带经商,武定州(今山东惠民)商人早在成化、弘治年间,即"有种盐淮北者,有市货辽阳、贸易苏杭者"①,万历年间更频繁地到江南、北京及塞外经商。明中期以后,登州、胶州、莱州与辽东的海上私人贸易极为发达,海船"渔贩往来,动以千艘"②。

再次,鲁商的经营项目不断增加。当时山东日用所需的棉布、绸缎及其他大部分手工业品由江南输入,嘉靖《临朐县志·风土志》称当地人"怀资者或辇其土之所有,起江南回易以生殖,或贩鱼盐"。山东输出的商品有棉花、粮食、果品等土特产,万历《汶上县志》卷四称鲁西平原的汶上"擅水土之饶,转羡粟以致巨赀"。明于慎行纂万历《兖州府志》卷四称郓城的棉花由"贾人转鬻江南"。

最后,鲁商商帮组织形成。嘉靖时,章丘人高智对乡里欠其债者"新正即收为贾","济同姓、济异姓各有差等,视其门下作贾及江南北为商者如其亲友,未尝恃财而轻有所简傲。"③历城龙山籍大商人李端"遍视里中才子弟,令操奇赢,无不人人累千金"④。这种利用同乡或族人的经营活动虽不能视为商帮活动,但却是推动商帮形成的重要力量。明末,鲁商在安徽芜湖建立了山东会馆。清顺治年间,鲁商在上海与关东帮合置了公所、义冢,东齐商人在苏州建造了东齐会馆。鲁商会馆在明末出现,表明当时山东商帮就已形成。

明代只是山东商帮的初兴阶段。到清代,山东商帮才有了更大的发展,凭借勤苦耐劳和团结协作的精神,不仅在海内外市场站稳了脚跟,还在某些地区或某些行业中取得过主导或支配性的地位。下面以明清时期北京的鲁商为例加以说明。

北京在明清时期及民国初年都是全国的政治中心,也为"商贾荟萃之数",因地理上的邻近,是为山东人外出谋生的重要目的地之一。民国时人夏仁虎在其《旧京琐记》卷九《市肆》中对在京经商的山东人有如下描述:

> 北京工商业之实力,昔为山左右人操之。盖汇兑银号,皮货、干果诸铺皆山西人,而绸缎、粮食、饭庄皆山东人。其人数尤众者为老米碓房,水井淘厕之流,均为鲁籍。盖北京土著多所凭藉,又懒惰不肯执贱业,鲁人勤苦耐劳,取而代之,久遂益树势力矣。

由上可知,在京鲁商所经营的主要行业及其成功原因。

---

① 万历《武定州志》卷二。

② 《明世宗实录》卷四六〇。

③ 李开先著、卜键笺校:《李开先全集·闲居集》卷九《听选官高君墓表》,文化艺术出版社2004年版,第697页。

④ 王世贞:《李大夫张太恭人合葬墓表》,乾隆《历城县志》卷二五。

首先是绸缎业。清代和民国初年北京流行着一句俗语:头戴马聚源,脚踏内联升,身穿八大祥,腰缠四大恒。这是当时北京人对身份和地位的一种炫耀。其中的"八大祥"就是指章丘旧军孟家在北京开设的瑞蚨祥、谦祥益、瑞林祥、瑞增祥、瑞生祥、益和祥等8家带"祥"的绸布店,它们几乎占领了同治以后的整个北京布料市场。正如夏仁虎所说:"绸缎肆率为山东人所设,所称祥字号,多属孟氏"[1]。

其次是粮食业。北京地区消费人口众多,需要从外地大量运入粮食才能满足需求。北京的粮食交易主要由鲁商承担,在清代就有不少山东人开设的粮店。直到民国时期依旧如此。清代北京加工粮食的碓房也多由来自登州府的海阳、福山、蓬莱、文登、黄县和宁海州(今山东烟台市牟平区)等地的山东人经营。[2]

再次是饭庄业,实际包括整个饮食业。自清代开始,北京的饮食业也主要掌握在鲁商手中。清代以后北京的饭庄有"八大楼"之说,大多是鲁商经营的鲁菜馆,如东兴楼、泰丰楼、正阳楼、致美楼等,其中有不少还成了驰名京华的百年老字号。清代和民国时期,在北京街头巷尾卖馒头、烧饼、包子等面食的山东人更是随处可见。有些山东人则在北京经营糕点(老北京人称为饽饽)。最有名的是掖县人孙学仁于同治年间创办的正明斋饽饽铺,最兴盛时开有7家铺面。从同治年间开始,正明斋取代了东安门外的金兰斋,开始供应清宫内所需各种饽饽。民国时期,袁世凯、张作霖等军政要人亦都喜欢正明斋的糕点。这些使得正明斋名声大振,获得了京城饮食业"四大名斋"的美誉。今天其依旧营业。

清代以降,鲁商在北京的绸缎业和饮食业中拥有极大的势力,可以说其掌控了北京人的衣食等日常生活所需。鲁商之所以能取得这样的成就,主要应当归因于山东人勤苦耐劳的品质。其实,鲁商的这一品质从其所从事的行业就可得到充分说明。他们控制碓房业,实际就是从事舂米这项繁重的体力劳动。经营饭庄或其他饮食行业最为严重的就是整年几乎没有休息,在街头摆摊要忍受风吹日晒、起早贪黑之苦。除以上诸项外,山东人还垄断了北京城的送水业,这又属于出卖苦力的活计。

随着鲁商在各地势力的发展,山东商帮也得到了广泛认同和高度重视。清末的一些文献在罗列商帮时大多少不了山东商帮。如清人徐珂的《清稗类钞》中农商类客帮条解释"商帮"一语时称:

> 客商之携货远行者,咸以同乡或同业之关系,结成团体,俗称客帮,有京帮、津帮、陕帮、山东帮、山西帮、宁帮、绍帮、广帮、川帮等称。

在山东商帮内部,胶东地区商人(或称胶东帮)的势力比较大,其中最有名的是黄县帮。文登、掖县(今山东莱州)、即墨和胶州等帮的实力也很强大。鲁中地区的周村

---

① 夏仁虎:《旧京琐记》卷九《市肆》,辽宁教育出版社1998年版,第125页。
② 参见郭松义:《清代北京的山东移民》,《中国史研究》2010年第2期。

帮和章丘帮也比较有名。鲁西运河地区也有一些著名的商帮,尤以济宁帮最为精明强干。

山东商帮形成后,鲁商就以群体形式参与社会活动。清道光二十六年(1846),上海建城隍庙三圣阁,有广东、福建、江苏等地的商帮与山东胶西帮、莱帮、乳帮、泊帮、潍阳帮等共同捐款。[1] 商帮还会制定规约来协调各帮的竞争。清道光七年(1827),在上海从事豆石经营的西帮、胶帮、登帮、文莱帮、诸城帮等帮船商集议了关山东各口贸易规条,规定了具体的经营方式及违规的处理办法,获得江海关分巡苏松太道批准,在豆业萃秀堂立碑,由上海县颁发告示,以使同业各帮与税行牙人共同遵行。[2]

鲁商还在全国各地建立了大量会馆,借以联络乡谊,互相支持,对内互助互济,对外竞争排难,增强自身的凝聚力,谋求创造工商业活动的和谐环境。有的会馆还会制定相关规约来约束个体商人的行为。上海山东会馆在其规条中规定:"同乡之游于沪上者,或客居、或路过,如有应代理之事,必先由本帮司董为之理处,如事了了,毋庸集议。倘本帮司董不能清理,再行传单齐集公议。"同时还规定同乡中若有人被欺负或无端受牵累,会馆亦应参与共同具禀保释等事项。[3] 有的会馆规约则要求同乡商人遵守经营地的行规,诚信经商,树立良贾形象。盛泽镇济宁会馆中立有一块"盛泽永禁浆粉绸碑",其中称:"山东济宁州众商同盛泽镇(下缺八字)永禁浆粉等弊,勒石以垂久(下缺)神明殛之。……各字号……倘有买浆粉绸者,议定罚银一百两,入庙公用。"[4]

最后需要特别强调的是,山东商帮的形成和发展,与山东人强烈的乡土意识和团结观念密不可分。换句话说,山东商帮的形成和发展就是山东人乡土意识和团结观念的最好说明。山东商人在雇用伙计和学徒时,往往从族人及同乡中选择。山东商人在外地经商,同乡之间也是互相扶持,互相协助,共克困难。日本学者稻叶君山教授评价在东北经商的山东人时,也称其"富于团结力;劳动者相互扶助,商人相互缓急,恰如一大公司,其各商店则似支店,互相补给商品,以资流通。而在金钱上尤能融通自在,故虽有起而与之争者,奈山东人制胜之机关备具,终不足以制之也",由此使得他们"在满洲西伯利亚一带经济上的势力,足以凌驾一切,握商战之霸权"[5]。这是山东商人能够立足于商海并获得成功的最关键的因素之一。

三、民国时期山东民族工商企业家的成长

山东民族工商业兴起于清末,但规模很小,力量薄弱。民国建立后,南京临时政府

---

[1]　参见《重建三圣阁捐款碑》,上海博物馆图书资料室编:《上海碑刻资料选辑》,上海人民出版社1980年版,第32—36页。

[2]　参见范金民:《明清商事纠纷与商业诉讼》,南京大学出版社2007年版,第338—339页。

[3]　参见《山东至道堂规章五十则》,彭泽益主编:《中国工商行会史料集》,中华书局1995年版,第885页。

[4]　江苏省博物馆编:《江苏省明清以来碑刻资料选集》,三联书店1959年版,第446页。

[5]　转引自稻叶君山:《清朝全史·下三》,上海中华书局1915年版,第9页。

和北洋政府都颁布了一系列振兴实业的法令、布告,提倡兴办实业,既刺激了人们兴办实业的热情,也为实业发展提供了良好的条件。1914 年后,各国列强因忙于战争而无暇向中国进行资本输出和倾销商品,为中国民族工商业发展提供了难得的机遇。山东民族工商业在此期间有了明显发展,出现了第一次投资建厂的高潮,"民国初年,济南、青岛、烟台三埠,工业勃兴"①。到 1918 年第一次世界大战结束时,全省已有工厂 61家。此后,山东民族工商业虽然经历了张宗昌督鲁时的萧条,但从 1928 年至 1933 年,山东的社会环境相对安定,民族工业设厂数空前增加,六年中全省开设新厂 294 家,化工业和机械制造业发展尤为突出,山东民族工业在这一时期达到鼎盛。1933 年时,据不完全统计,山东已有使用近代机器的民族工业约 564 家。② 商业方面,1933 年,除济南、青岛、烟台、威海、周村和潍县等商业中心城市外,全省还有市镇 856 处,商店22000 多家。③ 一些商业企业也得到了发展。20 世纪 30 年代初,瑞蚨祥仅在济南一地就有房产千余间,资金达 180 余万元。④ 随着山东民族工商业的发展,企业家群体也不断壮大。他们创办了一些在山东或华北,甚至在全国都有较大影响和重要地位的民族工商业。从 1937 年抗战爆发直到 1949 年,受战争影响,加上日本人的残酷掠夺,山东民族工商业受到了很大摧残,多数工业企业只是苟延残喘,商业市场则是一片萧条和衰退景象。

从总体上看,山东民族企业家特别能吃苦,大都是历经千辛万苦积累起资本,再冲破重重阻碍发展起来的。桓台的苗德卿、苗杏村兄弟是穷苦人出身,通过在桓台索镇赶脚、推小车、开办油坊等积累起资金,然后到济南开办粮栈,在竞争中发展壮大,后来开办面粉厂、纱厂,成长为近代企业。这期间屡经战乱,既要积累资本,又要与外国资本家竞争,最终靠着顽强拼搏的精神打拼出了一片天地。蓬莱人尹致中父母早丧,赖兄嫂抚养长大,未能上学。1916 年,14 岁的他孤身一人到青岛给日商当童仆。他白天给日本人干勤杂活,晚上到日本人办的实业学校苦读。1926 年,他到日本广岛针厂做学徒,并挤出时间到广岛高工学习,最终学到了日本的制针技术。1929 年,回国在青岛创办了冀鲁制针厂,开中国民族制针工业之先河。

第二节　鲁商的经营策略

鲁商在长期的经营过程中,始终没有忘记山东人诚实守信、热情好客等的本色,并

① 参见实业部国际贸易局编:《中国实业志·山东省》(辛),1934 年,第 637 页。
② 参见牛兆英:《1912—1933 年的山东民族资本主义工业》,《山东师范大学学报》1983 年第4 期。
③ 参见实业部国际贸易局编:《中国实业志·山东省》(乙),1934 年,第 124 页。
④ 参见孙焕庭等:《瑞蚨祥绸布老店》,山东省政协文史资料委员会等编《济南老字号》,济南出版社 1990 年版,第 2 页。

将其运用到商业经营中,形成了一套行之有效的经营策略,现择要叙述如下。

一、诚信为本

衡量一个商人是否良贾,首先看他是否讲究诚信。诚信是处世立业之基础,是人际关系的美德,同时也是经商者必须遵循的准则,直接影响着他经商的成败。商人的诚信包括两个方面的内容:一是在商品质量上做到诚信不欺。二是商人品质上的诚信。先秦齐鲁诸子对"信"多有论述,如孔子曰"人而无信,不知其可也"[①],对言而无信者持坚决否定的态度,强调"言必信,行必果"[②];孟子把"朋友有信"提到"五伦"之一的高度;墨子称"言不信者行不果","行不信者名必耗"[③]。诚实守信是山东人重要的文化品格,即使在容易产生尔虞我诈的商场上,山东人也未改其本色。

商品质量是指商品满足用户使用要求所具有的特性。就工业品而言,包括性能、寿命、安全性和经济性等多个方面。商品质量是商业经营的生命。鲁商对此有清醒的认识,并身体力行地付诸实践。

鲁商历来有重视商品质量的传统,并为此建立了严格的"物勒工名"传统。临淄出土的许多齐国陶器上都发现了陶文,字数多少不一,三字以上者必包括制陶者的地址和姓名。[④] 后世山东的陶瓷生产中沿袭了这种习惯,在山东淄博寨里北朝青瓷窑址出土的窑具上刻有铭文,如"静""李静""侯""高经""安"等,从内容来看,这些铭文无疑都是人名或姓。这种不在产品上而在窑具上刻铭的情况,说明它不是商品上的商标,而很可能是陶瓷业工人在上面所做的记号,以此让陶瓷业工人表示对自己烧制的产品质量负责[⑤],表明了经营者对产品质量的高度重视。

产品质量是老字号产生的关键,信誉是老字号得以延续的基础。山东老字号都通过努力提高商品质量来维护自己的声誉。潍县颐和堂孙家老药铺为乾隆三年(1738)所创,已有近 300 年的历史。它长盛不衰的关键就是重视产品质量。为保持原料的纯正,他们派人到产地采购上等药材;在药品炮制阶段,他们严格按成规来制作;为保证中药的质量,其还规定只有经验丰富的老药工才有资格担任这一工作,因此生产的药品质量优异、疗效甚佳。[⑥] 济宁玉堂酱园也非常重视产品的质量,从精选原料到生产工序、门市销售等各个流程无不严格遵守质量要求,宁愿增加成本,也要保证质量。酱

---

① 《论语·为政》。

② 《论语·子路》。

③ 《墨子·修身》。

④ 参见张龙海:《从临淄陶文看"物勒工名"之传统》,张龙海主编:《齐俗研究》,齐鲁书社 2001 年版,第 111 页。

⑤ 参见王恩田:《山东淄博寨里北朝青瓷窑址调查纪要》,文物编辑委员会编:《中国古代窑址调查发掘报告集》,文物出版社 1984 年版。

⑥ 参见刘秉信等:《颐和堂孙家老药铺》,潍坊市政协文史资料委员会编:《潍坊工商老字号》,中国文史出版社 2001 年版,第 226 页。

园非常重视原料的采购。其原料有两个来源：一是在本地建有固定的基地，专门供应，如粮食、豆饼、新鲜蔬菜、大蒜等，这些一般从本地四乡收购；二是外购，或派人住在外地坐收，或向一些固定的客户函需。通过这些方式保证了原料的质量。酱园在生产过程中也很重视质量的把关。如酱菜需要的甜面酱，要求一年一度地更新换代，这样新酱呈淡蓝色，味鲜，糖分适度，使生产出的酱菜色泽光润，味香质脆，鲜嫩可口。酱油的制作要求年代越久越好。酱园制作酱油一般在日光下日照至少三伏甚至十几伏不等，以保证生产的酱油味道鲜美、醇厚挂碗。①

近代山东工商业者大都有强烈的产品质量意识，注意通过高质量的产品打开市场。华丰工厂的创办者滕虎忱有强烈的质量意识，要求生产的每一台柴油机都要经过试车，检验合格后方准出厂。他对产品质量的要求甚至到了苛刻的程度。一次，他发现柴油机大甩轮精磨时的指标不够理想，就立刻告诉技师不准使用，并强令将不合格的大轮用汽锤砸碎。创办东亚公司的宋棐卿也高度重视产品质量。东亚公司投产初期，产品线条欠均匀，特别是颜色暗淡，缺少光泽，在市场上没有竞争力。为扭转这一局面，厂里添置了梳毛机、纺毛机，原料也改用高品位的澳洲毛条。他利用同乡关系重金聘请曾留学英国的齐鲁大学化学系主任王启承教授任公司化学实验部主任，对原料、水质、染色等各方面进行了多次化验，对拣毛、洗毛、纺毛、染色等各方面都做了改进。公司制定了强制原料标准，不达标者一律不用。羊毛染色后，要进行日晒、肥皂冲洗、耐磨、耐汗等多种实验，还要做拉力、捻度、弹力等各项实验。严禁任何一种标准不合格的产品入库，更不能到市场销售。凭借过硬的产品质量，"抵羊牌"毛线的质量甚至超过了英国的"蜜蜂牌"。

鲁商注意通过在人际交往中讲究诚信，形成良好的人际关系，进而为自己创立良好的声誉，以此吸引更多的新老顾客。宋金之际章丘人王京家中有一橘园，收购其橘者预付了货款的1/3，后来橘因霜而凋落。王京将货款全都退还。清中期以前，胶东商人间的贸易往来已形成了良好的信誉氛围，"交易皆一言为券，无悔改者"②。明代即墨人黄正"性仁厚，重然诺"，在务农之余经商，"尝粜芝麻于客，估值定，客后迁延不来。比春，其价数倍，正以前约，卒如值付之"③。烟台泰生东染料庄的创办者张颜山的经营秘诀之一便是坚持诚信。他常说："讲信用能把死买卖做活，不讲信用能把活买卖做死，信用是买卖人的第一生命。"

有人认为山东人是道德型、情感型的人，其文化缺乏具备法治内涵的现代"契约"精神④，就是说山东人不注重使用契约。这种认识实际上是夸大了契约的作用。契约最终还是要靠人来执行的，即使签订了契约，不守合同的商业欺诈行为仍层出不穷，由

---

① 参见孙序东：《玉堂酱园百年不衰的浅谈》，政协山东省济宁市委员会文史资料委员会编：《济宁文史资料》第4辑，1987年，第16—20页。

② 道光《胶州志》卷一五。

③ 乾隆《莱州府志》卷一一。

④ 参见张西庭、张炯：《山东人还缺什么》，黄河出版社2006年版，第225页。

此还是要求人们要讲信用。讲究信用的道德约束是建立社会信用体系的基础,契约或法律等只是制度保障。今天只有发扬齐鲁文化中讲究信用的传统,将其与契约精神结合起来,才能构建出符合现代市场经济要求的商业信用体系。[①]

二、把握商机

商业经营活动的实质就是商品买入与卖出。要获得经营的成功,商人应根据市场行情掌握商品吞吐的时机,不失时机地买进卖出,时机一到则不能犹豫。先秦时期的子贡"好废举,与时转货赀"[②],表明其就擅长把握商机。

唐代郓州人程少良以抢劫商旅起家,后来洗手,转而"以其资废举贸转"。"废举贸转"就是程少良的经营策略。此语最早出于《史记·仲尼弟子列传》对子贡商业经营策略的描述:"子贡好废举,与时转货赀"。"废"就是卖出货物,选择物贵时卖出;"举"就是收进货物,选择货物价格低贱时大量购进;"贸转"就是贸易转运,将货物从产地运至各地销售,或将贵物抛售后购进贱物,以待将来涨价获利。程少良已深谙"废举贸转"的商业经营之道,根据市场行情来选择经营对象,以求获取厚利。

元代郓城人李瑞"处市井中,遂商贾为业。知人弃我取、人取我与之机"[③]。所谓"人弃我取、人取我与"就是根据市场行情的变化,有选择性地选取商品进行经营,在某种商品无人要、供过于求、价格低廉时可以大量收购,到人人收购、供不应求、价格转高时再大量出售,从中获取厚利。

明代章丘人王凤云18岁时便四处贸易。他虽然年轻,但"善识货物,又善与时消息"[④],即善于掌握商品行情和市场信息,所以经营起来非常顺利,其他商人往往盈亏不定,而他却每每盈利。

清朝初年,沈阳城内满族八旗大户讲究穿戴,尤其喜欢绫罗绸缎等绣花产品,丝线用量相当大。当地居民并未察觉的这一商机被黄县商人牢牢地抓住了。从17世纪初开始,成群结队的黄县人就从山东往沈阳贩运丝线。其中最为有名的当数单文利、单文兴兄弟。他们于康熙初年在沈阳中街建立了"天合利"丝房。后来,丝房的规模越来越大,成为沈阳城内的大字号,光绪三十一年(1905)改名为"老天合丝房"。

商机存在于市场之中,但它不会主动地进入人们的视野,也不会主动变为财富,而需要人们去发现和捕捉。通过准确了解市场动态去认识和把握商机就成为商业经营成功的基本条件。在古代社会,交通条件和通信手段都相对落后,对外地市场信息尤其是物价的变化很难及时加以掌握,但古代鲁商也没有被动、盲目地接受物价变化的信息,而是采用占卜的手段预测市场行情。贾思勰《齐民要术》卷三《杂说》中就引用了

---

①　参见朱正昌:《齐鲁商贾传统·总序》,齐鲁书社2014年版,第11—12页。

②　《史记》卷六七《仲尼弟子列传》。

③　胡祗遹:《紫山大全集》卷一七《承直郎江西等处榷茶都转运司副使李公神道碑》。

④　李开先著、卜键笺校:《李开先全集·闲居集》卷七《处士王治祥墓志铭》,文化艺术出版社2004年版,第563页。

《师旷占》中的一些关于市场物价预测的内容,教导人们以自然物候变化来预测市场行情的变化。这虽有不科学的一面,但更多的是鲁商限于当时落后的交通和通讯条件下的无奈之举,反映了其对瞬息万变的市场行情的关注。① 北宋大中祥符二年(1009),河北一带发生牛疫,"京东有以耕牛往贸易者"②,山东一带的商人立即闻风而动,迅速向河北贩卖耕牛。明代小说《金瓶梅》中也塑造了一系列善于把握商机的山东商人形象,不仅西门庆,就连其仆人来保也很有商业头脑,第81回中来保教训陈经济的话"宁可卖了悔,休要悔了卖"就充分表明了这一点。

近代山东工商业者也都非常重视对商机的寻找和把握。青岛同丰益号的总经理綦官晟就是一个擅长寻找商机的人。他是平度人,早年在本村沙梁其族叔开的土产店中当伙计。1916年,他受族叔委派到青岛开杂货店。当时正值青岛商埠大力开发,商户云集,房屋紧张。綦官晟看准时机向银行贷款购买地皮,建房出售,获利甚厚。1923年,他因经商的才能而被推举为同丰益经理。③ 黄县张业同兄弟在沈阳开办了"同德化工商行",他们非常重视时势变化,保持灵活经营,在进货方面有一个原则:什么商品对路、应时、畅销,就进什么货;利大多进,利小少进,无利不进。在进货时间上,做到宁愿货等客,不让客等货。季节性强的货,季前备足,季中充分供应,季末及时出手,不使商品因积压贮藏过久而变质。在哈尔滨经营双合盛集团的掖县人张廷阁认为"看报也是看生意",每天坚持看报纸,凡是哈尔滨的报纸必看,从中预测市场行情。山东韩家在吉林扶余县开设的商号增盛谦利用收音机听取国内外粮食行情,因而在粮食出口中占得先机,获利很大,有时在粮市中还出现了增盛谦包市的情况。④

三、优质服务

消费者的需要是商家生存的关键和发展的动力。如何提供优质完善的服务,满足消费者的需要就成了商家提高竞争力的重要内容。山东人一向以热情好客闻名。孔子"有朋自远方来,不亦乐乎"⑤和"四海之内,皆兄弟也"⑥两句名言充分反映了这一传统的悠久。山东人把这种品质用到了商业经营中。鲁商非常注重向消费者提供优质服务,这在服务业和零售业中表现得尤为突出。

元代鲁地有一方姓盗贼,被赦免后,更名换姓后迁居于曹州,到一贾肆谋生,对人"怡声伛体,口不二价"⑦。所谓"怡声",就是声音非常柔和,"伛体"就是弯着腰,一副

---

① 参见姜生等:《鲁商文化史》,山东人民出版社2010年版,第157—160页。

② 李焘:《续资治通鉴长编》卷七二,大中祥符二年八月丙申条。

③ 参见綦瑞麟等:《同丰益号的兴衰》,山东省政协文史资料委员会编:《山东工商经济史料集萃》第3辑,山东人民出版社1989年版,第28—32页。

④ 参见余同元等:《关东鲁商》,齐鲁书社2009年版,第271—273页。

⑤ 《论语·学而》。

⑥ 《论语·颜渊》。

⑦ 王德渊:《鲁盗说》,《全元文》卷九八七。

小心谨慎的样子。他之所以采取这种态度,固然与其仍旧偷盗以致心里有鬼有关,但更应该是职业要求。轻声细语,对人和气热情,小心谨慎,应该是当时贾肆从业者的典型神态。

《金瓶梅》第72回中应伯爵教训李铭说:"如今时年尚个奉承的,拿着大本钱做买卖,还带三分和气。你若硬撑船儿,谁理你? 全要随机应变,似水儿活,才得转出钱来。"这里强调了商人和气态度的重要性。

胶东和东北地区流行着一句话,叫"黄县嘴子,蓬莱腿子"。所谓"黄县嘴子",就是说黄县出身的商人伶牙俐齿,能说会道,对顾客非常热情,服务态度好,擅长察言观色,使自己在经营中的一言一行都符合顾客的心理需求。"蓬莱腿子"虽然主要是说蓬莱人手脚勤快,不怕吃苦,靠跑腿挣钱,其实也包含着待客殷勤的意思在内。待客热情、服务周到,是胶东帮商人的重要特征,也是其在商业经营中获得成功的重要因素。

山东老字号在长期的发展过程中也形成了热情待客、提供周到服务的传统。

济南瑞蚨祥的铺规中就规定店员对待顾客必须谦和、忍耐,不得与顾客争吵打架。在门市销售时,顾客一进门,前柜首先站起来打招呼,售货员也迎上来,但不能一见面就问买什么,而是陪着顾客浏览,待顾客停下来,才让他坐下,问买什么。一个售货员专招待一位顾客,自始至终一包到底。顾客在前柜买了货再到楼上买货,售货员即跟到楼上,直至送顾客出门为止。对有些本无意买东西,而只是来看看的顾客也要做到百问不厌、百拿不烦,和颜悦色地招待。①

博山著名的"聚乐村"饭庄从1919年开张后,就把注意礼貌待客作为饭庄的规章制度和学徒的基本功。不论是达官贵人,还是平民百姓,不论是包办酒席的,还是随意小吃的,一进饭庄,上至管理人员,下至学徒伙计都要热情招呼,并引领顾客进房就座。一面端洗脸水递手巾,一面沏茶奉烟,然后询问所需饭菜,到账房和厨房进行安排,有时因顾客拥挤,监理人员便请顾客暂时偏坐,并主动攀谈表示歉意,请其稍候,以免顾客扫兴而去,这样可以赢得时间,做成生意。②

泰安张大山香客店是清代至民初的一个老字号客店,持续兴旺多年,除当时朝山的人多外,经营秘诀就是为顾客提供热情周到的服务。他们行之有效的策略共有五条:一是"会茬子",就是派联络员外出拜会香客。每年秋后,客店派出伙计带着泰山的特产到各地会首家拜会,约好朝山的日期。二是主动接客上门。当香客到达之日,店中派出伙计到路口迎接。把香客接回店中妥善安置。三是送客上山进香。第二天,店主人亲自将客人送到店门口,然后派人将顾客送上山。四是迎客下山。香客下山回店后,店主人又亲自迎接。五是热情送客,联络感情。当客人离开时,店中设酒席饯

———————————

①　参见刘焕庭等口述、王子明整理:《瑞蚨祥绸布老店》,山东省政协文史资料委员会等编:《济南老字号》,济南出版社1990年版,第9—19页。

②　参见晁继广:《博山名饭庄"聚乐村"》,政协山东省委员会文史资料研究委员会编:《文史资料选辑》第20辑,山东人民出版社1985年版,第160—161页。

别。① 如此热情周到的服务,怎能不令客人感动,店中生意又怎能不好。

四、广告宣传

商业广告是商品经济发展到一定阶段的产物,是传递商品信息和扩大商品销路的重要手段。在商品质量、价格等因素相近的情况下,善于通过广告宣传推销自己货物的商家一般要比那些默默无闻、等客上门者能吸引更多的顾客。鲁商自古就重视商业广告的应用,但大多只是局限于一些比较原始的广告形式,如以叫卖吆喝和敲击响器为主的市声广告和通过视觉传播的招幌广告。但到了宋代,鲁商的广告形式有了巨大进步,就是古代最先进的广告形式——印刷广告的出现。

现保存于中国国家博物馆的北宋济南刘家功夫针铺广告印刷铜版,是迄今发现的世界上最早的工商业印刷广告实物。铜版约 4×4 寸,上部横刻“济南刘家功夫针铺”八个字;中间重点突出商品标记,是一幅白兔捣药的图案,图案左右两侧刻有“认门前白兔儿为记”的标注;铜版下部有七行小字:“收买上等钢条,造功夫细针,不偷工,民便用,若被兴贩,别有加饶,请记白。”②

北宋济南刘家功夫针铺广告印刷铜版(作为原铜板,右为印刷广告图)
(http://res. bigc. edu. cn/gudaiyinshuaziyuanku/upload/allimg/090226/11PH0SY－1. jpg; http://202. 115. 72. 58/CRFDPIC/r200606212/r200606212. 1203. 71217a. jpg)

济南刘家功夫针铺广告是一则图文并茂的广告佳作。它不仅画面布局合理,构图严谨,借神话传说作为商标图案,而且只用了二十几个字的广告词对产品的用料、质量、制作方法和代销的优惠条件都做了说明,文字翔实具体,又简明扼要。这个铜版既可用来印刷广告传单及招贴,又可用来印刷包装纸,也可作为产品说明书,一举两得。

---

① 参见袁爱国:《泰山风俗》,济南出版社 2001 年版,第 23—25 页。
② 参见张金花:《宋诗与宋代商业》,河北教育出版社 2006 年版,第 298—299 页。

广告专家认为:"从这个商标图记显示,九百多年前中国商人已有相当现代化的经营方法。"[1]1000年前的鲁商就有这样成熟的商品广告作品,实属难能可贵。

宋元时期山东的商业广告技巧也有显著进步。如当时商人就注意通过设置悬念来激发顾客的好奇心,以唤起他们对广告内容的兴趣和关注。《水浒传》第二十三回中景阳冈酒店的"三碗不过冈"就是一个典型例子。"三碗不过冈",酒家通过精心构思,表面上劝客人少喝为佳,但实质上仍是要多卖酒。他以三碗为限,声称喝他的酒超过三碗就会醉倒,过不得景阳冈,最终会耽误行程,这恰好激起了客人的逆反和好奇心理,许多人就想试一试。这样,酒就可以多卖出一些,客人要是醉了,走不了更好,再赚他一份店钱。短短的"三碗不过冈"五个字,竟有这样一箭双雕的作用,令人不能不赞叹店家的精明。

明清时期,在商品生产和商品交换规模不断扩大的背景下,山东商人的广告意识不断增强,在经营中已采取了形式多样的广告宣传,借此使顾客或潜在的顾客对商品产生深刻和持久的认识,以促进销售。

有些店铺注意借名人效应来扩大店铺影响,最著名的当数老北京"八大居"之一的广和居。它是山东人于道光年间在宣南地区开设的一家饭馆。清代宣南地区为流寓京官与士大夫聚居之地,故广和居亦是"士大夫宴集之所"。清末名流张之洞、翁同龢、缪荃孙、谭嗣同、梁鼎芬等曾先后在此钱行、话别或留下墨迹。清末书法家何绍基三代居住于宣南,经常在此宴饮。后来他因故被革职后,常在广和居借酒浇愁,终致债台高筑,遂亲笔书写欠据,结果店家放弃高额欠款,转而将其借据装裱起来装饰门面。他的这一做法吸引了很多人前来欣赏,生意因此更加红火。[2]

文字广告的使用尤其普遍。乾隆四十八年(1783)济南陆兴山药铺的促销广告,全文如下:

> 陆兴山开设药铺百有余年,凡一切膏丹丸散,无不拣选道地药料虔制修合,所以价值与众不同,言无二价,赐顾者尽知。缘乾隆四十八年六月间,自登、莱返省,路过新河,行至河中,山水突下,一时无措,命在顷刻,心神迷乱,似有神人提拔,不知不觉渡过大河,性命货物周全。来家情愿将本阁膏丹,每逢初一、十五日,各药减价一半,并非将低假药料巧为射利。奉告赐顾者,须认明本阁字号图章,庶不有误。为此谨述。

这则广告包括三层意思:第一,陆兴山药铺经营已达上百年,一向注重药材质量,货真价实,顾客对此都十分了解。第二,药铺每逢初一、十五,药物全部半价优惠出售。

---

① 樊志育:《中外广告史》,台北三民书局1989年版,第20页。
② 穆雪松:《广和居谈往》,胡玉远主编《燕都说故》,北京燕山出版社1996年版,第275—276页。

之所以如此,是为了答谢神灵救护,而非在此期间出售假劣药材。第三,提醒顾客"认明本阁字号图章",防止有人假借其字号行骗。这一广告创意绝妙,其中既有对质量和店家信誉的宣传,还通过充分的理由使人相信其降价促销的诚意,并表现出了可贵的字号保护意识。①

清光绪年间,济宁玉堂酱园在陈守和做经理时,曾花重金请清末著名书法家项文彦为酱园写了100个大字,具体如下:

> 姑苏玉堂酱园老店,自造秋油伏酱,五香茶干,远年干酱、甜酱,独流老醋,佳制金波药酒,各种名酒,各色提露,真沛干酒,干榨黄酒,绍兴零沽,糟鱼、醉蟹,佳制冬菜,酱糟腐乳,八珍豆豉,关东虾酱、虾油,太仓糟油,南北各种小菜,本槽香豆油坊,敬神素烛,一应俱全。②

这里详细介绍了玉堂酱园的经营范围。陈守和把这100个大字放大至130厘米左右,粉刷于酱园南墙上,非常醒目,吸引了许多文人墨客专来济宁观赏,从而极大地提高了酱园的知名度。

随着近代科技的进步和新闻媒体的发展,广告形式和技巧也有了新的发展。宋棐卿的东亚公司就很注重广告的使用,专门设有广告部,聘请燕京大学新闻系的储搢唐任广告部主任,并且聘请天津市著名画家于天做广告设计。广告部注重多路出击,使用报刊、电影院幻灯、霓虹灯广告牌、展览、无线广播等各种形式,在铁路沿线及广场、码头等人流集中的地方广为宣传,宣传效果十分理想。裕兴化工厂的推销人员拿着留声机,每到一处先放音乐,以招徕顾客。等人来得差不多了,再口头宣传,并且当场免费示范染布,大小买卖都做。这样逐步取得了用户的信任,打开了销路,使国货取代了洋货。③醴泉啤酒厂除在食品店橱窗做霓虹灯广告外,特别注意以"振兴国货"之名,用电影幻灯片和整版报纸大做广告。如,1923年的一则广告称:"窃以啤酒一项年来充斥国内,凡通商大埠、交际场中,咸以舶来品为欢迎物,调查海关统计,每年金钱外溢竟在千数百万元以上。本厂现为杜塞卮漏,振兴国货起见,特在烟埠南觅购胶东第一名泉曰'老虎眼'地方,建筑工厂,并置冻冰机,延聘奥国化学专门技师精制'三光牌'啤酒、汽水,性质优良,如饮醇醪,气味芳郁,适合卫生。自行销以来,业名已驰中外。"④济宁振泰绸布店1936年开业时,投资2000多元,在济宁城门上做了油漆广告牌,并从上海印制宣传画,在济南印制漂白布红字门帘赠送给茶馆、饭庄和澡堂,另外还赠给育

---

① 参见荣新:《200年前的一则促销广告》,《民俗研究》2002年第4期。

② 张正宽、时家驹:《京省驰名 味压江南——记玉堂酱园》,政协济宁市委员会文史资料委员会编:《济宁文史资料》第4辑,1987年,第4页。

③ 参见姜生等:《鲁商文化史》,山东人民出版社2010年版,第415—416页。

④ 林辉茂:《醴泉啤酒厂创立见闻》,山东省政协文史资料委员会编:《山东工商经济史料集萃》第3辑,山东人民出版社1989年版,第112页。

华舞台一些绸布,请演员在剧里口头宣传。[①]

第三节　鲁商的义利观和社会责任感

近代以来,不断有学者引用德国人李希霍芬的观点,认为"山东人就其精神来说,能成为好官吏,学问也精湛,不太适于商业",并进一步评论道:"这真是一针见血。山东人重义轻利吗? 此一点孔夫子似有不可推卸的责任,他见天儿地说'君子喻于义,小人喻于利',一定要把义与利对应起来"[②]。其实,这种看法是有失偏颇的。

姑且不论儒家文化对于山东社会的影响是否一定比其他地区强烈,仅就"义利之辨"来说,这是贯穿于中国经济伦理思想史的一个基本问题,历代思想家多有论述。先秦时的儒家就对体现商业实践指导思想和根本原则的"义利之辨"十分重视。孔子说:"富与贵,是人之所欲也;不以其道得之,不处也。贫与贱,是人之所恶也;不以其道得之,不去也。"[③]一方面,孔子承认追求物质利益的合理性;另一方面,又主张这一追求必须符合社会的道德准则,做到"取之有道"。孔子还提出了"义以生利"[④]的命题,认为道义或是道德追求产生物质利益。荀子则提出了"以义制利"的主张。他说:"义与利者,人之所两有也。虽尧、舜不能去民之欲利,然而能使其欲利不克其好义也。虽桀、纣不能去民之好义,然而能使其好义不胜其欲利也"[⑤],"利"是人们的物质需要,"义"是人们不可缺少的精神追求,但"以义制事,则知所利矣",即只有"以义制利",使人人都向善的方向发展,才能保证国家和社会的稳定。

先秦儒家"义以生利"和"以义制利"的思想明确表达了道德追求对物质利益的生成与制约作用,这是儒家义利观的核心内容。从西汉"罢黜儒家,独尊儒术"后,儒家思想在两千多年的中国社会中居于主导地位,儒家的义利观也成为人们念念不忘、必须遵守的处世原则。这种思想也不可避免地影响到商人的理念和价值,能够妥善处理"义"(道德追求)与"利"(物质利益)的关系向来被视为良商的基本条件。鲁商就是在经营和处世中能够妥善处理义利关系的典范,其行为也体现出这一群体强烈的社会责任感。

一、鲁商的义利观

历代鲁商都继承了传统文化中义利之辨的优良传统,将"重义轻利"作为自己的处

---

① 参见骆绍康:《济宁振泰绸布店》,山东省政协文史资料委员会编:《山东工商经济史料集萃》第 3 辑,山东人民出版社 1989 年版,第 182 页。

② 参见辛向阳主编:《"说道"山东人》,中国社会出版社 1995 年版,第 35—36 页。

③ 《论语·里仁》。

④ 《左传·成公二年》。

⑤ 《荀子·大略》。

世和经营原则,在各个方面都进行了积极实践,使之成为鲁商文化传统的重要内容,具体表现为商业经营理念上的"见利思义"、商业行为准则上的"取之有义"和商业经营效果上的"先义后利"。①

(一)商业经营理念上的"见利思义"

所谓"见利思义",就是要求人们在个人利益面前首先要考虑这一利益是否符合社会公众的道德准则,在商业实践领域实际上就是对商业精神价值的体认,是商人要遵循的商业经营理念。古代鲁商多能秉持"见利思义"的商业经营理念。

北宋人吕规是莱芜铁冶商人,他在市场竞争中获得极大成功,后因国家元丰年间在京东路实行了全面禁榷铁的政策,他便将相关设施全部交给国家,然后召集族众说:

> 吾家世儒学,非殖货者。方祸至艰急,日计不支,倒行逆施,何暇择去就?昔一疏食,今兼肉矣;昔岁无祸,今重裘矣。祭祀以时,嫁娶如礼,宾至有馆有饩,可以言义时也。不尔,使后生辈贪得争利,挟气犯法,前日之积正为狱吏资尔。

在吕规心目中,当时之所以选择冶铁铸器,是特殊情况下的权宜之计。现在条件已经大大改善,到了"可以言义"的时候了。其实,吕规即使在经商时心中念念不忘的仍是"义",这也与其冶铁铸器销售的目的密切相关,是为了维系其家族的生存,避免出现离乡背井、妻离子散的局面。在家庭经济状况大大改善以后,吕规开始身体力行地践行其"义"的主张,一方面设置学馆,让子弟走读经参加科举考试的道路;另一方面积极投身慈善事业,"乡人贫病不能出门户,婚葬失其时,四方游士颠顿道路不得归,力振翼之"②。

章丘崔氏从北宋靖康年间迁居该处后,世代都以商贩为业,是当地有名的富商。到金末元初的崔聚时,仍以经商为业,"孜孜焉,矻矻焉,规无济有,寒暑晨夜弗懈",其除了勤勉外,还特别注意在经营中妥善处理义和利的关系,"本之以信义,行之以权宜"③。

(二)商业行为准则上的"取之有义"

所谓"取之有义",就是孔子主张的"义然后取,人不厌其取"④,"不义而富且贵,于我如浮云"⑤,认为人的取利行为应以符合"义"或"道"为标准,即要符合商业行为的基本法则和道德规范,要光明正大地赚钱,不发不义之财,这是商业经营行为的准则。

---

① 参见吕庆华:《先秦儒家"义利观"及其商业伦理价值》,《东南学术》1999 年第 3 期。下文对几个概念的解释也参考该文。

② 李昭玘:《乐静集》卷二九《吕正臣墓志铭》。

③ 刘敏中:《中庵先生刘文简公文集》卷一〇《阳丘崔氏先茔之记》。

④ 《论语·宪问》。

⑤ 《论语·述而》。

"君子爱财,取之有道"便是对这一思想的生动描述。鲁商中有不少这一方面的模范。

唐代郓城人程少良早年以抢劫商旅起家,到年老后金盆洗手,转而以抢来的钱财经商。他的儿子程骧本来不知道父亲发家的经历,后来从其母亲处得知实情后,先是一连哭了几天,也不吃饭,然后将凭借不义之财为本经商所得全部分散给乡里。结果他变得一贫如洗,甚至到了借债为生的地步,但仍没有改变他坚持"取之有道"的原则。他最后只得靠砍柴、挑水、为人洒扫等来抵偿债务。

宋代莱阳人张循的父亲张皞曾与东莱高氏做生意,张循认为其父亲所获利润过高,会令对方吃亏,便说:"宁使人负吾翁,不可使吾翁负人也。"面对可能因对方失误而得到的利益,张循坚持不取不义之财的理念,多次要暗中给予对方一些补偿。家里人都劝他,让他告诉了对方再还对方钱,不要"暗偿",张循说:"彼之不言,高氏德也。我不图报,岂吾翁志哉。"①于是张循将钱五万留给高氏,后来不再索要。张循坚持"君子爱财,取之有道",遵守商业行为的道德规范,对自己不应得到的财富坚决予以退还。

明代历城人姚龙世在徐淮一带以卖盐为生,曾与顺义人郭珍合伙经商。后来郭珍去世,他带上其所遗留的五百金,跋涉千里,将其交给郭珍的儿子郭锐。②

清朝康熙年间,滋阳商人郑炳炜乘船从江南返乡,与一名卖姜的商人同行数日。该人忽然得病,临终前将货物账簿交给郑炳炜说:"我的货物不少,现在交给你,希望你能帮我置办棺衾,将我遗骨送归故里。"郑炳炜将姜运回济宁出售,得息数倍,于是便携带货款和卖姜商人的灵柩前往江南,寻访到其家,将账簿与货款交给其妻子,其妻以子幼推辞不受。郑炳炜不得已,便又用其资本经营了5年,所获利息超过了原来的本金,又亲自前往归还,卖姜者之妻、子非常感动,欲以一半而酬谢郑炳炜。他推辞不得,最后只收取了利息的1/10。③

（三）商业经营效果上的"先义后利"

所谓"先义后利",是指商人在考虑商业利益时要有长远目标,以民众利益为上,不能"见利忘义",只注重眼前利益,目光短浅,甚至为此而走上欺诈和坑蒙拐骗的末路。这一点突出地体现在鲁商对财富的使用上。不少鲁商在致富后因义而用财,将部分利润用于社会慈善和社会公益事业。这一方面的事例很多,如:

元代郓城商人申屠义交易时从不短斤缺两和以高价牟利,平日里注意储藏米以备灾荒歉收之年,一旦年成歉收则平价售粮,对无钱购买者直接馈送,贫穷不能还债者直接烧掉借券而不再追索。他家中有一秘方,专门治疗带下之疾,为此他不惜捐资制药,救活了很多人。元灭南宋后,其家存有奴婢200多人,有的人想要买几个,他都没答应,而是全部将他们释放为良民,对于那些想回家者给予路费。曾经有一个人将钱袋

① 徐常:《宋故处士张公墓志铭》,民国《莱阳县志》卷三之三。
② 参见杜泰:《明故义士姚公墓志铭》,韩明祥编著《济南历代墓志铭》,黄河出版社2002年版,第124页。
③ 参见光绪《滋阳县志》卷九。

遗失于路上,一个人将一个斗丢在其门口,他都多方访觅,还给主人。①

明代莱芜人毕玉早年家中遭遇不幸,于是便经商以求致富,"久之蓄资巨万,甲第云连,沃壤锦接,嬴邑称首"。他在富裕后,不仅积极救助族内贫乏者,还积极赈灾。嘉靖三十一年(1552),发生了大的饥荒,他便"出粟以赈之。时有称贷者,焚券不复责偿"②。

清代胶州人孙铨与伯父一起以贸易起家。乾隆五十一年(1786),胶州发生了大饥荒,知州与当地巡检一起劝赈。适逢孙铨有运粮船从关东来,他没有趁机发灾难财,而是减价平粜,还出资帮助僧人源从掩埋饿死者,开设施粥厂直到四月间,各地上船将大批粮食运到方才停止。乾隆五十三年(1788)夏六月,又发生了大水灾,受灾者不下万家,孙铨又出资派人携带干粮,沿途分给灾民。亲友房屋被毁,则帮助其部分资金重为修筑,还临时让其居住在祠堂。③

清代惠民人颜秉孝通过以工代赈的方式。他家中开有当铺,却多有善举,"每遇饥年,即兴工筑室,藉赡村众。又出地四十亩,令村人种菜,分给之,为御冬计。至年节复计口分麦,村人赖以无饥"④。

综上所述,历代鲁商大多能遵循儒家的义利观,并将之运用到自己的商业经营中,坚持"义以生利"和"以义制利"的信念,以之规范和指导自己的行为。这对于保证当时商业交易的正常运作具有重要作用。一般来说,商业交易的正常运行需要一系列的制度作保证,但在传统社会中,相关的法律条文和制度机制极不完备,甚至是严重缺乏。在这种情况下,儒家"义以生利"和"以义制利"的义利观作为商人的道德规范在市场交易中发挥了保证交易秩序和提供信用支撑的作用,对于维持当时商业交易的正常运行具有重要意义。

二、鲁商的社会责任感

历代鲁商在"重义轻利"等观念的支配下,能妥善处理"义"和"利"的关系,不仅能在经营理念上做到"见利思义",还能在商业经营效果上做到"先义后利",将部分利润用于社会公益事业,表现出强烈的社会责任感。

(一)参与社会救济

社会救济主要包括灾荒之年的救助和正常年景下对穷困者的救助。

在中国古代,每遇灾荒,官府虽然也会采取一些救荒措施,但囿于严格的程序,从灾情上报到救济实施往往需要较长的时间,况且也无法面面俱到。在这种情况下,商人等民间力量却可迅捷地做出反应,机动灵活地参与灾荒救助。从宋代开始,民间力

---

① 参见吴澄:《吴文正集》卷六八《故善人申屠君墓表》。
② 民国《续修莱芜县志》卷二七。
③ 参见道光《重修胶州志》卷二九。
④ 光绪《惠民县志》卷二二。

量在救灾中开始发挥越来越重要的作用,以士人和乡绅为主体,商人虽有所贡献,但作用并不突出。到了明清时期,商人的作用日益突出,山东地区亦不例外。

许多鲁商在灾荒年景或是低价粜粮,或是积极施粥,或是免除欠债,对灾民予以救助。如:元代济阳人李成在大灾之年没有趁机卖米求利,而是拿出 300 石米救济乡里,又于道旁设粥救助行人之饥饿者。明代济宁商人任珍晚年尤其喜好施舍。嘉靖六年(1527)发生了灾荒,"人持券赊贷以百数",他"捐钱百余缗,粟麦五百余斛,周给之,所全活甚众"①。第二年又发生了蝗灾,曾经向他借贷者更加困窘,他便免去了那些人的债务,对其救助如初。清乾隆年间,登、莱等州连年发生水旱灾害,饥民遍野,黄县巨商王旭出粟赈饥,在普安寺、黄山馆、真一馆三处设灶放饭;另在赵家庄放米,自冬至月初一至四月初一,每人每天给米半斤。由于王旭的救济,灾民得以度过寒冬。儿童中便流传起了一首民谣,曰:"天公活一半,王公活一半"。

近代鲁商对灾民的救济仍很普遍。1889 年,山东发生灾荒,祥字号财东孟瑞箴倡捐巨款,由湖北、江苏各省运米加以接济。过了 10 年,山东又发生大灾荒,孟家又认捐一万四千余金。1920 年,山东发生了 40 余年未遇的严重旱灾,鲁商不仅直接参加了救济活动,济南商埠商会和城内商会还参加了山东赈灾公会的组织领导。② 1935 年,鲁西十余县惨罹黄河水灾,济南市各同业公会还依照市府训令,认捐灾民棉衣价款。东元盛染坊的创办人张启垣是桓台人,1941 年家乡遭遇大灾,他特意购粮数万斤救济乡亲。③

商人还在日常生活中积极从事对贫困者的救助。试举例如下。

宋代东平人陈孝若因经商致富,其兄长仕途不顺,卧病在家,家中日常缓急都靠他接济。他抚养叔父和兄长之孤女,先后六七次以礼安葬去世的族人,对于平时上门向他求助者,随事周给,"与夫诈力贪刻、贱义放欲无厌以为富者,甚异矣"④。

明代莒县人刘武"中年操计然、猗顿之术","至谷万石,马牛羊数万只,童百指,木材千章,洼下者筑为墩垲,屋瓦鳞次,家百倍祖父时"。隆庆年间,州民以拖欠赋税四处逃徙,百里内没有人烟。知州命其对逃亡者加以招抚,谕以庐井坟墓之恩,结果人人感泣安集,"其不足贷以金钱牛粒,素所不协者亦曲为保全"⑤。

清代茌平人王泗绍业农经商,颇有盈余,好施予,"乡邻诸茕独受其馈遗,贫家多子女,不能自给者辄为置田产,少取其息以赡养之,必使其子女婚嫁,生活充裕而后已"⑥。

① 童承叙:《明故寿官任翁墓志铭》,李恒法等编:《济宁历代墓志铭》,齐鲁书社 2011 年版,第116 页。
② 参见王林:《山东近代灾荒史》,齐鲁书社 2004 年版,第 193—201 页。
③ 张东木《七十年的回忆》,《济南工商史料》第 4 辑,1992 年,第 34 页。
④ 刘挚:《忠肃集》卷一四《陈行先墓志铭》。
⑤ 民国《重修莒志》卷六五。
⑥ 民国《茌平县志》卷三。

近代鲁商还创造了一些新的救济贫民方式,兴建贫民工厂即是其一。如,山东厚德贫民工厂由山东慈悲社发起,出资赞助人大部分是有实力的商人和政府官员,如周百朋、张荆山、丛良弼、刘子山、苗星垣等。工厂创办章程规定:"本厂以救济贫民、传习技艺,俾能自谋生活为宗旨","所有厂中董事监察概不支薪,厂长及职员应得薪资由董事会酌定之"①。20世纪20年代,青岛街头巷尾常有丢儿弃女的事情发生,不仅妨碍市容,也有碍人伦。青岛总商会在胶澳商埠局的倡议下,动员地方绅商捐款,于1927年成立了胶澳商埠育婴堂。育婴堂设有管理员、乳妇和医生,收养被弃婴儿。②

(二)支持教育事业

鲁商非常重视教育事业。不少鲁商或创办义学,或通过捐款、捐地对教育进行资助,为乡人创造受教育的条件。

义学又称义塾,是专为贫民子弟设立的不收学费的学校。明清时期,山东有不少商人积极创办义学,教育乡里子弟。明末济宁商人许树德经商致富后,在城西置义学,聘请教师教育乡党子弟,他还选拔其中的优秀者给予特别资助,培养其成才。清代无棣人吴寿龄精于陶朱之术,富而好礼,"因贫者艰于读书,倡率族人立义塾一,又独捐赀立义塾一"③。清代济阳商人郭仑"又悯本村居民率多苦寒,急于谋生,缓于课读,虽有聪颖子弟,无力延师授书,目不识丁者不知凡几,因倡率村人设立义学,创造经营,不惮辛苦,又独力捐地十五亩,招佃纳租,为延请经师馆谷"④。

明清时期,书院在各地得到了蓬勃发展,鲁商对山东书院的发展也有贡献。他们有的捐助经费,如清代新城商人高维荣为人慷慨好施。当崇新书院经费捉襟见肘时,他捐地20余亩予以资助。有的捐献地基,清代栖霞县令要筹建一所书院,但没有合适的地基。商人牟相翼便用自家的房产换得了族人的一块地,捐献入官,以作书院基址。

到了近代,鲁商对教育依旧非常重视,无论是在发挥作用的形式上还是内容方面都有新的进步。

1922年9月,济南商埠筹建第一所小学,按照商埠商会的要求,济南棉业公会通知各花行捐资助学。各花行迅速缴纳公益捐,使得小学得以顺利筹建。据统计,缴纳公益捐的除棉业公会外,还有油行业、鸡鸭业、鱼虾业、蒜麻业、杂货业等同业公会,也都参加了捐资助学活动。

1924年5月,美国议会通过退还庚款余额案,用以发展中国文化教育。此前一个月,胶澳商埠督办高恩鸿计划创办青岛大学,但经费十分困难。青岛总商会是兴办教育的热心支持者,遂决定协助解决这一问题。于是在6月召开了常务董事会议,决定分别致函驻青美国公使施尔曼和北京外交总长顾维钧,请求划拨部分退还的庚子赔款

① 济南商会档案:临76-1-534,《山东私立厚德贫民工厂章程》。
② 参见王第荣:《商会创办育婴堂》,《青岛工商史料》第3辑,1988年,第177页。
③ 民国《无棣县志》卷一三。
④ 王廷槐:《太学生郭公墓志铭》,民国《济阳县志》卷一七。

创办青岛大学。在两函原稿上签名的有会长隋石卿及常务董事吕月塘、宋雨亭、朱子兴、张俊卿、王荩卿、侯建堂等，虽然这一请求最终被拒绝，但却充分表现了青岛总商会对兴办教育的期望和热情。

泰安商人马伯声是著名实业家。他认为"列强之发达，关键在工业；工业之发展，首先要有文化"，由此他于1927年在泰安西关回民聚居区创办了"仁德学校""平民识字班"和"扫盲夜校"等。仁德学校的校歌写道："教泽普及，仁德厚矣！民智开兮，万古春。"可以看出学校的宗旨在于启发民智，普及知识。在马伯声的直接关怀下，学校照顾困难学生，除免除学杂费外，还发给学生书籍和学习用品；办学初期还每天供给学生一顿早餐，发给学生统一的制服。他注重教学质量，特意从曲阜二师聘请优秀毕业生到学校任教，使学校的教学成绩在全县名列前茅。他重视提高学生身体素质，强化体育锻炼，提倡民族武术，特地从济南请来拳师教练武术，组织学生进行武术表演，影响很大，泰城群众习武健身亦蔚然成风。学校还成立了全县唯一的军乐队。马伯声的教育善举受到社会各界的广泛赞誉，冯玉祥曾多次到该校参观访问，勉励师生"共同奋起，抵抗日寇，保家卫国"。

（三）兴建公共设施

鲁商在桥梁、道路和水利工程等公共设施的建设中或出力，或出资，或充当发起者和组织者，发挥着重要作用。

明清山东商人修建与维护桥梁的例子很多。如：明代德州商人赵元爵辛苦成家，所居濒临古黄河，有桥年久倒塌，他独自捐千金重修之，人呼为"赵公桥"[①]。巨野人申有才以卖香为业。县城东门桥淤塞，一遇大水，则桥面被淹，通行不便。他对人说："我本是穷人之子，现在有了点儿钱，足以重修此桥。"于是倾囊修之。[②]清代淄川盐商王廷柱"性任侠，好推解，修桥铺路，倾囊不惜。其功尤巨者，若凿双山口二十余里崎岖之路，建六龙桥二十一空于西门外，修护城壩数十丈于孝水滨，任人所不敢任之事，收人所不敢收之功"[③]。临邑南关商人刘炜卿"尤乐与人为善"，当地每有大的建设，其都会参与。关外解愠桥年久朽败，他召集众人重修，并增建了一座桥，称为"熏生双桥"，连亘若虹，成为临邑城的宏伟景观。

道路修建工程量大，所需资金亦多，一般商人难以完成。这里以清代文登人赵书林的事迹加以说明。

赵书林，文登县南朱家圈人。朱家圈南面滨海，一眼望去尽是沙滩，山田贫瘠，耕种所得粮食不能满足日用，居民以捕鱼为业。他少时家徒四壁，随众人以捕鱼为业。一天，和众人一起到鱼肆算交易钱，持筹者算错了一个数字，钱数多出了七十余千。众人退出后，唯有赵书林迟迟不退，说："钱数是不是有错啊？"持筹者非常惊愕，又重算了

---

① 乾隆《德州志》卷九。

② 万历《巨野县志》卷五。

③ 乾隆《淄川县志》卷一〇。

一遍,方才发现有误。他认为赵书林"廉正",便劝他入本合伙经商,"自此获利常赢,不数年累巨万"。这时他说:"得财而自守,只不过是财房罢了。我要实现我向来的志愿了。"

铁槎山突起于文登东南海滨,色如积铁,望若浮槎,尖峰高耸入云,东西绵亘二十余里,其下石齿嶙峋,如刀踞,如虎卧豹蹲,奇险异常,行路人都以为苦。山南麓有三个村子,东面的叫朱家圈,西面的叫沙岛沟,又西面的曰院夼村。村中之人都以捕鱼为生。每年谷雨以后,鱼虾山集,贩鱼者麇至,然而北面因槎山阻挡,道路不通,只有中间有山口叫神岭,人可攀缘出入。一条羊肠鸟道,蜿蜒于悬崖乱石之间,十余里后才是平地,这是山的西路。铁槎之尾东注于海尾尻之间,有路向南,翻过山后又折而向西,到距离朱家圈三五里处,山坡陡立,山脚被海水侵蚀,没有土壤,只剩怪石嵯峨,人行走于石隙间,如虱子顺着衣服缝爬一样,下面海涛翻滚,深不可测,一步走错就可能会葬身鱼腹。该处叫条石涧,是山的东路。

道光二十八年(1848),院夼村王琳首先倡议修筑东西两路。他将此事告诉赵书林后,赵书林说:"正合我意。"他们率先捐献了部分资金,从神岭南趾开始动工,该处有一块大石头叫闭马门石,刚开凿不久资金就用完了。王琳准备放弃,赵书林说:"不要停工。"他又捐钱五百千,请王琳监修,才到山冈,资金又用完了。他再次捐钱二百八十千,接着整修山阴,迤逦而下,至涧底修筑了一座石桥,西路告平。对东路上的条石涧等地也加以整修,高者削之,凹者填之,费钱二百四十千,东路亦平。两条路共计耗费制钱一千余缗。山前后各村商议共同捐助,赵书林慨然曰:"我自己就能完成,就不连累大家了。"从山路修平后,贩鱼之客商肩挑背负,骑驴马往来过山巅都非常方便。[①]

有的商人则为修建城池出力很多。清代潍县商人陈尚志经商致富后,不吝施舍,"邑中凡有工大役,靡不慷慨纳赀,前后修补西北隅石城,修学宫,修文昌祠,多赖其倡捐多金"[②]。在潍县,不仅陈尚志一人捐建城墙,其他商人也积极参与。乾隆十四年(1749),潍县修缮土城,"诸烟铺闻斯意,以义捐钱二百四十千"[③],使工程得以完成,郑板桥撰《潍县永禁烟行经济碑》,赞之为"有功于一县,为万民保障"。正因如此,他为回报烟商,下令取消了危害烟商利益的烟行经纪。

有的商人则捐资兴修水利工程。如乾隆五十一年(1786),山东商人捐资挑浚盐河,并于东阿、长清、齐河、历城建了八座水闸。[④] 清代临清商人焦万里"捐资数百缗,筑卫浒堤"[⑤],人称为"焦公堤"。

(四)参与保家卫国

明清时期的一些山东商人在遇到战乱时,往往能挺身而出。有的不惜散尽家产,

---

① 参见光绪《文登县志》卷一〇上。
② 民国《潍县志稿》卷二九。
③ 郑燮《潍县永禁烟行经纪碑》,卞孝萱编:《郑板桥全集》,齐鲁书社1985年版,第257页。
④ 参见《清史稿》卷一二七。
⑤ 民国《临清县志》卷一五。

帮助国家抵御外侮或平定寇乱,甚至为之付出生命;有的为保卫乡土出钱出力,使家乡免遭战火。

从明嘉靖年间开始,倭寇已成为东南地区的大祸患。一些到该处经商的山东人也投入到抗倭的斗争中。其中最著名的当数莒州人孙镗。他为人负气不羁,习于骑射,志向远大。嘉靖年间,他到吴越一带经商,适逢倭寇侵犯松江,民众颇受其害。他便前往谒见知府,主动请求将自己的财产拿出来充当军费。知府将他推荐给布政使翁大立。翁大立当面考验他的武艺,发现他佩带的双刀很重,一般人举不起来,他却能"运若飞翼",于是将其录用为军士。不久,倭寇来犯,军官任环率众拒敌,不料陷入倭寇包围之中。孙镗见事情紧急,奋勇冲入贼阵,将任环救出。从此,其在吴中一带名声大振。他又派人回家乡,散尽家资,招募乡里子弟为兵。后来与倭寇大战于泖浒,激战了一整天,援兵不至,退至石湖桥,中埋伏而阵亡。

一些山东商人在家乡面临战乱时,能够积极设法使家乡免遭战火,乡亲免遭屠戮。清顺治年间,胶东发生了于七起义,朝廷派遣大军征讨。一位莱阳商人在掖县遇到大军,听到士兵议论说莱阳民众均已随附义军,到莱阳后要进行大屠杀。这位商人立即返乡,沿途告诉民众各自安居,对官军不要逃避,而是要备壶浆以迎。清军到达后,见人民安定,供应周全,于是放弃了屠杀之念。如果没有这位商人,"死者当更不堪设想"①。

到了近代,因应时代环境的变化,鲁商的保家卫国也有了新的内容,除投身军旅或协助官军外,他们更强调实业救国,努力发展民族工商业,为近现代经济的发展做出了重要贡献。他们在经营过程中能够坚持民族气节,即使面对巨大压力也拒绝与侵略者合作。

济南振业火柴公司的创办者是蓬莱人丛良弼。他于1895年被派往日本采购火柴。当时,山东尚无国产火柴,从日本进口的"洋火"充斥市面。从此辛亥革命后,在"实业救国"思想的促动下,他毅然回国兴办火柴工业,同日本火柴业展开激烈竞争,结束了山东依赖"洋火"的历史。他在"九一八"事变后坚决撤回了在日本大阪设立的原料采购机构,追回准备购买原料的款项。东元盛染坊的创办人张启垣具有实业救国思想,认为发展实业不仅要顾自己的家庭这个"小家",还要顾祖国这个"大家"。他对阿谀逢迎日本侵略者的汉奸行为深恶痛绝。1938年至1940年期间,日本侵略者和汉奸特务多次威胁利诱张启垣与日商合作,他不顾个人安危,坚决拒绝了日本人的要求。济南裕兴化工厂也多次面临日商提出的合办要求,但其决策者都坚决拒绝了。

鲁商还积极支持国民的爱国运动,有的甚至不惜为此付出代价。1918年,济南泰康公司参加了抵制日货的运动,拿出部分饼干、汽水慰问游行群众。一战结束后,万余名日本人在济南开提灯庆祝会,泰康经理人与其他商号一起劝行人不看日人游行,结

① 民国《莱阳县志》卷末。

果引起了日本帝国主义分子的仇视，泰康的门窗玻璃全被砸碎，曾轰动一时。[①] 五四爱国运动发生后，鲁商积极响应，抵制日货。1919 年 6 月 2 日，济南银行界在福德会馆开会，形成了如下决议：不用某国纸币，不与日商往来，断绝青岛金融，不用日货。会议还推举了纠察员，规定了对保存日币的银行的处罚办法。[②] 山东其他行业商人，如绸缎、洋货、棉纱各商行等也纷纷举行会议，共同商讨对策，宣传抵制日货。绸缎业的瑞蚨祥、庆祥隆、志兴成等百余家及西关各洋布商都做出决议：凡各号现有之日货，数目点清列簿，以售尽为止，不许再添，以示抵制。城内商埠各银号也制定了与日人断绝往来办法：所有日本各银行纸币银币等，概不兑换；凡有与日商往还账项，限一星期结清，不得再通往来。济南大街小巷的各商家一律揭悬白旗，上书"力争青岛，杀敌图存"等字样。[③]

综上所述，历代鲁商多能从事公益活动，表现出其强烈的社会责任感，在很大程度上改变了商人的不良社会形象，也树立了从事公益活动的那些商人的良好形象。到明清时期，已有许多商人或因救灾济贫而获得较高威望，或因品行高尚而受人尊重，从而得以在民间纠纷中扮演调解人的角色。如：明代章丘商人王云凤"贫者济之以财，踣者济之以力，人有争执不下者，数言剖劝，无不欣伏和解"[④]。

清代东阿商人庞铎好善乐施，"尤能预息讼端，里人有争斗者，铎每具酒馔和解之"[⑤]。

清代郓城商人马宗垓以勤苦致富，"独能轻财好施，勇于为义"，"性刚直，见人善则奖举之，见人过则明斥之，皆服其公，而不怒其戆。里有争不可息者，皆乐得先生一言即解。其为众所推服若此"[⑥]。

以往一般认为中国传统基层社会中能发挥纠纷调解作用的主要是士绅群体，到明清时期商人亦能发挥作用，其中的主要原因就是商人对公益活动的积极参与。这一现象表明商人的社会形象因其积极投身公益活动而发生了变化，从而改善经营环境，降低其交易成本。这也是商人从事公益活动的动力之一。

最后再回到本节开头提出的问题：重义轻利是否真的限制了人们的商业精神？实际上，选择何种职业往往与人们生活的时势与环境有关，追求财富是人的天性，商人更是逐利的典型，对其无须再用"利"加以诱导。商人的典型形象应该像以明清山东为背景写成的小说《醒世姻缘传》第 34 回所描述的那样：

---

① 参见孙信人《我所知道的泰康公司》，山东省政协文史资料委员会等编《济南老字号》，济南出版社 1990 年版，第 38 页。

② 参见《五四爱国运动资料》，科学出版社 1959 年版，第 828 页。

③ 参见《五四爱国运动资料》，科学出版社 1959 年版，第 123—124 页。

④ 李开先著，卜键笺校：《李开先全集·闲居集》卷七《处士王治祥墓志铭》，文化艺术出版社 2004 年版，第 563 页。

⑤ 民国《续修东阿县志》卷一一。

⑥ ［清］赵尔萃《马公昌运德行碑记》，光绪《郓城县志》卷一一。

世上的人为那"酒""色""气"还有勉强忍得住的,一犯着个"财"字,把那"孝""悌""忠""信""礼""义""廉""耻"八个字且都丢吊一边。人生最要紧的是那性命,往往人为了这"财"便就不顾了性命,且莫说管那遗臭万年,千人咒骂。

在这种情况下,如果不对商人的逐利行为用"义"(道德规范)加以限制,不用说正常的商业贸易无法进行,整个社会也势必无法正常运转。因此,只有义利并重,将两者有机结合在一起,使商人既坚持商业伦理观念、又充满逐利精神,既敦厚诚信、又具备商战所需的智谋,这才是今天提倡的具有现代商业精神的儒商。

第四节　持续的商业理论创新

自古以来,山东地区就有发达的农业和手工业,由此带动了山东地区商业贸易的繁荣。从春秋时期开始,齐国就有发展工商业的传统,对后世山东影响极其深远。在这样的背景下,山东地区在商业理论方面亦多有贡献,不仅在中国商业思想史上占有重要地位,而且对山东社会经济和文化的发展产生了重要影响。

一、轻重论的形成、传承和发展

轻重论是中国古代的工商业控制理论,是齐文化的产物,一般认为其形成于西汉时期,其思想主要集中于《管子》的《轻重》诸篇中。至于《管子》一书与管仲其人的关系,学界历来有不同认识,其中比较一致的认识是该书并非管仲一人所著,而是其后学对管仲言行和思想的记录与发挥,其中贯穿了管仲治齐的思想。由此,《管子》一书及其中阐发的轻重论可视为齐文化的产物。

从内容上来说,轻重论主要包括以下内容:第一,轻重之势。国家对全国人民的经济生活要保持绝对支配的权势,做到"予之在君,夺之在君,贫之在君,富之在君"[①]。要保持国家的轻重之势,就必须消除来自诸侯和富商大贾的威胁。对诸侯割据,要取消其封土,将其境内的山海资源收归中央。对富商大贾,则要以经济手段摧毁其势力,即将富商大贾能够获利的途径垄断起来。第二,轻重之术,即国家根据轻重之势要推行的一系列政策措施,主要包括以下内容:1."官山海"[②],国家要尽可能控制住各种商品和资源,尤其是禁止民众自行生产盐和铁等生活生产必需品。2."以重射轻,以贱泄

---

① 《管子·国蓄》。
② 《管子·海王》。

平"①，即国家在掌握了货币和大量相关商品的情况下，根据市场情况吞吐商品以控制市场物价的经营原则。3."见予之形，不见夺之理"②，即国家要作为商品生产流通活动的直接承担者进入市场，巧妙地寓税于价而"不见夺之理"，从而获得大量的财政收入。4."籍于号令"③，即国家作为市场主体进入商品流通领域时，注重运用行政手段控制经济。5."斗国相泄"④，"可因者因之，乘者乘之"⑤。这主要用于国与国之间的贸易。要千方百计地争夺别国的粮食等重要物资，以增强本国的实力。对本国拥有的粮食和其他重要物资，要竭力设法使之不外流，另要发挥自己的经济优势，尽力寻找别国的弱点和困难，以己之长，攻敌之短，从而迫敌就范。6."通于轨数"⑥，就是要充分周密调查统计和充分掌握国家经济的资料数据，以便运用轻重之术。第三，轻重之学，即商品货币流通中商品、货币、价格和供求等变化的规律，主要包括两个方面：一是商品价格和供求关系的原理，"有余则轻，不足则重"，"多则贱，寡则贵"⑦，商品供求状况决定商品价格；"重则见射，轻则见泄"⑧，价格也会影响供求关系。二是货币、粮食以及其他商品之间的比价变化，"币重而万物轻，币轻而万物重"⑨，"粟重而黄金轻，黄金重而粟轻"⑩，"谷重而万物轻，谷轻而万物重"⑪。以上三个相互联系的方面共同组成了轻重论的主要内容。其中，轻重之势是目的，轻重之术是达到目的的手段，而轻重之学是指导思想和理论依据。

轻重论对中国古代的商品经济政策有很大影响。后世山东的许多政治家都坚持轻重论，既有实践，也有发展和创新。

三国时期杰出的政治家、琅琊阳都（今山东沂南）人诸葛亮（181—234）早年在隆中时常常"自比于管仲、乐毅"⑫。他担任蜀国丞相后，曾亲自抄录"《申》、《韩》、《管子》、《六韬》"等书，让刘禅阅读⑬，由此可知诸葛亮对《管子》思想有着深刻认识。他的商业思想深受《管子》思想的影响。他运用管子学派的轻重理论，"较盐铁之利"，发展禁榷制度，通过发展国家工商业来增强本国的经济实力。他还充分发挥蜀地织锦的优势，与吴、魏进行贸易，"决敌之资，惟仰锦耳"，以求获得充足的"决敌之资"。诸葛亮能辅

---

① 《管子·国蓄》。

② 《管子·国蓄》。

③ 《管子·国蓄》。

④ 《管子·乘马数》。

⑤ 《管子·轻重丁》。

⑥ 《管子·山国轨》。

⑦ 《管子·国蓄》。

⑧ 《管子·山权数》。

⑨ 《管子·山至数》。

⑩ 《管子·轻重甲》。

⑪ 《管子·乘马数》。

⑫ 《三国志》卷二五《诸葛亮传》。

⑬ 参见《三国志》卷三二《先主传》。

佐刘备建立蜀汉,维持鼎足三分的局面,与其运用轻重论增强国家实力不无关系。

唐朝中期杰出的理财家、曹州南华(今山东东明东北)人刘晏(715—780),从唐肃宗上元元年至唐代宗大历十四年(760—779)的二十年中,长期充任有关财政的度支、盐铁、转运等使,参与管理并直接主持了唐朝中央政府的财政事务。他将漕运由民运改为官运,改过去征调百姓无偿服役的办法为出钱雇募。他改革盐法,将原来几乎完全由官府办理的盐法官收、官运、官销改为官收、商运、商销,国家只掌握食盐生产和总批发两个环节,将榷税寓于批发价格之中。他在吴、越、扬、楚等地设立数千盐仓,积盐两万余石,使国家始终保有一部分食盐储备,可以随时运用经济手段来调控盐价。他利用各地的巡院建立起了一套严密高效的商情网,按照各地"货殖低昂及它利害","权万货重轻",指挥各地巡院吞吐货物,调节供求,"使天下无甚贵贱而物常平"①。

从总体上来看,刘晏商业经营思想的理论基础还是轻重论,但其对传统的轻重思想却有很大发展。具体表现在:

第一,在处理国家与商人的关系方面,由把商人作为打击对象到一定程度上把商人变成国家推行轻重之策的助手。刘晏理财的目的是要使"食货之重轻,尽权在掌握"②,但他要掌握的轻重之权却不是通过高度的防范和压制来达到,而是通过充分发挥私营工商业者的作用来实现。他在一定程度上将私营工商业当成实现轻重之权的助手。在漕运整顿中,他靠私营船户造船,并优给船价。在盐政改革中,刘晏没有像其前任第五琦那样完全承袭西汉桑弘羊的做法,完全剥夺商人的经营权利,而是采取与商人合作共利的态度,充分发挥了商人在商品流通中的作用,将食盐的运输销售权完全放给商人,使其自主经营,从而达到官商两利的效果。在常平救灾时,他采取了以商助官的做法,国家以粮食与商人交换农副产品,在比价上给商人以优惠,这样商人就"不待令驱"③,不是在行政命令的强迫之下,而是在利润的驱使下,积极往返城乡购销农副产品和粮食,从而成为协助国家救灾的重要力量。

第二,注重利用个人对物质利益的追求来提高经济活动的效率和质量。刘晏在财政改革过程中,非常重视劳动力的价值,往往采用出资雇工的方法取代无偿征调劳役的办法。他主持漕运时,用盐利的一部分雇用漕运船工,废除以往无偿征调的做法,极大地调动了漕运民工的积极性,提高了漕运效率。在漕运船只的建造上,刘晏也充分考虑到了劳动力的价值。他用高价雇用工匠,使其劳动力价值得以实现,提高了他们的生产积极性,从而保证了所造船只的质量,使漕运"无斗升沉覆者"。

第三,在轻重之策对经济作用的认识方面,从以往多强调控制和榨取发展到兼而要求对生产有一定的促进作用。他认为理财不能片面考虑增加国家财政收入,还应该有利于社会生产的发展和经济的繁荣,即"理财以爱民为先"④。如,在常平盐的实施

①③　《新唐书》卷一四九《刘晏传》。
②　《旧唐书》卷一二三《刘晏传》。
④　《资治通鉴》卷二二六。

过程中,他注重以价格变化来影响私营商人的销售,从而保证广大边远地区的人民也能食盐。

刘晏的财政改革活动及其商品经营思想适应了唐中叶以后社会经济发展的新趋势,尤其是其推行的"官商分利"的禁榷制度对后世的禁榷制度和工商业政策产生了极为巨大和深远的影响,"官商分利"的模式成为后世官工商业经营的基本模式。刘晏关于国家商业经营的一些重要做法和思路不断为后人继承和效仿。直到鸦片战争前,包世臣、魏源等人在改革漕运和榷盐制度时,还屡屡提到刘晏的经验。①

二、农本思想下的商业经营策略

山东地区有着浓厚的农学传统,从汉代的氾胜之到南北朝时期的贾思勰,再到北宋的邓御夫和元代的王祯等人,都是中国农学史上极为杰出的代表人物。作为农学家,他们都有着深厚的农本思想,但却没有落入传统"本末"思想的窠臼。他们虽然也将农业与商业的关系视为"本"与"末"的关系,但大多不仅不排斥商业,反而将商业视为实现自己富民主张的途径,表现出强烈的商业意识,在中国古代的农商关系思想史上写下了独特的一笔。

下面以贾思勰为例加以说明。贾思勰有着强烈的求利思想,所以在《齐民要术》中对商业经营技巧也做了重点论述。具体来说,主要有以下几个方面:

第一,重视市场条件。

《齐民要术》中记述的要出卖的农产品,不仅仅是家庭消费的剩余农产品,而且有为专门出卖而生产的产品,如蔬菜、木材、水果、家禽、牲畜等。贾思勰在讲到蔓菁的种植时,要求生产者首先要明确自己的生产目的,并根据生产目的来选择播种品种。如果为了出卖,就种"九英",因为这个品种根叶粗大、产量高,容易出卖,价格可能也高,获利多。但是,九英"气味不美",不好吃,如果只是自己家中吃,"须用细根"②。榆树也有不同品种,选择什么树种要根据拟提供的商品种类来确定。如果是为了卖荚、叶或做梜子卖,可种凡榆;如果是为了制作成器物出售,则种梜榆。这表明贾思勰已经能够认识到商品生产必须重视市场条件,最主要的就是要注意看生产的商品是否具有市场,如果没有销路,也就谈不上获利。

在讨论商品销售问题时,贾思勰已经认识到市场是发展商品生产的必要条件。他特别强调"地须近市",要在"近州郡都邑有市之处""近市良田""近市负郭田""负郭良田"等地方进行生产。葵、榆荚和榆叶等蔬菜都是市民日常消费量很大的商品,在当时的条件下不易储存,也不宜长途运输,所以这类商品的生产区与消费区要尽量接近。对于榆树等,除了销售榆荚和榆叶方便外,出售木材和相关器物时都可以节省运费,降低成本,从而获得最大收益。

---

① 参见赵靖《中国经济思想史述要》上册,北京大学出版社1998年版,第375—379页。
② 《齐民要术·蔓菁第十八》。

第二,关注生产的季节性、延续性与销售收入。

农作物有明显的季节性与生长期,可以分节期、分批向市场提供不同商品。冬天种的葵在第二年三月初就可以选择其中的大棵出卖,进入四月则日日剪卖,八月留作秋菜,九月"指地卖",就是估计土地上菜的产量,按面积大宗出卖。种榆树到第三年春天开始卖荚和叶,五年后可以将其砍伐卖椽子,十年后可作器皿卖,十五年后制成车毂和蒲桃卖。这表明贾思勰已经认识到不同品种作物生长的特点,注意到市场需求问题,并把二者结合起来考察。这样有利于保持经常性收入和较多收入。

第三,注重投资效益及经济核算。

一切商品生产活动都是为了增加收入。因此,追求最大效益是投资规划的目标与最重要的原则,按这些原则进行规划,有利于发展生产,最终实现致富的目标。《齐民要术》中对于种柳和养鱼的投资和收入有精确的计算:

> 下田停水之处,不得五谷者,可以种柳。……少枝长疾,三岁成椽。比如余木,虽微脆,亦足堪事。一亩二千一百六十根,三十亩六万四千八百根。根直八钱,合收钱五十一万八千四百文。百树得柴一载,合柴六百四十八载。载直钱一百文,柴合收钱六万四千八百文。都合收钱五十八万三千二百文。岁种三十亩,三年种九十亩;岁卖三十亩,终岁无穷。[①]

> 以六亩地为池,池中有九洲。求怀子鲤鱼长三尺者二十头,牡鲤鱼长三尺者四头,以二月上庚日内池中,令水无声,鱼必生。……至来年二月,得鲤鱼长一尺者一万五千枚,三尺者四万五千枚,二尺者万枚。枚直五十,得钱一百二十五万。至明年,得长一尺者十万枚,长二尺者五万枚,长三尺者五万枚,长四尺者四万枚。留长二尺者二千枚作种。所余皆货,得钱五百一十五万钱。候至明年,不可胜计也。[②]

对于农业经济核算,汉代的《氾胜之书》就记载有生产弧的投入、产出与剩余利润的核算,但是成本项目只计有蚕矢、牛耕、功力,没有计入种子、农具折旧等因素。收入项目也只考虑了货币收入,没有计入副产品实物收入。《齐民要术》继承了《氾胜之书》的经济核算思想,并有所发展。首先,推广应用经济核算于蔬菜、染料、作物、林木、渔、畜等多种生产的经济收入。其次,增加了经济核算的内容,主要有:(1)注意收入的累计、近期收入与远景收入,并突出了蔬菜、林木、染料作物等业收入与谷田收入的比较。如种葵三十亩胜过十顷谷田,种榆"比之谷田,劳逸万倍"[③]等。(2)重视减少生产成本

---

① 《齐民要术·种槐、柳、楸、梓、梧、柞第五十》。
② 《齐民要术·养鱼第六十一》。
③ 《齐民要术·种榆、白杨第四十六》。

中的劳动费用开支。《齐民要术》把减少雇佣劳动的货币支出作为增加雇主盈利的重要手段和方法。如榆树生长成材，每年都需要修剪，需要雇人，就可以采用"指柴雇人"的方式，即用临时雇工修整树型，修剪下来的树枝是薪柴，每十捆雇一个无业的人。这是利用廉价劳动力以减少生产成本费用和货币支出。再如采摘红蓝花，每个雇工可获得采摘量的一半，"中半分取"，也可减少劳动费用的开支。(3)把销售费用合理地摊入商品生产成本之中加以核算。如为种葵的菜园要配备"一乘车牛专供此园"，从种植、管理到卖菜，一年没有空闲，充分发挥了人、牛、车各生产要素的作用。从成本项目考察，人、牛、车辆的耗费中有的就属于销售运输费用，也是商品销售成本的内容。(4)注重适度规模经营。为取得最佳经济效益，贾思勰从农业经营"顺天时，量地利，则用力少而成功多。任情返道，劳而无获"①的原则出发，主张量力而行。如种一顷花、一顷榆或三十亩葵都有可观的收入，都比种谷获利多，但也不是越多越好，像"单夫只妇"之家，种一顷红蓝花就必须适当配备人力，因为这种花花期短，并且要求在清晨露水未干前采摘，而"一顷花，日须百人摘，以一家手力，十不充一"，必须要使用雇佣劳动力，"驾车地头，每旦当有小儿僮女十百为群，自来分摘，正须平量，中半分取"②，这样"单夫只妇"才能从种花一顷中多获利。

第四，注重农产品加工增值。

根据《齐民要术》的叙述，种榆已经获利很多，如果将榆木制成各种器物，则"其利十倍"；"种蓝十亩，敌谷田一顷。能自染青者，其利又倍矣"。这表明贾思勰不仅注意到种榆、种蓝之利，并提倡用榆木制成器物、种蓝"自染青"，对农产品原料进行加工，发展家庭副业，从而多获利。《齐民要术》提倡发展农产原料加工业和农业商品经济，用实例指明了发展农产原料加工是发展商品经济、增加积累、加速致富的重要途径。

第五，观察与预测价格变化的规律。

《齐民要术·杂说第三十》称：

> 凡籴五谷、菜子，皆须初熟日籴，将种时粜，收利必倍。凡冬籴豆、谷，至夏秋初雨潦之时粜之，价亦倍矣。盖自然之数。

粮食生产是农业生产的主导部门，农业所能提供的产品也以粮食为主。因此，贾思勰在观察农产品价格及其变动时，首先注意粮食的季节性差价及其升降规律（即"自然之数"），主张在收获季节购进五谷、菜籽，因为这时粮食刚刚上市，供应充足，价格较低，到了播种时，市场需求量大，价格必然上涨，这时将储存下来的五谷、菜籽出售，一定可获大利。贾思勰还观察到收成丰歉必然影响谷物及其他物品的价格，所以说"力

---

① 《齐民要术·种谷第三》。
② 《齐民要术·种红蓝花、栀子第五十二》。

田不如逢年,丰年尤宜多籴"[①],"虫食杏者,麦贵"[②],就是要人们抓住价格最便宜时大量买进谷物,到价格高时出售,利用一切可能利用的价格变动追求盈利。这些都表明了贾思勰重视行情变化,并企图探索、预知与掌握行情变化的愿望。

贾思勰对商人在关注市场行情时自身的素质也有论述。《齐民要术·货殖第六十二》引用白圭的话说:"趣时若猛兽鸷鸟之发。故曰:吾治生犹伊尹、吕尚之谋,孙吴用兵,商鞅行法是也。"这种认识与当前"商场即战场"的说法不谋而合,都是要求商人经营时要有计谋,不能蛮干,在看准时机后要当机立断,不能犹豫不决。[③]

思考与讨论

1. 明清时期山东商帮形成的条件是什么?
2. 简述鲁商的经营策略。
3. 简述鲁商的义利观。

---

① 《齐民要术·杂说第三十》。
② 《齐民要术·大小麦第十》。
③ 本节参见路兆丰《中国古代农书的经济思想》,新华出版社1991年版,第52—55页。

第四章

山东海洋文化

　　山东北濒渤海，东邻黄海，海岸线全长 3121.9 千米，是中国沿海大省之一。从古至今，勤劳勇敢的山东人在与海洋的互动中，创造出了丰富多彩、个性鲜明的海洋文化，彰显了山东海洋文化的光辉形象。

第一节　贝丘文化：山东先民早期探索海洋的见证

　　早在旧石器时代，山东沿海地区已经有了人类活动的迹象，但直到新石器时代，山东沿海先民才与海洋有了更加亲密的接触。自 20 世纪 30 年代始，考古学专家们在山东海疆滨海地带陆续发现了多处"贝丘遗址"，这些海洋遗迹是山东沿海先民早期认识海洋、开发海洋的实物见证。山东贝丘文化所处时代大约在距今 7000－5000 年，在这两千年中，山东海疆的贝丘人用自己辛勤的劳动，创造了令人瞩目的中国早期海洋文明。后来，由于种种原因，贝丘文化消亡，山东的海洋文化在历史发展中开始了新的进程。

一、贝丘遗址探寻

　　山东半岛的贝丘遗址，是史前时代山东沿海居民捕食大量海洋生物后，在居住地附近扔弃的各类鱼骨、贝壳等遗物的堆积，是人类居住遗址的一种表现形式，是山东沿海先民早期探索海洋的实物见证。

　　自 20 世纪 30 年代以来，山东的胶东半岛已发现近百处贝丘遗址，如烟台的白石村遗址、福山的邱家庄遗址、牟平的蛤堆顶遗址、黄县的唐家遗址、长岛的大黑山北庄遗址、蓬莱的紫荆山遗址、栖霞的杨家圈遗址、海阳的桃林遗址、莱阳的于家店遗址、桃村王家遗址、荣成的河西乔家遗址、威海的义和遗址、乳山的翁家埠遗址、即墨的北阡遗址等等，这些贝丘遗址有距今约 7000－5000 年的历史。

　　从考古学的角度看，在这些贝丘遗址中，烟台白石村遗址、福山邱家庄遗址、长岛北庄遗址、蓬莱紫荆山遗址、栖霞杨家圈遗址在确立胶东半岛新石器时代文化序列上具有重要意义。根据这些考古遗存判断,胶东半岛的贝丘遗址时代包括三个时期,即白石村时期、邱家庄时期和北庄时期。从胶东半岛贝丘文化发展的先后顺序来看,白石村时期的白石村一期文化是贝丘文化的早期代表;邱家庄时期以邱家庄上下层文化、白石村二期文化和北庄一期文化为代表,是贝丘文化的鼎盛期;北庄时期以北庄二期文化、杨家圈一期文化和紫荆山下层文化为代表,是贝丘文化发展的衰落期。

在胶东半岛贝丘文化中,以白石村遗址为代表的白石文化,是山东海洋文化的源头,因而得到了考古学界高度重视,相关的研究成果颇多。下面就结合烟台文物管理委员会发布的《山东烟台白石村新石器时代遗址发掘简报》(《考古》1992年第7期)的研究成果对此遗址予以择要介绍。白石村遗址是胶东半岛迄今发现最早的贝丘遗址,位于烟台市芝罘区毓璜顶北麓的坡顶上,地势南高北低,距离芝罘海湾约1.5千米。1972年遗址被发现,1975年进行了一次试掘,1980年和1981年进行了两次抢救性发掘,发掘面积227平方米。根据各层出土遗物分析,该遗址文化层分为“白石村一期文化”和“白石村二期文化”,其中二期文化又分早、晚两段。一期文化遗存中发现墓葬2座,出土的文化遗物有陶器、石器、骨器、角器等。二期文化遗存中发现用于居住的柱洞234个,房屋结构不详,墓葬2座,出土的文化遗物有陶器、骨器、石器等。白石村一期文化与二期文化虽有一些不同,但却是先后衔接的两个阶段。遗址中发现了很多蛤仔、真鲷与河豚的鱼骨,可见当时人们已经能进行深水捕捞,并掌握了食用毒鱼的有关知识。白石文化的出现,说明了史前时代的山东沿海先民是最早探索海洋的先行者之一。

二、靠海吃海的胶东半岛贝丘人

贝丘文化时代,靠海而居的胶东半岛贝丘人,用自己的辛勤汗水创造了山东的早期海洋文明。

贝丘遗址中出土的大量贝类堆积表明,贝丘人起初主要是靠海洋采集来满足生存的需要。据考古研究结果可知,邱家庄遗址中发现了40000多个贝壳,多数是蚬壳,还有少量的牡蛎壳、蛤仔壳、脉红螺壳;蓬莱的南王绪遗址出土大量牡蛎壳和少量蛤仔壳;蓬莱市大仲家遗址出土大量蛤仔壳,并有少量的牡蛎、螺等;荣成市乔家遗址出土大量泥蚶壳,等等;在2007年的即墨北阡遗址考古发掘中,发现了距今已有6000多年的巨型海蛎子,其重量和体积都是现在的几十倍,人用四个手掌都盖不过来。这些贝壳堆积种类的不同,反映了不同地区的贝丘人在海洋贝类食物方面的种类差别,同时也是贝丘人走向海洋、开发海洋的实物见证。

随着人类的进化以及社会的进步,沿海居民慢慢学会了渔猎,而且掌握了一些鱼种的吃法。在胶东半岛的贝丘遗址中,出土了很多捕捞的工具:网坠、石球、骨鱼钩等,这些捕捞工具虽然较原始,但在贝丘人的渔猎活动中发挥了重要作用,使贝丘人能够捕捞到鲈鱼、黑鲷等近岸海生鱼类,也可以捕到深海的鱼类。在烟台白石村遗址、蓬莱

烟台白石村贝丘遗址和即墨北阡贝丘遗址

(参见《最美烟台系列之：烟台城市的文化根脉》，来源：水母网；《周代青岛人生活曝光：爱吃墨鱼，海蛎子 27cm 长》，来源：青岛新闻网)

大仲家遗址、荣成北兰格遗址和牟平蛤堆顶遗址中发现了真鲷鱼骨。真鲷，又名"加吉鱼"，属于暖性底层鱼类，通常栖息在深海 30 米至 90 米的沙砾及泥沙质海区中，喜欢集群，春季变暖后游向近岸产卵，性情凶猛。这说明，胶东半岛的贝丘人已经懂得一些海洋鱼类的生活习性，并靠这种积累的经验去渔猎。另外，在蛤堆顶和邱家庄的遗址中，发现了大量红鳍东方鲀的鱼骨。红鳍东方鲀属于鱼类中的河豚，其肝脏、卵巢和皮肤均有剧毒，必须先把这些部位除去后方可食用。从这些鱼骨的出土可知，贝丘人已经掌握了河豚的食用方法，其对海洋的探索在不断前进中。

除了海洋采集和渔猎以外，贝丘人的狩猎水平也比较高，原始农业也有了一定的发展。考古人员在各处贝丘遗址中发现了较多的狩猎工具：石镞、骨镞、石球、弹丸等，并在一些贝丘遗址中挖掘出了较多的野生动物骨骼，包括梅花鹿、猪、狗、貉、兔、鼠、獾、鼬、鸟类等，这些都是贝丘人狩猎经济发展的明证。贝丘遗址中出土一些石磨盘、石磨棒，且它们的数量由早到晚逐渐增多；同时考古人员还发现贝丘人已经开始饲养家猪，这些都说明贝丘人的农业经济有了一定的发展。但是，种种考古结果表明，近海而居的贝丘人与农业发生的联系并不多，海洋采集和渔猎依然是他们主要的生存方式。由于海洋采集和渔猎在经济形态上落后于农业经济，所以胶东半岛的贝丘文化最终在强势文化的入侵下走向了消亡。

三、贝丘文化的消亡

在距今 4860 年前后，由于各种因素的综合作用，胶东半岛的贝丘文化走向了消亡。

贝丘文化消亡原因之一是胶东半岛自然环境的变化。对这一原因，《胶东半岛贝丘遗址环境考古》一书中如是分析："碳十四年代测定数据证明，胶东半岛贝丘遗址较晚的年代集中在距今 5000 年前后，最晚的年代为距今 4860 年左右。可以推测，胶东半岛的贝丘遗址于距今 4860 年前后消亡。参考上面自然环境的研究结果,恰恰在距今 5000 年前,即稍早于贝丘遗址消亡的年代,胶东半岛南北两岸的植被发生了明显变化,显示出气候由温暖湿润向温和略干转变。尽管现在海退的时间一般定在距今 4500 年左右,这个时间与贝丘遗址消亡的时间,及气候、植被变化的时间相比有一定的差距,但这可能出自海平面变化对气候变化的滞后效应。这样,把植被变化所表明的气候变化及随后出现的海退等地貌变化合到一起,即以环境开始发生变化作为贝丘遗址消亡的一个原因是可以成立的。"可见,自然环境的变化只是其中一个方面,且影响比较小的一个方面。

贝丘文化消亡原因之二是胶东半岛人口压力的增长。从《胶东半岛贝丘遗址环境考古》一书的研究结果可知,为了进一步挖掘贝丘文化消亡的原因,考古学家们对大仲家、蛤堆顶、邱家庄、翁家埠等贝丘遗址关键柱中自上而下出土的主要贝类都进行了测量统计。其结果表明,"这些不同种类贝壳的尺寸在自下而上的堆积过程中表现出来的由大到小的趋势,似乎反映出由于当时人长时间地捕捞某种特定的贝类食用,迫使贝类持续地非正常死亡,从而影响到这些贝类的自然生长规律",使滨海地带出现了"由于人的行为所形成的致使贝类尺寸变小"的"捕捞压"。那么造成这种"捕捞压"的原因是什么呢?《从胶东半岛和福建沿海的比较看贝丘遗址消亡原因》一文做了这样的分析:"一般认为是由于人口压力。……胶东半岛沿海优质的食物结构给人口的繁衍带来可能,中后期贝丘遗址的大量增加是人口增长的直接证明。"

贝丘文化消亡的根本原因是大汶口强势文化的侵入。大汶口文化是新石器时代文化,其分布范围东至黄海之滨,西到河南,北濒渤海,南抵苏皖,距今约 6100－4600 年,延续时间约 2000 年,以农业为主要经济形态。对于大汶口文化对贝丘文化消亡的影响,《胶东半岛贝丘遗址环境考古》一书也做了详细的分析:"恰恰在贝丘遗址消亡以前的紫荆山一期文化里,明显地出现了大汶口文化的因素。因此,无论是聚落的规模、居址的建筑条件、墓葬的形状,大汶口文化的水平整个高出紫荆山一期文化。……大汶口文化是以种粟为主的农耕文化,……胶东半岛贝丘遗址消亡的原因除了自然环境开始发生变化,随着大汶口文化带来的农耕方式的推广,当地人逐渐放弃了采集、捕捞的习惯,而开始从事一种新的生存活动方式。这可能是贝丘遗址消亡的一个最重要的原因。"

曾经兴盛的贝丘文化虽然消亡了,但山东的海洋文化却在新的历史进程中以新的面貌继续发展着。

第二节　山东的蓬莱仙话与海洋信仰

海洋,一个充满奇幻丽景的地方;海洋,一个充满神秘色彩的地方;海洋,一个带给人们无限遐想的地方。在这个地方,山东先民用自己丰富的想象力创造出了神奇浪漫、魅力无穷的蓬莱神话,产生了对多种海神的信仰,在山东海洋文化长廊中勾勒出了一幅绚丽多彩的神秘画卷。

一、魅力无穷的蓬莱仙话

自古以来,浩瀚无际的海洋总会带给人们无限的遐想。而这种遐想,在科学条件极不发达的远古时期,极易以神话的方式存在于人们的思维中。早在春秋末叶,在燕、齐的海滨地区,奇特的海市蜃楼景观,隐约迷离的茫茫海岛,激发了人们无限的想象力,使人们创造出了海上"三神山"的传说,并进而构筑起一套神奇浪漫、魅力无穷的蓬莱仙话体系。

蓬莱仙话源于海上"三神山"的传说。相传很久以前,东海中有蓬莱、方丈、瀛洲三座神山,山中居住着神仙,有长生不死之药。这一充满神仙意味的美丽传说,在史书中有很多记载。《山海经·海内北经》中记载:"蓬莱山在海中,大人之市在海中。"西晋郭璞注云:"上有仙人宫室,皆以金玉为之,鸟兽尽白,望之如云,在渤海中也。"《史记》卷二八《封禅书》中也有专门记述:"自威、宣、燕昭,使人入海求蓬莱、方丈、瀛洲;此三神山者,其传在渤海中,去人不远;患且至,则船风引而去。盖尝有至者,诸仙人及不死之药皆在焉。其物禽兽尽白,而黄金为宫阙。未至,望之如云。及到三神山反居水下。临之,风辄引去,终莫能至云。"

海上"三神山"的神话故事,实际上源于大海中经常出现的海市蜃楼现象,是由海市蜃楼衍生演绎而来。由于拥有独特的地理、气候和水文条件,当时的蓬莱海域(古代的登州府)是海市频繁出现的地方之一。关于蓬莱海市,史书有很多记载。《史记·天官书》中记载:"海旁蜃气像楼台,广野气成宫阙然,云气各像其山川人民所聚积。"宋代沈括的《梦溪笔谈·异事》记曰:"登州海中,时有云气,如宫室、台观、城堞、人物、车马、冠盖,历历可见,谓之海市。"《登州府志·山川》中记曰:"登州三面距海,其中浮岛不可殚述。每春夏之交,海气幻怪,现种种相,千变万化,眩人耳目,谓之海市。"海市蜃楼是一种奇特的海上景观,它为蓬莱海域披上了神秘的面纱,也成了蓬莱仙话的源泉。限于知识水平,古时的人们对这一奇特的自然景象无法做出科学的解释,便充分发挥想象力,将之视为神仙世界,编造出海上仙山的神话。战国时期,神仙说盛行,齐燕方士们更把这种海上仙境当作渲染的对象。久而久之,海上三神山的传说和蓬莱仙话就成为山东海洋文化中极富魅力的仙话长廊,千古流传,经久不衰。

蓬莱仙话的流传,极大地激发了诸多帝王们、仙家和方士的入海求仙活动。入海求仙的帝王第一人是战国时期的齐威王,紧随其后的是齐宣王和燕昭王。到秦皇汉武时期,这类海上求仙活动达到了鼎盛。秦始皇曾经5次出巡,3次巡游至蓬莱沿海,并陆续派遣方士徐福、卢生、韩终、侯公、石生等入海,寻找长生不死之药和蓬莱仙人。汉武帝曾经8次海上东巡,历时23年,其中7次到达蓬莱,其出海规模、出海的时间之长都远远超过了秦始皇时期。但是,无论是秦始皇还是汉武帝,他们都终未能如愿,未能找到蓬莱仙人和"不死之药"。不过,这些活动也并非完全徒劳,最终汉武帝幡然醒悟:

"向时愚惑,为方士所欺。天下岂有仙人,尽妖妄耳。节食服药,差可少病而已。"于是"悉罢方士求仙事",为秦汉入海求仙热潮画上了句号。秦皇汉武之后,入海寻仙的活动有所降温,但仍有不少帝王被蓬莱仙话的诡秘传说所打动,魏武帝曹操就是其中之一。曹操在《驾六龙》中写道:"愿得神之人,乘驾云车,骖驾白鹿,上到天之门,来赐神之药。"道出了自己想得到神人之助,腾云驾雾,到蓬莱探寻仙话的强烈欲望。蓬莱仙话的无穷魅力是多么令人心驰神往!

蓬莱仙话的无穷魅力,也使得文人墨客们驰骋想象,不惜笔墨用诗词歌赋加以传颂。从唐代开始,与蓬莱仙话有关的诗作辞赋就层出不穷,蓬莱的神韵风貌在文人的想象中被构筑得更加充实,并得到千古流传。白居易的《海漫漫》诗云:"海漫漫,直下无底傍无边。云涛烟浪最深处,人传中有三神山。山中多生不死药,服之羽化为天仙。秦皇汉武信此语,方士年年采药去。蓬莱今古但闻名,烟水茫茫无觅处。海漫漫,风浩浩,眼穿不见蓬莱岛。不见蓬莱不敢归,童男丱女舟中老。"李白的《登高丘而望远》诗云:"登高丘,望远海。六鳌骨已霜,三山流安在。扶桑半摧折,白日沈光彩。银台金阙如梦中,秦皇汉武空相待。"杜甫诗作《游子》中有"蓬莱如可到,衰白问群仙",表达了对仙境的向往;李峤《海》诗中有"三山巨鳌涌,万里大鹏飞",用蓬莱仙境抒发了自己的豁达气魄。

经过唐朝文笔的锤炼,蓬莱仙境的人文气息愈加浓厚,强力吸引着一代又一代文人的心灵,各种与蓬莱仙境有关的精彩之作涌现文坛。宋人杜子民《登瀛亭》诗云:"北望沧溟大,茫茫一气间。回环知万里,缥缈认三山。汉使何年到,星槎几岁还。蟠桃应已熟,方朔在人寰。"李清照《记梦》诗云:"九万里风鹏正举,篷舟吹取三山去。"苏东坡的传世名篇《望海》云:"东海如碧环,西北卷登莱;云光与天色,直到三山回。"明代登莱巡抚袁可立亲眼见到奇幻的蓬莱海市后,诗兴大发,在蓬莱阁上留下了千古名诗《观海市诗》:"登楼披绮疏,天水色相溶。云霭浡无际,豁达来长风。须臾蜃气吐,岛屿失恒踪。茫茫浩波里,突忽起崇墉。垣隅迥如削,瑞采郁葱茏。阿阁叠飞槛,烟霄直荡胸。遥岑相映带,变幻纷不同。峭壁成广阜,平峦秀奇峰。高下时翻覆,分合瞬息中。云林荫琦坷,阳巃焕丹丛。浮屠相对峙,峥嵘信鬼工。村落敷洲渚,断岸驾长虹。人物出没间,罔辨色与空。倏显还倏隐,造化有元功。秉钺来渤海,三载始一逢。纵观临已申,渴肠此日充。行矣感神异,赋诗愧长公。"诗人们的浪漫渲染,使蓬莱仙话的魅力经久不衰,历久弥新。

蓬莱仙话从虚无缥缈中缓缓走出来,以神奇浪漫、亦真亦幻的特有方式绽放出绚丽多彩的魅力,显示了山东海洋文化强大的磁吸作用。

二、奇幻多彩的海洋信仰

广阔无际的海洋总是充满了各种变化,时而风平浪静,时而碧浪滔天,时而发生各种自然灾害,面对海洋的神秘,古时的人们没有能力去全面认识海洋、去征服海洋,便产生了对海洋的崇拜,出现了各种海洋信仰。从对东海和北海之神的崇拜,到对龙神和萧神的崇拜,再到对女神天妃的崇拜,以及对鲸鱼、海龟等海洋生物的崇拜,奇幻多彩的海洋信仰在山东海洋文化长廊中汇集成了一幅美丽的画卷。

山东最早的海神信仰是对东海和北海之神的崇拜与敬畏。相传在古代山东海区,东海中有位海神叫"禺䝞",北海中有位海神叫"禺强"(又叫"禺京"),"禺强"是"禺䝞"之子,法力超强。这两位海神是黄帝的后代,人兽同体。《山海经·大荒东经》中记载:"东海之渚中,有神,人面鸟身,珥两黄蛇,践两黄蛇,名曰禺䝞。禺䝞生禺京。禺京处北海,禺䝞处东海,是为海神。"《山海经·海外北经》记载:"北方禺强,人面鸟身,珥两青蛇,践两青蛇。"郭璞注云:"禺京,即禺强也。"古代山东的东夷人崇拜的图腾是鸟类,所以他们崇拜的海神是人面鸟身,反映了他们希望通过图腾来征服和管理海洋的强烈愿望。

后来,随着海洋文化的交融以及人们对海洋认识能力的提升,禺䝞和禺强的影响力渐趋式微,一些外来神如龙神与萧神开始在山东海神信仰中占有了一席之地。大约在宋代,随着龙文化的弥漫,龙神进入海洋领域,被山东渔民舟子奉为海神加以崇拜。在四海之龙王中,人们最信奉的是东海龙王敖广。东海龙王是四海龙王之首,他法力无边,是海洋世界的主宰,能保护海民的生命安全,又能赐予海民各种鱼虾,被山东海民捧得至高无上,一般被尊称为"龙王爷"。萧神原为南方水神,明代以后与山东海洋文化融为一体,被山东海民奉为海神。萧神在山东利津沿海的威望最高,在山东其他海区的地位并不显著。

在海神信仰中,龙王爷的地位极高,但是相传他面目狰狞、性格暴戾,时常兴风作浪,使渔民葬身于大海之中,让山东海民敬而生畏。因此,人们时常幻想能有一位慈眉善目的海神来到海边,既能帮助护佑他们,又不会像龙王爷那样时常给他们带来灾难。大约到了宋代,这样的海神终于出现了,她就是海洋女神妈祖。关于妈祖的来历,有很多种说法,但大多认为妈祖姓林,名默,福建省莆田湄洲岛贤良湾人,生于北宋建隆元年(960)三月二十三日,卒于雍熙四年(987)九月初九。林默水性很好,常常乘席漂行海上,救助海上遇险者,人们称她为"龙女"。林默28岁时,有一天她在海上救助遇险船只时,不幸被桅杆击中了头部,落水身亡。传说林默死后,升天为神,经常出现在波涛汹涌的大海上,抢险救难,保护渔民舟子。为此,她逐渐成为人们心目中的海洋女神,被尊称为妈祖,受到人们的供奉膜拜。据史籍记载,妈祖在福建沿海最初被称为夫人,北方沿海则称娘娘,宋朝时加封为"夫人",元世祖时加封为"天妃",清康熙时加封为"天后",神格地位越来越高。可见统治阶级有意抬高其海神地位,民间对这位女神也是由衷信拜。

在山东海洋信仰中,独具特色的是海洋生物信仰,即把鲸鱼、海龟等作为海神焚香膜拜。鲸鱼被山东沿海居民称为"老赵""老人家""赶鱼郎"等,受到渔民舟子的崇拜。之所以会出现这种信仰,是因为鱼汛期鲸鱼在大海中追赶鱼群,渔民们紧随其后撒网,定会收获很多海鱼,这让渔民们认为鲸鱼就是他们的海上财神,于是就以民间对财神爷赵公明的称呼称鲸鱼为"老赵"。山东沿海民间流传的歌谣淋漓尽致地说明了这点:

"赶鱼郎,黑又光,帮助我们找渔场","赶鱼郎,四面窜,当央撒网鱼满仓"。渔民对老赵的崇拜,表现方式有诸多方面。若在岸上见鲸鱼在大海中游行,称为"过龙兵",视为吉兆,并焚香烧纸,遥望祝拜。若在大海中见到鲸鱼,就往大海中撒些大米、馒头等食物,以为龙兵们的粮草,再由船长率船员焚香烧纸,边口称"老人家"边向其跪拜,最后敲锣打鼓送"龙兵"过海。海龟也是山东沿海渔民们信仰崇拜的海洋生物,被称为"老爷子""老师"。渔民们认为,海龟富有灵性,有万年之寿,如若不小心捕到海龟,一定要将其放生;若将其捕杀,一定会遭到报应。把海龟放回大海时,要说些吉利话,祈祷平安,以解除报应。

在山东龙口屺姆岛,渔民们有奉狐仙为海神的信仰。彭文新《屺姆岛村民俗文化调查》(《民间文学论坛》1989年第5期)一文指出:屺姆岛渔民"视狐仙太爷为海上保护神,海上遇风浪,向狐仙太爷祈祷许愿,承蒙保佑,安全回航后要到庙里还愿,放鞭炮。庙中狐仙太爷塑像为一白胡子老头,红光满面。据岛上渔民称,每年附近的桑岛、长山岛出海都死不少人,屺姆岛却很少,他们认为这全仗狐仙太爷的保佑。"于是狐仙就成为屺姆岛渔民的海上守护神。

为了表达对海神的虔诚信仰,山东沿海渔民建造了很多神庙,树立神像,奉祭海神。山东海疆的海神庙很多,有籍可考者多起自唐代。自唐代开始,山东沿海各州县和各处岛屿上都陆续建造了规模不等的龙王庙。山东沿海很有名气的龙王庙位于蓬莱阁丹崖山顶上。此庙始建于唐贞观年间,北宋嘉祐六年(1061),登州郡守朱处约将龙王庙向西迁移,以修建蓬莱阁供州人游览,元朝中统年间、明朝洪武、万历和崇祯年间均曾修葺。北宋后期,妈祖信仰传入山东半岛,至晚在元代,山东沿海居民已普遍信仰妈祖。随着妈祖信仰的传入,山东海滨各地陆续修建了很多妈祖庙,这些神庙又被称为娘娘庙、天妃庙、天后宫等。山东沿海比较有名气的天后宫多达十几处,其中蓬莱丹崖山天后宫的知名度和影响力比较大。丹崖山天后宫占地3000多平方米,四进院落,为庙宇式建筑,大约建于宋宣和四年(1122),明崇祯九年(1636)重修,清道光十六年(1836)毁于火,第二年重修,是我国北方最大的妈祖宫庙之一。

蓬莱丹崖仙境坊与天后宫妈祖雕像(作者拍摄)

自古以来,奇幻多彩的海神信仰像一颗颗明星一样,带给山东沿海居民光明与希望,受到渔民舟子的虔信膜拜,这充分显示了山东沿海居民驾驭与征服海洋,并与海洋和谐共处的人生智慧和山东半岛海洋文化的深厚积淀。

第三节　山东的海洋科学探索

　　山东沿海先民在对大海的无限遐想中创造了蓬莱仙话体系,在对大海的敬畏与崇拜中产生了海神信仰,但他们的思维并未停留在这些层面上,而是用自己的智慧积极探索海洋,在海洋生物、海市蜃楼、潮汐现象等方面得出了一系列科学的结论,从而逐步揭开了大海的神秘面纱,在中国和世界的海洋科学发展史上谱写了光辉的篇章。

一、对海洋生物的认识[1]

　　山东的海洋生物种类很多,其中海洋鱼类、海洋贝类、海洋藻类、海洋虾蟹类、海洋头足类、海洋爬行动物和海洋哺乳类动物等是主要的海洋生物。对于这些海洋生物,山东沿海先民们的认识能力在日积月累的探索中逐步提高,并在认识的基础上进行了开发与利用,从而为后人认识海洋、开发海洋积累了丰富经验。

　　在海洋鱼类方面,自贝丘文化时代,山东沿海的先民已经能够辨别一些鱼种,并进行捕捞,以满足生存的需要。后来,贝丘文化因自然环境的变化特别是强势的大汶口文化的入侵而消亡,但是先民们对海洋的探索并没有停止,在与海洋亲密接触的过程中逐步提升了辨识鱼种的能力。在软骨鱼类方面,山东沿海先民已经能准确区别鲨、鳐、鲼、魟。以鲨鱼为例,鲨鱼在古代叫作鲛、沙鱼、𬶨鱼等,别号海狼。鲨鱼性情凶猛,有卵生和卵胎生两类,经济价值较高,这些特点已经被山东沿海先民所认识。对于硬骨鱼类中一些经济鱼类,山东沿海先民也有很深的了解。以鲱科鱼类中的太平洋鲱为例,鲱鱼是西北太平洋冷温性结群的鱼类,在我国只产于渤海和黄海,山东俗称青鱼,并已经掌握其身体特征、食用美味和经济价值。

　　在海洋贝类方面,山东沿海先民对皱纹盘鲍、牡蛎、蛤蜊、墨鱼、章鱼、蛏子等都有深刻的认识。皱纹盘鲍,又称鳆鱼,为海产品中的珍味。为了捕捞这种名贵海产,山东沿海先民掌握了鲍鱼的生长活动特性,并采取了有效的捕捞方法。清初周亮工《书影》卷 4 记载:"胶人言:鳆生海水中乱石上,一面附石,取者必洄水,持铁铲人,铲骤触,鳆不及觉,则可得;一再触,则粘石上,虽星碎其壳,亦胶结不脱。故海错惟此种最难取。"蛤蜊中的西施舌产量少,味道鲜美,被山东沿海居民视为海味珍品。为了享受这种美味,人们逐渐掌握了其生活习性和捕捞方法。乾隆二十九年《诸城县志》卷 12《方物》中记述:"西施舌、笔管蛏皆藏沙中,以碌碡压沙滩,视放沫处取之,非若他鱼可举网得也。"牡蛎同样是海味绝品,有"海牛奶"之称,山东沿海各地皆盛产。

---

　　[1]　本部分内容主要参考了王赛时先生的《山东海疆文化研究》(齐鲁书社 2006 年版)第三节"认识海洋生物"。

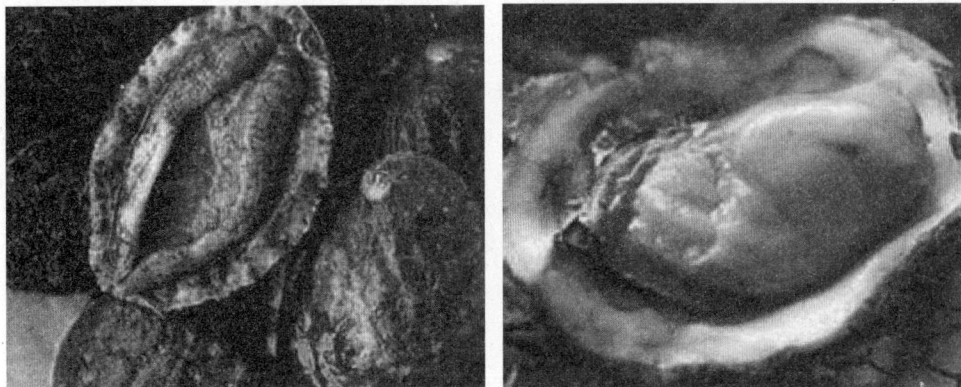

皱纹盘鲍、牡蛎（来源：百度图片）

在海洋藻类方面，山东海民有着较准确的认识，并将之用于饮食、医药甚至房屋建筑之中。海带，是一种大型海生褐藻植物，生长在低温海水中，其营养价值很高，并具有一定的药用价值。自上古时期，山东海民就已经认识了这种植物，后来在长期的探索中将之进行了开发和利用。对于海带的饮食和医用价值，郝懿行的《记海错》中有载，并将之与另一种海藻植物昆布（一种裙带菜）做了比较。他说："今昆布出登州者，纠结如绳索之状，……海带者青色而长，登州人取干之，柔韧可以束物，人亦啖之。昆布旧以充贡，海带今以供馔，二物皆消结核，能下水。"海带晒干后韧性好，所以常被用来建筑海草房。紫菜，属海产红藻门红毛菜科植物，营养价值、药用价值和经济价值都很高。对于其生长特性、各种价值和加工方法，山东沿海先民都已深入了解。郝懿行在《记海错》中有载："紫菜干之乃紫，轻薄如纸，沃以沸汤，细如断绳。"

在海洋哺乳动物方面，山东沿海先民对鲸鱼、海豹、海狗等进行了观察和记录，并留下了许多珍贵的资料。以鲸鱼为例，山东沿海最早对鲸鱼的记载始于秦代。据《史记》卷六《秦始皇本纪》记载，当年徐福奉命入海求长生不死之药，数年未得，担心秦始皇怪罪，便谎称说："蓬莱药可得，然常为大鲛鱼所苦，故不得至，愿请善射与俱，见则以连弩射之。"秦始皇认为有道理，便"令入海者赍捕巨鱼具，而自以连弩候大鱼出射之。自琅邪北至荣成山，弗见。至之罘，见巨鱼，射杀一鱼。"这段文字中所提到的"大鲛鱼""巨鱼"，指的就是鲸鱼。秦代以后，山东地方志中关于鲸鱼的记载非常多。如赵士喆《莱史》记载：汉成帝永始元年（前16）春，"北海出大鱼，长六丈，高一丈者"。明万历三十九年（1611）秋，"昌邑海仓大水坏民舍，出大鱼一，长数丈"。嘉靖《青州府志》卷5记载，明嘉靖十年（1531），"日照县海出大鱼，喷水如注，官民往视，不敢近"。鲸鱼是生活在海洋中的大型哺乳动物，但有时会搁浅到沙滩上，这时沿海居民就会近距离观察它，并最终将它瓜分干净。道光二十三年《再续掖县志》卷下记载："康熙四年，北海出大鱼一枚，居民取其肉而食之。"民国《寿光县志》卷16《杂记》记载："雍正六年春，海水溢，水落获大鱼，长十余丈，口阔丈余，居人以巨木撑之，入腹中，割其脂以燃灯。"现在看来，这种行为当然比较血腥，不过在科学技术尚不发达的古代，这或许是沿海先民加深对鲸鱼认识的最好机会。当然,更多的时候,山东沿海先民中的诗人会写诗吟咏,以此记录下对鲸鱼的细腻观察。如明清两代的小说家、诸城人丁耀亢(1599—1669)在《椒丘诗·大鱼行》中说:"海上渔人言,往岁春水鱼至,有三大鱼来停海边,身长如阜,经旬始去。予欲见之。今岁冰雪海冻,大鱼不至,怅然竟北。"为此,他根据自己听到的有关鲸鱼的情况,写诗为记:"巨鳌首上戴三山,春逐渔舟往复还。海叟初疑出丘阜,尾长十里横潺湲。喷沙鼓浪时露脊,蔽日摩空半天黑。舟子乘风不敢下,鸣钲剑筏泊岸集。泼剌一声天眼开,倒吸海水成风雷。小鱼百万截颊入,喷薄千顷风烟回。"

二、对海市蜃楼的探索

自古以来,在烟波浩渺的海面上,时常会出现一种奇幻景观,这就是海市蜃楼。对于这种自然景象,人们充满着浓厚的兴趣,进行了细致的观察,留下了大量生动的记录,并试图揭开其中的奥秘。

在古代山东滨海地区,登州的蓬莱是海市出现频率最高且景象内容最丰富的地方。海市蜃楼的奇妙幻境引人注目,一些有识之士将之记录在案,为当今的海洋科学研究提供了有益参考。最早记载蓬莱海市的是《史记·天官书》,书中这样记载:"海旁蜃气像楼台,广野气成宫阙然,云气各像其山川人民所聚积。"从北宋开始,人们对海市的记载越来越多,也越来越详细。北宋元丰八年(1085)十月十日,东坡居士苏轼出任登州太守,在任期间,他有幸看到了登州蓬莱的海市,并作了《登州海市》一诗,以诗咏的形式记录了海市蜃楼的景象。其诗有云:"东方云海空复空,群仙出没空明中。荡摇浮世生万象,岂有贝阙藏珠宫?心知所见皆幻影,敢以耳目烦神工。岁寒水冷天地闭,为我起蛰鞭鱼龙。重楼翠阜出霜晓,异事惊倒百岁翁。人间所得容力取,世外无物谁为雄。率然有请不我拒,信我人厄非天穷。潮阳太守南迁归,喜见石廪堆祝融。自言正直动山鬼,岂知造物哀龙钟。伸眉一笑岂易得,神之报汝亦已丰。斜阳万里孤鸟没,但见碧海磨青铜。新诗绮语亦安用,相与变灭随东风。"沈括的《梦溪笔谈》卷21记载了蓬莱海市的外在形态:"登州海中,时有云气如宫室、台观、城堞、人物、车马、冠盖。历历可见,为之海市。"元代于钦的《齐乘》、明代方以智的《物理小识》、慎蒙的《观海市记》等都对蓬莱海市有详细的记载。除了蓬莱海市之外,山东沿海其他各地也偶尔有海市出现,并被记录在案。这些祖祖辈辈积累的观测知识,成为一些有识之士试图揭开海市蜃楼成因的有益资料。

现代人都知道,海市蜃楼是一种复杂的光学现象,是一种因光的折射或全反射而形成的一种奇幻的自然现象。然而,在科学尚不发达的古代,要揭示其形成的原因实非易事。但是,勇于探索的山东沿海先民并未因此而放弃,而是寻根究底,从而一步步走近科学的真相。根据王赛时先生的《山东海疆文化研究》一书的研究成果可知:山东沿海先民已经掌握了海市蜃楼的季节性,即海市一般出现在春夏之际,以夏季为多,秋冬时节很少发生;人们已经注意到风向和风力对海市蜃楼生成的作用,并能以此来预测海市的隐现;山东先民已经能够通过综合分析气象因素,找出海市蜃楼的呈现规律。

对于海市形成原因的解释,古代山东共产生过四种说法:一种是蛟蜃吐气说,蜃指海中之大蛤,如司马迁的"海旁蜃气"就属于这种认识;一种是"风气凝结"说,即人们认为大海有气,大地有气,风与气合成,便可呈现海市景观,这种解释已经向科学的边缘靠近了一步;一种是沉物再现说,即采用桑田变海的理论,认为海市蜃楼是某地旧时风物的再现;一种是明人陆容率先提出的大气与日光相映射的科学观点。这四种成因说法,有的神话和迷信色彩浓厚,有的接近科学真相,但都显示了山东先民以及关注海市蜃楼的先人对海洋科学探索做出的贡献。

宛若梦幻的蓬莱海市蜃楼

三、对潮汐现象的认识

潮汐,又称海潮,是由于月亮和太阳的万有引力而产生的近海岸水位周期性涨落的一种自然现象。对于这一自然现象,中国古代的学者,如东汉的王充,唐代的窦叔蒙、卢肇,北宋的燕肃、沈括等,都进行了漫长的探索和认知,最终得出了接近真理的结论,从而为世界海洋科学发展做出了巨大的贡献。在这一长期的探索过程中,山东学者的细致观察与踏实研究,对潮汐成因真相结论的得出发挥了重要作用。

北宋官员、科学家燕肃对潮汐的研究有着卓越的贡献。燕肃(961—1040),字穆之,青州(今山东益都)人。燕肃利用自己在东南沿海各州县做官的机会,对潮汐进行了长达 10 年之久的实地观察和研究,最终写出了名著《海潮论》,并根据自己的海潮理论绘制了《海潮图》。在《海潮论》中,燕肃批评了以往一些迷信、主观臆断的观点,提出了潮汐"遂日而应月"的结论,即潮汐的起落成因于日月。燕肃能较正确地推算潮时,并掌握了一个朔望月中潮时变化规律。他说:"今起月朔夜半子时,潮平于地之子位四刻一十六分半,月离于日,在地之辰,次日移三刻七十二分,对月到之位,以日临之次,潮必应之。过月望,复东行,潮附日而又西应之,至后朔子时四刻一十六分半,日月潮水俱复会于子位,其小尽则月离于日,在地之辰,次日移三刻七十三分半,对月到之位,以日临之次,潮必平矣。至后朔子时四刻一十六分半,日月潮水,亦俱会于子位。"(见《宋史》卷 298《燕肃传》)燕肃对自己的结论非常有把握,用他自己的话来说就是"十年用心,颇有准的"。燕肃还提出了具体潮汐的时差数值。考虑到朔月有大月(大尽)、小月(小尽)之分,分别为 30 天和 29 天,燕肃将一天定为 100 刻,采用两个潮汐逐日推迟数值,在大尽用 3.72 刻,在小尽用 3.735 刻为推算值。这种计算方式是比较精确的,在当时处于世界领先地位,以至于英国科学家李约瑟惊呼:"怎么会精密到如此,我们是不清楚的。"

金朝登州栖霞人、全真教道士丘处机对潮汐的成因提出了精辟而科学的见解。丘处机曾在山东沿海各地传教,其间他对海洋潮汐产生了兴趣,不仅多次进行细致观察,还向有经验的老人请教,得出了潮汐成因来自月球引力的正确结论,并批评了唐代卢肇提出的潮汐日动力说。明朝浙江人徐应秋撰写的《玉芝堂谈荟》卷 23《潮汐》记载了丘处机的见解:"海潮,人皆言因月,唐卢肇独言因日。余游海上,询其故老,月初则潮初上,月卓午则潮满,月西转则潮渐退,月没则潮退尽。北方月出则潮复上,斗北月中则潮满,月东转则潮渐退,月没则潮退尽。卢肇言日是太阳,水是纯阴,日西入地时,阴避太阳,东海潮上,日出时,水乃西流,东海潮下。且箭之急疾,昼夜不能行万里,如何海之深阔,洪波荡漾,日夜能行数万里乎? 又肇言昼夜方是一潮,知肇不曾海上游行耳。"

明朝掖县人毕拱辰著有《潮汐辩》一文(见乾隆二十三年《掖县志》卷八),文中引用了各家研究成果,论证了潮汐月动力学说,并注意到引潮力可以分为水平和垂直两个分力,其见解已经接近了现代科学理论。他说:"月为太阴之精,水之母也,月之所到,气相吸受。故其地将出、地将入,特切近海处,水必上卷而直立。夫有余随月不足,必在海,是为水退而潮落。及月出地远而至上天之中,入地远而至下天之中,月气渐缓,前之卷立者仍散而还归于海,始之不足,今成有余,是为水长而潮生。故朔日午时,月在上天中,子时,月在下天中,潮候应子午。至望日子时,月在上天中,午时,月在下天中,潮候亦应子午。至以后,月行渐缩,潮至渐迟,可以例推。月行不忒,是以潮废不忒。又海潮有大小,因月莫盛于秋,故潮亦莫大于秋。且伏秋之际,东南经毒雨,西北消积雪,此时水行甚壮,潮汐故大。至隆冬反是,水形甚涸,潮故小。"

对于潮汐成因的理论,山东沿海的普通居民可能未有深入的研究,但他们经过长期的探索,深知观察、认识和掌握潮汐规律与航海、渔业等海洋活动有着密切联系。有了这种科学的认识,山东沿海先民就将潮汐规律作为开发利用海洋的科学指导,从而在航海及海上文化交流方面取得了卓越成就。

第四节　山东的航海与海路文化交流

面对浩瀚无际的海洋,勤劳勇敢的山东先民并不满足于对海洋世界的理论认知和探索,而是以这种认知和探索为基点,迈开了向海洋空间开拓发展的步伐。他们充分利用海岸线上的天然海口和建筑的海港,驾驶着一苇舟帆,劈波斩浪,扬帆远航,开辟了多条海上航线,到达了异域他乡,传播了齐鲁文化,并用海外文化为齐鲁文化注入了新的活力,从而在山东海洋文明史中创造了独具特色的航海文化和海路交流文化。

一、海口与海港

自古以来,山东的海岸线上分布着许多天然的海口,成为山东先民扬帆远航的避风场所和出海通道。后来随着经济和军事发展的需要,一些重要的海港在天然海口的基础上陆续兴起,并逐渐发展成闻名遐迩的沿海城市。

山东海疆的天然海口很多,在日照沿海,较重要的海口有荻水口、岚山头口、张洛口、涛雒口、夹仓口、石臼港、安家口;在今天的胶南,历史上使用过的港口有董家口、琅琊湾、大珠山、斋堂岛、唐岛湾和古镇口;在胶州湾,历史上先后使用过塔埠头、陈村口、黄岛、女姑口、青岛口、唐家湾、金家口、天井湾、大任海口、宋家口、徐家庄口等港口;在今海阳、乳山海域,早在唐朝时期,就开辟出了陶村港、邵村浦、乳山浦、乳山西浦、卢山港、望海村东浦、桑岛北港、长淮浦等港口,明清时期又先后启用了沙岛、马公岛、草头嘴(草岛嘴)、小青岛、麦岛、杨家盘、擒虎山、乳山口、何家马头、海洋所白沙海口、宫家岛(琵琶岛)等港口;在今文登、荣成沿海,使用过的海口有成山海口、石岛港、龙门口、苏山岛狗角口、张家埠口、柳埠(宋家圈)、何家嘴(延真岛)、木家岛(镆铘岛)、季家圈(镆铘岛西)、窝岛、家鸡汪等海口;在山东北岸海域(转过成山头,自东向西),重要的海口有刘公岛、威海卫、养马岛(莒岛)、龙门港、金山所双寺、芝罘海口、大河海口、城后海口、浮栏海口、八角海口、抹直海口、刘家汪海口、庙岛、桑岛、龙口、三山岛、芙蓉岛、海神庙后、虎头崖、海仓口、大清河海口(牡蛎嘴海口)等。

在天然海口基础上发展起来的重要海港很多,如琅琊港、板桥镇港、莱州海港、登州港、烟台港、青岛港等。这些海港或在春秋时期兴起,或在近代兴起,或在沧桑巨变中逐渐走向衰退,或发展成为海滨都市,在历史的沉浮中交织成一幅波澜壮阔的港口文化画卷。琅琊港早在春秋时期就因其重要的地理位置,而被称为春秋五大古港之首(其他四港为句章、会稽、转附、碣石,即今宁波、绍兴、烟台、秦皇岛),西汉时因不断发生自然灾害而遭到严重破坏。板桥镇港兴起于唐代,至北宋时期发展成为当时北方第一大港,海上贸易异常活跃,明初时成为内陆,港口渐趋衰退。莱州海港在隋朝时发展成为北方的第一大海港,是当时重要的造船航海基地,至明清时因流沙淤积,水位变浅,海港的容纳能力变低,也不再停泊大型船只。登州因"枕乎北海",拥有优越的地理条件,被誉为中国"古代北方第一港",是东方海上丝绸之路的起点。据对考古资料的研究,至晚在新石器时代,登州海面的航海活动开始。唐代时,登州古港得到了全面启用,成为大唐的东方海上门户和最繁忙的港口之一。五代时期,登州港依然作为中原王朝的主要港口而被利用。北宋初期,宋朝与高丽交往甚密,登州港成为两国海上交通的要道。自宋朝中期始,占据辽东半岛的辽朝时刻从海上威胁着大宋王朝的安全,与辽东半岛隔海相望的登州港遭到了全面封锁。为了对付辽朝,北宋在登州进行了军事建设,练水兵,设"刀鱼寨",登州港逐渐转化成北方著名的海防前哨,发展成闻名海内外的大型军港。明代因倭寇而设海防,山东登州港因其特殊的地理位置成为海防建设的重点,明太祖朱元璋在北宋原建的"刀鱼寨"基础上兴修了蓬莱水城,登州港完全变成了海防军事重阵。清代前期,登州港的军事设施进一步完善;晚清时期,随着烟台港的开埠,登州港的航务和商运活动都转移到烟台港,港口日渐萧条。

蓬莱水城(作者拍摄)

　　烟台港自古为一天然良港,春秋时称"转附",明洪武三十一年(1398)在此设置墩台狼烟,以资备倭,当地人称为"烟台",烟台由此而得名。清道光、咸丰年间,开放漕粮海运,烟台港的商业发展因此机缘逐渐活跃。第二次鸦片战争之后,清政府迫于西方殖民势力的压力,被迫开放烟台为通商口岸。从 1862 年开埠至 1897 年德国侵占青岛,在短短的 35 年间,烟台港从一个"海隅僻处",发展成整个"北洋贸易港之中心"。随着烟台港的开放和港口贸易的发展,烟台逐渐发展成一座美丽富饶的近代海滨城市。

　　青岛口作为地名始见于清代,但根据有关资料记载可知,早在明代成化年间,青岛口岸已经有了较多的海上商贸活动。到同治初年,青岛口成为商船和商号荟萃之所,呈现出一派商贸繁荣景象。随着西方殖民势力的侵入,青岛港的区域优势和日益繁荣的贸易规模为德国所觊觎。1897 年,德国借口"巨野教案",强行出兵占领青岛;第二年,逼迫清政府签订了中德《胶澳租借条约》,强租胶州湾为军港,并宣布青岛港为自由港。青岛港成为开放口岸后,一些现代化的工业和商业逐渐兴起,加上一些得天独厚的优越条件,青岛港很快超过烟台港而成为山东沿海口岸的第一大港,并一跃而成为山东海疆的另一座繁华都市。

二、造船业的兴衰与海上航线的开辟

　　古代山东先民在与海洋打交道的过程中,不断改进海洋交通工具,冒着海涛之险扬帆远航,开辟了多条海上航线,把自己的足迹伸向了更远的海洋空间。

　　早在远古时代,山东就已有独木舟与划水桨。史书《易经·系辞下》中所记伏羲"刳木为舟,剡木为楫"就是很好的明证。到夏商时代,山东沿海先民已经能将独木舟改进为稳定性较强、适于远洋航行的多个独木舟并连的船只。秦汉时期,秦始皇的东巡、徐福的远帆东渡、山东至辽东航线的开辟,都说明这一时期山东的造船能力和航海能力有了进一步提升。三国两晋南北朝时期,山东是重要的海船制造基地,据《魏书》卷49《崔鉴传》记载,后赵石季龙"令青州造船千艘,以谋击燕",并调集青州沿海的三百艘运粮船"运谷三十万斛诣高句丽",以两面夹击前燕政权。隋唐五代时期,造船业是山东沿海地区的重要产业。隋唐时期,莱州港建立了许多造船基地和仓储中心,以满足航海运输和军事作战的需要,《隋书》卷74《元弘嗣传》有载:"大业初,炀帝潜有取辽东之意,遣弘嗣往东莱海口监造船。"隋唐时期的这种大规模造船活动,使山东沿海居民掌握了成熟的造船技术,为他们出海远航奠定了坚实基础。宋金元时期,经过历代的采伐,山东沿海地区的原始森林被砍伐殆尽,海船的制造能力急剧下滑。明清两代,山东的海船制造业已处于萎缩状态,民间所拥有的海船一般都是小吨位船只,且数量不多。明清两代的海禁政策和造船业的萎缩,大大限制了山东沿海居民向海洋空间拓展的步伐,但一些勇敢的海商依然搏击风浪,开展商贸和运输活动,在海洋世界的驰骋中传承和开辟着新的航海路线。

在认识和开发海洋的过程中,勇于探索的山东海民不惧风浪,远涉重洋,乘风帆之便利,开辟出诸条海上航线,把航海的足迹伸向了中国和海外的诸多海域。根据王赛时先生的《山东海疆文化研究》一书可知,山东海民开辟的海上航线主要是:北通辽东天津航线,南下江浙闽粤航线,沿山东半岛环行航线和与朝鲜、日本往来的航线。据考古发掘得知,大约在大汶口文化时期,山东半岛与辽东半岛之间已经有了航海迹象。据有关资料记载,汉朝时山东与辽东之间已经通航往来,至魏晋时,山东通往辽东的海上航线已经非常畅通;唐朝时,从登州、莱州北上辽东航路更加活跃;金朝时,为了军事的需要,开辟了从今天津、河北驶向山东胶西海港的路线;元朝时,山东通往天津的已知航线为海运提供了海上标识;明朝时,山东至辽东天津的航线使用价值明显提高,并开辟出新的海路;清朝海禁松弛之后,山东与辽东、天津之间开辟了很多商用航线,荣成、威海、蓬莱、龙口、莱州、利津等海港都可直通辽津,从而使山东海疆与辽津联系得更加紧密。南下江浙闽粤航线的开辟,最早出现在春秋时期,且是越人首先从南路海道来到山东海疆琅琊,此后秦始皇、汉武帝海上巡视时都使用过这条从南而至的航线;自西晋以后的动乱时期,山东航海者大批南下江浙;唐朝时期,山东半岛通往江淮沿岸的航线逐渐繁忙起来,成为山东沿海地区与南方交往的重要渠道;到北宋时期,山东通向江淮的南路航线继续向南延伸,登州港曾开出驶向广东潮州的直达海船,板桥镇港更是接纳了来自闽粤乃至南洋诸国的贸易船只;明代和清初,海禁政策的实行,使得这条航线十分萧条,直到乾隆年间海禁开放后,山东与南方的航道才恢复。沿山东半岛环行的航线在很早以前就被开辟出来,并在元、明、清三代的海运中发挥了重要作用,充分显示了山东海民在航海方面的杰出才能。根据《胶东半岛海洋文明简史》一书的研究可知,大约在距今5000年前,山东半岛先民已经通过海路将文化传播到了朝鲜西海岸,最晚在岳石文化时期,已经开辟出一条从山东沿海海口出发,沿渤海海峡经辽东半岛到朝鲜半岛以至日本列岛的早期海上航线,这条航线后来发展成著名的"东方海上丝绸之路",只是由于年代久远,已无法考证这条航线的全程海道。汉代以后,史籍中出现山东沿海直航朝鲜半岛和通往日本的记录,当时主要是从崂山西北乘船出发,沿海岸线绕行,最终到达朝鲜半岛海岸,而山东先民若要去日本,则要先到达朝鲜平壤一带,然后再沿一定的航线进入日本列岛。唐代的史籍对这条航线的具体行程记载得更加清晰而详细,当时的起航基地为登州,海船向北行驶,沿辽东半岛东南岸而绕至朝鲜半岛,后来又开发出山东半岛东端越海直达朝鲜半岛的更加便捷的航道,以缩短航程和航期。宋朝初期,经常使用登州直达朝鲜西海岸的航线,后来又开辟出密州板桥镇直达高丽的航线。明代,登州至朝鲜航线因政治和军事的需要,或被启用,或被封锁。清初厉行海禁,山东通往朝鲜、日本的航道被全面封锁,后虽开放海禁,这条航线始终未能活跃起来。

造船业的发展,海上航线的开辟,为山东海民与中国其他沿海地区和海外诸国的海路文化交流提供了必要条件。

三、海路文化交流

自古以来,山东先民乘舟楫之利,劈波斩浪,到达邻省和中国东邻诸国,经由海道与外界沟通信息、互补经济、交流文化,实现了自己的航海价值,成为山东海疆文化中的一道亮丽多彩的海洋风景。

在古代中国,山东海民与辽东和江浙之间的海路交流,历史悠久且比较频繁。这种交流使双方互通有无、互为影响,共同彰显着中国海洋文明的和谐性与兼容性。以清代为例,山东海疆地少土薄,产粮甚少,根本无法满足生活的需要,只能仰仗沿海各省。如据道光二十年《荣成县志》卷1《灾祥》记载:乾隆十七年(1752),山东荣成发生灾害,米价骤增,百姓流离失所,饿殍载道,山东巡抚只好令海商到奉天义州购买粮食,以解燃眉之急,"粮艘衔尾而来,宁海、文登、荣成赖有余黎"。除粮食之外,山东海疆地区缺棉现象十分严重,全靠从南方海路进口。光绪二十三年《文登县志》卷13《土产》记述说:"棉作布,今全仰给江南,以豆饼往易。"当然,山东海民同样把自己盛产的物品源源不断地输送到沿海他省。例如,山东沿海的大豆、干果、海货等物产深受南方居民的喜爱,成为海路运销江浙诸省的大宗货物。道光《胶州志》卷14《物产》记载:"山绸、椿绸、布、盐、靛、密、蜡、木炭、瓜子、花生、豆饼、豆油、腌猪、白菜、槐米、干粉、海米、草帽、毡帽"等,"胶人设作坊制造,岁以数万计,由海舟运南省出售。"

在海外文化交流方面,山东海疆与朝鲜、日本交往密切,齐鲁文化因此得以广泛传播,同时也因吸收了海外文化的精华而更富活力。据史籍记载,商周之际,箕子率5000名商朝遗民从山东半岛东渡去朝鲜,建立了古朝鲜国,教给当地居民耕作、养蚕、礼仪等,率先把齐鲁文化在东邻发扬光大。秦代山东海疆先民徐福率3000个童男女,携五谷、百工、弓箭手等,扬帆东渡朝鲜和日本,促进了当地经济文化的发展。隋唐时期,山东半岛与朝鲜、日本的海路文化交流空前繁荣。双方的经济关系日趋紧密,海上贸易长盛不衰。山东半岛的丝绸制品源源不断地通过海路运销新罗和日本,同时新罗、日本出产的药材、海豹皮、文皮等商品也输送到山东半岛。双方的文化交流日趋紧密,许多文人和僧人航海来到山东半岛,给齐鲁文化注入了诸多新的活力。如新罗人张保皋在今荣成市赤山主峰下建造了佛事寺院法华院,将新罗的宗教文化输入了山东海疆。日本高僧圆仁入唐求法,前后两次从山东海港入岸和返程,并在所著《入唐求法巡礼行记》中详细记载了山东海疆风貌,将齐鲁文化传播到海外。北宋时期,朝鲜制造丝织品所用的原料,很大部分来自山东密州的海外贸易,高丽的一些求法僧人和留学生等也往返于山东半岛。明代万历壬辰战争时期,山东海疆成为支援朝鲜前线兵源和物资的重要基地,山东海疆的物资也源源不断地从海路运抵朝鲜。战争结束后,总兵李承勋率领登州部队驻守朝鲜,为朝鲜政局的彻底稳定做出了重要贡献,进一步加深了中朝两国的文化交流。有明一代,山东半岛与日本的海外交流趋于低潮,这是因为倭寇的入侵严重威胁着中国海疆的安全,明朝政府为此长期厉行海禁政策,并进行了海防建设。

第五节　山东的海防建设与海防文化的当代价值

山东是沿海大省,有着开发利用海洋的悠久历史和光辉历程。在这段历程中,海防问题日益成为山东海洋文化的重要内容,在保卫国家的安全和海洋权益诸方面发挥了重要作用。山东在筹海的过程中逐渐积淀了底蕴深厚的海防文化,这些海防文化蕴涵着经久不衰的时代魅力,在新时期山东精神建设中具有重要价值。

一、海防建设纵览

作为沿海大省之一,山东在沿海设防最早可以追溯到春秋战国时期。当时,齐国是控制今山东半岛的海上强国。公元前486年,吴王夫差击败越国后,意图挥师北进与齐国争霸,遂凿通了淮水与长江的邗沟,决计引水兵攻伐齐国。第二年,吴国派大夫徐承率舟师自海入齐。齐国立即率船队拦截,与吴军在黄海水域展开了激战。吴国战败。《史记》卷三一《吴太伯世家第一》载:"齐鲍氏弑齐悼公。吴王闻之,哭于军门外三日,乃从海上攻齐。齐人败吴,吴王乃引兵归。"这是我国历史上第一次有记载的海战,是中国古代海防和山东海防建立的标志。西汉时期,山东设有水军,登州港的海防军事作用开始显现出来。三国时期,曹魏政权控制着整个山东沿海地区。为了征讨辽东的公孙渊势力,曹魏政权加强了山东水军建设,并在黄县建筑海防工事大人城,以为战船屯兵之用。十六国时期,后赵曾统治山东。为了谋击燕国,后赵在山东沿海驻守兵力,建造战船,攻打前燕。隋唐五代时期,山东海防较前代大为发展。隋朝和唐朝为了从海上远征高丽,在登州和莱州建立了许多造船基地和仓储中心,并在登州南长山岛和北隍城岛分别设置了大谢戍和乌湖戍,登、莱成为重要的水军基地和海防前哨基地。五代时期又在沙门岛上设置了沙门寨,作为拱卫登州的重要军事要塞。宋辽金时期,山东登州海防地位极重,海疆防御体系初步建成。登州与辽朝隔海对峙,为了防备辽国渡海南下的袭击,北宋在登州建立了"刀鱼寨"。"刀鱼寨"是当时最先进的海军基地,发挥着重要的海防作用,明代蓬莱水城就是在该寨基础上建成的。金朝也十分重视登莱一带的海防驻守。元朝行南北海运,为防倭寇和海盗,十分重视山东海防。至正元年(1341),设沿海御倭讨贼诸军;至正十一年(1351)三月,在山东登州设立分元帅府,以加强对海防的行政管理;至正十七年(1357),韩林儿党毛贵连陷胶莱诸郡,进据登州,元朝政府于登莱沿海设立 360 屯,每屯相距各 30 里,加强防守。总体看来,这个时期的山东海防建设是零星的,并未形成严密的海防体系。

山东完整海防体系的建立始于明代。明代海防的设立,主要是为了防御倭寇的海上侵扰。自明朝建国伊始,倭寇就频频出没于中国沿海地区,成为明朝政府的心头大患。有明一代,山东时常受到倭寇的侵扰。据不完全统计,在这 200 余年中,有史可查的倭寇窜犯山东沿海的次数即达 20 余次,山东海疆的安全受到严重威胁。为了防倭御倭、保卫海疆,明代统治者对山东海防进行了建设。明代前期,明朝政府陆续在山东沿海设置了青州左、莱州、登州、宁海、鳌山、灵山、大嵩、靖海、成山、威海、安东等 11 卫,胶州、福山等 14 千户所及沿海 20 巡检司,269 墩,134 堡,从而在山东海疆构筑了一道由卫、所、司、城寨、墩堡五级结构互为犄角的绵密的海岸陆地防线。永宣时期,明朝政府在山东组建了即墨营、登州营、文登营海防三大营,以增强海防整体力量。在建设海岸陆地防御体系的同时,明朝政府积极建设水军,并制定了舟师巡海制度,增强了海上的防御力量。永乐七年(1409),明朝政府于蓬莱水城设置了海防领导机构备倭都指挥使司,以节制沿海诸军,统一指挥山东沿海的抗倭斗争。明朝政府的积极作为,使山东海疆逐步形成了在山东备倭都司节制下的,由 3 营、11 卫、14 所构成的严密的水陆相维的海防体系。嘉靖中期倭患严重后,明朝政府又擢升戚继光为山东等处备倭署都指挥佥事,担当山东沿海的防倭重任。万历二十年(1592),抗倭援朝战争爆发,山东海防形势陡然严峻。面对严重的海防危机,朝廷官员积极献言献策,提出了新的防御理论,力图通过战略调整来确保山东海疆的长治久安。明廷和山东地方政府也积极筹划,建设海防。经过一番努力,山东海防得到了重建和增强,出现了诸多新的变化和发展,为战争的胜利和东北亚地区秩序的稳定提供了有力保障。万历中期之后,倭寇对山东沿海的侵扰基本停止,山东海防建设趋于平缓。

至清代前期,山东海疆受到了来自内外两方面的压力,形势大变。内部压力主要是海盗的频频骚扰,外部压力主要是国力蒸蒸日上的西方殖民主义者的侵扰。海盗在山东海疆的频频出没始于康熙末年,而且有愈来愈烈之势。据粗略统计,康熙年间山东海疆发生的大规模海盗事件就有 9 次,此后海盗活动时有发生,成为清廷海防缉捕的主要目标。乾隆中期后,西方殖民者所给予清朝的海防压力与日俱增,山东海疆也不断受到西方殖民主义势力的环伺与侵扰。严重的海疆危机,促使清朝政府不得不认真思考山东海防建设问题。清代前期,山东的海防建设主要着眼于以下几个方面:修筑炮台,组建水师,在青州设八旗驻防,建设海防陆地绿营兵。据统计,到雍正十年(1732),山东共建成海防炮台 20 座,直至鸦片战争爆发前,再未添设。这些积极的筹海动作,使山东海疆逐步建立起一条以海岸、海岛为依托、水陆相维的海防线。

烟台奇山所和烟台山上的烽火台(作者拍摄)

　　道光二十年(1840),鸦片战争爆发,中国的海上门户洞开,从此西方列强从海上长驱直入,对中国进行了一次又一次的侵略,强大海防成为晚清政府亟须解决的重要问题。山东海防由此成为晚清海防事业的重要组成部分,和其他沿海省份共同担负起了抵御外侮的历史重任。第一次鸦片战争中,英军逼临登州,山东巡抚托浑布多管齐下,积极筹海,怀柔避战。第二次鸦片战争中,山东地方政府积极组织团练,增强海防实力。19世纪70年代始,山东海防建设迈上了军事近代化的轨道,实力大增,到甲午战争前达到了巅峰。光绪元年(1875),山东巡抚丁宝桢创办海防军事工业山东机器局。山东机器局的设备主要是近代化的大机器,它所生产制造的军火武器,大部分调拨给沿海炮台驻军和水师练兵之用,不仅使山东海防武备实现了自力更生,而且在后来的抗击外来侵略战争中发挥了积极作用,提高了中国的防务水平。这一年,李鸿章奉命督办北洋海防,总揽了山东海防事业。作为北洋海防事业的总设计师,李鸿章逐步加强了山东的海防建设。至光绪二十年(1894),威海卫建成海岸炮台13座,海岸大炮54门,陆路炮台3座,大炮9门;并设水雷营2处,每处附设水雷学堂,招收鱼雷学生40至50人。烟台建成岿岱山和通伸冈两座炮台,以及药库、交通、土墙等必要的防御设施,并设水雷弁兵1营。胶州湾建成炮台1座,同时构筑了一些海防设施:在青岛湾东南岸天后宫侧修建了1座总兵衙门;在衙门东北和西北山坡处,修建了1座军火库和4处兵营;在青岛湾建造了大小栈桥各1座,以便装卸货物和供北洋舰队停泊;修筑了青岛口至胶州的大路,在东镇建起了连接河南、天津和北京的电报局。威海、烟台、胶州的海岸防御体系完全采用西式,是军事近代化性质的工程。洋务运动时期,山东海防的近代化建设,使之在甲午战争中发挥了重要作用。只可惜,甲午一战,中国惨遭败局,清政府三十年苦心经营的海防事业毁于一旦。甲午之战后,中国陷入了全面的财政危机,虽筹议重整海防,但数年间并无多大成效。光绪二十四年(1898),西方列强趁机掀起了瓜分中国的狂潮,德国侵占胶州湾,英国强租威海卫,山东海防门户洞开。

　　民国时期,由于时局的动荡、国民政府的短视等种种原因,山东的海防建设基本处

烟台西炮台(作者拍摄)

于停滞状态。这一时期,驻守在山东的海军先后有渤海舰队、东北海军和海军第三舰队,但其抵御外侮的能力是微乎其微的。值得一提的是,在抗日战争和解放战争时期,中国共产党在没有海军、武备比较落后的情况下,积极建设山东海防。1944 年 11 月22 日,中国共产党成立了"山东胶东军区海军支队"。这支海军,是由刘公岛和龙须岛起义的汪伪海军部队改编而成,下辖 4 个中队,是八路军的第一支海军部队,也是共产党在山东境内建设的第一支海防力量,为后来新中国人民海军的建设做出了重要贡献。解放战争时期,为了保卫胶东、解放山东全境,中国共产党在胶东地区积极建设海防,如成立胶东军区海军教导队,成立胶东军区海防办事处,组建胶东军区海军教导团,成立海军工作委员会,组建海上游击队、海上侦察连,组织民间海防力量,修筑海防工事等。这些海防建设,虽然还未系统化、体制化,但是取得了显著成效,粉碎了国民党妄图封锁海上交通以图东山再起的阴谋,为全国解放战争的胜利提供了有力保障。这些海防建设,反映了中国共产党已经把海防问题置于一个战略高度加以研究和重视,并付诸实践。这些海防建设,是中国共产党早期海防观的集中体现,也为新中国的海防建设奠定了一定基础。

二、海防文化资源的当代价值

纵观山东海防建设史,山东在筹海的过程中逐渐积淀了底蕴深厚的海防文化。这幅海防文化的历史画卷,记载了大量价值颇高的海防著作和海防理论,记录了沿海各地的海防遗存,诉说着中华民族和齐鲁儿女为抵御外来侵略浴血奋战的故事,展示了中华民族和齐鲁儿女自强不息的民族精神,见证了中华民族和齐鲁儿女捍卫巍巍海疆的决心与勇气,是一份弥足珍贵的历史文化遗产。充分挖掘、整理和弘扬这些海防文化资源,对当代新时期山东精神的培育和弘扬有着重要的价值。

在山东海防史上,中华民族和齐鲁儿女为了保家卫国,与倭寇和外国侵略势力展开了英勇顽强的斗争,在中国海疆史上谱写了催人奋进、感人至深的爱国主义篇章。据《明世宗实录》卷三八四嘉靖三十一年(1552)四月丙子条记载,"漳、泉海贼勾引倭奴万余人,驾船千余艘,自浙江舟山、象山等处登岸,流劫台、温、宁、绍间,攻陷城塞,杀掳居民无数","嘉靖倭乱"自此开始。承平日久后的山东海疆不再平静。这年,倭寇入侵靖海卫,山东兵民合力击退之。翌年三月,汪直勾结倭寇大举入侵中国沿海,中国万里海疆同时告警。在海疆危难之际,明廷擢升戚继光为登州备倭都指挥使,负责山东沿海的防倭重任。"封侯非我意,但愿海波平。"怀着这样伟大的抱负,戚继光在山东备倭两年多的时间里,积极整饬海防,并取得了相当成效,对倭寇造成了强大的震慑作用,使山东沿海居民免受了倭寇之害。万历十六年(1588),戚继光因旧病复发,辞归故里。这位久经疆场的军事将领,即使在晚年也时刻不忘为国分忧。他慷慨解囊,拿出自己的家资,捐款助修了蓬莱水城,在生命中的最后岁月里,再次为山东海防做出了贡献。"遥知夷岛浮天际,未敢忘危负岁华!"这是戚继光誓除倭患、保卫海疆的决心与勇气的体现,是中华儿女不畏强暴、勇敢拼搏的爱国主义精神的写照,也是新时期山东精神建设中不可缺少的崇高品格之一。

戚继光雕像(作者拍摄)　　　　　　　戚继光故里(来源:百度图片)

　　山东的海防文化中蕴含着不甘落后、自强不息的探索精神。万历援朝抗倭战争时期,面对严重的海疆危机和落后的海防战略思维,一些军界人士结合倭情和山东海防地理形势特点,大胆提出并实践了新的海防理论,对强大山东海防和保障朝鲜战事的最后胜利发挥了重要作用。当时,山东巡抚郑汝璧的海防理论是比较完整、科学且富有创新性的。郑汝璧认为,山东北强南弱的海防布局不适应当时抗倭形势,应该把即墨营移驻胶州,设将置兵,以增强山东南部海疆实力,"西可以控安东,东可以援即墨,而北亦可以援莱登,南海之备周而犄角之势成"。郑汝璧在强调南部海疆必设重防的同时,也没有忽视调整北部海疆布防中的缺陷,主张将王徐寨营守备移驻莱州府城,带兵操练,成为北海的一支海防机动劲旅。他还主张将山东海疆划分为五大防区,分别以登州、文登、即墨、王徐寨、滨州守备负责,并明确各营的管辖范围。为了避免各区产生互不统属、事权不一的情况,郑汝璧制定了一套五大防区互为应援的方案,使山东海疆全线形成了布防严密的网络体系。此外,鉴于青州府在山东海防布局中的重要地位,郑汝璧建议设立青州守备,专理陆、海防军务,加强青州府的防守。"今莱登等处兵戎俱有将官统领,而独青州要地有兵无将,事体为缺。若设守备一员,专管居常,则团练修防,消弭意外。遇警则督率战守,捍卫海滨,隐然虎豹之形,联成臂指之势。"这比大多军界人士只强调登、莱布防而忽视青州布防颇有独到之处。这种破除陈规、勇于创新的品质,为山东今天的精神建设提供了借鉴。

山东的海防文化,展示了中华民族兼容并蓄、海纳百川的优秀品质。第二次鸦片战争结束后,地主阶级当中的有识之士,突破"夷夏大防""华夷之辨"等传统观念的束缚,以"中体西用"为指导思想,进行了一场洋务运动,希望通过学习西方的先进科学技术,使中国走上富国强兵之路。筹办南北洋海防,是洋务运动的重要内容之一。作为北洋海防的总设计师,李鸿章按照近代西方关于海军基地设置的 6 条标准,最终确定旅顺口、威海卫为基地。在修建威海卫的炮台时,李鸿章吸纳参考了西方的某些近代国防理论,延请德国人汉纳根设计。威海卫新式炮台的营建方式、内部结构等方面都大大突破了中国传统炮台的框架,是具有近代化性质的工程,对横扼渤海湾咽喉、拱卫京师、抵御外侮具有重要意义。李鸿章以近代化的理念布置山东海防,使山东海防事业在甲午战争前达到了顶峰,这充分显示了"开放包容"精神的强大力量。

山东的海防文化,也展示了中华民族不畏艰辛、勇往直前的拼搏精神。在中国海疆历史上,山东海疆多灾多难,但是中华民族和齐鲁儿女没有被吓倒,而是披荆斩棘,积极探索海防御敌之策,使山东海防在保卫祖国海疆安全中发挥了重要作用。明初洪武时期,面对严重的倭害,明朝政府在山东沿海建立了水陆相维的海防卫所体系;万历中期,日本侵略朝鲜,严重威胁了中国的海疆安全,明朝政府、军界人士、民间学者积极探讨筹海之策,使山东海防布局达到了空前的完善;清代前期,面对海盗和西方殖民势力的侵扰,政府组建山东水师,建筑海防炮台,在山东海疆筑起了一道较为坚固的海防战线;晚清时期,面对强大的全新的海上入侵者,清朝政府和有识之士建设北洋海军,采用德国先进技术建筑新式海防炮台,安设克虏伯大炮,大大提升了海防实力。这种努力拼搏的精神,铸成了华夏儿女的民族魂。正是有了这种民族魂,华夏儿女才能历经劫难而不倒,始终像一颗璀璨的明星屹立于世界的东方。

烟台东炮台的克虏伯大炮(作者拍摄)

总之,作为沿海大省之一,山东蕴涵着丰富的海防历史文化。这些海防文化资源,是中华优秀文化的重要组成部分,是构筑民族精神家园的魅力瑰宝。

第六节　山东的海洋民俗风情与民间艺术

在富有地域特色、历史悠久的山东海洋文化长廊中,传承久远的海洋民俗和多姿多彩的民间艺术是重要组成部分。这些文化的海洋韵味,记录着山东海疆居民探索认识、开发管理海洋的历史轨迹和生活中的喜怒哀乐。

一、传承久远的海洋民俗风情

很早以前,山东沿海地区就有人类居住。在旧时的居住习俗中,海草房是最具特色的民居。这种房子虽然简陋,但却冬暖夏凉,是沿海居民认识海洋、开发海洋的智慧体现。在与海洋长期相处的过程中,渔民们发现浅海中的一种野生大叶藻类晒干后韧性好、隔热性好,用它为主要材料苫盖屋顶,可以抵御海风,能耐腐烂、防火,精工苫得的百年老屋,使用上百年也不易坏。海草房的建筑工艺不是很复杂,但所需的海草数量很大,大约要数千斤。到了 20 世纪后期,由于这种海草越来越少,这种极具海洋特色的海草房也就渐渐淡出了人们的生活,只是散见在个别渔村当中。

在饮食文化中,海产品是山东海疆居民"舌尖"上的主要食材。山东的海洋产品种类极多,如大菱鲆、真鲷(加吉鱼)、对虾、刺参、皱纹盘鲍(俗称鲍鱼)、栉孔扇贝、河罗鱼、鲳鱼、刀鱼、马步鱼、鲅鱼、海蚯蚓、海虹、海蛎子等。这些海产品美食价值很高,深受人们喜爱。如海蛎子,肉肥爽滑,含有丰富的动物性蛋白、锌、钙、铁、磷等多种营养成分,素有"海底牛奶"之称。早在贝丘文化时期,山东海疆居民就懂得靠海吃海的生存之道,采集海滩上的各种贝类来满足生存的需要。在现代社会,在日常生活和款待客人中,山东海疆居民更是以这些珍美海产加工成各种美味佳肴,让自己和客人尽享"舌尖"口福。如以真鲷为卤的蓬莱小面、油炸蛎黄、清蒸鲳鱼、清蒸对虾、红烧刀鱼、鲅鱼水饺等,都是绝口佳味,令人回味无穷。

在海洋生产习俗方面,各种语言和行为禁忌比较多,需要严格遵守。渔民海上作业,总是希望一帆风顺、海上平安,害怕翻船、沉船等各种海上事故,所以平时言语中忌说"翻、扣、倒、完了、没有、碎、老"等词语。如遇有该说这些字时,一律用其他字来代替。比如在吃鱼时,吃完一面后需要吃另一面时,渔民不说"把鱼翻过来",而是改说"把鱼划过来"或"把鱼顺过去";称"帆船"为"篷船"或"风船";往船上装完货物或从船上卸完货物后,不是说"完了",而是说"满了"或者"好了";"老赵"是对海神信仰鲸鱼的称呼,所以在船上叫人时不能叫"老××"等。在行为禁忌方面,在船上吃饭时,不可以把筷子横放在碗上,因为在渔民看来,这很像"船只搁浅";也不可以把碗、盘子、锅等倒扣,因为有"船倒扣"的忌讳;不可以在船头大小便,只能在船尾,且有"早不朝东,夜不朝西,午不朝南,永不朝北"的口令禁忌;在船上不可以背手,因为"背"意味着走霉运,不吉利;要轻走慢动,不可蹦跳;不准坐在船头,等等。

渔民们在出海捕鱼和返航时也有各种习俗。渔船起航称为"出海"，返航称为"归山"或"收山"。根据曲金良先生的《海洋文化概论》一书可知，渔民在出海前的仪式是：将海鱼捆成几个，堆放在村头广场或海滩上，事前备好一个用谷草扎制的火把，准备一个瓢，瓢内装满荞麦面，另在现场放几个捞鱼兜子；仪式开始，一人燃放爆竹，一人点燃火把，爆竹一响，即举火把围网堆奔跑，另一人持瓢追赶擎火把的人，一边跑一边撒荞麦面，追上打火把的人以后连荞麦面带瓢一起扣在他的头上。围观的人放声大笑，齐声呐喊："扣着了！""满了！"火把表示驱邪，扣着打火把的人表示打着鱼群。祭罢，号头叫（喊）上网号，众人搬网上船。装满，船在港湾内绕行，四人持捞鱼网兜向海中做捞鱼动作，同时唱捞鱼号子，然后才撑篷出海。出海获得丰收，俗称"发财"，发财而归的渔船，前后张挂"吊子"（大旗），并蒸一笼白面饽饽。岸上的人远远望见船上的吊子，有些人即游泳上前迎接，游上船的人即可大吃饽饽。发大财的船主，待船靠岸以后杀猪款待众人，俗称"杀财猪"。开宴时，不仅全村人到场，更拉过路人加入，主人认为到场吃饭的人越多，下一次出海就会有更大的收获。

山东海疆的一些民间节日习俗也颇具海洋气息。每年正月十三至正月十四是蓬莱一带渔村的"渔灯节"，该节是从传统的元宵节中分化出来的，是渔家文化的典型代表，距今已有 500 余年的历史。"渔灯节"期间，渔民们纷纷到蓬莱阁举行祭祀，为龙王庙送灯、进贡品、放鞭炮，以祈求海上平安，满载而归。除了这些传统的祭祀活动，现在的"渔灯节"又增加了庙前搭台唱戏、锣鼓、扭秧歌、舞龙等文娱活动。旧时的渔灯多用萝卜和面粉做成，现在则多用生日蜡烛制成，但要插在萝卜做成的底座上，以沿袭旧时的习惯。每年农历七月十五中元节，是祭祀祖先和超度亡灵的日子，民间俗称为"鬼节"。这一天，山东沿海各口岸和渔港会举办盂兰盆会，以祈求出海平安，鱼虾满仓。除了白天的祭祀活动，晚上渔民们还要放海灯，以祭祀那些溺水的孤魂野鬼和幽灵。

欢庆渔灯节（来源：百度图片）

祭海是我国沿海地区居民的传统民俗，这一民俗的出现与传承，反映了渔民舟子们希冀海上风平浪静、出海平安、渔业丰收的愿望，具有浓郁的海洋风情特色。山东海疆的渔民，多以农历二十四节气中的谷雨节为祭海吉日，因为每年的谷雨节前后海水开始变暖，深海中的鱼虾会纷纷游至浅海水域，正是出海打鱼的日子，正如民谚所说："谷雨时节，百鱼靠岸"，"骑着谷雨上网场"。每到这一天，渔民们就会身着盛装，带着各种祭海用品，前往龙王庙祭拜。山东沿海各处的谷雨时节祭海活动大同小异，其中青岛即墨田横镇周戈庄村的祭海是规模较大、影响较大且传统祭海仪式保留较完整的。相传周戈庄渔村的祭海活动始于明代，距今已有 500 年历史。过去周戈庄渔村的春季祭海没有固定节日，一般是在谷雨到清明节期间，且渔民是一家一户进行的。20世纪 90 年代后，随着这一节庆活动影响力的扩大，田横镇政府统一选定每年的公历 3月 18 日为祭海日，也称"上网日"（上网，即渔民将渔网抬上渔船），并将这一天定为该村的"渔民节"。"渔民节"为期三天，一般从 3 月 18 日开始到 3 月 20 日结束。周戈庄渔民祭祀的海神有五位：东海龙王、天老爷、观音老母（即观世音菩萨）、四财主（即狐仙）和孙仙姑，其中东海龙王是主神。祭海前的准备工作很多，祭海的仪式非常隆重热闹。祭海仪式结束之后的第二天，渔船就会纷纷扬帆出海，开始一年的渔业生产了。如今，这一盛大的节日民俗已经成为田横镇的海洋文化特色，每年吸引大量的游客前往参加和观看。

二、多姿多彩的海洋民间艺术

山东沿海民间文学中最脍炙人口的涉海故事是八仙过海的传说。所谓八仙，即铁拐李、汉钟离、蓝采和、张果老、何仙姑、吕洞宾、韩湘子、曹国舅，元明清时期八仙群体逐渐形成，并随着话本小说、杂剧戏曲等的渲染而广为流传。在八仙传说的影响下，"八仙过海"的民间故事在山东蓬莱逐渐形成，并成为蓬莱神仙文化体系中的亮丽内容。关于"八仙过海"的故事，版本很多，但其故事梗概大致相同。相传，有一次八仙到东海中蓬莱仙岛参加王母娘娘的蟠桃会（一说赴蟠桃会归来，一说去蓬莱仙岛一游），他们把各自的宝物扔入海中，以借宝物渡海。正当八仙过海、各显神通时，恰遇东海龙王率领虾兵蟹将出海游玩。东海龙王对八仙事先不请示就擅自在自己地盘上渡海甚是不满，便下令手下去抢夺八仙的宝物。八仙见状，与东海龙王的兵将们争斗起来。战斗中，东海龙王将蓝采和抓进了龙宫。众仙大怒，与东海龙王的兵将们展开了更加激烈的厮杀，并杀死了东海龙王的两个儿子。东海龙王龙颜大怒，急忙请来南海、北海、西海三龙王，合力将五湖四海之水调来，以期淹死众仙。在四海龙王的巨大法力之下，海水中掀起了狂涛巨浪，径直奔向七仙。千钧一发之刻，铁拐李急中生智，忙用宝葫芦吸海水，曹国舅则前头开路，用玉板把剩下的海水从中间分开，众仙紧随其后，安然无恙。四海龙王此招未成，又立即调动四海兵将，决定与众仙决一死战。正当此时，南海观音菩萨路过，出面调停。在观音菩萨的调停下，东海龙王释放蓝采和，铁拐李把吸进宝葫芦中的海水放出，双方休战。事情解决后，八仙告别观音菩萨，各持宝物，踏波踩浪，兴致勃勃地渡海去参加蟠桃会。

在民间音乐中，"石岛渔家大鼓"别具特色，打出了渔民与海洋顽强斗争的英勇气概和渔业丰收后的喜悦之情。"石岛渔家大鼓"源于大鱼岛村，又名"大鱼岛渔家大鼓"，在清康熙三十年(1691)前后开始形成，迄今已有 300 多年历史。当时，海上作业险象环生，渔民捕鱼风险很大，所以当渔船平安返航、满载而归时，大鱼岛村的人们就敲锣打鼓以示庆贺。因村名为大鱼岛村，这种祈求海上平安和鱼虾满仓的锣鼓，就逐渐被人们称为"大鱼岛渔家大鼓"。后来,由于石岛一带的渔村都用这种方式庆贺渔业丰收,所以"大鱼岛渔家大鼓"就改名为"石岛渔家大鼓"。石岛渔家大鼓共由四部分组成:序曲长套、三步搁、序曲长套的反复和华彩水斗,曲调铿锵有力、恢宏豪迈,鼓点节奏多变、跌宕起伏,给人以慷慨激昂、奋发进取的艺术感受。

石岛渔家大鼓(来源:百度图片)

在民间舞蹈表演中,跑蛤蜊、跑旱船颇具海洋文化特色。跑蛤蜊,又称"跑海物",因为在表演时,除了蛤蜊之外,还有鱼、虾、章鱼、鳖等几十种海洋动物。这些海洋动物的道具,都是当地居民自己扎制的。制作工艺并不复杂,先用杨树、柳树或者高粱秸做成海洋动物的骨架,然后在骨架外面裱糊上白纸或者白布,最后绘上亮丽多彩的花纹。跑海物时,各种海洋动物的角色扮演者,或者钻进海洋动物道具的空壳中,或者手持海洋动物道具的长柄,模仿这些海洋动物的习性做出各种姿态。这种表演,栩栩如生、惟妙惟肖,深受山东海疆居民的喜爱。跑旱船也是深受山东海疆居民青睐的一种民间舞蹈。旱船是无底的,一般用细竹竿、杨树或者柳树枝扎制而成,船体周边用白布或者蓝布遮住。跑旱船的表演者一般有两人,一人扮演女子,一人扮演艄公。表演时,女子站在船中间,两手抓住船边,边走边表演船只飘动的动作;艄公则手持木制船桨,边走边表演划桨动作。二人边舞边唱,饶有趣味,把渔民独特的海洋文化风情表现得淋漓尽致。

在民歌小调中,一些歌曲颇具浓郁的海乡风情。即墨情歌《等郎来》,清新明快,积极向上,用海珍美食唱出了浓浓的甜美爱情:"一盘大虾米,二盘炒白菜,三盘炖鲜鱼,四盘醉螃蟹,烫上那两壶老黄酒哇,但等俺的情郎来呀。"即墨民歌《旱船调》,以幽默夸张的歌词,表现了即墨渔村少女活泼开朗、性情豪爽的形象:"十个闺女九个疯,数着这个不大疯,打一个飞脚上了关东;十个闺女九个馋,数着这个不大馋,生吃鲜鱼蘸醋盐;十个闺女九个痴,数着这个不大痴,打一个飞脚上了关西;十个闺女九个白,数着这个头等白,模样儿长得像包黑"。崂山民歌《渔家苦》,用简朴的歌词真切地道出了渔民海上作业的无比辛苦:"朝下海,晚归山,累得腿痛腰又酸,碗里蒸虾酱,盆里地瓜干,遇上灾荒年,三尺肠子闲着二尺半。"山东海疆居民日常生活中的喜怒哀乐,在这些民歌小调中得到了淋漓尽致的表达。

历史悠久的渔家号子,是山东海疆民间音乐的典型代表。渔家号子,又称渔民号子、海洋号子、海洋渔号,是千百年来渔民在海上劳作时为鼓舞情绪、协调动作而集体创造代代相传的歌唱,具有实用和娱乐的双重功能。它源于海洋渔业生产,具有浓郁的海洋文化韵味,体现了山东渔民们不畏艰险、勇于拼搏、乐观豪爽的人格魅力。山东渔家号子的种类多达上百种,主要有留网号子、上网号子、撑篷号子、拉锚号子、摇橹号子、拼命号子、拉网号子、捞鱼号子、拉船号子、打包号子、收山号子、登船号子、爬爬号子等,鲜明地反映了渔业劳动的过程。号子的种类不同,其节奏、调式也不同,主要是随着海洋生产环境、劳动方式和劳动强度的变化而变化。当生产环境相对安全、劳动方式简单、劳动强度小时,号子的调式多平稳舒缓、优美动听、抒情委婉;当遇有暴风雨、劳动强度大时,号子的调式多铿锵有力、粗犷豪爽、刚劲浑厚。例如,溜网号是渔民们在海滩上整网、织网、晒网、收网时所哼唱的渔歌,调式平稳缓慢,愉快抒情;拼命号子是在狂风暴雨或逆风逆流时喊唱的号子,调式急促紧张,猛烈有力。渔家号子的演唱形式,一般是"一领众合",领唱者称为"号头",合者为"答号",可以更好地调节精神、指挥劳动。如今,随着海上机械化作业逐渐取代传统的"耕海牧渔"劳作方式,渔家号子渐渐淡出了人们的视野,面临后继无人、濒临失传的境地。渔家号子是海洋文化中的瑰丽奇葩,是一份无比珍贵的非物质文化遗产,亟需我们采取有效方式,加大保护力度,让这朵奇葩在中华艺术长廊中茁壮成长、熠熠生辉、传承发扬。

思考与讨论

1. 简述山东海洋信仰的基本内容。
2. 简述山东海上航线开辟简况。
3. 简述山东海防文化资源的当代价值。

第五章

山东思想文化

文化是人类社会的灵魂。在当今社会,思想文化作为社会发展的软实力地位越来越凸显。山东作为儒家文化的发源地,先人给我们留下了无数宝贵的精神财富。孔子创办儒学,孟子继承和发展了孔子的思想,为以后统治者实行"罢黜百家,独尊儒术"打下基础;东汉末经学家郑玄集古、今文经之大成,开创了经学一统的时代;宋元时山东创建发展成泰山学派和东平学派,对当时社会政治、文化发展产生重要影响;清代时山东又出现以桂馥、孔广森、郝懿行等为代表的文字学家和以吴世芬、陈介祺、王懿荣等为代表的金石学家。回望山东的思想文化史,真可谓熠熠生辉。而在经济迅猛发展的今天,更需要重视对精神财富的创造,这就要求我们必须从传统文化中汲取营养。

第一节 孔子与儒学

作为四大文明古国之一,中国对世界文明的贡献,不仅仅局限于造纸术、印刷术、指南针和火药这四大发明,政治、思想文化的探索与创新,同样是对人类文明的重要贡献。在中国乃至亚洲东部,儒家文化的巨大影响力在今天仍发挥着强大作用。

山东是中华文明的发源地之一,在这块历史悠久、文化深厚的土地上,出现了灿若群星的文化名人,他们是齐鲁文化的代表。他们的思想,在现代社会,依然有着无比鲜活的生命力。儒家学派的缔造者孔子,更是"站在前所未有的理论高度上将传统的道德思想、政治思想提升到一个新的境界,同时也给齐鲁文化注入了新的灵魂。有了儒家学说,齐鲁文化才真正具有民族、地域的超越性,才真正能够担负起领导中国文化的历史使命"[1]。联合国教科文组织把孔子列为世界十大历史名人之一,由此可见他在世界文明史中的地位。

孔子(前551—前479年),名丘,字仲尼,春秋后期鲁国人。他的先世属宋国贵

---

① 孟祥才、胡新生:《齐鲁思想文化史·先秦秦汉卷》,山东大学出版社2002年版,第123页。

族,因避祸而迁于鲁国。他的父亲叔梁纥在他三岁的时候就去世了,年幼的他跟随母亲生活。虽然家庭贫困,但他非常刻苦自励、勤奋好学,再加上受鲁国厚重的礼乐文化熏染,经过长期孜孜不倦的努力,孔子掌握了传统的礼、乐、射、御、书、数等六艺知识。

　　20多岁的时候,孔子想走仕途参政的道路。他对天下大事非常关注,经常思考一些治理国家的问题,也时常发表一些自己的见解。30岁时,齐景公出访鲁国,还曾召见了已小有名气的孔子,并与他探讨了秦穆公称霸的问题。但在"陪臣执国政"的鲁国,政权实际掌握在大夫等家臣手中,孔子仕途一直不顺。51岁时,孔子被任命为中都宰,这是掌管中都地方刑事的一个小官。孔子治理中都,颇有政绩,旋升司寇,再迁大司寇,相当于司法部部长一职。数月后,因与当政者政见不合,郁郁不得志而被迫离开鲁国,周游列国,去宣传自己的政治主张。在周游列国的路上,他历时14年,前后游历10余个国家,来推行自己的"仁德"政治之理想,但均未成功。在周游列国的路上,他曾闻韶三月而不知肉味,也曾问道于老子,更领略了那种登泰山而小天下的壮观景象,在感受自然之魅的同时,更感受到那种胸怀天下的壮志情怀。

明·孔子师襄图（曲阜文管会藏）

　　68岁回到鲁国后,孔子继续办私学,传授《诗》《书》《礼》《乐》《春秋》等古代文化典籍。在从事教学活动的同时,他还对以前的文献资料进行系统总结。面对着时代变革、动荡不安的社会形势,他对一系列伦理道德和社会政治问题提出自己的见解和主张,试图建立一个理想的社会,但未能实现。公元前479年,孔子73岁,大病而卒。

　　孔子生活的时代,正是"礼崩乐坏"的社会转型时代,伦理、价值观都在发生着翻天覆地的重大变化。以孔子为代表的儒家学派,面对这样的政治形势,精心设计出了一个社会革新蓝图,试图恢复传统的周礼。他说:"周兼于二代,郁郁乎文哉,吾从周。"① 孔子希望统治者施行仁政,讲求仁、义、礼、智、信,讲求温、良、恭、俭、让,这显然与动荡变革的潮流格格不入。孔子在冷遇、困厄中坚守、宣传着自己的理想与主张。他还对伦理关系、个人修养等做了深入思考。经过时代的沉淀,孔子不仅成为儒家学派的代表,更成为中华文化的重要代表。孔子思想学说的精华,就集中保存在《论语》一书中。

《论语》记录了孔子及其弟子言行,由孔子的弟子及其再传弟子编撰而成,以语录体和对话文体为主,共二十篇,核心是"仁"和"礼"。《论语》集中体现了孔子的政治主张、教育原则、伦理思想、道德观念等。

在政治方面,孔子的设想是"为国以礼""为政以德"。孔子认为挽救社会混乱无秩序的根本途径是"克己复礼",实行"君君,臣臣,父父,子子"的"正名",用礼来创建并维护统治秩序,使阶级关系达到一种从上而下的和谐。"为政以德"则是把道德提到决定政治的高度,把道德准则作为处理政务的指导方针,实行德治。孔子认为礼德之治要比刑政之治有效,因为德治能触及人们的灵魂。实行德治,首先要求统治者提高自身的道德修养,先"修己"而后"安人"。把平民尤其是奴隶也当人看待,轻徭薄赋宽刑。他说:"为政以德,譬如北辰,居其所,而众星拱之。"②也就是说,统治者用德的方式治理国家,就好比北极星处在它所处的位置,而周围群星拥戴环绕一样。

在教育学习方面,多年的聚徒讲学,孔子积累了丰富的教育经验。他主张教育不分贵贱,学习都是平等的,也就是"有教无类"。这就打破了教育的等级界限,扩大了教育范围,使教育扩大到了更多的平民百姓身上。孔子主张对不同才智的人,采取不同的教育方法,也就是"因材施教"。他说:"中人以上,可以语上也;中人以下,不可以语上也。"③孔子重视诱导式的启发教育方式,不要求死读书,而贵在举一反三、触类旁通,也就是"告诸往而知来者"。他特别强调不到想不通的时候,不去启发他,不到他想讲而讲不明白时,不去开导他,也就是"不愤不启,不悱不发,举一隅不以三隅反,则不复也"。④ 孔子长期从事教育工作,教授的主要内容是六艺,孔子说:"不学《诗》,无以言"⑤,"诵《诗》三百,授之以政"⑥,"《诗》三百,一言以蔽之,曰'思无邪'"⑦,又说:"夏礼,吾能言之,杞不足征也;殷礼,吾能言之,宋不足征也。文献不足故也。足,则吾能征之矣"⑧,"殷因于夏礼,所损益,可知也;周因于殷礼,所损益,可知也。"⑨这说明,孔

---

① 《论语·八佾》。
② 《论语·为政》。
③ 《论语·雍也》。
④ 《论语·述而》。
⑤ 《论语·季氏》。
⑥ 《论语·子路》。
⑦ 《论语·为政》。
⑧ 《论语·八佾》。
⑨ 《论语·为政》。

子在重视教育内容的同时,他还重视对教育内容的总结与研究。

作为学生,则要积极地去学习各种知识。他说:"知之者不如好之者,好之者不如乐之者。"①孔子非常喜欢颜渊积极乐观的学习精神,曾赞赏他说:"一箪食,一瓢饮,在陋巷,人不堪其忧,回也不改其乐。"②要有踏踏实实的学习精神,要虚心向他人请教,做到不耻下问,就要"三人行,必有我师焉。择其善者而从之,其不善者而改之"③。要把学习和思考结合起来,他说:"学而不思则罔,思而不学则殆。"还要"学以致用",孔子说:"诵《诗》三百,授之以政,不达;使于四方,不能专对;虽多,亦奚以为?"④子夏更是明确地说当官时有余力就应该学习,学习后有余力就可以做官,也就是"仕而优则学,学而优则仕"。

在修养方面:孔子要求人们做正直的人,只有正直才能光明磊落。他说:"人之生也直,罔之生也幸而免。"⑤要做有仁德的人。孔子说:"弟子入则孝,出则弟,谨而信,泛爱众,而亲仁。行有余力,则以学文。"⑥又曰:"人而不仁,如礼何? 人而不仁,如乐何?"⑦他还举例说明仁德的重要性,"齐景公有马千驷,死之日,民无德而称焉。伯夷、叔齐饿死于首阳之下,民到于今称之"。⑧ 颜渊曾经向孔子请教怎么才能做到仁呢? 孔子告诉他必须要克制自己,控制自己的言行,也就是"克己复礼为仁。一日克己复礼,天下归仁焉"。⑨ 仁德的外在标准,是"刚、毅、木、讷近仁"。孔子说能实现"恭、宽、信、敏、惠",就可算是仁了。追求仁德的方法,就是"博学于文,约之以礼,亦可以弗畔矣夫!"⑩孔子还非常注重从自身出发修养品德的重要性。孔子说:"富与贵,是人之所欲也,不以其道得之,不处也。贫与贱,是人之所恶也,不以其道得之,不去也。君子去仁,恶乎成名? 君子无终食之间违仁,造次必于是,颠沛必于是。"⑪曾子也提出:"吾日三省吾身:为人谋而不忠乎? 与朋友交而不信乎? 传不习乎?"

为了实现"仁"的理想,孔子还提出了以"中庸"为核心的方法论。所谓中庸,是指观察和处理问题的方法和原则,包括"执中"和"用中"两个环节。实际上,"中庸"作为一种理论原则,强调的是在对问题的观察上,要把握度量界限。

《论语》虽然篇幅不大,但该书却蕴涵了孔子丰富的政治、教育、哲学思想,表现了深刻的人生态度。《论语》不仅在我国文化思想史上留下了极为广泛和深刻的影响,就是在今天,也仍然引起中国和世界文化界的广泛重视和潜心研究。

相传孔门弟子多达 3000 人,精通六艺的著名弟子有 72 人。这其中,以子贡、子

---

①②⑤⑩　　《论语·雍也》。
③　《论语·述而》。
④　《论语·子路》。
⑥　《论语·学而》。
⑦　《论语·八佾》。
⑧　《论语·季氏》。
⑨　《论语·颜渊》。
⑪　《论语·里仁》。

张、曾参、子夏等尤为出众。

子贡(前520—前446),复姓端木,字子贡,春秋末年卫国人。他长于言辞,善于雄辩,办事通达,曾代表鲁国出使齐国、吴国、晋国等地,"所至,国君无不分庭与之抗礼"[①]。他还善于货殖,为孔门弟子中首富。《论语》中对其言行记录较多,《史记》对其评价颇高。

曾参(前505—前435),字子舆,世称曾子,有宗圣之称。他积极推行儒家主张,传播儒家思想,曾提出"吾日三省吾身"的修养方法,其修齐治平的政治观,省身、慎独的修养观,以孝为本的孝道观影响中国两千多年,至今仍具有极其宝贵的社会意义和实用价值。他编《论语》、著《大学》、写《孝经》、著《曾子十篇》。

曾子

(http://tupian.baike.com/a3_74_84_013000003213921234848456393517_jpg.html)

子夏(前507—前?),晋国人,性格勇武,为人"好与贤己者处",以"文学"著称。孔子逝世后,他到魏国西河进学,主张国君要学习《春秋》,吸取教训,以防止臣下篡权。提出过"仕而优则学,学而优则仕"的思想,还主张做官要先取信于民,然后才能使其效劳。李悝、吴起都是他的弟子,魏文侯也尊他为师。

第二节 孟子与儒学

在儒家学派的发展中,孔孟总是形影相随,既有大成至圣又有亚圣,既有《论语》,

---

① 《史记·货殖列传》。

又有《孟子》。孔子曰"成仁",孟子曰"取义",他们的宗旨也始终相配合。

孟子(约前372—前289),名轲,字子舆,战国中期邹国人,著名的思想家、政治家、教育家,战国时期儒家代表人物之一。孟子以孔子思想继承者自居,将孔子"仁"的思想发展成为"仁政"思想,其学说出发点为性善论,提出仁政、王道的学说,主张德治,与孔子被后人并称为"孔孟"。

孟子

(http://blog.sina.com.cn/s/blog_471bbc890102dxyi.html)

相传孟子是鲁国贵族孟孙氏的后裔,他幼年丧父,家庭贫寒,靠母亲的辛勤劳动维持生计,还留下了"孟母三迁"的佳话。少年时期曾受业于子思的弟子,学成以后,聚徒讲学,还曾效仿孔子周游列国,到过魏国、齐国、宋国、滕国等国,游说诸侯,试图推行自己的政治主张,但均未得到采纳。离开滕国后,他返回自己的老家邹国,以孔子为榜样,继续从事教育活动,并与他的弟子把自己的言论编著成《孟子》一书。

孟子继承和发展了孔子"仁"的理想,他说:"乃所愿,则学孔子也。"[①]面对战国中期封建制度刚刚确立还不完善的实际情况,他提出了一整套试图解决社会矛盾的"仁政"理论。他上承周公"敬德保民"的思想,提出了"民为贵,社稷次之,君为轻,是故得乎丘民而为天子"[②]的重民观念,指出民心向背是得失天下的关键所在。他说:"桀纣之失天下也,失其民也。失其民者,失其心也。得天下有道,得其民,斯得天下矣。得其民有道,得其心,斯得民矣。"[③]在重民思想的同时,孟子又严格区分了统治者与被统

---

① 《孟子·公孙丑上》。

② 《孟子·尽心下》。

③ 《孟子·离娄上》。

治者的阶级地位,提出"劳心者治人,劳力者治于人"的观点。

孟子在孔子"性相近也,习相远也"的人性问题上,第一个提出了性善论,并把道德规范概括为仁、义、礼、智,他说:"恻隐之心,人皆有之;羞恶之心,人皆有之;恭敬之心,人皆有之;是非之心,人皆有之。恻隐之心,仁也;羞恶之心,义也;恭敬之心,礼也;是非之心,智也。仁义礼智,非有外铄我也,我固有之也,恻隐之心,弗思而已。故曰:'求者得之,舍者失之。'"①说明人性的善良是与生俱来、先天具备的,后天的学习只不过是使这种先天固有的道德更加充实和完善。孟子认为,仁、义、礼、智四者之中,仁、义最为重要。仁、义的基础是孝、悌,而孝、悌是处理父子和兄弟血缘关系的基本道德规范。他还把人伦关系概括为"父子有亲,君臣有义,夫妇有别,长幼有序,朋友有信"这五种。号召父子之间以亲爱的感情为基础,君臣以相敬的礼义为基本,夫妻之间应该相敬如宾,长幼要有大小的次序,朋友之间的关系,以信义为基本。他在承认社会成员有分工的不同和阶级差别的基础上,指出他们人性的统一性。他说:"故凡同类者,举相似也,何独至于人而疑之? 圣人与我同类者。"②在这里,孟子把这个社会的统治者和被统治者视为平等地位,探讨他们所具有的普遍的人性。这种探讨适应于当时社会变革的历史潮流,标志着人类认识的深化,对伦理思想的发展是一个巨大的推进。

孟子哲学思想的最高范畴是天。孟子上承孔子、子思的天命思想,肯定天是自然界和人类社会的主宰,认为天生万民,并为之立君进行统治,立师进行教化。在重视天命的同时,孟子非常重视人自身的努力,他说:"天将降大任于斯人也,必先苦其心志,劳其筋骨,饿其体肤,空乏其身,行拂乱其所为,所以动心忍性,曾益其所不能。"③

孟子把天作为最高主宰,当作客观存在的精神本体,或者又称为"诚"。他说:"诚者,天之道也。"④"诚"体现在人身上就是性,而这个性又存在于人的心中,所以尽心也就是知性,知性也就是知天,因为"诚""性""心"就包含了整个宇宙的全部真理,这样在认识自我的同时,也就认识了整个世界,实现天人合一的哲学统一,这又是唯心主义范畴。

孟子的一生,是自强不息勇于进取的一生,他那种关怀国家民族民运的责任感,那种"富贵不能淫,贫贱不能移,威武不能屈"的大丈夫气势,激励了一代又一代的仁人志士安身立命,修身齐家治国平天下。而孟子的"民为贵,社稷次之,君为轻"的民本思想对我们树立和落实以人为本的科学发展观又极富有启迪。孟子是从孔子到董仲舒的桥梁,他为董仲舒的儒学、韩愈的道学、特别是宋明理学的形成提供了重要的思想来源。

---

① ② 《孟子·告子上》。

③ 《孟子·告子下》。

④ 《孟子·离娄上》。

第三节 经学大师郑玄

"罢黜百家,独尊儒术"之后,儒学被经学化和神圣化。为了激励士人研习儒学,汉武帝还推行以经学选官的用人制度,使得天下学士争相习经、传经、注经和解经。始皇焚书坑儒,经学文字一度由老儒口耳相授,由弟子用当时流行的隶书抄写、整理而成,这部分经典被称为"今文经"。汉惠帝废除"挟书律",文景之后,陆续有不少先秦的古旧书籍被发现。这部分经书由大篆书写而成,在篇章内容上也与现在流行的经书不同,被称为"古文经"。"今文经"与"古文经"除了书写字体的差别,在学术取向、尊崇的对象、学风上都有着较大差异。今文经主张合时宜,尊孔子,注重经学的微言大义,学风也较活泼;而古文经则主张复古,崇奉周公,注重典章考据,学风较朴实。西汉中后期,今文经独霸官学地位。西汉末年,古文经开始传播开来。两经之间,相互仇雠,一直争论不休。东汉时期,今文经学与古文经学的竞争愈演愈烈。

郑玄,学无常师,既师于今文经学家,又师于古文经学家。他在遍注群经的基础上,以古文经学为主,兼采今文经学之长,融为一体,从而形成一种新的经学——郑学。这就破除了今、古文经学的藩篱,开创了经学的一统时代。

郑玄(127—200),字康成,北海高密(今高密)人。少时家贫,但他自幼天资聪慧,勤奋好学。13岁左右的时候,郑玄已经能诵读和讲述《诗》《书》《礼》《易》《春秋》儒门"五经"了。16岁已是博学多识,被乡里目为神通。20岁时,由于家贫,他不得不放下书本,进入乡里担任乡啬夫之职,负责诉讼和税收等事。工作之外,他利用一切可能的机会勤奋学习,不断夯实自己的经学功底。21岁时,得到泰山太守、北海相杜密的赏识,得调到郡里担任闲职。这样,郑玄在保证生计的同时,更可以全心研读经书。接着,郑玄又获得了进入京城洛阳太学的机会。当时,太学是汉代的最高教育机构,那里聚集了很多学有专长的先生和同学。郑玄初随第五元接受当时作为官学的今文经学的教育,后又随兼治今古文经的张恭祖学习,这为郑玄日后综合今、古文经学奠定了坚实基础。33岁时,郑玄西入关中,投拜在当时名动天下的经学大师马融门下。马融是东汉名将马援的重孙,学识渊博,曾遍注儒家经典,尤擅长古文经学。时马融年迈,弟子众多,郑玄只能受业于其门下高足。即便如此,郑玄依旧研读经学不辍。直到3年后的一天,马融召集门下高足考论图谶,涉及浑天仪方面复杂的历算问题,大家都无法解答。这时,有人向马融推荐了郑玄。郑玄果然不负众望,由此得到马融的垂青,从此有机会当面向马融求教学习古文经学的精粹。

又4年之后,当郑玄向马融辞行归家时,88岁高龄的马融坚持亲自带领众弟子为郑玄送行。望着他东去的身影,马融感叹道:"郑生今去,吾道东矣!"他已预感到郑玄会超过自己。归家不久,时逢"党锢之祸",尽管郑玄没有参与官僚和太学生反对宦官的斗争,但郑玄还是失去了走仕途之路参政的机会。他索性闭门潜心于读书,集中全部精力来进行遍注群经的工作。59 岁时,郑玄方被解除禁锢。此后,他先后 14 次被征召提拔,但全部推辞不受。他将毕生精力用在经学研究上,聚徒讲学、著书立说成为郑玄生活的全部内容。建安五年(200),郑玄以 74 岁高龄辞世。

郑玄像
(http://baike.baidu.com/view/34623.htm)

郑玄的成就,突出地表现在他对群经的注释上。根据《后汉书·郑玄传》记载,他注释的儒家重要典籍有《周易》《尚书》《毛诗》《仪礼》《礼记》《论语》等多种。按照清代学者郑珍的考证统计,郑玄一生的著述共约有 60 种之多,超过百万字。"五经"之中,郑玄用力最深、影响最大的是对《周礼》《仪礼》《礼记》这"三礼"的注释。汉初,"三礼"靠的是口耳相授,师徒相传,并没有确定的注解。到马融时,方才为《仪礼》的"丧服"篇作注。郑玄不满于这种状况,为了打通"三礼",他分别为《周礼》《仪礼》《礼记》作注,并依据自己的泛观博览,为"三礼"补充了许多材料,大大丰富了"三礼"的文献内容。"三礼"集中保存了中国古代的典章制度,价值巨大。由于时代久远,原文中的很多记载难以看懂,郑玄的注释极大地方便了后人对经文的理解。至于注释的目的,郑玄曾解释为"述先圣之玄意,思整百家之不齐",也就是阐述儒家先圣的思想精华,以图改变今、古文经学的僵持对立。

今、古文经学的过分对立对于经学乃至社会的发展都造成了很大伤害,郑玄能够博学多师、兼收并蓄,在遍注群经、著书立说的过程中,打破了今、古文经学的藩篱,使二者糅合为一,结束了 300 年的今、古文经学之争,为传统文化的传播立下了不可磨灭的功勋,世世代代受到人们的敬仰。从唐代起,郑玄所注的《诗》和"三礼"即被视为儒家经典的标准注本,收入"九经"。宋代编"十三经注疏",又把郑玄的《诗》和"三礼"的注本列入,并长期作为官方教材。

第四节　泰山学派与东平学派

北宋时期,理学产生,理学以义理之学取代了汉唐的章句注疏之学,在这场中国思想文化的巨大变革中,山东学者戚同文、石介等人充当了领军的先锋。北宋景祐二年(1035),石介在京东路奉符(今山东泰安市)创建泰山书院,并请孙复主持书院教学,由此形成了由书院主持和受业门人及支持赞助者组成的学术团体,就被称为泰山学派。泰山学派以其鲜明的时代特征对宋代理学的形成起了开山作用。而金代时山东政治动荡不安,汉地世侯严实驻军山东,大力兴办东平府学,搜寻宋子贞、元好问等贤才担任府学主管和教授,并发展成东平学派,培养了一批优秀人才。东平学派对元朝政治、文化等都产生了深远影响。

一、泰山学派

泰山学派的主要人物是孙复、石介、胡瑗等人,虽然孙复与胡瑗不是山东籍儒生,但却与泰山书院有着十分密切的关系,他们三人一起被人称作"宋初三先生"。

泰山书院

(http://wenshi. dzwww. com/zixunkongjian/wenhua/201211/t20121101_7630689. html)

孙复(992—1057),字明复,晋州(今山西临汾)平阴人,科考不举,被石介聘为泰山书院主持,后为范仲淹等人推崇,任职于中央和地方。他尊崇董仲舒,在讲学和著述中非常重视道统,提出"文者,道之用也;道者,教之本也"①,而且非常强调封建等级秩序的神圣不可侵犯。他有《春秋尊王发微》一书,是当时研究《春秋》学的名著。

孙复像

(http://baike.baidu.com/view/213432.htm)

石介(1005—1045),字守道、公操,兖州奉符(今泰安市)人,人称徂徕先生。天圣八年(1030)进士,曾任秘书省校书郎、国子监直讲等职,是泰山书院的创建者和组织者。石介言必称"道统",非常推崇最早推出道统说的韩愈。为了维系和强化封建统治,他还竭力将君统与道统结合起来,指出:"自夫伏羲、神农、黄帝、尧、舜、禹、汤、文、武、周公、孔子以至于今,天下一君也,中国一教,无他道也。"②石介认为,"道"是天地万物的根本,是"万世不改"的永恒真理,封建的纲常伦理乃是"道"的表现,是不可改变的。

胡瑗(993—1059),字翼之,泰州如皋(今江苏)人,原为一介贫士,后投泰山书院攻读,10年不归,其间"食不甘味,宿不安枕",潜心研习圣贤经典。每当得到家书,只要见有"平安"二字,就投入山涧不再展读,唯恐读书的心志受到干扰。后一直从事教育,曾任湖州教授等职,官至太子中允,主持太学,为当时有名的经学和教育家。他创立了"经义"和"治事"的分科教学法,使广大知识分子改变了隋唐以来士大夫晋升靠文辞、重辞赋的学风,将学问的重心移向义理的探索和政治社会问题的研究。

泰山学派推崇学术和人格上的独立精神。他们不盲从经典,也不迷信权威,在研读经书时,抛开前人学说,自寻义理,推出独到的见解。他们不畏权势,敢于坚持自己

---

① 孙复:《睢阳子集补》。

② 石介:《徂徕石先生文集》卷十三,《上刘工部书》。

的立场和观点。景祐二年(1035)，石介刚被任命为御史台主簿，还未就任，就上疏论宋仁宗赦五代及诸国之后不当，结果被免职，其人格精神受到当时很多人的赞扬。泰山学派发扬传统儒学的入仕精神，积极关心国家民族命运。他们议论政治，痛斥贪官污吏。如石介面对唐朝女后、宦官、奸臣党政的危害写下了《唐鉴》，提醒当政者诫勉。他们还积极支持范仲淹、韩琦、富弼等人的政治革新运动"庆历新政"。

泰山学派推崇孟子。孟子在宋以前的地位并不高，在人们心目中孟子只是一般的儒者，并不能与孔子并提，更没有"孔孟之道"的提法，《孟子》一书也始终处在"子"部，而未列入经部。唐朝时候，韩愈与皮日休曾极力推高孟子的地位，但并未得到统治者的认可。在孟子地位的提升过程中，泰山学派发挥了巨大作用。最先为孟子鼓吹的是山东博平儒生孙奭，其后又有范仲淹、欧阳修等人。不过，起最大作用的还是泰山学派的核心人物孙复和石介。

孙复在《春秋尊王发微》中，把孟子看作"道统"链条中继孔子之后的首要环节。他说："孔子既没，千古之下，攘邪怪之说，夷奇险之行，夹辅我圣人之道者多矣。而孟子为之首，故其功钜。"[1]石介倡导"道统"，把孟子看作自孔子之后"道"的承继者。他认为，尧、舜、禹、汤、文王、周公、孔子之道，是一个有机的整体，孟子是孔子之后唯一继承"道统"的人。由于石介在当时政界和学术界强大的影响力，以其为核心的泰山学派的尊孟言行直接影响到当时的学术取向和社会风尚。

在泰山学派的努力推动下，孟子的地位得到愈来愈多学者的认可，孟子的地位也越来越高。宋神宗时期，理学繁荣，学统四起，学派纷呈，洛学、关学、新学等各派都尊崇孟子，洛学的二程指出："孟子有功于道，为万世之师。"[2]宣和年间，《孟子》被正式列为十三经。南宋时，著名理学家朱熹将《论语》《孟子》与《礼记》中的《大学》《中庸》合编为《四书》，此后成为科举考试的重点科目。自此，孟子也得以与孔子相提并论，人们遂把孟子的学说与孔子的思想合称为"孔孟之道"。

泰山学派捍卫儒学的正统地位，还以卫道士的身份积极批判佛教和道教。佛教自东汉末年传入中国后，在魏晋南北朝和隋唐时期获得了极大发展，寺院林立，僧侣数以万计，严重冲击了儒学的地位，也冲击了封建的纲常秩序，因此发生多次灭佛事件。道家是中国土生土长的宗教，在魏晋以后吸收了佛教的某些元素以后，势力也不断膨胀，儒、佛、道冲突不断。在批判佛、道的思想斗争中，泰山学派又充当了先行者的角色。

泰山先生孙复面对佛、道盛行的社会现实，极力倡导"道统"，奋起而作《儒辱》，号召人们对佛、道鸣鼓而攻之，在当时产生了很大的影响。石介在排佛、道方面更为积极和激进，他著《怪说》《中国论》《辨惑》《读原道》《尊韩》等文章，猛烈抨击佛、道，捍卫儒学。石介以先王之道与夷夏之辨为旗帜，指出先王之道为"万世常行不可易"[3]的真

---

① 《孙明复小集·兖州邹县建孟庙记》。
② 程颐、程颢：《二程集》，中华书局1978年版，第76页。
③ 石介：《徂徕石先生文集》卷五，《怪说下》。

理,具体表现就是儒家的伦理道德;石介高举夷夏的旗帜作为攻击佛、道的武器,他继承韩愈等人反佛的理论,把佛教称为"夷教",把本土道教称为"胡教",提出佛回胡地,道返胡疆,"各教其教,各礼其礼"①,互不干扰的解决办法。认为只有这样,才能维护圣人之道,实现"中国一教"。

理学是宋元明清时期的哲学思潮,在中国哲学史上占有特别重要的地位。它产生于北宋,是当时社会经济政治发展的理论表现,是古代哲学长期发展的结果,特别是批判佛、道哲学的直接产物。人们在追溯理学思想渊源时,无不肯定孙复、石介、胡瑗"宋初三先生"的开山作用。"宋兴八十年,安定胡先生,泰山孙先生,徂徕石先生始以师道明正学,继而濂、洛兴矣。故本朝理学虽至伊洛而精,实自三先生始,晦庵有'伊川不敢忘三先生'之语。"②肯定孙复、石介、胡瑗的理学开创之功,实际上是肯定了泰山学派在理学形成中的开山作用。

二、东平学派

东平府学,唐时为"成德堂",北宋称郓学,坐落在郓州的天圣仓。北宋王曾还曾赠学田二百顷,以赡生徒;郓学中还有王曾和孙复、石介的祠位。金代泰和以后,府学一度兴盛。随着蒙古军队的南下,府学陷入瘫痪状态。

1213年,蒙古三路大军南攻中原,金代山东的州县几乎被全部攻破。1214年,金统治者被迫把都城从燕京迁到了黄河以南的汴京。从此,黄河以北的统治陷于崩溃状态,各地有势力者纷纷组织武装自保。这些地方势力集团有的归降蒙古,他们被称为汉地世侯。在山东,势力最为强大的汉地世侯是东平严实、益都李全、顺天张柔和真定史天泽。严实(1181—1240),字叔武,金末长清人。他略知诗书,胸有大志,在群众中很有威望。初为金长清尉,后归顺蒙古,驻军东平,掌控着山东、河北、河南交界地区,1235年被任命为东平路行军万户,成为归降蒙古的最大的汉族世侯之一。

严实治理东平,揭开了东平府学兴盛70多年,独领时代风骚的一幕。治国之道,在于人才。严实以兴学为要务,多方搜罗人才,宋子贞、王磐、元好问、徐世隆、康晔、商挺等名儒成为府学的主管或教授,各方学子慕名纷纷前来学习。1240年,严实去世,其子严忠济接替父职治理东平,东平府学的基础已完全打牢,并稳定地发展起来。

宪宗二年(1252),新府学开始兴建。宪宗五年(1255)建成,东平府学进入了鼎盛发展时期。新府学由府参议宋子贞负责。"子贞作新庙学,延前进士康晔、王磐为教官,招致生徒几百人,出粟赡之,俾习经艺。每季程试,必亲临之。齐鲁儒风,为之一变。"③新府学还"首创礼殿,坚整高朗,视夫邦君之居。夫子正南面,垂旒被衮。邹、兖二公及十哲列坐而侍,章施足徵,像设如在。次为贤廊,七十子及二十四大儒绘像具

---

① 石介:《徂徕石先生文集》卷十,《中国论》。
② 黄宗羲:《宋元学案·泰山学案》卷二。
③ 《元史·宋子贞传》。

焉。至于栖书之阁、豆笾之库、堂守斋馆、庖滔庭庑,故事毕举,而崇饰倍之"①。新府学还把曾仕金朝太常卿的第五十一代衍圣公孔元措接到东平,把孔氏族姓的子弟与其他子弟分开,以突出圣裔们在学校的特殊地位,府学的礼乐也相当正规,"故郓学视他郡国为独异"。

东平府学极其重视教育,将学校教育看作"王政之大本"②"有国之先务"③,并指出"王政非教化不立,教化非学校不兴"④。他们认为,学校是培养各类人才的基地,人才的优劣又决定吏治的清明。金、元之际著名文学家,曾任东平府学的教授元好问就说:"治国、治天下者有二,教与刑而已。刑所以禁民,教所以作新民,二者相为用,废一不可。"⑤他还分析了人才培养与吏治的关系,认为学校培养的都是优秀人才,一旦入仕,必然成为廉官贤吏。反之,如果不重视学校教育,从那里走出的人,将会走上贪污腐败的道路。他说:"何谓政? 古者,井天下之田,党庠、遂序、国学之法立于其中,射乡饮酒,春秋合乐,养老劳农,尊贤使能,考艺选贤之政皆在,聚士于其中,以卿大夫尝见于设施而去焉。为之师,教以德以行而尽之以艺。淫言、诐行、诡怪之术,不足以辅世者,无所容也。士生于斯时,揖让、酬酢、升降,出入于礼文之间。学成则为卿、为大夫,以佐王,经邦国;虽未成而不害其能,至焉者,犹为士,犹作室者之养吾栋也。"⑥虽然,他们高估了学校教育的功用,但是重视教育的出发点还是很不错的。在他们的教育下,东平学派培养了李谦、阎复、徐琰、孟琪、张孔孙等一大批优秀的人才。

东平府学的教师和学生以后陆续出仕,成为元朝中央和各级地方政府的重要官员。至元二十年(1283),胡祗遹在《泗水县重建庙学记》里说:"今内外要职之人材,半出于东原府学之生徒。"这其中又以宋子贞、李旭、王磐、徐世隆、阎复、孟祺、李谦等为代表。

宋子贞,东平府学的具体负责人,元世祖中统年间,拜右三都尚书,"时新立省部,典章制度,多子贞裁定"⑦。至元初,授翰林学士,参议中书省事,不久拜中书平章政事。李旭,府学教授。至元五年(1268),仕吏礼部尚书。至元八年(1271),授山东东西道提刑按察使。王磐,东平府学教授。曾拜翰林直学士,出为真定、顺德等路宣慰使,复入翰林为学士,又迁太常少卿。徐世隆,府学教授。至元元年(1264),迁翰林侍讲学士、兼太常卿,后又任户部侍郎、吏部尚书、山东和淮东提刑按察使等职。阎复,曾为翰林直学士,后为侍讲学士、翰林学士。孟祺,府学学生。历任国史院编修官、应奉翰林文字、太常博士、少中大夫、嘉兴路总管。至元十八年(1281),擢太中大夫、浙东海右道提刑按察使。李谦,东平府教授。历仕应奉翰林文字、直学士。至元三十一年(1294),

①　元好问:《东平府新学记》,《遗山先生文集》卷三一。

②　元好问:《令旨重修真定庙学记》,《遗山先生文集》卷三二,四部丛刊本。

③　王磐:《重修赞皇县学记》,《全元文》卷六一。

④　张孔孙:《修庙学记》,《全元文》卷二八四。

⑤⑥　元好问:《东平府新学记》,《遗山先生文集》卷三二,四部丛刊本。

⑦　《元史·宋子贞传》卷一五九。

成宗即位,为翰林学士。仁宗即位,皇庆元年(1312),迁集贤大学士、荣禄大夫。这些人或长或短都曾供于翰林院,翰林院主要负责诏旨、制诰、典章,他们给元朝的政治和文化打上了东平府学的印记。

东平府学的发展,与当时的汉族世侯密切相关。汉族世侯是宋、金、元之际特殊历史条件下的产物。元朝统治趋于稳定的时候,世侯制度也就走向式微并最后消失了。中统三年(1262),益都李全在海州发动叛乱,被忽必烈迅速平定。借此机会,忽必烈推行军民分治,迫使山东世侯史天泽及东平严忠范陆续交出兵权。以"山东居天下腹心,则以蒙古、探马赤军列大府以屯之"①为由,将山东纳入中书省管辖;同时,更加注意意识形态方面的控制,开始尊孔崇儒,各地建立庙学。这样,东平府学和东平学派也就逐渐声光消歇了。

第五节　乾嘉学派的山东学者

乾嘉学派是清代乾隆、嘉庆时期思想学术领域逐渐发展成熟的以考据为主要治学方式的学术流派。它的出现与雍正、乾隆时期统治阶级大兴"文字狱",文人学士为躲避杀身灭族的惨祸,只能把时间和精力用在古代典籍的整理和考据上有关。乾嘉学派与着重于理气心性抽象议论的宋明理学不同,他们采用汉代儒生训诂、考订的治学方法,重证据罗列而少理论发挥,文风朴实简洁,故又有"考据学"之称。在此学风影响下,山东出现了一批著名学者,他们以经学为中坚,以小学为门径,专注于名物的考究与训诂,在经学与"小学"等汉学领域取得了显著成就。其中,桂馥、孔广森、郝懿行、牟庭与王筠是这个群体中的代表者。

一、桂馥

桂馥(1736—1805),字冬卉,号未谷。祖籍江西,明代初年因祖上充任"衍圣公府"属官,迁居曲阜成为世籍。著名的文字训诂学家、书法家。他"童幼失学",约15岁方从师入学,54岁中举,翌年成进士,但官运塞滞,至61岁才补任云南永平县知县。

桂馥初博览群书,所治甚广,后受周永年、戴震等影响,而专攻经传注疏,历四十年著成《说文解字义正》50卷。《说文解字》是东汉许慎所著的我国最早的一部先秦文字学的经典之作,自成书之日起,就被古文经家视为研读先秦典籍的工具书。桂馥研究《说文解字》,他自己解释说:"士不通经,不足致用,而训诂不明,不足以通经"②,也就是想通过对《说文解字》训诂而达到"通经"的目的。这是我国研究经传、文字的又一宝贵资料,它也奠定了桂馥的北方文字学旗手的位置。

---

① 《元史·兵志》。
② 《清史稿·桂馥传》,卷四八一。

桂馥除《说文解字义正》研究外,在金石文字、摹印、书画领域也取得了很高的成就。他能诗善画,尤工八分,书法海内驰名,曲阜城内有"无桂莫称世家"之说。桂馥好酒,他在《秋鹤席上醉歌》中曾说:"吴君煮酒酒不群,要余饮酒书八分,墨磨一斗纸丈二,弱毫不醉难策勋,……兴酣落笔无束缚,墨沈不顾霑裳裙,横卷直幅尽挥洒,苦无余纸书嘉文。旁观畅意呼大好,一赞亦是张吾军。乃知工拙在笔势,较量肥瘦徒纷纭。吴君,吴君,但愿日日饮酒书八分,富贵于我如浮云。"显示了他放荡不羁的文人性格。

桂馥多才多艺,一生著作较多,尚有《缪篆分韵》《札朴》《晚学集》等等。

二、孔广森与郝懿行

孔广森(1752—1787),字众仲,曲阜人。孔广森祖父为孔子第六十八代孙衍圣公孔传铎,父为户部主事孔继汾,家学渊源非常好。乾隆三十六年(1771),19岁的他就高中进士,可谓少年得志。但孔广森却性惯淡泊,专心著述,不与官场同流合污。

孔广森聪颖特达,曾受业于朴学大师戴震和桐城派创始人姚鼐门下,经、史、小学等无不贯通。孔广森长于礼学和《春秋》,尤其专于《春秋公羊传》,有著作《春秋公羊经传通义》十一卷、《序》一卷。此外孔广森的著作还有《大戴礼记补注》《诗声类》《礼学卮言》《经学卮言》《少广正负术内外篇》等。

孔广森的骈体文写得十分出色,兼有汉、魏、六朝、初唐之胜,江都人汪中读了他的骈体之后拍手称赞。然而孔广森从不自满。姚鼐曾说过,孔广森将以孔子后裔的身份传孔子的学说。只可惜孔广森奔走家难,劳思天年,没有充分实现他的抱负。在他父亲去世后,他竟因悲伤过度而去世,时年才35岁。

郝懿行(1755—1823),字恂九,号兰皋,山东栖霞人。嘉庆四年(1790)进士,授户部主事,嘉庆二十五年补江南司主事。为人廉正自守,不善言辞,非素知老友,常相对终日不发一语;若遇同好,谈经论义,则终日不倦。住宅简陋,生活俭朴,穷毕生精力研习经学,在经学、史学、训诂、辑佚等领域取得了丰硕成果。

郝懿行涉猎经学甚广,尤其精于《春秋》。所著《春秋说略》,将历代学者对《春秋》一书的分歧意见详加评析,逐一澄清,是汉学研究的力作。郝懿行长于名物训诂,作《山海经笺疏》,参稽群籍,考释名物,精审辩证,刊正旧说中的疏漏,征引广博,成为研读《山海经》的学者不能跳过去的一部书。阮元赞扬此书为"精而不凿,博而不滥"[①]。郝懿行学术最高水平的代表作是《尔雅义疏》,他穷十余年之功,数易其稿,反复订正,成为一部训诂学专著。此书可与邵晋涵的《尔雅正义》不相伯仲,极具学术价值和使用价值。

郝懿行的成就不仅仅限于经学,他还在自然科学方面取得了一定成绩,有《宝训》《蜂衙小记》《燕子春秋》《记海错》等著作。其中《宝训》是记载和探究种田学问的一部农书,郝懿行著此书,意在提醒清政府重视农业,规劝那些认为"农非吾事"的人。老乡

---

① 《清史列传·郝懿行传》。

兼好友牟庭曾为此书作序,并给予很高评价。

三、牟庭与王筠

牟庭(1754—1832),原名廷相,字陌人,栖霞人。少聪颖,山东学使赵鹿泉曾称之为"山左第一秀才",但仕途不遂,曾任观城训导,后以病辞官。

牟庭博通群经,精于考据,兼通算学和尚书,对古诗文音韵亦有研究。凡读书,他每每"随文订正"而"校雠精审"。久而久之,便有了较正诸经的五十余部著作。代表作主要有《同文尚书》和《诗切》两部。他花四十年的心血著《同文尚书》。王献唐曾说他"以文风辨真伪"的独特方法,解决了《尚书》学上今古两派相争不下的成案,开创了属于牟氏一家的《尚书》学。《诗切》则从语言、文字、语法、词汇、地理、历史、制度、文物等八个方面,对《诗经》里的三百首古诗逐一进行剖析,指出:"毛诗有七害五遇","七害不除,诗不可得而治也"。他治学严谨,不被多数士人理解,但很受山东学政、后来官至尚书的阮元的赏识,阮元曾特为牟庭书斋题写"横经精舍"四个字。

王筠(1784—1854),字贯山,安邱(今菏泽市东南)人。清代山东著名文字学家。自幼勤奋好学,道光元年(1821)考中举人,曾任乡宁、徐沟、曲沃等地知县。

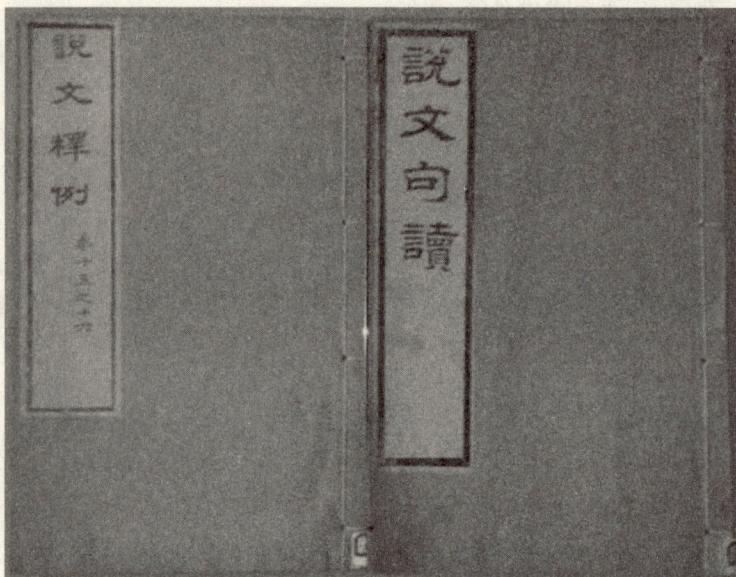

王筠所作《说文释例》和《说文句读》
(http://www.aqdaw.com/article/showarticle.asp? articleid=354)

王筠是一个知识渊博的学者,他博通经史,于文字学造诣独高。他穷三十年之功,研究《说文解字》,并著《说文句读》三十卷、《说文释例》二十卷、《说文补正》二十卷、《句读补正》三十卷、《说文系传校录》三十卷等书。王筠认为:"文字之奥,无过形、音、义三端。古人之造字也,正名百物,以义为本,而音从之,于是乎有形。后人之识字也,由形以求其音,由音以考其义,而文字之说备。六书以指事、象征为首,而文字之枢机,即在乎此。其字之为事而作者,即据字以审事,勿由字以生事;其字之为物而作者,即据物以察字,勿泥字以造物。"王筠一生致力于研究文字学,为后世留下了许多宝贵的文字学研究著作。他与段玉裁、桂馥和朱骏声一起,被后世称为"说文四大家"。

第六节　清代山东金石学家

金石,主要是指古代的钟鼎、兵器、衡器、符玺、钱币、镜鉴等青铜物器和历代碑碣、墓志、造像、经幢、柱础、石阙等石刻器物。金石学就是研究、考证历代金石的名称、形制、沿革的一种学问,形成于北宋,至清代才正式有"金石之学"的名称,以证史、补史为目的。清代是金石学发展的鼎盛时期,这时期,山东出现了许多金石大家,他们精于鉴别,详于考订,而且开了数个研究领域之先河。

一、吴式芬

吴式芬(1796—1856 年),字子苾,号诵孙,海丰(今无棣)人。人生坎坷,父母早亡,由祖父母照顾长大。27 岁始考取举人,40 岁中进士,官至内阁学士。前后为官 20 余载,宦迹大河上下、长江南北,始终以带病之身不辞劳苦、不计荣辱地为国分忧、为民解难。

吴式芬是海丰吴氏"尚书第"十七世传人,"幼即酷好金石文字"。他平生治训诂之学,精于考订,在金石和考古方面取得了卓越成就。

吴式芬为官期间,每至一地不惜重金搜求金石器物。不可得者,也要精制拓本或摹本收藏。经过多年收集,他藏金石器物和拓本相当可观,仅商周秦汉实物就达 130 多件。同时,他还将自己收藏的和前人著录的金石文《尚书》《史记》《说文解字》等古代典籍相互参证,进行"由此而至彼"的研究,以确定其时代、解释其音义、体例和演变等。自己解释不通的,也不妄加评断,留待后人继续研究。这样积十几年之功,他撰成多部金石学巨著——《捃古录》和《捃古录金文》,以及《金石汇目分编》《钟鼎彝器款识》等。

吴式芬不仅在金石学方面继承和发展了前人成果,而且还开辟了一个新的研究领域,这就是他对封泥的考释和研究。封泥不是印章,而是印章按于泥上作为实物和木制牍函封缄的凭证。两汉魏晋时代,人们以木简刻字记事。遣信使传信时,往往把两片内涵有文字的木简捆成一束,在绳子打结处用胶泥封固,打上官印或私印,这就是封泥。晋以后纸张、绢帛逐渐代替了竹木简书信的来往,改用红色或其他颜色的印色印在书牍上,封泥才淡出使用。

吴式芬是封泥的最早发现者和研究者。他凭借对古代历史和金石文字的深邃造诣,推断长期以来被认为是"印范"的钤有印章的土块,就是秦汉魏晋时期的封泥,因而具有重要的史料价值。他与收藏大家陈介祺合著《封泥考略》,著录并逐枚加以考释两人所藏的 849 枚秦汉官私封泥,这为研究秦汉官制、行政地理及篆刻艺术提供了珍贵的史料。《封泥考略》也是中国研究封泥最早的一部专著,从此,研究封泥开始成为考古研究的一个重要组成部分。

汉玄兔太守虎符(左半部),吴式芬旧藏,现藏山东省博物馆

汉东平陵丞封泥,山东省博物馆藏

二、陈介祺

清代晚期的金石学,在研究范围上已经冲破了单纯收藏、研究钟鼎彝器、碑碣石刻,扩展到兵器、钱币、玺印、封泥、陶文、砖瓦等多个方面。开这一风气之先的当首推山东潍县陈介祺。

陈介祺(1813—1884),字寿卿,号伯潜,又号簠斋,潍县城里(今潍城区)人。父陈官俊,曾任吏部尚书、协办大学士、上书房总师傅等职。陈介祺自幼好学,刻苦勤奋,对经史、义理、训诂、辞章、音韵等均有研究。19 岁即以"诗文名都下",且开始了对金石的收藏。道光二十五年(1845)中进士,授翰林院编修、国史馆协修等。咸丰四年

(1854)，厌倦官场黑暗的他借母丧丁忧，返回潍县故里。

　　回到潍县老家之后，陈介祺更醉心于金石的收藏与研究。他收藏的文物，上至夏代，下至明末，数量之多，为近代之冠。最有名的当数毛公鼎。毛公鼎在清道光二十三年(1843)出土于陕西岐山周原。初为西安古董商人所得，据为奇货，欲沽高价。陈介祺经过数年讨价还价，才购得此鼎。此鼎为西周宣王时之物，通高近 54 厘米，重 34.5公斤，大口圆腹，整个造型浑厚而凝重，饰纹也十分简洁有力、古雅朴素。刻有 32 行，499 个铭文，为当今出土的铭文青铜器中文字最多的一个，是西周青铜器之最，具有相当大的研究价值。陈介祺去世后，毛公鼎散出，多方流落，1948 年后被运往台湾，现为台北故宫博物院的镇院之宝。

　　陈介祺收藏最丰者首推古印玺。从青年时期至晚年，仅三代、秦汉古印一项就有7000 余方。道光三十年(1850)，他还在旧居内筑"万印楼"一幢，来集中收藏、保管这些精美的印玺。陈介祺是我国发现、鉴定、考释陶文的第一人，有"陶文之父"的美誉。陶文是早于金文的一种文字，陈介祺判断陶器文字是古文字中极重要的一种，并因此自号曰"齐东陶父"。他所购置的陶片多出土于齐地，故其还写有"陶文齐鲁四千种，印篆周秦一万方"之联。

　　陈介祺进行文物收藏的同时，还特别注重对金石的研究。他广交刘喜海、何绍基、王懿荣等金石好友，或相聚交流，或书函切磋。他费时十载，在多位金石挚友的协助下，终成巨著《十钟山房印举》一书。这部书分 30 类，194 册，规模之大，前无古人，一时学界轰动。《十钟山房印举》也被称为"印谱之冠，印学之宗"，成为篆刻、金石学家们的必备之书。

　　传拓是我国独有的一种能再现器物上的文字或图形的工艺技法，陈介祺在探究古人传拓术的基础上，对传拓技艺进行了改造与创新，创造出了"画拓"与"形拓"两种具有潍地文化特色的新技法。"画拓"是依照拓片用笔绘成的艺术品，陈介祺经过反复实验，用"细工点笔"取代了"粗工点笔"，在作品接近完成时再以淡色进行烘染，使作品出现"拓晕"的效果，这就实现了"形似"与"神似"的结合。画拓的出现，拓宽了文物拓制范围的限制，由早期的瓦当、石、砖等拓展到了铜镜、古钱币以及其他。陈介祺还结合国画技法，对传统"形拓"术进行改造与创新。在清末民初出版的青铜器学术研究著作中，形拓图配铭文的拓片，终于取代了沿用近千年的博古图和临摹的铭文绘形图文。

　　陈介祺著述甚丰，仅有关金石研究的著述就多达五十余部，其中就包括《十钟山房印举》《周毛公鼎考释》《封泥考略》等。

三、王懿荣

　　甲骨文的发现，是近现代学术史上最为光彩夺目的篇章；而第一个鉴定收藏甲骨文的就是福山(今烟台市)人王懿荣。

　　王懿荣(1845—1900)，字廉生，出身于一个封建士大夫家庭。他聪颖勤奋，涉猎甚广，有过目不忘之美誉。光绪六年(1880)中进士，三任国子监祭酒，掌管全国教育。光

汉六博苑,陈介祺旧藏,现藏山东博物馆

绪二十六年(1900),八国联军入侵时,奉慈禧之命与兵部侍郎李端遇同任京师团练大臣,谋保京城安定。联军攻陷北京时,投井自尽,壮烈殉国。

王懿荣是一位著名的金石学家。受家学影响,他酷爱古代文物,"凡书籍字画、三代以来之铜器印章、泉货残石片瓦无不珍藏而秘玩之"。为搜求文物古籍,有时虽"典衣""倾家"而在所不惜。他还向著名的收藏家、金石学家潘祖荫等人请教,积累了较高的古物鉴赏能力。在中进士以前,王懿荣在鉴别宋元旧椠、考释商周彝器方面已经名满京师。

王懿荣的收藏范围广泛,在金石学方面铸就了广泛的成就。在商周青铜器方面,他收藏有辅伯鼎、匜侯旨鼎、叔向簋等多种珍贵文物。还考证出"手执中阳文觚",铭文"手执中"即"史"字,为商周铜器中常见的族徽。这与考古发现滕州前掌大商代遗址出土的史字族徽青铜器物一致。还考证出自己珍藏的两件商丘叔匜与泰安道朗龙门口水库在器形、铭文均一致,应为同出一地的器物。丘者,墟也。商丘即商墟。商丘叔匜的发现为探寻商纣征夷方途经的"商"地提供了重要线索。王懿荣在陶文、玺印、瓦文、古钱等方面蒐集也用力甚勤。王懿荣用力最勤、成就最大的要数《汉石存目》和《南北朝存石目》。这两部书体例完善、收录详尽、科学准确的存石目录,是石刻目录中的经典之作。

在王懿荣的金石收藏生涯中最为闪光,也是最足以傲视前贤的,当属对甲骨文的鉴定与收藏。

甲骨文出土于河南安阳小屯村殷墟遗址。出土后,一直被当作"龙骨"和刀伤药的药材廉价卖给中药店,一直无人认识到它的真正价值。相传光绪二十五年(1899)秋,王懿荣偶然从药店买回的"龙骨"上发现了文字,凭着他渊博的学识和敏锐的鉴别能力,他判断这是一种还没有被世人识别的商代文字。于是开始了对甲骨文的搜求。时逢国难,王懿荣没来得及对甲骨文进行深入的研究。他收藏的甲骨文,由其弟子刘鹗继承。刘鹗加上自己后来继续收购的甲骨,出版了《铁云藏龟》一书,这是中国第一部甲骨文图录。

后经罗振玉、王国维等人的研究,甲骨文中所见的先王先公与《史记·殷本记》中的殷人先王先公若合符节,证实了王懿荣把甲骨文断为商代是完成正确的。这样就把我国的信史提前了一千多年。甲骨文的发现导致了日后对安阳殷墟的科学发掘和中国现代考古学的诞生。甲骨文发现一百年来,经过中外学者几代人的共同努力,已经发展成为与历史学、考古学、语言文字学和科学技术诸学科密切相关,举世瞩目的"显学"。王懿荣因此被称为"甲骨文之父"。

思考与讨论

1.孔子的儒家思想在我们生活的今天有什么现实意义?

2.如何认识历史上的今古文经之争?

3.参观你身边的博物馆或纪念馆,留意著名思想家或金石学家的遗存或遗物,说说对自己人生目标的意义。

第六章

山东艺术文化

　　齐鲁是礼仪之邦，艺术文化源远流长。山东的诗词歌赋、散文小说等文学艺术继承传统、融合时代，在文学艺术发展史上绽放着绚烂的光芒。山东的书画艺术，沉稳大气，名家辈出，一幅幅笔墨丹青浓缩的是时代的变迁，激荡的是山东人不变的艺术情怀。山东的建筑艺术，古色古香，积淀的是传统，承载的是文化。远古悠扬的柳子戏、梆子腔、吕剧等，代表着山东戏剧艺术的发展成就。山东的影视艺术更是异军突起，享誉国内。

第一节　底蕴深邃的文学艺术

　　山东的文学艺术源远流长，起自先秦，生生不息。山东原系齐鲁故地、孔孟之乡，所以山东的文学艺术也涌动着齐鲁文明的遗风遗韵，别具一格，独成一派。伴随着历史的起伏前进，山东的文学艺术也经历着发展演变的过程，呈现出代代有名家、世世有名篇的繁荣景象。

一、诗词悠扬，繁本开新

　　诗歌在一定程度上起源于原始歌谣，山东地区早在远古时期的东夷民族中便产生了原始的歌谣——《燕燕歌》，其主要表现了齐鲁先民对燕子北翔时的不舍与留恋之情，奠定了山东在诗歌领域的源头地位，也影响了山东人民深爱以诗言志的情怀。《诗经》中的《齐风》和《鲁颂》深刻反映了齐鲁地区人民的生活风貌，在《诗经》中占据着重要地位。不论是《燕燕歌》还是《齐风》《鲁颂》都为山东的诗歌发展奠定了深厚的文化基础，成为山东诗歌不断发展的源泉之所在。

　　大汉王朝是中国历史上著名的大一统王朝，政治的稳定、经济的繁荣为文化的发展创造了良好的条件。自汉武帝"罢黜百家，独尊儒术"起，士人皆有入仕途、建功勋的心理诉求。这一时期的山东诗人和诗歌的风格也深受这一文化传统的影响，带有浓重的现实主义色彩。

东方朔(前161—?),字曼倩,平原厌次(今山东陵县神头镇)人,是这一时期山东诗歌的典型代表人物。东方朔是西汉著名的政治家、文学家,汉武帝即位时期,为巩固政治和国家一统,大力征召天下贤良方正和文学才能突出的人。东方朔正是凭借这次机遇上书自荐,诏拜为郎,后历任常侍郎、太中大夫等职。主要著作有《答客难》《非有先生论》等。

东方朔临终前的四言体《戒子诗》是其著名的代表作品之一:

> 明者处事,无尚于中;优哉悠哉,于道相从。首阳为拙,柳惠为工。饱食安步,以仕代农。依隐玩世,诡时不逢。才尽身危,好名得华,有群累生,孤贵失和,遗余不匮,自尽无多。圣人之道,一龙一蛇。形现神藏,与物变化,随时之宜,无有常家。

魏晋南北朝时期,社会动荡,政局混乱,呈现出一派乱世景象。与此相适应的是诗人们自我意识的觉醒与释放。讽刺政治、狂放不羁成为这个时代文人的写照与标志。这一时期,山东地区涌现出许多著名的诗人:汉魏时期的孔融、王粲、诸葛亮,南北朝时期的颜延之、鲍照、王融等。

孔融(153—208),字文举,鲁国(今山东曲阜)人,孔子二十代孙。孔融的正统观念异常深厚,他坚持汉王朝的正统地位,对曹操擅权的行为极其不满,孔融的雄心壮志展现了一代文人在乱世中的坚守与执着。孔融的《杂诗二首》(其一)便是他一生人格与胸怀的写照。

> 岩岩钟山首,赫赫炎天路。高明曜云门,远景灼寒素。昂昂累世士,结根在所固。吕望老匹夫,苟为因世故。管仲小囚臣,独能建功祚。人生有何常?但恐年岁暮。幸托不肖躯,且当猛虎步。安能苦一身,与世同举厝。由不慎小节,庸夫笑我度。吕望尚不希,夷齐何足慕?

隋唐是中国诗歌发展的盛世,作为诗歌发展重地的山东而言,自然也是名家辈出。隋唐时期的山东诗人在诗歌的发展史上写下了浓墨重彩的一笔。天下"文辞士"之首徐彦伯、"人文宗师"孙逖、"名高天下"的诗人卢象、诗僧义净等都是山东诗人的杰出代表;另外,人们所熟知的李白、杜甫、王维等也曾在山东留下了诸多佳作名篇,成为山东赫赫有名的客籍诗人。不论是本籍的诗人还是客籍诗人,皆怀着对山东的热爱之情,在这片凝重的土地上抒发着自己的深情与厚意,寄托着无限的喜悦与哀愁。

卢象(700—764),字玮卿,汶上(今属山东)人。约唐玄宗开元末前后人,卢象深受丞相张九龄的器重,历任秘书郎、后卫曹椽等职,在诗歌建树上与王维齐名,著有文集十二卷。卢象在盛唐时期便声名鹊起,他有7首诗歌被选入《河岳英灵集》,这本诗集收录的都是当时比较有名的诗人的作品。如,李白的 13 首,孟浩然的 6 首,等等。

卢象的诗歌大多是描绘山水风光的美好与田园生活的恬适,这与一山一水的山东对他的影响不无关系。也许正是卢象的生活环境与文化氛围影响着他的诗歌创作。卢象最负盛名的是他的山水诗《峡中作》:

> 高唐几百里,树色接阳台。晚见江山霁,宵闻风雨来。云从三峡起,天向数峰开。灵镜信难见,轻舟那可回。

此外,他的"江南冰不闭,三泽气潜通。腊月闻山鸟,寒崖见蛰熊。柳林春半合,荻笋乱无丛"(《竹林馆》)、"长风起秋色,细雨含落晖。夕鸟向林去,晚帆相逐飞。虫声出乱草,水气薄行衣"(《永城使风》)都是传世名篇。卢象对家乡山东亦有着很深的情感,他有一首《追凉历下古城西北隅,此地有清泉乔木》专门描写济南的景致:"闲荫七贤地,醉养三士桃,苍苔虞舜井,乔木古城壕,渔父偏相狎,尧年不可逃,蝉鸣秋雨霁,云白晓山高。"质朴、平实的诗句将济南的古风古韵展现得淋漓尽致,作者对济南的眷恋之情也跃然纸上。

唐代佛教盛行,诗僧便成为唐朝诗歌发展史上一支特殊的力量。义净(635—713),俗姓张,字文明,齐州(今山东济南)人,义净与法显、玄奘合称为中国三大高僧,在中国佛教史上地位显赫。义净不仅是德道高僧,也是著名的诗人,义净在西行求法过程中且行且感,将求法不易的感慨与浓浓的思乡之情相结合,留给后人许多名篇,例如他的《在西域怀王舍城》:

> 游,愁、赤县远,丹思抽。鹫岭寒风驶,龙河激水流。既喜朝闻日复日,不觉颔年秋更秋。已毕耆山本愿城难遇,终望持轻振锡住神州。

诗中的王舍城、鹫岭、龙河都在今印度境内,作者写对王舍城的怀念,实则是寄托自己对祖国家乡的怀念之情。虽然取经的志向坚定,但游子对家乡的那份特殊的情感也是难以割舍和排解的,只能借诗抒怀,了慰心迹。

李白、杜甫、王维都曾在山东居住过,与山东也是结下了不解的情缘。山东留给他们的是无限的怀念与体味,而他们留给山东的则是名人的足迹与不朽的诗篇。这也是山东与这批有情有义的客籍诗人的佳话。

"诗仙"李白于开元二十四年(763)移居山东,先后暂居过任城(今山东济宁)、沙丘(今山东新泰)等地,曾踏访过济南、青岛、潍坊、济宁、泰安、临沂、聊城、菏泽等地。留下了如《梦游天姥吟留别》《金乡送韦八之西京》《沙丘城下寄杜甫》《鲁郡东门送杜二甫》等一系列佳作名篇。

与李白有着相似经历的便是"诗圣"杜甫,杜甫于开元二十四年第一次来山东时便挥毫写下了历史名篇《望岳》:"岱宗夫何如? 齐鲁青未了。造化钟神秀,阴阳割昏晓。

荡胸生曾云,决眦入归鸟。会当凌绝顶,一览众山小。"杜甫用极富情感的笔触描绘了泰山雄伟磅礴的景象,赞美了泰山神奇秀丽的景色。后他也曾与李白共同游历了齐鲁大地,感怀颇多,故又于山东作《陪李北海宴历下亭》《登兖州城楼》等诗歌。

宋元是诗歌继续发展、词曲迅速崛起的时期,这一时期山东的诗词更是蓬勃向上、熠熠生辉。山东人辛弃疾、李清照这两位"词豪"堪称中国诗词史上的"双雄"。此外,石介、李之仪、丘处机、穆修、刘敏中等也是这一时期山东所培育出来的著名的诗词家。

李清照(1081—1155?),自号易安居士,章丘(今属山东济南)人,宋代著名的女词人、婉约派代表人物,有"千古第一才女"之美称。李清照出身书香门第,其父李格非是进士出身,苏轼的学生,母亲是状元王拱宸的孙女,她从小便浸染在浓浓的书香气韵中。宋徽宗建中靖国元年(1101),时年18岁的李清照嫁于太学生赵明诚为妻,两人在汴京完成婚礼。婚后两人非常恩爱,志趣相投,除创作诗词歌赋之外,还共同致力于书画金石的搜集整理。可是好景不长,由于金兵入据中原加之政治黑暗动荡,李清照被迫背井离乡,流寓南方,后又遭受家庭巨变、丈夫离世等一系列沉痛的打击,内心时感悲凉。所以反映在作品中也多是感叹世事,心系国家。李清照的词不仅语言清丽典雅,思想也是极其深刻。更重要的是她还有着深厚的词作理论,其主要作品有《易安居士文集》《漱玉词》等,李清照在中国诗词发展史上占有不可替代的重要地位。

李清照的词作今存43首,多数已经成为传世名篇:《一剪梅》《念奴娇》《醉花阴》《永遇乐》等。李清照的词篇温婉、细腻,犹如常流的细水一般令人回味无穷、沁人心脾,千百年来为人所称道,被誉为婉约派的词宗和掌门人。她不仅在诗词创作中有自己的独特才思,她的词学观也是蔚为大观、自成一派。故此,李清照的词作内容丰富、思想深刻、境界高远,在一定程度上成为一个时代与社会的缩影。

在李清照的词作中,爱情诗词是很重要的一部分,爱情是这位女性心目中难以割舍的情结。爱情总是有喜有忧,相见是喜,相离是苦。相离、相思的忧愁无处排解,她便用自己细腻的笔触记录下自己心中最深处的秘密,引起无数人的共鸣与同和,最熟悉的就是她那首《一剪梅》:

> 红藕香残玉簟秋,轻解罗裳,独上兰舟。云中谁寄锦书来?雁字回时,月满西楼。花自飘零水自流,一种相思,两处闲愁。此情无计可消除,才下眉头,却上心头。

李清照的词作语言很美,让人总是忍不住反复吟诵。自然、恬美的语言与真挚、深刻的情感体验相得益彰,完美展现了李清照作为女性的内心世界,思中有忧,忧中更思,种种复杂的情感交织在一起,成就了一首首爱情经典。李清照抒写爱情,却又不仅仅停留在爱情上。处于乱世的她也有着深深的忧国忧民之感。金兵的入侵和北宋的灭亡使李清照的生活发生了逆转,国破家亡之痛,流离漂泊之苦使她一度感到无力承受。丈夫逝去、居无定所、国破家亡的生活境遇对于一位女性来说实在太过于沉重与痛楚了。虽然内心足够坚韧,但也是无法掩饰这种悲情,面对着物是人非、世事沧桑的社会变迁,正如《声声慢》中所描绘的那样,"怎一个愁字了得!"

> 寻寻觅觅,冷冷清清,凄凄惨惨戚戚。乍暖还寒时候,最难将息。三杯两盏淡酒,怎敌他,晚来风急? 雁过也,正伤心,却是旧时相识。满地黄花堆积,憔悴损,如今有谁堪摘? 守着窗儿,独自怎生得黑! 梧桐更兼细雨,到黄昏,点点滴滴。这次第,怎一个愁字了得!

与婉约派的李清照齐名的山东词人便是豪放派的辛弃疾。辛弃疾(1140—1207),原字坦夫,改字幼安,号稼轩居士,历城(今山东济南)人。辛弃疾是家喻户晓的豪放派词人,人称"词中之龙",他与苏轼合称为"苏辛",标志着豪放派词作的两位宗师级的人物。辛弃疾与李清照同为济南人,并称为"济南二安"。济南同时并育了婉约和豪放两派"掌门人",可见其文化传统与底蕴的深厚。辛弃疾生于动荡的乱世,少年时便树立了驰骋疆场、保家卫国的远大志向,后曾任江西安抚使、福建安抚使等职。虽有着无限的热情,但世事难遂人愿。辛弃疾仕途挫折迭出,后终因与当政者意见不合而被弹劾落职。所以辛弃疾词作中充满着浓浓的爱国主义情感,又饱含怀才不遇、壮志难酬的人生悲意,风格沉雄豪迈,但是又不乏内心的细腻之处,主要词作有《水调歌头》《摸鱼儿》《满江红》等。

辛弃疾的性格异常坚韧、豪迈,他一生最大的愿景便是能够血洒疆场、保家卫国。这与齐鲁文化中重气节、尚正义的精神有着不可分割的关系。辛弃疾堪称能文能武的典范,在战场上燃烧自己的热血,用笔墨写下自己对人生的体味与感悟,一文一武,一动一静构成了辛弃疾一生的生活格局和人生态度。他创作的许许多多名句,至今为人所吟咏:"袖里珍奇光五色,他年要补天西北"(《满江红》),"遥岑远目,献愁供恨,玉簪螺髻"(《水龙吟》),"青山遮不住,毕竟东流去"(《菩萨蛮》),"凭谁问,廉颇老矣,尚能饭否?"(《永遇乐》)。辛弃疾一生只念着抗金复国,他的词作中最鲜明的便是铮铮男儿的铿锵气概,对自己的人生理想也始终有一种"虽不能致,心向往之"的心理暗许。词作中所有的哀愁皆源于怀才不遇、壮志难酬的人生遭遇。《破阵子》堪称他一生的素描:

> 醉里挑灯看剑,梦回吹角连营。八百里分麾下炙,五十弦翻塞外声。沙场秋点兵。马作的卢飞快,弓如霹雳弦惊。了却君王天下事,赢得生前身后名。可怜白发生!

辛弃疾的词作豪放、霸气,读后常有种酣畅淋漓之感,这与齐鲁人豪爽的文化根源也是分不开的。齐鲁文化的厚重与忠君爱国的深刻含义内化于辛弃疾的性格中,又外在表现在他的诗词作品中。可以说,齐鲁古风成就了辛弃疾,辛弃疾又为齐鲁大地增光添彩。

明代的山东诗歌发展相对平稳,但与以往朝代不同的是,出现了群体性的诗人派别,出现了济南和青州两大诗歌发展重镇。当时引领整个时代风气的山左诗派中的边贡和李攀龙都是山东人,两人分属"前七子"和"后七子"。另外,山东在这一时期还形成了济南诗人群,其中包括殷士儋、许邦才、潘子雨、华鳌、袭勖等,他们共同为山东诗歌的发展贡献了自己的力量。

李攀龙(1514—1570),字于鳞,历城(今山东济南)人。他是明代著名的文学家,继"前七子"之后,他与谢榛、王世贞等倡导文字复古运动,是"后七子"的领军人物,被尊为"宗工巨匠"。李攀龙最有名的多数都是他的七言绝句诗,《答许右史二首》之一、《逼除过右史水村江山人同赋》、《拂衣行答元美》等,最著名的便是《于郡城楼送明卿之江西》:

清风飒飒雨凄凄,秋色遥看入楚迷。谁向孤舟怜逐客,白云相送大江西。

清代山东诗人群体更是蓬勃发展,除了继承明代的山左诗群之外,还出现了以王士禛为代表的王门诗人群。以宋琬和赵执信为代表的淄川诗人群、以卢见曾为代表的德州卢氏诗人群等等,其中影响最大的便是王士禛。

齐鲁大地向来注重家学渊源和传统,王士禛就是出身于新城王氏,这是明清之际的世家大族。王士禛(1634—1711),字子真,号阮亭,别号渔洋山人。祖籍山东诸城,后迁至新城(今山东桓台)。王士禛是清初著名的诗人、文学家,博学好古,精金石篆刻。在诗歌创作方面创建神韵说,清初继钱谦益而主诗坛,著有《池北偶谈》《古夫于亭杂录》《香祖笔记》等。

王士禛最有名的是他的神韵诗,神韵诗讲求的是清、淡、远,这在写景、描物的诗句中体现得最为显著。例如《青山》:"晨雨过青山,漠漠寒烟织。不见秣陵城,坐爱秋江色。"《即目》:"萧条秋雨夕,苍茫楚江晦,时见一舟行,濛濛水云外。"《早至天宇寺》:"凌晨出西郭,招提过微雨。日出不逢人,满院风铃语。"

二、散集大成,源远流长

(一)先秦时代的山东散文

先秦时代的文化是中国传统文化的奠基和黄金时代,对后世文化具有启蒙和引导作用,而先秦文化又以齐鲁文化为中心,这使得齐鲁地区成为当时的文化重镇。散文在齐鲁文化构成中占有十分重要的地位,先秦时代山东的散文源远流长、气势磅礴。说它源远流长是因为山东散文产生的时间非常之早,我国现存最早的散文——《尚书·盘庚》之上篇就诞生于山东。说它气势磅礴在于山东散文不仅产量巨大,而且传世经典颇多,有《论语》《孟子》《墨子》《晏子春秋》等。这两个特点便奠定了山东散文在先秦时代的引领作用。当然,山东散文的集大成时期还是在春秋战国时期。

山东散文在春秋战国时期可分为三个主要发展时期,第一个时期是春秋战国之际。春秋战国之际是其发展的第一时期,举世闻名的大思想家孔子大气而篆《春秋》,开启了私家著史的新纪元。《春秋》晦涩难懂,后人又对其进行了注释,这就形成了文化价值也很高的《春秋》三传:《左传》、《公羊传》和《谷梁传》。《左传》的作者是鲁人左丘明,《公羊传》的作者是齐人公羊高,《谷梁传》的作者是鲁人谷梁赤,三位皆是山东人。山东散文形成于春秋战国之际的还有两篇鸿篇巨制,那便是《论语》和《孙子兵法》。第二个发展时期是战国中期,这一时期山东散文的代表作是《孟子》和《墨子》。第三个发展时期是战国中期至战国末期,这一时期山东散文的主要成就都集中于齐国的稷下学宫,稷下学宫也是当时的学术文化重地,诸子百家所编纂的诸子散文成为这一时期百家争鸣的典型代表。

(二)魏晋南北朝、隋唐时期的山东散文

魏晋南北朝时期的散文在经历了先秦、秦汉时期的发展之后渐趋成熟,这一时期的山东散文家们更多地继承了先秦哲人们忧国忧民的强烈的责任感,对政局动荡、战乱不止的社会现实给人民带来的苦难表示深切的同情,对统治者侈靡无度、横征暴敛、残酷统治给予了无情的揭露和批判。这一时期的散文整体展现了一个乱世的无序,更深刻地揭示了文人们不为人知的内心世界和心理意识。这一时期山东的散文家颇多:诸葛亮、王导、王羲之、刘勰、颜之推等,其中最著名的是诸葛亮和王羲之。

诸葛亮(181—234),字孔明,琅琊阳都(今山东沂水县)人,汉魏著名的政治家、军事家、文学家。诸葛亮的散文中影响最大、流传最广的便是他的《戒子书》和《出师表》。《戒子书》类似于诸葛亮教育儿子诸葛瞻的"家书",整篇文章都围绕着一个父亲对儿子的谆谆教诲,父爱与父教的情感跃然纸上。对于如何求学治道、立志修身,诸葛亮都有自己的理念,至今对世人仍有深刻的教育意义:

夫君子之行,静以修身,俭以养德,非淡泊无以明志,非宁静无以致远。夫学须静也,才须学也;非学无以广才,非志无以成学。骄慢则不能励精,险躁则不能活性。年与时驰,意与岁去,遂成枯落,多不接世,悲守穷庐,将复何及!

如果说《戒子书》是诸葛亮的"家书",那么《出师表》则是"国书"。《出师表》充分展现了诸葛亮作为一代政治家、军事家那种忠君爱国、矢志不渝的高尚情操,不愧为"出师一表真名士,千载谁堪伯仲间"。

王羲之(303—361),字逸少,祖籍琅琊(今山东临沂)。他不仅是著名的书法家,散文成就也具有典范意义。一篇《兰亭集序》便展现了他独特的文学才能。《兰亭集序》是永和九年(353),王羲之在任会稽内史时,与谢安、孙绰等人在兰亭聚会时所做的诗集序言,其中饱含深刻的哲理,在享受美景的同时思考人生也是别有一番风味的:

夫人之相与,俯仰一世,或取诸怀抱,悟言一室之内,或因寄所托,放浪形骸之外。虽趋舍万殊,静躁不同,当其欣于所遇,暂得于己,快然自足,曾不知老之将至。及其所之既倦,情随事迁,感慨系之矣!

不管是诸葛亮的忠君爱国,还是王羲之的淡定思考,皆体现出一种"达则兼善天下,穷则独善其身"的人生信仰,这与齐鲁文化的精神相契相合,浓缩了山东人厚重的人生理想与社会责任感。

隋唐时期有别于魏晋南北朝的一个典型特点是世族门阀的衰落,寒门弟子的崛起。而山东历来是世家大族云集的一个地区,社会、政治形势的变迁影响了山东人的散文创作,其成就不及前朝。即便如此,仍然有众多名家名篇在中国散文发展史上不可被忽略。比较典型的如:唐代吕才的《东皋子后序》、吕半千的《陈情表》、徐彦伯的《登长城赋》、义净的《大唐西域求法高僧传》、吕向的《美人赋》、高迈的《鲲化为鹏赋》等。其中最值得一提的是义净的《大唐西域求法高僧传》,其作为一篇散文,不仅文学价值较高,史料价值也是不容忽视的,它是研究中印关系史、宗教史、交通史的重要参考文献。在写作方法上,作者坚持骈散相间,显示了作者深厚的文学功底。如其序言云:

> 观夫自古神州大地,轻生殉法之宾,显法师则创辟荒途,奘法师乃中开王路。其间或西越紫塞而孤征,或南渡沧溟以单逝。……实可嘉其美诚,冀传芳于来叶。粗据闻见,撰题行状云尔。……

(三)宋元明清时期的山东散文

宋元明清时期,山东的散文创作相对沉寂,没有出现像韩、柳、欧、苏那样的大家,但沉寂并不等同于停滞,即使在社会条件较为严峻的情况下,山东散文也不乏一些代表性的作品,较为人知的是元代杜仁杰的《遗山先生文集后序》、徐琰的《重建睢阳双庙记》、张养浩的《游龙洞山记》;明代毛纪的《海山亭记》、于慎行的《宣府巡抚大中丞新城王公生祠记》;清代宋琬的《胡慕之先生欲焚草序》,王士禛的《带经堂全集》《渔洋山人精华录》、蒲松龄的《康熙四十三年记灾前篇》等等。

张养浩(1270—1329),字希孟,号云庄,历城(今山东济南)人。张养浩是元代中后期著名的散文家,他的《重修会波楼记》对历山和大明湖风景的描写可谓是相当精彩,给人一种身临其境的感受:

> 其曰历山者,迤岚突翠,虎逐龙从,南建岱宗,东属于海,华鹊两峰,屹然剑列,峭拔无所附丽,众山皆若相率拱秀而君之。大明湖则汇碧城郭间,涵光倒影,物无遁形。自远而视,则华鹊又若据上游而都其胜者。至于四时之变,与天阴霁早暮,水行陆走,随遇出奇。凡可以排嚣宣郁,使人蜕凡近心,高明可喜,可愕可诗,可觞可图者,靡一不具。

山东的散文成就在整个中国散文发展史上都具有不可替代的地位,山东散文的起步之早、发展之盛皆具有典型意义。一方水土养育一方人,山东散文家在齐鲁文化、山水美景的熏陶下,孜孜不倦、笔耕不辍,奉献出众多的华美篇章。

三、载事小说,百态人生

小说作为一种文学形式,来源于生活又高于生活,这便使得小说能够引人入胜,每个人仿佛都能在小说中找到自己生活的影子。山东小说如同整个小说发展趋势一样,虽然起步较晚,但成就却是十分突出,这与齐鲁文化中积淀的文学基因有着直接的关系。山东人勤劳勇敢、好礼信义的精神特质为山东小说的创作提供了精神源泉,而齐鲁历史的悠久、人文生活的丰富多彩又为山东小说的创作准备了充足的素材。按照有关学者的普遍共识,先秦是山东小说的起源和滥觞时期,汉魏六朝(包括隋)是山东小说的产生和发展时期,唐宋金元是山东小说的全面成熟时期,明清是山东小说的成熟和全面发展时期。

从严格意义上来讲,先秦并未出现小说这种体例,但先秦齐鲁的文化典籍十分之丰富,这直接影响了后世小说的发展。尤其以《春秋》《左传》《国语》《论语》《孟子》《墨子》《晏子春秋》这七部经典之作对山东小说的创作影响最甚。而《晏子春秋》更被认为是我国最早的一部短篇小说集,这就从源流上奠定了山东小说在中国小说史上的卓著地位。汉魏六朝的文化出现了多元化的发展趋势,山东小说在保持儒家传统内涵的基础上又注入了新鲜元素:佛教的因果报应、道教的浪漫洒脱等等,出现了如颜之推的《冤魂志》《集灵记》、任昉的《述异记》、孙衍的《孔氏说林》等佳作。唐宋金元时期小说的内容和形式都异彩纷呈,出现了传奇小说、志怪小说、志人小说、杂俎小说等不同的类型;而在不同的类型中,山东小说都有代表作品流传于世。山东传奇小说有唐代琅琊人王洙的《东阳夜怪录》、宋代曹州(今山东曹县)人张齐贤的《洛阳缙绅旧闻记》,山东志怪小说有宋代济阳人上官融的《友会谈丛》、益都(今山东青州)人王蓍的《褒善录》,志人小说有益都人王曾的《王文正笔录》。影响最深远的是唐代临淄邹平人段成式的《酉阳杂俎》,其在中国小说发展史上向来被认为是杂俎小说的代表作品,段成式出身名门,他的七世祖段志玄曾为唐太宗立下了赫赫战功,陪葬昭陵。父亲段文昌,曾先后出任监察御史、中书舍人、中书侍郎平章事等职务。《酉阳杂俎》内容驳杂,既有笔记小说,又有志怪小说、爱情小说等。值得注意的是,《酉阳杂俎》对于小说发展史的贡献不仅仅在于开创了一个新颖的小说门类,更重要的是它第一次将武侠小说归类,这对于后世乃至今天的小说创作都有着非同凡响的启示作用。将武侠小说归类也体现了作者段成式深受齐鲁尚武崇义思想的影响,展现了山东人快意恩仇、侠义为怀的朴素的价值取向。

明清时代的山东小说迎来了繁荣绽放的高潮期,揭露统治的黑暗、歌颂反抗的勇气成为这一时代小说创作的主旋律。文人墨客们用心创作的一个个精彩故事,塑造的一个个典型人物,成为那个时代文学殿堂的最强音。明代山东的章回小说、清代山东的短篇小说在中国小说发展史上有着绝对的"霸主"地位。

明代山东章回小说的代表作包括《三国演义》《水浒传》《金瓶梅》《隋炀帝艳史》等,其中前三者是明代四大奇书中的三部。而众所周知,《三国演义》和《水浒传》还是中国四大名著的其中之二,其文学价值与成就都是举世瞩目的。除此之外,明代山东章回小说还有《三遂平妖传》《残唐五代史演义传》《孔圣宗师出身全传》等等。

《三国演义》的作者罗贯中生平较为模糊,现在学术界公认的信息是:罗贯中,名本,字贯中,号湖海散人,大约生活在元末明初。至于他的籍贯问题一直都有着争论,大体形成了东原、太原、钱塘等几种不同的见解,其中以东原支持的人最多,据有关学者考证,东原指的是"山东兖州府东平州及济南府泰安州西南",大体是今山东东平、汶上、宁阳一带地区,基本可以认定其为山东人。《三国演义》是罗贯中在《三国志通俗演义》的基础上的加工和提高。在创作过程中,作者还兼采了许多流传的小说、故事等,生动地再现了三国鼎立时期那战火纷飞、群雄争霸的宏伟的历史画卷,塑造了诸葛亮、刘备、曹操、关羽、张飞、司马懿等深入人心的人物形象,构筑了"三顾茅庐""草船借箭""空城计""赵子龙单骑救主"等很多的经典故事,包含很多的智慧和谋略,对当代人都有重要的指导意义。《三国演义》不仅文学价值极高,而且蕴含着民族的精神和智慧,在中国小说发展史上具有里程碑式的意义,是国学教育中首推的经典之作。

《水浒传》也是与《三国演义》齐名的四大名著之一,在中国文学史上算得上不可多得的佳作。关于《水浒传》的作者,学术界也是争议颇多,但很多学者认为,《水浒传》是"施著罗编",即是施耐庵的原著,罗贯中又加以修改、定稿完成的。虽然施耐庵和罗贯中到底是不是山东人还有待于研究和讨论,但是就《水浒传》所描写的梁山好汉起义的故事却是发生在山东,这便使得《水浒传》与山东有着不可割裂的深厚关系。《水浒传》主要描写了北宋末年,山东宋江等英雄好汉起兵梁山泊,劫富济贫、反抗黑暗势力的故事。忠信侠义构成了整部小说的主基调,浓缩了山东传统的人文精神与品格内涵,诸位英雄好汉虽然性格各异,但基本都是大气豪爽,是典型的山东人形象。《水浒传》中众多个性鲜明的人物形象与精彩纷呈的故事情节至今为人所津津乐道、耳熟能详。就连普通民众对于一百单八将中的人物也是信手拈来:宋江、林冲、鲁智深、李逵、武松等等。书中所描写的精彩故事也是多次被改编成戏曲或者是影视作品,武松景阳冈打虎、鲁提辖拳打镇关西、风雪山神庙、七星聚义智取生辰纲等,《水浒传》无疑已经走进了千家万户,其影响已经深入人心,可谓是真正的国民经典读物。

明代山东章回小说的繁荣发展为清代山东小说的发展奠定了良好的基础,山东小说在经历了一代代文人的经营之后,逐渐臻于完善。与明代章回小说流行趋势所不同的是,清代的山东小说以文言短篇为主,其代表作品便是《聊斋志异》,除此之外还有山东清代小说发展史上影响最深的两部传奇小说集《小豆棚》和《益智录》。

谈山东小说言必及蒲松龄和他的《聊斋志异》。蒲松龄(1640—1715),山东淄川蒲家庄人,字留仙,又字剑臣,号柳泉居士,清代杰出的小说家、文学家,世人称之为"聊斋先生"。蒲松龄出身于没落的地主家庭，连续四次参加举人考试而全部落榜。他虽然满腹经纶，却是极不得志，至72岁时才谋得贡生之位，平日生活多以教书、幕僚为生。这种基层生活使他深知民间疾苦，其创作也就更能反映下层人民的心声。蒲松龄的代表作《聊斋志异》是清代小说的巨制，郭沫若曾赞曰："写鬼写人高人一等，刺贪刺虐入骨三分。"老舍也曾有过这样的评价："鬼狐有性格，笑骂成文章。"

蒲松龄创作《聊斋志异》的过程是一个艰辛的过程，但对于一个文学家而言这又未尝不是一种快乐，《聊斋志异》在文学史上的地位之高无疑也证明蒲松龄这么多年的努力没有白费。《聊斋志异》的来源比较广泛，有作者的所见所闻，有继承古书内容而加以提炼升华的，还有当时下层民众的各种故事传说，等等。《聊斋志异》自流行以来，钞本(刻本、评本、拾遗本)相继不断。《聊斋志异》描写了大量仙妖鬼狐的幻异故事，作者以非凡的想象力展现了一幅幅灵异凄美的故事画卷，既是现实生活的写照，也是作者内心世界的独白。作者在书中揭露了大量科举制度的弊端，对其进行诟病的同时自己一生又为科举制所累，表现了作者虽批判又欲得的矛盾心理，其实这正是山东人最质朴的精神写照。受儒家传统文化的影响，读圣贤书，入仕途竟已成为山东士人心心念念的人生追求。小说中还有大量反映反对封建婚姻、提倡爱情平等的篇章，表现了作者超凡的思想先进性，为社会生活增添了些许浪漫主义色彩。

小说虽然是虚构，却是来源于真真切切的生活体验，受不同文化氛围熏陶的文人创作的小说也是千差万别。山东小说总体看来，围绕"忠义礼智信"展开，体现了孔孟之乡深厚的文化渗透力，有内涵支撑的山东小说必将会愈行愈远。

四、戏曲传奇，渐成气候

戏曲是一种综合、复杂的艺术形式，它包括歌舞、诗词曲赋、散文小说等各种表现形式，而每一种表现形式的发展演变又直接或者间接地影响着戏曲的发展道路。所以，戏曲较其他艺术形式而言，出现的时间较晚，至迟到唐代时才出现了真正意义上的戏曲，明清是中国戏曲发展的巅峰时期，山东戏曲与中国戏曲的发展历程基本趋合。

山东地区在远古时代便产生了歌舞的原始形态，山东人的祖先是东夷族人类，东夷族人在狩猎或者祭祀时要举行类似的仪式，即击石为乐，扮演成野兽一般舞蹈，展现了山东先民"隆礼"的心理认知以及原始的、朴素的乐观生活状态。夏周时期，山东属于重辖之地，出现了歌舞《大夏》和《大汉》；春秋战国时期的齐鲁之地是名副其实的礼乐之邦，这时出现了傩、雩、蜡祭、蚩尤戏、俳优等一系列戏曲的原始形态，魏晋南北朝时山东延续了这一发展轨迹，这都是戏曲的孕育时期。到了唐代，《踏摇娘》的出现标志着中国戏曲的真正形成，在中国戏曲史上具有里程碑式的意义，而值得骄傲的是《踏摇娘》即产生于山东地区。从某种意义上讲，山东戏曲成就了中国戏曲发展的完整性和系统性。

元杂剧的出现和发展是我国戏曲史上的一个黄金时代，其标志着中国戏曲走向成熟和完善。山东地区的元杂剧出现了东平和济南两个创作中心，在元杂剧的发展中均占有一席之地。其中东平杂剧的名人名篇主要包括:高文秀的《双献功》和《渑池会》,高文秀是东平府学生员,他一生创作的杂剧34钟,数量仅次于关汉卿,是名副其实的杂剧大家。《双献功》是他的主要代表作,其主要续写了梁山好汉李逵所做的"好人好事",展现了忠勇的梁山英雄形象。除此之外,东平杂剧比较著名的还有李好古的《张生煮海》、张寿卿的《红梨花》。济南地区比较著名的元杂剧是康进之的《李逵负荆》、武汉臣的《生金阁》、岳伯川的《铁拐李》。

占据明代戏曲舞台的是明代的传奇,这一时期山东戏曲创作相对南方而言较少。主要由于传奇的作家多为南方人,李开先的《宝剑记》是山东传奇的代表作,该剧主要描写了水浒英雄林冲在黑暗势力的压迫下,被迫上梁山,落草为寇的故事情节。《宝剑记》在明代传奇上也是浓墨重彩的一笔。

言清代的传奇,始终绕不开孔尚任的《桃花扇》,这是一部世界级的戏曲大作,孔尚任绝对称得上中国戏曲的楷模。《桃花扇》风流才子以侯方域与秦淮歌妓李香君缠绵悱恻的爱情为主线,揭露了明末政治的腐败与社会生活的黑暗不堪,体现的是在严峻的社会形势下,下层民众包括像李香君这样的女子身上也充满了反抗精神,这是一个时代的希望所在,也是中华民族反对黑暗、向往光明的精神寄托之所在。其文学价值和艺术价值都堪称一绝,被看作中国古典戏剧的最后一部杰作。

孔尚任(1648—1718),字聘之,号东塘,别号岸堂,自称云亭山人,山东曲阜人,孔子六十四代孙,具有典型的贵族血统。他是清初著名的诗人、戏曲作家,自幼深谙儒家的传统思想与学术。学习过礼、乐、兵、农等学问,可谓"博学多才"。世人将他与《长生殿》的作者洪升并称为"南洪北孔"。《桃花扇》完成于清代康熙三十八年(1699),是一部南明王朝兴衰沉浮的历史剧。虽然《桃花扇》以侯方域与李香君的爱情为主线,但其绝对不仅仅是单纯的爱情戏曲,而是一部规模宏大的历史、政治剧,其剧建立在一定的历史背景下,在展示南明兴亡的整个历史画卷的同时,寄托了作者借古抒怀、忧国忧民的历史责任感。正如作者自己所言:"借离合之情,写兴亡之感。"《桃花扇》的戏剧结构非常完整,全剧成功塑造了社会下层各色人物:秦淮名妓李香君、说唱民间艺人柳敬亭、苏昆生、复社文人侯方域等,其中作者对李香君的创作最为用心,作为《桃花扇》的女主角,孔尚任赋予了李香君鲜活的生命形象和坚韧的性格特点,虽为女子却时刻关心政治,有着强烈的政治意识和社会意识,在与侯方域相爱相离的爱情故事中,已然不仅仅追求自己的幸福,这是时代赋予她的使命,更是孔尚任作为山东孔子后裔骨子里深厚的文化价值观的外化。正是《桃花扇》的独特构思与文化积淀,使其在中国戏曲史上经久不衰。

第二节　灼灼其华的书画艺术

中国的书法和绘画宛如双生花一般,虽然表现形式不同,但意境相同,殊途同归,故曰"书画同源"。山东的书画艺术融合了传统文化的精华,一山一水一圣人,滋养、孕育着蓬勃不息的书画艺术。穿越山东书画艺术长廊,令人感慨备至,一代代山东书画家为后人留下了太多书画作品,人们驻足欣赏,如与贤人对话,这是一种艺术的洗礼,更是山东精神的寄托与传承。纵观整个山东书画艺术的发展史,那一个个熟悉的名字证明了山东书画不凡的实力与张力:孔子、诸葛亮、王献之、王羲之、王徽之、展子虔、颜真卿、张择端、王献唐……这是山东为中国书画艺术所作出的巨大贡献,是山东儿女的财富与骄傲。

一、先秦汉、魏晋南北朝的书画家

文字的出现标志着人类进入文明时代,自秦朝以横扫六国之势统一了中国之后,中国便有了统一的文字,这不仅是一种形式上的统一,更是文化上的认同。在先秦时期,山东的书画家还是相对较少,比较有名的就是孔子。孔子不仅是伟大的政治家、思想家,他的书法也是卓有成就的。孔子比较擅长的是大篆,《季礼墓题字》和比干墓前的"殷比干墓"四字相传皆为孔子所作。这说明孔子不仅心怀政治理想,而且注重修身养性,这是一种难得的品质,奠定了齐鲁之邦修身治国平天下的人生追求和目标。与孔子情况相类似的便是诸葛亮,诸葛亮的文人气质也是十足,能诗能赋,能书能画,是一个全能型人才。史载:"(诸葛亮)尝作三鼎,皆孔明篆、隶八分书,极工妙。"他的书法代表作是草书《远涉帖》。诸葛亮的画虽未流传,但根据有关史料的记载推测,他的画工也是了得。诸葛亮曾为南夷作图,先画天地、日月、君臣、城府,次画神龙以及牛、马、蛇、羊,后画部主吏乘马幡盖远行安恤,又画夷牵牛页酒赍、金宝诣之。诸葛亮与孔子一样,身上也是充满了典型的齐鲁之气。

晋代山东的书画艺术迎来了发展的黄金时期,出现了两位举世闻名的书法家:王羲之和王献之父子,两人留下了丰富的书法精品,提起中国古代的书法家,人们最先想到的恐怕就是这两位了,两人从某种意义上定格了一个时代的书法发展大势。

王羲之是东晋著名的书法艺术家,享有"书圣"之美誉。历任秘书郎、宁远将军、江州刺史、会稽内史、领右将军等职。其书法兼善隶、草、楷、行各体,广采众家之长,终成一家。王羲之遒美秀健的书法风格影响了一代又一代书法名家们,唐代的欧阳询、颜真卿、苏轼等都深受其影响。他的代表作《兰亭序》被誉为"天下第一行书",在书法史上,王羲之和他的儿子王献之合称为"二王"。王羲之从早岁便开始学习书法,后又研习历代名家书法,在继承前人成就的基础上博采众长、独成一派。王羲之行书、草书、真书皆通,尤其以行书见长,被誉为"书圣"。有评者是这样评价王羲之书法的:"其草书浓纤折衷,真书势巧形密,行书遒媚劲健,千变万化,而体势自然。"足见王羲之对中国书画艺术的发展有着重要的贡献。

王羲之的作品很多,但相传唐太宗李世民为了表达自己对王羲之书法的喜爱之情,竟以其书法殉葬,故其真迹实难觅得。但有许多的临摹本传世,从这些临摹的作品可以看出,《兰亭序》《快雪时晴帖》《上虞帖》等是其代表作。王羲之不仅书法技艺非凡，其丹青亦绝妙，有《杂禽图》《临境自写真图》两幅代表作。王羲之的《兰亭序》是353年，王羲之与文人雅士们会于会稽兰亭，饮酒作赋之余写下，此书笔墨气晕生动，被奉为"天下第一行书"。

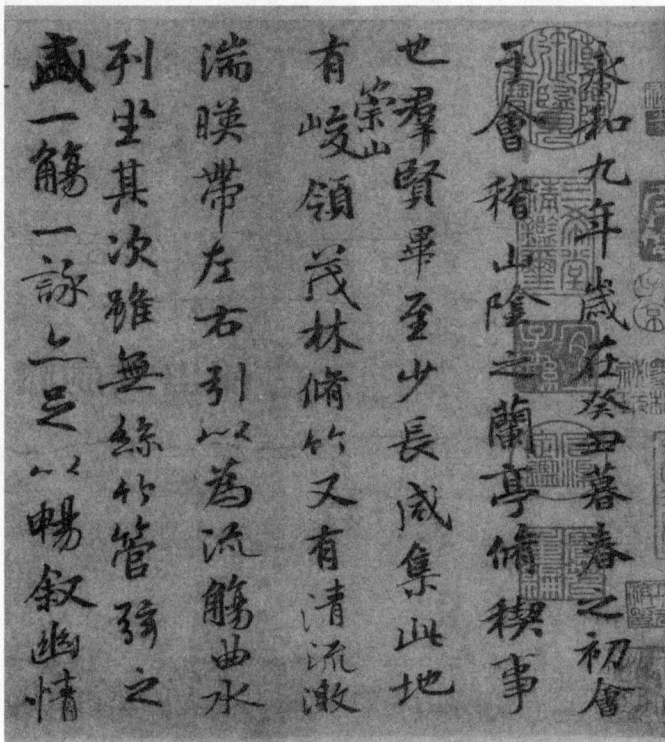

王羲之的《兰亭序》

王献之（344—386），字子敬，小字官奴，晋琅琊临沂（今山东临沂）人，王羲之之子。王献之书法的启蒙学习阶段主要师从他的父亲王羲之，加上他非常地勤奋好学，遂进步甚快，后在其父亲的基础上又加以创新，将自己的见解与技艺融汇其中，自成一派。《古今书人优劣评》中曾这样评价王献之："王献之之书，绝众超美，无人可拟。"王献之也是正、行、草皆擅，其传世作品主要有《洛神赋》13 行、《辞中书令帖》、《中秋帖》、《东山帖》等，尤以《洛神赋》最为著名。

魏晋南北朝时期，山东的绘画远远不如书法的发展水平高超，知名的画家比较少。南北朝的王微算是其中之一。王微（415—443），字景玄，南朝宋琅琊临沂（今山东临沂）人。王微知识广博，通音律、医术、阴阳、术数等，其绘画功力也很深厚，他曾经独辟一间屋子，寻书玩古长达十年之久，他的代表作《叙画》，被收录于《历代名画记》。

二、隋唐宋时期的山东书画艺术

经历了魏晋南北朝的长期分裂战乱之后，隋朝的统一为各类文化艺术的发展奠定

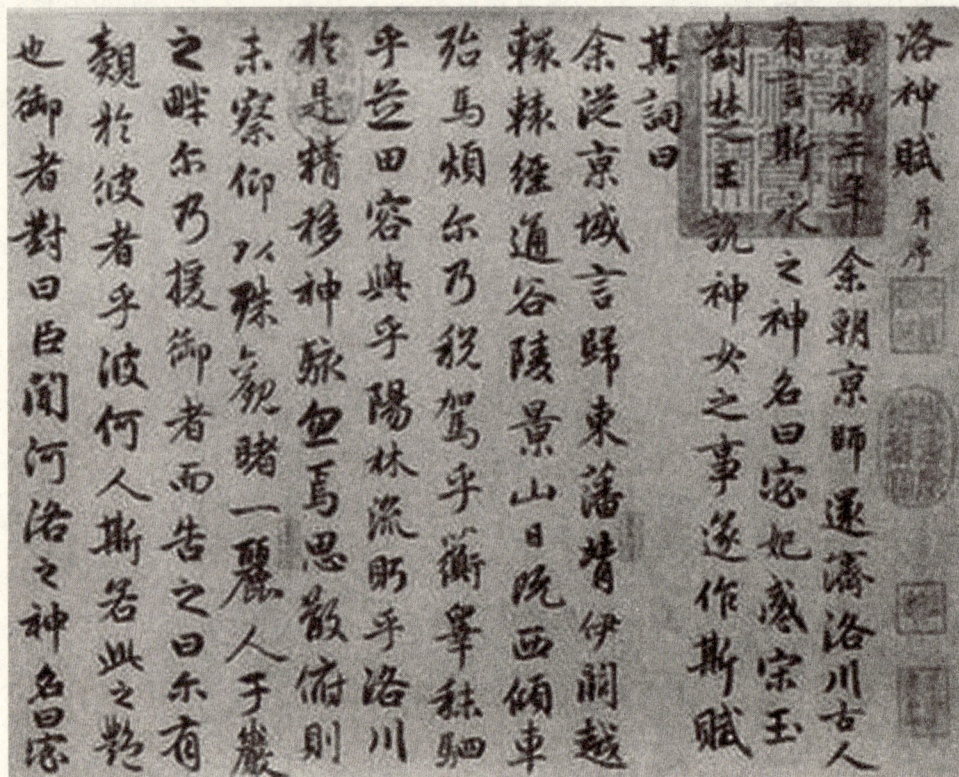

王献之的《洛神赋》

了良好的基础。至唐宋时期,中国社会已经进入较高的发展水平,书法绘画也呈现一派欣欣向荣的景象。人物画、山水画等多种绘画门类相继涌现,山东的书画伴随着社会发展的大势也迎来了它的黄金时代,名画名家、名书不胜枚举,一幅幅生动画卷、书帖见证了多少的似水流年、沧海桑田,在带给人们视觉享受的同时也引起了心灵的强烈震撼。

隋代王朝生命短暂,山东书画艺术的代表人物较少,但有一位巨星不得不提及,那就是展子虔,一幅《游春图》奠定了他在绘画领域的至高地位。展子虔(约550—604),隋代渤海(今山东阳信)人,历经北齐、周、隋,曾任隋朝散大夫、帐内都督。展子虔既擅长画人物,又擅长画山水,他画人物描法细致入微,随以色晕开,人物面部神采逼真,形意兼得,被称为"唐画之祖"。他的山水画更是绝妙,写江山远近之势尤工,有咫尺千里之趣,远近皆宜,动静相生。上都定水寺、崇圣寺、东都龙兴寺、浙西甘露寺皆有他的画壁。展子虔流传的画作主要有《游春图》《王世充像》《长安车马人物图》《弋猎图》《法华变》等。

盛唐气象,大气开放,唐朝好音律、好书法绘画已经成为自上而下的一种社会风尚,引领整个文化艺术的发展。政治、经济、文化相汇相通,一派繁华不可拟。这一时期山东的书画艺术发展迅猛,代表人物颇多,仅人们熟知的就有房玄龄、颜师古、颜真卿、韩熙载等,这几位堪称书画界的骄子,他们的作品为人们了解盛唐艺术提供了宝贵素材。

房玄龄(578—648),字乔,唐齐州临淄(今山东淄博)人,官至太子太傅、知门下省事,是初唐重要的政治家,跟随唐太宗李世民南征北战,出谋划策,功不可没。房玄龄不仅政治才能突出,其个人修养也是上乘。房玄龄受齐鲁文化浓厚的文风影响,自幼饱览群书。他的书法更是精妙,草、隶、行书样样精通。但遗憾的是,历经朝代的更迭,他的书法作品已经散佚,并未流传至今天,所以这也或多或少地影响了他在书法界的知名度。

颜真卿与房玄龄的情况类似,既是伟大的政治家,也是著名的书法家,因为颜真卿有着诸多作品流传于世,故他在书法界的名望明显高于房玄龄。颜真卿(708—784),字清臣,唐琅琊临沂(今山东临沂)人,颜师古的五世从孙,官至刑部尚书、太子太师、封鲁国公,谥号"文忠"。颜真卿的家学渊源深厚,这与齐鲁之地重家学家风的传统有关。出身名门又积极进取终使他成为一代书豪。颜真卿少时家庭比较贫寒,缺乏学习的纸和笔,但这丝毫没有阻挡他学习的热情,他想出了一个办法,那就是用黄土扫墙学字,故此才有后来的成就。颜真卿的正书、行书、楷书皆十分出色,他的书法遒劲有力、元气浑然、气势磅礴。欧阳修在《六一题跋》中曾有云:"唐人笔迹,见于今者,惟公(颜真卿)最多。"颜真卿的传世书迹主要有《祭侄文稿》《中兴颂》《东方朔画赞》《颜家庙碑》《勤礼碑》等。

宋代经济空前繁荣,市民生活丰富多彩,而描写宋朝市民生活的传世经典名作《清明上河图》便出自山东画家张择端之手。张择端,字正道,宋东武(今山东诸城)人,长期习绘画,徽宗时如翰林图画馆。《清明上河图》的画卷以汴河为构图中心,对北宋晚期的都城生活做了详尽的描绘:城郭、市桥、屋庐之远近高下,草、树、马、牛、驼、驴之大小出没,以及居者、行者、舟车之往还先后,皆曲尽其意态,而莫可以数计。观此画卷者仿佛回到了那个车水马龙的繁华董事,写诗写意具备,《清明上河图》是中国艺术长廊中的一大瑰宝。

赵明诚(1081—1129),字德甫,宋代山东诸城人,著名的金石学家。赵明诚还有一个身份便是李清照的丈夫,二人志趣相投,成为一代才子佳人,令人艳羡。赵明诚最大的成就便是所刻的《金石录》,他早年就对金石铭刻产生了浓厚的兴趣,并为此付出了巨大的努力,赵明诚与李清照夫妻二人悉心收集了 20 年的金石铭刻,辑所藏三代彝器以及汉、唐以来石刻作为《金石录》,其影响深远。

三、明清时期的山东书画艺术

明清时期山东书画艺术的发展稍逊于唐宋,名家的数量也相对较少,为人所知的也是寥寥,这与明清文化艺术中心南移有着很大的关系。明代山东书画家主要是邢侗和邢慈静两兄妹;清代主要是王家榕、王懿荣,其中王懿荣是甲骨文的发现者和收藏者,其贡献之大足以彪炳史册。

邢侗(1551—1612),字子愿,明代山东临邑人。万历二年(1574)进士,官至陕西行太仆寺少卿。邢侗书画兼善,但更以书法著称,其书法笔力矫健、古澹圆浑,其书法成就与董其昌齐名,被称为"南董北邢",而且邢侗与董其昌、米万钟、张瑞图合称为明末四大书法家。其著有《来禽馆集》。邢慈静,明代山东临邑人,邢侗的妹妹。她与邢侗一样也是书画兼修,她的书法多仿邢侗,善画竹、石以及白描大士,山东省博物馆以及青岛、济南博物馆均藏有其作品。

王懿荣(1845—1900),字正孺,号廉生,清福山(今山东烟台)人。王懿荣是最早发现和收藏甲骨文者,并且他精通文字训诂、金石鉴藏之学,是位贯通古今的书法大师。王懿荣最擅长的是行楷,他的书法得到了最高统治者孝钦后的赏赐,曾下令清官只要有章幅稍大者,必命王懿荣书,这是一份至高的尊荣。他的书法作品在《明清书道图说》《历代楹联名迹》中均有收录,主要代表作包括《汉石存目》《南北朝石存目》《福山金石志》等。王懿荣是中国近代历史上著名的金石学家,甲骨文发现者和爱国人士,王懿荣出身于封建士大夫家庭,自幼聪慧,青年时期即潜心于金石之学,为搜求文物不惜跋山涉水。王懿荣1880年中进士,后入职南书房,历任翰林院庶常馆教习、国子监祭酒等。光绪二十五(1899年),王懿荣首次发现了甲骨文,并将其时代断为商代,这一重大发现轰动了当时的学术界,开创了文字学、历史学研究的新局面。

王献唐(1896—1960),名琯,号凤笙,山东日照人。王献唐自幼承袭家学,后致力于文字、音韵、金石诸学。1929年出任山东省图书馆馆长之后,曾组织收集山东出土的商周铜器,汉画像石、临淄封泥以及名家名画,为省图的文物搜集和保存工作奉献了无限的热情和精力。抗战时期随图书馆馆藏善本及文物进川,辗转万余里,历时十余年,将一大批齐鲁文萃完整地保存了下来。王献唐书法初仿欧阳修,后溯源汉隶、六朝文体以及商周金文,其中《曹全》及殷商铜器文字得力最多。其金文工整清丽,书卷气与金石气相得益彰,其行楷书古朴典雅,多作小字于眉批跋拾。王献唐在考古、文物鉴定、诗歌等方面造诣颇深,著述甚丰。中华人民共和国成立后曾先后担任山东省文物保管委员会副主任、故宫博物院铜器兼职研究员等。

第三节　厚德载物的建筑艺术

建筑是凝固的艺术,它见证着山东历史的变迁,承载着古往今来民众的足迹,它是一个地区传统和文化的象征与标志。山东历史悠久,文化底蕴深厚,所以它比较典型的建筑较多,尤其以寺庙最为显著。寺庙并行不悖,体现了山东儒释并重的博大胸怀,除此之外,山东的民居建筑也十分奇特,引人注目。

一、独特的民居建筑——海草房

海草房是世界上最具代表性的生态民居之一,它主要分布在山东省胶东半岛的威海、烟台、青岛等近海地带,特别是威海荣成地区最为集中和丰富。海草房的房屋用料和外观都相当奇特,其屋墙用原始石块或砖块混合垒起,屋帽用厚厚的海带草苫成,房顶底边短、两条边长的大等腰三角形状的厚厚的顶盖,看上去像一个三角形蘑菇,给人一种惊奇和梦幻的感觉。

胶东的海草房存在的历史十分悠久。自古以来,胶东沿海的浅海中就成长一种状如韭菜叶子,近1厘米宽、近1米长的海草,当地人把它叫海带。秋天,海潮把海带吐到海滩上,村里人把它运回来晒干,厚厚的苫盖到草屋上。所以,海草房又叫海带房,或作海苔房。由于苫盖得特别厚,夏天太阳晒不透,冬天冷风吹不进,这种海草房明显具有冬暖夏凉的优点。海带含盐及多种矿物质,不易腐朽,虽百年老房,不漏不倒。海带房还有屏蔽无线电波和微波的功能,手机到海带房内不好用。在人们深受微波辐射之苦的今天,海草房可能是最佳的住所了。

秦汉以后到宋金以前,是海草房形成和广为流传的时期,元、明、清三朝则是海草房的繁荣时期。清道光二十年(1840)《荣成县志》记载:"邑中罕见瓦屋,砌以石,覆以茅,苫以海带,仅蔽风雨,而内外之辨较然。"可见,当时胶东地区的海草房是较为普遍的。

海草房自形成之日起,便以它的独特性和创新性深深地吸引着众人。历史上游览过威海海草房的名人很多,比如说秦始皇嬴政、汉武帝刘彻、汉太史公司马迁、明代抗倭名将戚继光等。时至今日,每每走进家乡近海的渔村,便可以看到这些以石为墙、海草为顶的海草房,这些历经无数风雨、趟过时间长河的海草房总会令人印象深刻、流连忘返。

海草房作为胶东最具地域特色的建筑,是与当地的自然环境相适宜的。胶东地区属温带季风气候,夏季多雨潮湿,冬季多雪寒冷,当地居民为了冬天保暖、夏天避雨防暑便就地取材,用天然的海草晒干后作为材料苫盖出海草房。它自己的方式承载着胶东人生活的喜怒哀乐,体味着家庭成员的人生追求和情感寄托,凝聚着一家人的血脉亲情。即使沧海桑田,我们依旧对冬暖夏凉的海草房有着深深的眷恋和难以割舍的情怀。

建筑是石头的史书,建筑本身涵盖了浓郁的历史信息。胶东的海草房,亦如它独具特色的样式和悠久的历史,也蕴涵着丰富的地域文化,承载着当地人在建设家园时的风俗习惯、思维方式、行为规范、祭祀信仰等。更为重要的是,海草房浓缩的是许多精神文化遗产。

其一,海草房的建造体现了胶东人淳朴稳重、阔达多智的品性。中国著名画家吴冠中先生曾这样赞美海草房:"那松软的草质感,调和了坚硬的石头,又令房顶略具缓缓的弧线身段。看一眼那渔家的院子,立即给你方稳、厚重的感觉。"一般情况下,海草房40年以上才需要修葺,现存的海草房大多已有上百年的历史了,而普通的瓦房20年以上就需要修整。这般持重与耐久也正是胶东精神的缩影。海草房的造型简单大方、不事张扬,始终保持着与胶东人一样的淳朴美。

大海的博大辽阔及滨海平原的广阔舒达对胶东人的性格观念产生了重大的影响。胶东人能因地制宜,根据气候条件的要求设计建造出海草房,这便是一种智慧的体现。

其二,海草房的建造过程还体现着胶东人热情好义、礼贤敬德的传统人格美德。在准备建房的材料期间,亲戚朋友有钱的出钱,有力的出力;邻里乡亲则招呼一声即来帮忙,无论是人力还是畜力,都无须付工钱,只是作为一种热情的帮助付出着。在准备材料期间有一种活叫"扎把子",这种活比较轻松,一般由自家老人慢慢干。对于那些家中没有老人的人家,"扎把子"就请来与自家比较亲近的老人,让他们干着"扎把子"的轻松活,与其他工匠艺人一起"好吃好喝"表面上是干活,实际上是房主对老人的敬意和孝道。

其三,海草房的出现与发展也展现了胶东人民先进的环保意识和理念。海草这种天然的建筑材料,废弃后不但容易降解,而且不会对环境造成任何的污染和破坏,相反还能成为一种天然的肥料,这一点是砖瓦等建筑材料所无法比拟的。所以海草房是胶东人民用自己的聪明才智创造的一种既适宜居住又能生态环保的民居形式。利用海草苫房子,不仅解决了盖房子的原材料问题,而且为海滩修了面,保护了海洋生态环境,达到了人海两利的佳境。

遗憾的是,由于现代化对海水的逐渐污染,浅海中已经不再生长这种海草了。尽管胶东民众尝尽了瓦房夏天炎热、冬天寒冷的苦楚,对冬暖夏凉、经久实用的海草房有着诸多的怀念和留恋,巧妇难为无米之炊,已不会再有新的海草房出现了。现在仍然住在那些历尽沧桑的海草房里的人们,尽管感到幸运,感到它的珍贵,也想千方百计地保护它,但很难挽救它濒临灭亡的命运。

二、古今名刹——灵岩寺

灵岩寺坐落于山东济南市长清区,位居泰山约二十公里的地方。灵岩寺坐北向南,东西南各有不同的风景名胜环绕:东有棋子岭、灵辟峰、郎公山列障,南有如来顶、明孔山、黄岘山,西有鸡鸣山和塔宝峪,山清水秀,宛如一片净土。灵岩寺的建造年代约为东晋、前秦时期,始创建者为天竺高僧朗公。经过时代的变迁,灵岩寺也几度遭到损坏,但可喜的是历代朝廷都比较重视灵岩寺的修缮工作,比如说宋代灵岩寺的发展臻于极盛,宋真宗、宋仁宗曾御赐其"景德灵岩禅寺""十方灵岩禅寺"等称谓。至明代,灵岩寺又进行过多次的改造与修葺,现在寺内的大雄宝殿、千佛殿、御书阁等仍然保留了明代的面貌。灵岩寺佛教底蕴深厚,自唐代起便与浙江天台国清寺、湖北江陵玉泉寺、南京栖霞寺并称为天下"四大名刹",名望很高。

灵岩寺的自然景观壮美,可谓是"石秀、岩峭、洞幽、泉甘、树奇",寺内现存的建筑,沿山门内南北中轴线依次为天王殿、钟鼓楼、大雄宝殿、千佛殿、御书阁等,其基本呈五进四庭、主体分明的建筑格局。千佛殿依山建于高大的台基之上,其面阔七间,进深四间,单檐庑殿顶,举折平缓,出檐深远。千佛殿是历史非常悠久的木构建筑,唐贞观中住持慧崇主持创建,宋嘉祐时期又进行了重新修葺。其形制风貌依然保持着唐宋气息。千佛殿内的四十尊彩色泥塑罗汉像是千佛殿中最添彩的部分。据考证,四十尊彩色泥塑罗汉像中有三十二尊塑于宋治平三年(1066),其他八尊一说补塑于明万历年间(1573—1620),一说其创作年代至迟不晚于明代,具体的塑造年代说法不一。这四十尊彩色泥塑罗汉像皆坐于约八十厘米的砖石切束腰座上,从脚底到头顶大约有一米有余。这些罗汉像不同于传统的佛教造像,其写实写生主义十分明显。罗汉像的形态、神情、姿态皆栩栩如生:断恭、拄杖、合掌、趺坐、口讲手指、侧耳倾听的诸多形态给人以无限的亲切感。此外,罗汉像在塑造过程中也是相当注意处理人体与衣饰的关系,线条的曲直、虚实与起伏,动作瞬间的衣褶变化,织物的质感都表现得准确而生动,节奏感极强。这些形态、神情各异的泥塑罗汉像,是研究我国佛教史发展的珍贵资料,具有很高的艺术价值与学术价值。1912年,著名学者梁启超游览此地时,曾题词称"灵岩千佛殿宋罗汉造像,海内第一名塑"。

步入灵岩寺,引人入胜的除了宏伟壮观的建筑外,还有那汩汩的清泉:卓锡泉、万盛泉、双鹤泉皆位于千佛殿东侧崖壁中,俗称"五步三泉",其中卓锡泉为济南七十二名泉之一。灵岩寺最有名的泉是甘露泉,为"灵岩第一泉"。灵岩寺自然风光主要有八大景:"一线天"之险、"可公床"之奇、"滴水崖"之韵、"对松桥"之姿、"五步三泉"、"镜池春晓"、"明空晴雪"、"方山积翠",真可谓是巧夺天工,使人流连忘返。

三、尊荣至圣之曲阜孔庙

孔庙位于山东省曲阜市南门内,是祭祀中国伟大的政治家、思想家、教育家——孔子的本庙。曲阜孔庙为中国现存的最大的孔庙,它与孔府、孔林合称为"三孔",均被列入世界文化遗产。孔庙的始建年代早,规模宏大雄伟,故与北京故宫、承德避暑山庄并列我国三大古建筑群,被近代建筑专家梁思成先生看作世界建筑史上"唯一的孤例"。

孔庙内较为著名的建筑主要有棂灵门、二门、奎文阁、杏坛、大成殿、寝殿等,圣迹殿以及两庑,分别是祭祀孔子以及先儒、先贤的主要场地;东路为崇圣门、诗礼堂、故井、鲁壁、崇圣祠、家庙等,多是祭祀孔子上五代祖先的地方;西路为启圣门、金丝堂、启圣王殿、寝殿等等,是祭祀孔子父母的地方。因为孔子在整个中国历史上地位尊贵,被看作"帝王师",所以历朝历代都十分注重对孔庙的保存和修缮,而且为了表示孔庙的崇高地位,孔庙是唯一可以采用帝王宫室建筑礼制的建筑物:皇宫是九进院落,孔庙也是九进院落,皇宫使用黄色琉璃瓦,孔庙中路建筑也是如此一致地采用了黄色琉璃瓦;皇宫内的门钉是九九制,孔庙中路门上的门钉也是九九八十一颗。

孔庙的大门为棂灵门,古代传说棂灵是天上的文星,以此命名寓意着孔子乃文星下凡,造福了万世,更体现了希冀国家人才辈出的美好愿景。棂灵门建于清朝乾隆十九年(1754),该门石刻牌坊式,六楹四柱,楣镌乾隆手书匾额,进此门便是孔庙第一院落,整个建筑风格稳重端庄,沉着肃穆。

孔庙的中心建筑是大成殿,面阔九间,进深五间,它位于杏坛以北,建在东西宽四十五米、南北长三十五米、高两米的露台上。重檐九脊,黄瓦飞彩,斗拱交错,雕梁画栋、回廊环绕,巍峨壮丽。擎檐有石柱二十八根,两山及后檐的十八根诸子浅雕云龙纹,每柱有七十二团龙。雕龙盘绕升腾于云雾之中,形象生动,栩栩如生。大成殿所在的露台平面十分开阔,旧时祭祀孔子的"八佾舞"即在此举行。大成殿内高悬清乾隆皇帝手书的"万世师表"等十方巨匾和三副楹联。大成殿内主祀孔子,两旁颜回、曾参、孔伋、孟轲配祀,还有闵子骞、仲弓、子贡、子夏、有若、冉耕、宰予、冉求、子游、子张、朱熹等哲人塑像。历朝历代皇帝的重大祭祀活动都在大殿内举行。大成殿内还放置着钟磬、琴瑟、俎豆等各色的礼器、乐器。建筑之功的精细、规模之宏大,使其与北京故宫太和殿、泰山岱庙天祝殿合称为中国古代三大殿,堪称建筑艺术的精品。

奎文阁为孔庙的藏书阁,位于孔庙的中部,皇帝诏旨、上丁祭文、经史子集、墨迹碑帖均在奎文阁收藏。此阁始建于宋天禧二年(1018),明成化十九年(1483)改建,"奎"本星宿名,二十八星宿之一,居白虎星座之首。古人以"奎主文章",遂被视为首席文官的代名词。奎文阁三重飞檐,四层斗拱,面阔七间,进深五间,阁的内部有两层阁,中间夹有暗层,结构独特,工艺奇巧。明清两代曾专设奎文阁七品典籍官一员进行管理。暗层专藏经板,下层专藏历代帝王祭祀孔子时所需的香帛之物。奎文阁是中国著名的木结构楼阁之一,而且结构之奇特也是极为罕见,所以奎文阁即使见证了无数的历史沧桑巨变,历经了多次地震,依然屹立,这是建筑史上的奇迹。

孔庙的建筑自然是别成一景。除了建筑之外,孔庙仍然有许多引人入胜的地方,那便是庙内众多的石刻珍品,堪称重要的历史文物。这些石刻珍品主要包括汉魏碑刻、汉代石人、汉代"扁鹊针灸图"画像石以及玉虹楼法帖等。这些石刻多分布于殿前堂后,厅内室外、台上阶下,门侧道旁,数不胜数。

孔庙内的自然景象也是以幽深为主,林木较多,以柏桧为主,还有碧槐、银杏、藤萝等等。置身其中,仿佛置身于一方外界净土中,忘却烦恼,行走其中,仿佛能与孔夫子对话一般。你会被这深深的学术气息和文化氛围所震撼,置身其中,已经远远不止是一次旅行,更是一次心灵的洗礼、思想的净化。

这便是山东曲阜孔庙——一个山东的骄傲,一个中国的符号。

第四节　余音绕梁的戏曲艺术

戏曲是与民间生活更为贴近的一种艺术形式,除了形象生动之外,还保留着浓厚的民间文学色彩,雅俗共赏是戏曲发展的一个典型特点。明清时期普遍流行的弋阳腔和昆山腔在种种复杂的流变演化中开始与各地的语言、曲调以及各种民间歌舞、说唱相融合,形成了独具地方特色的地方戏曲。至清代,地方大戏的主要声腔系统包括弦索、高腔、皮黄等。地方戏的声腔大部分还是来源于民间说唱,这些声腔的绝大部分皆在山东地区流行,遂山东毋庸置疑地被看作"戏曲大省"和"戏曲强省"。山东的戏曲既有起源较早的柳子戏、梆子腔、肘鼓子,又有起源稍晚但发展迅猛的近代剧种——吕剧、两夹弦、四根弦等。提起山东戏曲艺术,不禁让人有种余音绕梁之感,深厚的文化底蕴再配上精美的唱腔、表演,俨然是一场视觉和听觉的盛宴。

一、起源较早的山东戏曲——柳子戏

众所周知,清初戏曲的四大声腔即"南昆、北弋、东柳、西梆",其中的"东柳"就是指起源于山东的柳子戏。柳子戏是由明清俗曲发展而来的,它最先在清初兴起于鲁西南、鲁南地区,这也是有渊源可溯的,山东地区早在明代中期就已经开始流行俗曲小令的清唱,清代嘉庆年间,历城华广生所编订的俗曲集《白雪遗音》中,便有很多曲文和柳子戏的曲文相同或者相似。柳子戏不仅在山东地区流传,还一度北传至河南和北京,成为当时名副其实的"大地方剧种"。但是柳子戏在太平天国和捻军起义的影响下遭受到致命的打击,从此在山东地区逐渐衰落下去。

山东柳子戏的唱腔温婉轻柔,曲词平实通畅,所以比较容易流传开来。柳子戏的剧种非常之多,既有历史故事和民间传说故事以歌颂英雄、反抗压迫和侵略内容的,例如《古城会》《单刀会》《空城计》《武松打店》《洪州城》《杨文广征东》等。又有许多反映普通民众生活乐趣和心理状态的比较生活化的故事,嬉笑怒骂,众生百态。又如:《王小赶脚》《探亲家》《借靴》《打瞎子》等等非常之多,不胜枚举。柳子戏之所以被如此称呼,是因为柳子戏所用的明清俗曲中,有一种典型的曲调叫作柳子,故最初便为"柳子戏",其实柳子戏不单纯只用柳子作调,比如其在流传过程中还逐渐吸收了高腔、青阳腔、昆腔、乱弹、罗罗等声腔。柳子戏既可在一个剧目中综合运用联曲体和板腔体,又可以在不同剧目中分别使用联曲体与板腔体,灵活多变,成为山东戏曲早期的一个典型代表。

中华人民共和国成立以来,柳子戏也曾一度沉寂,其发展也相对迟滞。自1956年1957年举行的两次全国范围内的戏曲剧目工作会议后,山东柳子戏终于在经历了严冬的苦苦挣扎之后迎来了一个崭新的春天。以黄遵宪先生为代表的柳子戏演员在相对艰苦的条件下编演了柳子戏的经典剧目——《孙安动本》。这个戏至1959年底已经在北京连续上演了 17 场,周扬、田汉等领导以及梅兰芳、孟超等戏曲大师在观摩完《孙安动本》后也是大加赞赏。随后,《孙安动本》在赴上海公演期间,《新民晚报》《解放日报》《文汇报》专门进行了报道,曾经风靡的场景可想而知。《孙安动本》与山东柳子戏一同成为山东戏曲史上一个不可忘怀的记忆。

二、山东特色戏曲——梆子腔

山东梆子是历史比较悠久的山东地方戏曲,山东梆子源于以菏泽为中心的"曹州梆子"和以济宁、汶上为中心的"汶上梆子"。始建于明清时代的济宁财神阁高调五福班、曹天官所创建的大曹班、大孔班等距今都有几百年的历史。山东梆子在山东地区的种类较多,流行范围也是相当地广阔,除了山东梆子之外,还有莱芜梆子、枣梆、青州梆子等。主要流行区域覆盖了菏泽、济宁、泰安的大部分地区,还有聊城、临沂的部分县城以及农村也有梆子戏的流行。

山东自古便为孔孟之乡,重义轻利、豪爽义气是印在山东人民心中的一种文化认同与性格特质,这种文化与心理特质在一定程度上影响了山东梆子的发展特点。反抗压迫、勇于斗争、追求自由平等,构成山东梆子的主要题材,而唱腔的高亢激昂、豪放不羁又成为山东梆子独特的风格写照。

山东梆子是清代初年秦腔由河南地区传入菏泽、济宁一带的,其主要剧目包括《打金枝》《罗帕记》《穆桂英征东》《秦英征西》等;莱芜梆子因在莱芜流传而得名,它是由山东梆子和徽班相结合而形成的;枣梆是山西上党梆子辗转流传到鲁西南的,它的典型特色是用枣木梆子击节,其剧目主要包括《天波楼》《八仙美》《蝴蝶杯》等。

三、与时俱进的山东戏曲——吕剧

吕剧是山东最具有代表性和典型意义的地方戏曲,它以其巨大的影响力和辐射力已经成为中国八大地方剧种之一。提到山东戏曲,言必及吕剧。吕剧有今天喜人的成就与山东悠久的戏剧艺术渊源是分不开的。从齐鲁诸国的"傩舞""腊祭"到流行一时的倡优风气一直到后来汉代山东百戏,这些无疑构成了山东戏曲的滥觞。吕剧正是在这种基础上不断整合、不断调改而形成的一个年轻剧种,其蓬勃的生命力和稳健的创造力使山东始终站在中国戏曲发展舞台的前沿。

吕剧是从民间说唱艺术"山东琴书"发展演变而来的,其最早的起源应该是广饶县艺人将琴书《王小赶脚》用连唱带演的形式展现在观众面前,所以吕剧一度被称为"化妆扬琴"或"琴戏"。其被定名为吕剧,那是中华人民共和国成立以后的事了。吕剧最引人入胜的是它的内容非常平实,贴近人民的生活,多取材于民间百姓的生活故事,有着浓厚的生活气息,所以演出的剧目与观众没有隔阂感,其广泛流行的发展态势也就可想而知了。朴实的题材再辅助于以山东通俗化的方言、优美的四平唱腔、轻快的琴弦音乐使吕剧得以与时俱进、长盛不衰。

提起山东吕剧,就不得不提吕剧发展史上的里程碑式的经典之作——《李二嫂改嫁》。正是这部戏剧将山东吕剧推向了全国，如果说是吕剧孕育、滋养了《李二嫂改嫁》，那《李二嫂改嫁》便成就了这一年轻的剧种——吕剧。中华人民共和国成立后，《李二嫂改嫁》便在华东戏曲会演的开幕式上首次示人，其浓厚的生活气息、平实的故事情节、深刻的主题思想再加之郎咸芬等演员精湛的表演使它迅速走红大江南北，成为当时戏曲界的一个传奇和标志。《李二嫂改嫁》讲述的是中华人民共和国成立后，妇女反抗封建压迫，争取婚姻自由、渴望人性解放的一个故事。故事的主人公李二嫂，17岁被娶，18岁丧父，备受婆婆的欺凌，但她在痛苦的挣扎中闪现了新时代女性的反抗意识，在劳动中与张小六产生了爱意，为自己的幸福抗争不懈。李二嫂虽是备受封建婚姻压迫的农村寡妇，但她没有屈服和妥协于命运，而是用自己的力量争取属于自己的幸福，妇女解放虽然任重道远，但绝不可以忽视个人和行动的力量。只要心存希望、敢于反抗，幸福生活其实只是咫尺天涯。《李二嫂改嫁》的价值已经远远超过了一出戏，带给人们的是希望，是愿景，是信念。即使时间流逝，人们又岂会忘记曾经的精神支柱。这便是《李二嫂改嫁》，这便是山东吕剧。它承载着平凡人家的故事，记录着小人物的喜怒哀乐，带给人们的不仅仅是艺术上的欣赏，更是一次次心灵的震撼与思想的觉醒。

伴随着《李二嫂改嫁》而走入人们视野的是李二嫂的扮演者、优秀吕剧艺术家——郎咸芬。她除了饰演李二嫂之外，还于1997年演出了吕剧《苦菜花》中的母亲一角。郎咸芬作为一个吕剧工作者，为吕剧的发展奉献了自己毕生的热情。她唱功深厚、艺术修养很高，表演自然、流畅。她在《苦菜花》中饰演的母亲一角，展现了一个普通女性在面对外国侵略时的爱国热情与奉献精神，为保家乡和军队不惜付出生命的代价，展示了山东人传统的价值选择，体现了中国人高尚不屈的精神节操。郎咸芬、林建华、李岱江等老一辈著名吕剧表演艺术家为吕剧走出山东、走出国门做出了巨大的贡献，又有一批青年才俊如高静、刘玉凤、李萍、焦黎等承载起了振兴吕剧、发扬吕剧的重任。

山东吕剧面对多元文化的冲击，能够适时地调整其发展思路和发展策略，能够坚持以平凡的故事发出时代的最强音，这是它与时俱进、繁荣向前的重要动力。

第五节　绚丽绽放的山东影视艺术

影视艺术是所有艺术形态中出现较晚的。起步晚、发展快是影视艺术给人的第一印象，因为视听觉效应已经与人们的生活密不可分。从影视艺术走进人们生活的那一天起，它便承载起"展人生故事，思百态社会"的历史使命，山东的影视艺术也是如此。人们传统意义上的影视艺术一般包括电影和电视剧，山东的电影、电视剧艺术取材广泛，思想深刻，现实意义色彩浓厚，结合齐鲁故地优秀的文化传统和思想基因，山东的影视艺术也在不断地蜕变、重生。山东影视艺术一直走在创作前沿，成为中国影视艺术发展中不可忽视的一股力量。

一、探索历程中的流金岁月

与所有艺术形式一样,山东影视事业的发展也经历了萌芽、发展、繁荣的艰辛历程。每一个发展的节点都凝聚着一代代山东影视工作者的辛勤付出,镌刻着山东影视昂扬前进的历史印记。

中华人民共和国成立初期至 20 世纪 70 年代末期,山东影视事业处于萧条的萌芽期,发展过程相对缓慢,没有太多的电影、电视剧问世。但是这一时期,山东相继成立了较多的影视艺术团体和单位。1949 年,济南军区政治部前卫话剧团成立;1953 年,山东省话剧团成立;1958 年,山东电影制片厂建厂;1959 年,山东省柳子剧团成立;1960 年,山东电视台建台。这些坚实有力的文艺团体为山东影视的发展奠定了基础,提供了有力的支撑。1978 年,山东电视台拍摄了山东省第一部电视剧《人民的委托》,拉开了山东影视发展的新篇章。

20 世纪八九十年代是山东影视蓬勃发展的时期,也正是在这一时期,山东影视取得了令人瞩目的成就。1980 年,山东广播电视艺术团成立,之后便相继拍摄了《美丽的姑娘》《智取威海卫》《家乡红叶》等电视剧,其中,《家乡红叶》在 1981 年全国首届电视剧评选中荣获了三等奖,这个奖无疑是给予山东影视工作者的一个莫大鼓励。于是在 1982—1984 年,山东影视剧制作单位又在原有基础上制作了《武松》《高山下的花环》《今夜有暴风雪》三部优秀的影视作品。这三部作品首次实现了山东影视在全国影视中的"三连冠",在全国树立起了山东影视的良好口碑。20 世纪 90 年代相比 80 年代而言,影视艺术的发展又呈现出新的进步,不但制作更为精良,其类型更是多样化。《天涯歌女》《孔繁森》《激情辩护》《朗朗星空》《金婚》《孔子》《村主任李四平》《愤怒的白鬃马》《青春无季》《太阳依然升起》《湖上船歌》等影视作品相继问世。这一时期的山东影视作品不仅数量惊人,其中《孔繁森》《愤怒的白鬃马》等众多优秀作品更是斩获大奖,载誉而归,实现了山东影视的跨越式发展。

进入新世纪以来,山东影视工作者回首过往,立足现实,传承历史文化,把握时代脉搏,推出了一部部现实主义的影视作品,它们折射出社会发展的光辉。山东影视为社会呈现出诸多的精神与视觉的双重盛宴:2000 年的《光荣之旅》,2001 年的《大法官》《绝对情感》,2002 年的《誓言无声》《秋天的流星雨》,2003 年的《大染坊》,2007 年的《开创盛世》等。经过不懈的努力,山东影视作品在中宣部"五个一工程奖""飞天奖""金鹰奖"中皆获得喜人的佳绩。山东影视在获奖数量、级别和奖次方面都位列全国前茅。在新世纪新时期,山东影视正以稳健的步伐书写属于自己的辉煌。

二、厚德、仁义的影视文化特点

山东是齐鲁故地、孔孟之乡,传统文化底蕴深厚,故此山东省历来也是文化强省。受传统文化的渗透与影响,山东影视作品一直坚持以"厚德仁义"为内涵,打造属于山东的影视标签。山东影视作品的类型多样、内容丰富,从题材上来讲,主要分为以下几类：历史正剧题材、侠义传奇题材、主旋律题材和红色革命题材。每一种优良题材、每一部优秀影视作品背后都是对传统文化的继承、对精神力量的赞颂、对时代发展的献礼。以现实主义为依托，以文化内核为主旨是山东影视发展的立足点。

在山东的历史正剧题材中，最经典的作品当数 1992 年拍摄的《孔子》。孔子是历史文化的典范，其创立的儒家学说也是中国传统文化的重要组成部分。孔子的一生是复杂的，他的一生不仅个人生命历程起伏跌宕，更是一个时代的文化缩影。《孔子》这部剧以编年式的叙事方式，结合孔子最重要、最经典的事迹，展现了孔子坎坷、沉浮的一生。该剧将孔子塑造为一个普通人，通过孔子对仁爱的坚持、对父母的孝道、对礼仪的遵从、对国君的忠诚等方面，全方位塑造了一个在矛盾斗争中不屈不挠的孔子形象。使我们观众形象、生动地感知了孔子为我们留下的思想文化遗产，厚德的文化特点贯穿该剧的始终，集中展现了山东影视剧的文化特点。

在红色革命题材的影视作品中，《沂蒙六姐妹》是典型的山东电影代表。《沂蒙六姐妹》展现的是中国人民解放战争时期，沂蒙地区六名女子在战争中表现出的无私与奉献品质，她们虽然经历有别、性格迥异，但面对战争的考验与磨砺时，展现了同样的不屈与坚韧。《沂蒙六姐妹》是山东乃至中国电影艺术中的精品，具有很高的文化价值和艺术价值。影片以春英、兰花、月芬为主，讲述了战争过程中的种种参与，充分展现了山东女子端庄、典雅、贤惠、忠厚的美德，侧重于对女性的人文关怀与赞颂。春英、月芬、兰花她们每一个人的故事都浓缩着浓浓的山东精神与内涵。春英强忍着丈夫牺牲的痛苦，不怕苦不怕累，始终走在支前队伍的前列；月芬从未与自己的丈夫谋过面，苦苦期盼下等来的竟然是丈夫牺牲的噩耗；兰花作为干部，忘却了自己的幸福，日夜为支前工作奔波劳累。沂蒙姐妹虽然是"小人物"却有着"大情怀"，她们将山东人的仁义礼智信展现在了世人面前，面对战争的洗礼和生死存亡，英勇战斗成为每一个人心底的声音。

《沂蒙六姐妹》表面写的是六姐妹的故事，实则凸显的是所有沂蒙老区人民在战争中的默默奉献精神，这才铸就了八百里沂蒙成为一片红色的热土、抗战的圣地。《沂蒙六姐妹》现实意义十分深刻，沂蒙精神已经与井冈山精神、延安精神一样成为我们不能忘却的红色精神财富，鼓舞着我们山东人民继承传统、承担起历史和时代的重任，将沂蒙精神发扬光大。《沂蒙六姐妹》不仅填补了长期以来没有反映沂蒙老区抗战历史的影视剧的空白，更带给我们无尽的震撼与沉思。

三、现当代山东优秀的影视作品与影视人

在现当代我们熟悉的山东影视作品中，最引人瞩目的便是《闯关东》，这部电视剧不仅获奖无数，而且一举拿下了超高的收视率与观众的好口碑，在现当代影视发展中占有重要的地位。

《闯关东》以 1904 年山东遭受洪涝灾害，人民在饱受苦难的历史背景下展开，描述了农民朱开山一家由于各种恶劣的生存环境，从山东到东北谋生的艰辛历程。该剧的

时间点从清末一直到九一八事变爆发前,以主人公朱开山复杂、坎坷的一生为主要线索,穿插着朱开山的三个性格各异、命运不同的儿子和儿媳在闯关东路上遇到的种种磨难与考验,该剧根据时间点和故事发展的脉络主要分为四大章节,其中重点描写了朱开山和他的家人参与的一系列淘金、伐木、农耕、放排、二人转、土匪、走马帮、开矿、军阀战争、抗日战争等历史片段,再现了一个普通的山东家庭在东北顽强抗争、终成传奇的历史史诗,在定格历史的同时也引发了社会现实的关注和思考。

《闯关东》主要取材于山东真实的历史,从清朝末年到中华人民共和国成立前夕,山东地区的自然灾害较多,战争频仍,普通民众朝不保夕、流离失所。在这种情势下,山东人没有固守现状,而是积极"闯关东",到东北地区谋求生存和生计。山东人"闯关东"的壮举是一种"双赢"的效应,他们到了东北之后首先有了一个相对安定的生存环境,为自身的生存和生活提供了基本保障,而且在与东北人相融合的过程中带动了东北经济的发展,闯关东人民浩浩荡荡的脚步是我们不曾忘怀的历史记忆。

朱开山一家不论面对什么样的困难,始终彰显的是山东传统的儒家精神文化,仁义礼智信的烙印十分明显,尽管历经艰辛、饱尝痛苦,但骨子里的坚守和信念却从未曾动摇过。在传统山东精神的基础上,他们又代表了一种时代精神,那便是勤劳勇敢、积极进取、自强不息。《闯关东》深刻的思想内核与精彩的情节设计,使它成为山东题材电视剧的一个经典和传奇。

《闯关东》不仅取材于山东,其主要人物形象也颇具有山东特色。比如说主人公朱开山,虽然是一位质朴的农民,但却是重情重义。在白手起家的过程中,重信;在民族危难中,爱国;豪爽的外表下是一身正气。朱开山的妻子文他娘明理、贤惠,是朱开山的"贤内助",当男人们出去杀敌救国时,她独自撑起了这个家,展现了山东妇女"贤德"的性格特征。还有朱开山的二儿子传武和养女鲜儿,他们倔强、正义、爱国爱家,在面对生死存亡时,毅然走上了抗日的最前线,挥洒着无悔的热血和青春。《闯关东》使年青一代更加深入地了解了山东精神和中华传统精神,启迪人生,洗礼心灵。

说起现当代山东影视界的代表人物,便不得不提从山东走向国际的影后人物巩俐。巩俐是中国电影界的一个传奇,也是山东的骄傲。巩俐是中国著名的电影演员、联合国促进和平艺术家,被赞誉为"第五代电影的缪斯女神"。其代表作主要有:《红高粱》《秋菊打官司》《大红灯笼高高挂》《霸王别姬》《活着》《归来》等等。巩俐拿奖无数,威尼斯电影节最佳女演员奖、蒙特利尔国际电影节最佳女演员奖、金熊奖、金狮奖、金棕榈奖等,是全球唯一一位主演影片包揽欧洲三大国际电影节最高奖的女演员,曾担任第59届威尼斯电影节评委会主席,第50届柏林国际电影节评委会主席等。巩俐正带着自己独特的魅力和精湛无瑕的表演功力在演艺和人生的道路上愈走愈远。

思考与讨论

1. 山东的文学艺术主要包括哪几种文学形式？

2. 自秦汉至清代,试举5位山东著名的书画家及其代表作品。

3. 山东典型民居——海草房凝聚了怎样的山东思想文化？

4.《李二嫂改嫁》是山东哪一种戏曲的代表作品？它的主要内容是什么？

第七章

山东民俗文化

中国是世界四大文明古国之一,具有五千年的历史文明。这是值得每一位中华儿女所骄傲的,同时这也是由每一位炎黄子孙的努力汇聚而成的。在如此辉煌的文明之中,不仅具有高雅的文化,还有多彩的民俗文化。这些民俗文化反映了基层民众生活、生产中的愿望,丰富了民众的精神生活。因为中国地域辽阔,就具体的民俗表达形式而言,各地区之间多有差异。不过,不同民俗文化的背后所蕴藏的心态和理想是相似的,诸如表达对幸福安康的追求、对灾难疾病的抗争,这一切归根到底都是对自身命运的关注。民俗文化蕴藏着深厚的人文主义精神。

儒家文化是中国传统文化的主流,属于高雅的上层文化,其核心是仁与礼,本质是人文主义。它发源于山东,使中国成为礼仪之邦,这不仅要归功于孔子和孟子等圣人,还要看到每一个山东人的贡献。孔孟二圣创立和发展的儒家文化,与其生活的社会环境是分不开的,他们在生活中无时无刻不感受到山东民众的习俗——重视礼仪。山东人在生活中重视礼仪的习俗或许是儒家文化的重要源头。对于儒家文化,诸多贤达前辈都做了详细探究,故不赘述,单就山东的民俗文化做一论说,以窥探山东人民在历史上和生活中是如何为了自己的命运和尊严而诉求的。

第一节　衣食住行习俗

古语有云:"仓廪实而知礼节,衣食足而知荣辱。"人们只有满足了最基本的生存需要,才能够创造出辉煌的文明。人们为满足生存需求不断努力,既为灿烂的文明提供了保证,也构成了民俗文化的基本要素。这些努力主要体现在衣食住行四方面,山东人民也在千百年的发展中,在衣食住行等基本生活方面创下了丰富的文化景观。每一种文化景观都可以映照出山东人的生活史和文化性格。

一、服饰民俗

常言道,"人靠衣装马靠鞍"。衣裳在人的生活中占据着重要地位,最基本的就是帮人御冷防寒,再者即可以装扮人的容貌,为之增光添彩。山东人的服饰民俗,虽然与少数民族地区的服装相比较,缺少特别突出的特点,但仍具有悠久的历史,花样亦是繁多。下面就其材质和不同形制做一简要说明。

悠久的历史,首先表现在其衣服材质的演进过程。早在西周春秋时代,山东的桑蚕业已相当普遍。到战国秦汉时期,山东地区已成为全国四大丝织产区,丝织衣裳十分流行。不过这些蚕丝所制衣物应该多为贵族所使用,普通百姓可能较少穿着,更多的是穿着葛布、麻布。麻布的优点是强度极高、吸湿、导热、透气性甚佳,但穿着不甚舒适,外观较为粗糙、生硬。棉种从印度传入中国之后,山东又成了主要的产棉区。明代后期,棉布逐渐取代麻布面料成为山东人衣着的主要材质。与此同时,山东的桑蚕也延续开来,其中区别于普通桑蚕的是胶东半岛牟平、乳山、栖霞等地所产的柞蚕丝绸,俗称宁海绸、府绸、大茧丝疙瘩绸。

"慈母手中线,游子身上衣。"传统社会中,山东人的衣服大都是女子在家中纺线织布后裁剪制成。纺织的布匹称为"土布""小布""丈五弦子""梭布""家织布"。男耕女织是中国古代社会的主要生活方式。辛勤的劳动可以创造出幸福的生活和带来浓浓的亲情氛围,但在先进的科技面前,这种生活方式逐渐瓦解,人力渐渐被机械动力所取代。近代以来,随着西方纺织技术的传入,山东的机械纺织、印染、刺绣、缝纫等技术得到了普遍发展,"洋布"大幅度地替代了土布,机器缝制的衣服基本上替代了手工制衣。随着化学工业的发展,棉布的使用范围被廉价的化纤腈纶所蚕食,这是经济发展缓慢、人们生活水平低而导致的结果。当生活趋向改善后,人们又开始注重生活品质,纯棉衣物成为大家争相追捧的对象,而且传统的那种土布重新受到人们的认可,山东人将传统在此复活,开发为"鲁锦"。中国历史都是在奔跑前进中延续着传统的文化。在化学染料普及之前,用蓼蓝和槐根提取靛蓝加工青蓝色布和蓝印花布的民间作坊曾经遍布全省各地。有谚谣道:"天下无二行,除了药店是染坊。"当时的衣料布,大多是青蓝色和蓝印花布,一般老年人穿深色,年轻人穿浅色。沿黄河的农村,用黄河胶泥染白布为黄色,因材质为紫棉花故称为"紫花布"。

女子缝制衣服的活动,称为"针线活",文雅的称谓是"女工"。针线活是传统山东女子的必备功课,这与其他地区相近。盛装缝纫工具的小篮筐,或条编或用高粱秸秆自制,名叫"针线筐笤"。做衣、做鞋、绣花都有谱样,俗称为鞋样、花样,或具体称作兜子花样、枕头花样等。向人讨"样儿",俗称"脱样"。脱样用剪纸或烟熏。夹存样子的册子,俗称"样册""样本子"。菏泽地方的样册用数十张小年画订成,名叫"书本子"。缝纫有各种方法,如引、捏、拱、俏、纳、绣等。不过,这项优良的传统,在商品经济的冲击下,逐渐不被重视。这也可以透露出商品经济对人情的影响。

山东传统服饰因为不同的地区、行业和男女而有不同的形制。古代统治者往往通过衣服的形制来体现社会等级,以此维护严格的礼制。统治者的考虑是可以理解的,以礼治国是传统社会的特点。不过,为了满足统治者的穷奢极欲,基层民众的生活基本处在温饱线上,服饰作用则重在保暖(除却个别商人外)。山东男子服饰传统上分为

鲁锦

（http://shandong.kaiwind.com/zblmsy1/201310/16/t20131016_1151045.shtml）

上衣和下衣,而且随着时代的不断变化,其中受清朝服制影响最深。上衣主要有单棉之分,这是依据季节温度的变化而变的,并没有强调色彩和时尚。样式有以下几种:1.衫:老人常用大襟衣衫,从清朝的大襟衣衫演变而来,尚蓝色,夏装用麻布做成,谓之"夏布衫"。青年主要流行对襟衫,由清朝对襟褂子演变而来,布扣五或七对忌讳四或六对,前襟各制一外衣袋,俗称"对门小褂"。2.夹袄:形如对门小褂,一表一里,为春秋季上衣。3.大襟棉袄:在老人中流行,着装后,用一长布带扎腰,种种小物件可以插在腰间。4.对门小棉袄:形如对门夹袄,表里之间实棉。还有背心、坎肩等。辛亥革命以后,中山装流行开来,初期主要集中于社会上层,在中华人民共和国成立后,山东农村才大规模流行。因中山装多为当时基层干部所穿,故在山东一些地区又称中山装为"干部服"。"文化大革命"中,中山装为军服所替代。"文化大革命"后,军服又被西服所取代。

山东女子的服饰也是深受清朝服制影响,在民国和新中国成立后不断与时俱进,而且有着明显的地域特色。上衣有以下几种:1.衫:大襟褂子。清代的褂子较大,长可及膝,高领,大袖,为右开大襟式,襟及袖口等处镶边。民国以后,褂身变短,窄袖,多不镶边。不同的地区又各具特色:海岛与山区女子所穿褂子多为红色。在长山县砣矶岛,有俗语说:"砣矶岛,三件宝,大红裤子大红袄,穿着绣花鞋满街跑。"鲁西和鲁南的女子则喜欢穿自家织布由染坊印花的棉布褂。2.棉袄:有大小棉袄之分,皆大襟。大棉袄仅在严寒季节和外出时穿用,小棉袄则是冬季居家穿着的常装。3.肚兜:又称"紧身",是传统社会中青年妇女的一种内衣,大都以红色布料做成,呈正方形,对角设计,上角裁去后呈凹浅半圆形,下角或尖或圆,半圆两边处有带系颈上,两边有带扎,兜面上都有饰花,亦常被用为小孩盛夏时装束。4.旗袍。旗袍本为清朝满族妇女所穿用的一种服装,后经过不断改进,发展成式样繁多的有代表性的女子服饰,或长或短,或镶边或不镶边,或开衩或不开衩,富有变化且神韵不已。在山东,以三四十年代流行的一种彩色,绣有胸饰的旗袍最有特色。当时,结婚新娘的伴娘必着此装。

山东男子的传统下衣一般为裤,种类有单裤、夹裤、棉裤、皮裤、套裤等。这些裤子的种类大多也是根据季节变化和生活需要而产生的。在民俗事项之中,处处可以体现出人们对生命的关怀,鉴于其无任何思想知识的启蒙,这更多的是一种人的本能。谓之为"人本主义"甚为贴切。这些裤子的样式大多类似,并且旧时候,山东大多数地区的男子穿的裤子具有较为一致的样式,裤子皆为宽裆大腰,俗称"大裆裤子""宽裆裤子""大腰裤子"。这种裤子的腰和裤腿一般为两种颜色的布料。胶东一带男裤多为青布裤腿、白布裤腰。鲁西、鲁南一带多为花格布裤腿、白布裤腰。穿这种裤子时要打一个很大的折才能扎上腰带,俗称"挽裤腰"。腰带俗称"裤腰带子""扎腰带子"。男子的腰带一般以白布或青布条做成,女子的腰带一般为红布做成,一些女子腰带上还绣有各种精美的图案。已婚青年男女多用红色裤带。民间又有以红腰带避邪的风俗皮裤,此种裤子不多见,有则以狗皮裤为佳;海上渔民缝制严密的猪皮裤,天冷时穿着下海不透水。

女子的下衣与男子多有相似的款式,如裤子。山东民间女子穿的裤子也为大裆、肥腰式样,也有单、夹、棉裤之分。唯女裤颜色鲜艳一些,有时还以花裤为美。清末民初之际,女裤裤脚处多有刺绣图案和纹饰。在女裤的颜色上,山东平原地区的女子喜欢小花,山区女子喜欢艳丽大花。常见山区女子穿着红裤绿袄,初看觉着刺眼,将其与墨绿青山相衬,倒也感到谐调成趣。从中可以悟出服饰习俗虽不能用笔尖说明自己的美学所在,但仍可在无声之中感受到自然与人的相生相应。取法自然是传统民俗的重要特点。

此外,女子下衣最能体现女性柔性之美的是裙子。自清代以来,女子所穿裙子有很大变化。清代,女子所穿裙子为单衣裙、夏布裙。这种裙子系于上衣之内,罩着裤子,下摆处有一圈流苏,走动时更显得风姿绰约。甚至,有的罩裙是用线编制的网格状面料做成,所起作用并不在于保护裤子,仅在于增加女子的美观。20世纪50年代后这种裙子便不再时兴。裙裤的颜色在城镇、平原地区、山区等不同地区差别很大。

孩子穿着的衣服主要有百家衣、肚兜、转兜、饭单、斗篷、开裆裤子、连脚裤。这些衣服都有各自的功用和适合穿着的年龄段,其间充满了长者对子孙的关爱和方便生活的智慧。百家衣,意味着孩子还是穿百家布料做成的衣服好养活。五六岁的小孩为了便于方便,故穿着开裆裤,不用腰带用背带,不再穿开裆裤子时,俗称为"骈裆","骈裆"之后孩子会自系裤带,是长大起来的一个标志。连脚裤,幼儿穿着的连脚棉裤,鄄城称为"蛤蟆吞",微山叫作"蛤蟆皮"。虎头帽,为孩童所戴,帽顶两旁左右开孔装上两只皮毛耳朵,帽正中绣一"王"字,用色彩鲜艳的布制作,又常施以绣花缀以银饰。

此外,男子还会佩戴一些帽子,主要种类有:瓜皮帽,又称瓜皮子、秋帽、红疙瘩帽,沿袭明代六合帽的样式,帽作瓜棱形圆顶,用红绒结顶饰。有身份的人的常装,一般居民只在节庆时戴用。毡帽,又称毡帽头、帽头,是从前农民最常用的帽子。风帽,也叫

百家衣
(http://www.1mutian.com/news/zhishi278900.html)

风兜、脑袋子、将军盔,多为老年人或小孩避风之用。

女子的头发是其装扮的重要阵地,而且通过其发饰的变化能体现出其生活状态。山东女子自清代以来较普遍的发型是幼时绾双髻,俗名"抓髻",长大成人未婚时梳一长辫垂背后。婚后各地妇女都拆开长辫挽圆髻于脑后,俗名曰"纂",梳头即为"挽纂"。青年妇女无论婚否,一律留额前发,俗称"刘海"。

二、饮食民俗

民以食为天,这是生命所需,本能的表达。山东地区位于黄河下游,平原面积较辽阔,与华北平原相连接,故其饮食习俗与之相类似,整体上来说属于北方农业谷物类型。加之山东在地理上与京津地区靠近,相互之间影响较多。山东饮食习俗在不断的融合中,伴随着时代的发展,实现了日常饮食习俗的演进。

在长期的生产生活经验的积累下,山东人民的日常饮食制度逐渐形成了定规,但伴随着生产的调整也会发生相应变化。在生产忙碌季节,多指春耕之后,秋收结束,山东各地通行一日三餐,一餐称"一顿",俗话有"一天三顿饭"。三餐各有各名:早餐称早饭、早起饭、朝饭、头晌饭,午餐称晌午饭、晌饭、喝晌,晚餐称晚饭、夜饭、黑夜饭、下黑饭、后晌饭、喝汤等。人是铁饭是钢,一顿不吃饿得慌。充分进食,才能保证重体力农业生产能按时保质完成,为丰收提供保证。在秋收秋种结束到春耕生产开始之前,一些地区改行一日两餐制,俗称"两顿饭",体力需要的降低是其主要原因。

在明清以前,山东的主要粮食作物为小麦和小米。明代伴随着对外贸易的发展,南美洲高产粮食作物玉米、红薯沿着航海线路,传入中国,进入山东。清代得以广泛推广,形成了近百年来山东居民的主要粮食结构,分为粗粮与细粮两大类。细粮为大米和白面,粗粮为玉米、高粱、地瓜等,主粮之外的粗粮又称为杂粮、小杂粮。

　　山东称红薯为地瓜,因其卓越的抗旱能力,使之在山东丘陵地带被广泛种植,成为这地区农家的主要口粮。鲜食之外,切片晒干叫地瓜干,碾碎地瓜干可得地瓜面。地瓜食品有煮鲜地瓜、熟地瓜干、煮地瓜干、地瓜面饼、地瓜面条、猪耳朵面、起糕种种。在今日富足的生活面前,地瓜确实难上台面,但在大旱年月,它曾拯救过无数山东人的生命。这也从一个侧面反映出古代农民的生活是何等困苦,而史书上所描述的汉唐盛象和明清盛世,更多是社会上层剥夺基层民众而产生的虚假繁荣。近年来,在山东城市中,烤地瓜成为市民喜爱的零食,这应是人们回归自然和传统的直接表现。

　　与红薯一起落户山东的外来粮食作物还有玉米。因为其抗旱能力强,产量高于小麦和稻谷,所以迅速传播开来。这是人类社会对自然作物选育过程中的直接干预,也是理性选择。因为更高的产量意味着可以满足更多的生活需要,尽管玉米口感不佳,但其充饥持续时间长则使之被推广。山东种植玉米,始于明代,盛于清末,近百年取代谷子,成为山东人的主食。玉米食品有玉米饼子、掺菜饼子、包菜饼子、窝窝、发糕、粑粑骨子、铁匠饭、鲜玉米汤、玉米稀饭、玉米菜角子等。煎饼卷大葱是山东人食俗的代表作,煎饼的主要食材之一就是玉米。其主要的食用地区多在鲁中丘陵地区。当年,以红嫂为代表的沂蒙老区人民即是用煎饼为党和人民军队提供充足的生活保障。

　　此外,一方水土,养一方人。不同的地区,拥有不同的饮食结构。在历史的演进中,山东不同的地区依据自身的自然环境,形成了不同饮食习惯,大致可划分为两个区:胶济铁路以南,从济南南下的津浦铁路以东地区以吃煎饼为主,其余地方大都以吃玉米饼子为主。煎饼用五谷杂粮掺制,摊煎饼用鏊子,用煎饼笓子。煎饼不易变质,农家主妇常于农闲时摊制许多,折叠保存,吃饭时取出卷葱抹酱,再佐些小菜,加一碗开水便可成餐。山东煎饼闻名中外,种类繁多,依原料的不同有米面煎饼、豆面煎饼、玉米面煎饼、高粱面煎饼、地瓜煎饼、菜煎饼等,按口味的不同有咸煎饼、酸煎饼、甜煎饼、五香煎饼……现在还有了高档的名吃"糖酥煎饼"。[①]

煎饼

(http://blog.sina.com.cn/s/blog_4a78bda301014feg.html)

---

① 　山曼等著:《山东民俗》,山东友谊书社 1988 年版,第 99 页。

其他日常食品还有用小麦面粉加工的食品,俗称"面饭","面饭"食品种类极多,主要有馒头(俗称为馍、饽饽)、卷子、饺子、火烧、花糕、烙饼(死面饼、发面饼)等。胶东大饽饽近年来尤为受欢迎,这是一种回归传统的现象。地处渤海深处的长岛县,居民世代捕鱼为生,从前过的是以鱼代粮的生活,饮食习俗因此而较为特别,几乎每饭必鱼。

山东菜在不同的地域具有不同的特色,这体现出人们的生活与环境的关系十分密切。山东菜调味极重纯正醇浓,少有复杂的合成滋味,一菜一味,竭力体现原料的本味。这应与山东人实在憨厚的性格有关,文化性格在生活细节中得以体现。

山东菜简称鲁菜,通常指济南菜、胶东菜和曲阜孔府家菜三种类型。"济南菜受地域的影响具有鲁西风味,在烹调技术上多得益于孔府菜"[①],济南菜取材广泛,刀工精细,济南菜以善制汤而闻名,俗谚说:"唱戏的腔,做菜的汤。"尤重制汤,清汤、奶汤、项汤的使用及熬制都有严格的规定。菜品以清香、鲜嫩、味纯为主,最有代表性的是"奶汤蒲菜",以大明湖所产的蒲菜为主料。它的代表作有汤爆双脆、糖醋鲤鱼、宫保鸡丁、炸荷花等。胶东菜起源于福山、烟台、青岛,同属于胶东,以烹制各种海产品见长,口味以鲜嫩为主,偏重清淡,代表作有溜黄菜、糟溜鱼片、溜虾仁、虾籽海参、烧蛎黄等。孔府家菜是食不厌精、脍不厌细的具体体现,其用料之精广、筵席之丰盛可与宫廷御膳相媲美。这一饮食思想是延续孔子本人的饮食观念。代表菜有:传统烤菜"烤花揽鱼",必须以附近微山湖的鳜鱼为原料,否则就做不出这道名菜;孔府喜庆寿宴时的第一道名菜"八仙过海闹罗汉",作料有鱼翅、海参、鲍鱼、鱼骨(明骨)、鱼肚、虾、鸡、芦笋、火腿等,以鸡肉作"罗汉",其他八种主料为"八仙",故名"八仙过海闹罗汉"。

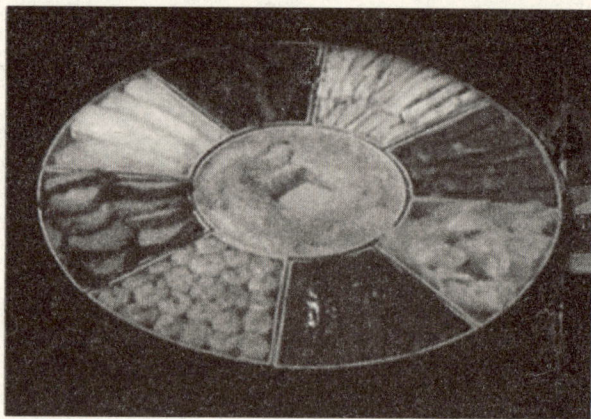

八仙过海闹罗汉
(http://www.plhaishen.com/News-879.html)

若论山东的饮食习俗,那就不可不论它的饭桌习俗。山东人在设宴款待客人时非常注重礼仪,到山东做客,定会有切身体会。宴席上的座次有着严格要求,坐在主宾首

---

① 山曼主编:《济南城市民俗》,济南出版社 2001 年版,第 144 页。

席的人,必须是最尊贵的客人。开宴时,只有坐首席的人动筷子后,其他人才能动筷。宴席的饭菜也有很多的规矩,迎客与送客的风俗也十分讲究,迎客时吃面条,送客时吃饺子,这叫作"送客饺子迎客面"。这其中的寓意则是面条形似绳索,绊着客人的腿,希望客人多住几天;饺子形如元宝,伴客远行,祝客人出门发财。鲁西南地区,有"无鸡不成宴"的风俗。鸡的谐音是"吉","万事吉当头",上的第一道菜固定是鸡,上了这道菜后,别的菜再陆续上席。末尾的一道菜,一般是糖水梨,以取谐音凑成"吉利"。或者最后上大红鲤鱼一尾,取"鱼"的谐音,表示"吉庆有余"。至今在一些城市饭馆里,也有这样的约定俗成:一旦鱼菜端上来,就表示菜上全了。

此外,宴席之上不能缺少了酒,不论客人喝与否,都要准备好。"有酒无菜,不算慢待;有菜无酒,拔腿就走。"山东素来有饮酒的习俗。远古时期的东夷人便十分喜欢饮酒,大汶口文化遗址中出土许多高柄杯。明清时期,运河沿岸地区饮酒之风盛行。渐渐地,山东宴席上就形成了无酒不成礼的风俗。

特殊的饮食习惯是礼仪往来的饮食惯制。山东在以往社会中,主要是农村人口占绝大多数,农村聚族而居,安土重迁,交际网络较小,所以农村走亲访友,多是当日去当日还,主家待客以午餐为主,午餐过后,客人告辞,主人必再备一餐,餐后始送行,俗称"两顿饭"。也有客人一进门先做一顿饭的,合则为"三顿饭"。

山东各地因为独特的自然环境而产生了不少的特产名吃,如烟台苹果、烟台大樱桃、肥城桃子、昌乐西瓜、大泽山葡萄、乐陵金丝小枣、明水的香稻、大明湖的莲藕、章丘的大葱、胶州的大白菜、潍县的萝卜等都久负盛名。这些特产的产生不仅得益于大自然的馈赠,而且还要看到劳动人们的智慧。只有在劳动中注意观察,才能培育出如此特产。

三、居住习俗

山东属于农业区,定所居住,与其他北方地区的居住相似,但也有较为独特的居住习俗。民居所呈现出的趋同性,是中国大一统形势下,地方的生活方式逐渐统一的生动体现。

因为山东兼有海陆两种自然环境,也因此兼备了海陆两种类型的文化,这一特点在居住习俗上便表现出来了。山东中西部地区的传统民居与其他北方地区大都一致,坐北朝南,土坯或石块垒成的房屋,有一个较为方正的庭院,俗称"天井"。不过,在山东半岛的沿海地区因为其独特的海洋生活方式,产生了独具特色的居住习俗。对于沿海的渔民而言,海洋则是他们的土地,他们在广阔的海洋上耕耘。他们的生活似乎飘摇不定,仅以船为家即可,可实际并非如此,他们在劳作之余也需要固定的住宅。于是,他们发挥聪明才智,就地取材,创造出了海洋民居——海草房。中国邮电部曾经发行过一系列以各地特色民居为主题图案的邮票。在山东民居的邮票上,人们看到的是一处别具一格的海草房:在原始石块或砖石块混合垒起的屋墙上,有着高高隆起的屋脊,屋脊上面是质感蓬松、绷着渔网的奇妙屋顶。海草房可以说是世界上最具有代表性的生态民居之一。它主要分布在我国胶东半岛的威海、烟台、青岛等沿海地带，特别是荣成地区更为集中。据考证，海草房从秦、汉至宋、金逐步形成并在胶东半岛广为流传。到了元、明、清则进入繁荣时期。海草房依地势而建，连靠在一起的海草房俗称"接山"。"接山"形成的门洞走廊，颇具农家大院特色。海草房的迎门正房一般为3间，山墙上还镶有"拴马石"。当地的人们自豪地说："住海草屋安静，晚上睡觉特香，下多大的雨也听不见，不像瓦顶房那样叮叮咚咚敲鼓似的响。"海草房民居建筑技艺已被列入山东省级非物质文化遗产名录。微山湖、东平湖上的渔民，祖祖辈辈以船为家，各船按传统的方式组合成"船帮"，相聚而泊，遂成水上渔村，"帮"就是村。总之，山东人无论利用何种材料创建民居，都有一个根本性的原则——就地取材，都是生态民居。

海草房
(http://blog.sina.com.cn/s/blog_6a493d8e010113hm.html)

山东历来是战争频发之地，军事地位重要，由此出现了许多与古代军事驻防、屯兵、屯田有关的住宿文化景观。如山东的村庄中有很多叫村、疃、庄、屯，黄河沿岸不少村叫"占"。一般地，东西为街，南北为小巷，如此传统，形成了特别的格局，如阳谷的大迷魂阵和小迷魂阵等。小迷魂阵至今保留着传统的格局，成了一种奇观。外人入村，方向和时间感都会产生错觉。村庄由"前迷魂阵"与"后迷魂阵"东西并列而成。在前迷魂阵，人认为后迷魂阵在北面，在后迷魂阵时，又会感到前迷魂阵在北面，感到方向随时在变，莫辨东西南北。当地有歌谣道："进了迷魂阵，状元也难认，东西南北中，到处是胡同，好像把磨推，老路转到黑。"这都是由房屋分布的格局造成的。整个村庄的布局呈新月形，两条主要的街道按弧形由东北向西北，房屋按街道走向建筑，本无固定方位，却统统称作"北屋"。村民世代传说，战国时的鬼谷子，曾在此地教孙膑、庞涓演阵法，村中房屋建筑的布局所根据的就是当年的阵形。这应是为了避免战乱的民间智慧的凝结。

山东的城市具有很悠久的历史，街道也具有很丰富的文化内涵。除却历史因素，最有特点的是济南的街道和青岛的街道。济南的街道命名中以纺织中的经线和纬线为参考,命名了东西路为经几路,南北路为纬几路。青岛是新兴城市,街道沿山建设,往往盘曲、斜向,所以当地居民为人指路,不说东西南北,只说"往上走""往下走""向左拐""往右拐"。青岛街道多以全国各地地名为街名,但更多的是用山东地名。

自给自足的生活方式在住宅上也有体现。以往兴建房子多是亲友乡邻帮忙,很少请专门建筑人员兴建。因为男子大都会一些泥瓦匠活和木工活。在房子兴建和搬迁之中蕴含着人们浓浓的乡情味。此外,人们从精神上获得幸福的保障。房子基地选好以后择日动工,俗称"看日子"。迁入新居之前,在院子里祭奠一次,名叫"谢宅神"。迁至新居,亲友来贺,名为"温锅"。

四、旅行民俗

山东在传统社会中并没有十分独特的旅行民俗,与中原地区和其他沿海地区大致一样。仅就其中个别事物做一说明。在传统社会,人们十分注重出行的日期,要看老皇历、万年历,决定是否适宜出行,或者选择一个较为普通的方法来决定,即农历逢三、六、九为吉日,谚语有"三六九,往外走",若从外地归乡,则以二日、五日、八日为吉日,谚语称为"二五八,好回家"。出行的饮食也有一定的讲究,迎客送客的饭食,俗规是"上马饺子下马面";有的地方是"迎客饺子送客面"。现在的山东人大都没有这种机会,出门远行或远游归乡往往取决于节假日。在工业社会的冲击下,传统农业文明的一些民俗逐渐走向消亡。

独轮车
(http://www.gucn.com/Service_CurioStall_Show.asp? Id=5728742)

在出行方式上,山东人日益与全国相一致,这是社会发展产生的必然结果。不过,在传统交通工具中,山东较有特点的主要有两种:首先是独轮车,又称小车,具体又可分为二把手、猪嘴车、响车、红车种种。在解放战争淮海战役的支前队伍中,山东解放区的人们就是依靠这样简单的交通工具,为战争的胜利贡献了不可磨灭的力量。陈老总称淮海战役的胜利是人民群众用小推车推出来的。以往农村过年走亲戚,男子多推着小车,载着娘亲或妻儿。其次是,旧时泰山有一种载人登山的轿子,俗称"山轿",近年又出现在登山路上。这多是陆地上的交通工具,水上也有一定的工具。旧时海上、河上载客多为帆船,俗称风船。渔船与货船也有"带客"的风俗,旅行者称为"随船""跟船",看情面,不收钱,载男不载女。这些交通工具与人们的出行安全和生活密切相关,在春节期间多会有供奉,以祈求来年全年平安顺利。

第二节　人生礼仪习俗

生老病死,婚丧嫁娶是人生中的重要内容,这是人作为一个存在的基本要素。山东人在漫长的历史进程中,时时刻刻注意自己的身体和生命,形成了丰富而有特色的人生礼仪。

一、生育习俗

早生贵子是恭贺新婚夫妇的吉祥话,也反映出了人们对早日生育的殷切期盼。受"不孝有三,无后为大"的传统观念影响,山东人颇重早生,多以早立子为荣。可是,婚后难以怀孕的情况,叫作"不开怀",山东人则采取多种方式来乞求神灵保佑早日得子。常见的祈子方式有押子、舍饭、拴娃娃等。"押子",又称"压子",与压枝的音相近,是指在有庙会的山林里的柏树枝上放一块石头,以求怀孕生子。这是取义于柏枝的谐音"百子"。在泰山碧霞元君祠,斗母宫,长清灵岩寺、济南千佛山等处多有所见。"舍饭",将平时做饭留的一点米做成稀粥施舍给贫困之人,认为这样可以积阴德、能生子。舍饭的日子多是在腊月初八,应是借助腊八节喝腊八粥,为穷人舍饭,让其一起过节。有些地方则用鸡蛋祈子,不孕妇女在大年初一的早上藏到屋门后吃一个煮鸡蛋,以求有孕。"拴娃娃"是不孕妇女到寺庙烧香拜神,乞求早日生子,然后交上喜钱,在庙里的泥娃娃中挑选一个带回家,认为这样就把娃娃拴来了。若真得子,则再到庙中还愿,送回去一对娃娃。这些传统方式虽具有浓重的迷信色彩,但反映了人们对生育后代的重视,对生命得以延续的渴望,其背后的心理是值得肯定的。

怀孕,多叫作"有喜了""有身子了""有身孕了""怀孩子了""怀春孕了",简称为"有了";妊娠反应则叫作"害口""害喜病""害孩子"。怀孕之后,虽然孕妇仍参与一些生产活动,但其饮食则要格外重视,保证营养。与此同时,孕妇的饮食多有禁忌,降低影响胎儿发育的危险性。此类习俗主要有禁食兔肉,认为吃兔肉会生豁唇孩子;不能吃姜,因为吃姜会生六指孩子;不可吃葡萄,因怕生葡萄胎。孕妇在礼仪场合受到很多限制和禁忌。她们一般不参加别人家的婚礼,不许进婚房,怕对胎儿不好,或怕影响新娘子生育。孕妇也不可参加丧礼,即使亲生父母去世,也不准靠近尸床向遗体告别。鲁南地方孕妇参加丧礼要在腰间系一条红带子,鲁中则不许孕妇系孝带。这些禁忌主要是为了保护孕妇和胎儿,以期孕妇平安,胎儿健康,而非对孕妇的歧视。

婴儿降生,俗称"添喜""添了""拾小孩",生男谓之"大喜",生女谓之"小喜"。出生后,主要的习俗有挑红、报喜、贺喜、庆满月和百日。生男孩则在产房或临街的大门上挂一块红布,上面有弓箭、铜钱、大蒜、红枣、栗子、花生等物;生女孩则用桃枝挂红布条,这叫作"挑红"或"挂红子",告诉乡邻本家添喜,并借红色和桃枝避邪,保护小孩。之后要向娘家报喜,多由丈夫或兄弟前去。娘家前来贺喜时要送鸡蛋、面粉、小米、点心、小儿衣物等礼品。亲友与乡邻看到挑红后,也会拿鸡蛋、红糖之类礼物来贺喜。婴儿出生一个月时,家里要大摆宴席,隆重庆祝新生儿的降临,称为"过满月"。娘家和亲友们也备好重礼来贺。有的地方娘家人还要把母婴接回去住几天,称为"叫满月"。这一天,婴儿要理胎毛,多有舅舅进行,俗称"铰头"。降生百日时要"做百日""过百岁",各地都有一定的仪式。此外,胎儿的第一口奶,不是妈妈的,而是其他哺乳妈妈的,俗称开口;孩子的衣服多以红色为主,因为红色可以辟邪,而且衣服多是姑姑和姨娘所做;名字则多取吉祥讨巧的字眼。

二、婚嫁习俗

山东婚嫁的流程大致符合古代士大夫的六礼:纳采、问名、纳吉、纳征、请期、亲迎。不过,在实际情况会合并简化,但都十分慎重,不敢马虎,毕竟是终身大事。一般的礼仪程序包括议婚、订婚、迎娶等内容。传统社会中,男女不能自由恋爱结婚,多是父母主导,媒人介绍而结合成家。议婚就是媒人来往于双方家长之间商量缔结婚姻关系的过程,相当于六礼中的纳采、问名。媒婆说亲,首先口头探询双方意图,女方不允,可婉言谢绝。若双方认为可以做亲,由男方出面求媒人正式商量订婚事宜。在德州,媒人要先给男方家长磕头,谓之"恳住亲",然后到女家说明原委,若女家应允,媒人也给女方家长磕头,谓之"恳亲"。提亲一般是男求女,如果女方向男方求亲,临清地方称为"倒提亲"。招远一带,媒婆只起先期联络的作用,女方应许结亲后,再请亲友二人至四人做正式的媒人,谓之"大媒人""大媒",这些人择日到女家议婚,女家设酒席招待,俗称"吃喜面"。旧时有特殊的议婚形式,主要有指腹为婚、娃娃亲、童养媳、换亲数种。这些陋俗在中华人民共和国成立后大都被禁止。

议婚之后双方都满意的,则进入定亲环节,这相当于纳吉、纳征。首先是男方请算命先生看相和算生辰八字是否相合,合则"传小启",初步确定婚约,即双方默认成为亲家,不过女方仍可以悔婚。之后再"传大启"订婚,在男方家中举行,双方的叔伯舅姑姨等亲密的亲戚到男方家中举行一个宴席,讨论儿女结婚的彩礼,确立正式的婚约。在随后的日子,男方要将约定的彩礼送至女方家中,并找算命先生确立几个结婚日子,最终确定吉利合适的婚期,即是请期。

最后,则是准备新房、宴席和迎亲,即亲迎。临近婚期,男家要向女家送催嫁礼,女家要送嫁妆。新房的布置多由新郎的同辈嫂子,且儿女双全者操刀。婚宴的举办叫作办公事,准备和服务工作则由五服以内的族人和邻里亲戚帮忙。娶亲之日,新郎多是身穿长袍、马褂,头戴瓜皮帽或者大礼帽,胸前别上一朵大红花,坐轿或骑马去新娘家迎亲。准备给新娘坐的花轿要找一个父母双全的小男孩压轿,俗称"压轿童子"或称

"压轿孩儿""压轿生",轿内还要放上一只大公鸡。新娘则穿上嫁衣,有的还要"开脸"(用红线把脸上的绒毛绞掉)和"上头"(把发辫绾成髻)。迎亲花轿到女家后,新娘由其兄弟用圈椅抬出闺房送入轿内,意思是脚不沾娘家的土。新娘上轿后,许多地方都有泼水的风俗,谓之"嫁出的女儿,泼出去的水"。回男家路上走在最前面的是撒喜帖的,遇到桥、井、庙宇、拐弯处都要贴一张喜字帖或者压上一张红纸或燃放一下鞭炮,意在辟邪。新娘坐轿到了新郎家,下轿前一般由两个女子掀开轿帘,搀扶进院子内,即开始举行拜天地的仪式。新娘入洞房后踩着糕或石板上床,朝喜神所在的方位坐下,谓之"坐帐"。此时有人端来栗子、红枣、花生等撒在床上,边撒边念道:"一把栗子一把枣,明年生个大胖小。"栗子、枣则取义"早立子"。入洞房后,亲友则入席庆贺。之后,则是闹洞房,从入门开始一直到晚上,与新郎新娘较亲近的小姑、小叔还在新房窗外听房。如果谁家小孩的门牙一直长不出来,这时可以让新娘子摸一摸牙根。"回门"是婚礼的最后环节,即新郎新娘同去女家一次,回门的日期,山东各地不一,一般在成亲后的第三天,也有当日回门的,谓之"小三天"①。

三、寿诞礼俗

山东传统的寿诞礼俗较为简单。年轻人多叫做"过生日""长尾巴""扎尾巴根",中午吃面条和鸡蛋,寓意长寿健康。随着社会的发展,长寿面不变,但鸡蛋被蛋糕替代。事物变化的是外形,内在的思想寄托是永恒的。老年人庆生,则是"庆寿""做寿"。过生日变成为做寿,这一称谓的变化意味着父母对儿女的祝福变为了儿女对父母的尊敬。做寿也意味着一个人步入老年了,这一岁数多是从五十岁、六十岁起始,称为"五十整寿""六十大寿"。胶东多数地方,不论具体的年龄,而是以拥有孙辈为准。无论从何时开始,第一年做寿之后,只要老人健在就要持续做,不可间断,以表示儿女无尽的孝心,也寄托老人能长寿永不老。山东人尤为重视六十、七十、八十大寿,俗称为"整寿"。鲁西南则重六十六岁和七十七岁寿辰,当地谚语说:"六十六,割块肉;七十七,杀只鸡。"到八十岁,要举行大庆,名为"庆八十"。沂蒙山区忌七十三岁和八十四岁,谚语说:"七十三,八十四,阎王不叫自个去"。曲阜人"庆八十"在七十九岁之年举行,俗谓"庆九不庆十"。一般人家庆寿没有仪式,只在生日这天全家人团聚,富贵人家大摆宴席。八仙献寿的故事在山东的寿诞习俗中多有流传,盖因山东是八仙文化的发源地使然。

四、丧葬礼俗

传统社会中,山东多采用土葬,礼俗相当复杂,现在基本都用火葬,但旧习未除,不少人家仍将骨灰土葬,而且保持着厚葬的习俗,以示对逝者的尊重。这些习俗延续是依靠一代代人的亲身体验,这也是传统文化的重要传承方式。文化是人民创造的,也

---

① 黄松著:《齐鲁文化》,辽宁教育出版社1998年版,第173页。

是人们最真实的生活体验。山东的丧葬习俗主要包括初丧、吊丧、出殡、埋葬和祭礼。

初丧。山东民间讲究寿终正寝,凡正常死亡的老人,尽量避免在病床上咽气,当病人生命垂危之际,先为其沐浴更衣,然后移到正间的灵床上,俗称"抬床",长岛渔村则称为"上黄金台"。亲属守护,在灵床上度过弥留时刻。人死了,忌说"死"字,说"老了""过去了""去""不在了""走了"等。病人咽气后先给死者口内衔一小制钱或者银锭,再用一块纹有特殊图案的布盖住尸身,此布为人称作"衾""轻被子",灵床下放盏"照尸灯"。处理好尸身后或当街焚化纸扎(称为"烧倒头包袱""烧倒头马""烧倒头轿"),或喝"辞灵汤",与死者告别;或门前挂招魂幡,幡上缀一串纸钱,钱数与死者的岁数相等。多数地区当天举行为逝者"指路"和到土地庙"送浆水"的仪式。

吊丧。人死后,丧主在门前张吊丧榜,或门扇上贴白纸,然后由儿子到五服以内的亲族和姻族的亲戚"报丧"。吊丧一般从入殓以后开始,灵前设供桌,来吊者按照齐鲁民俗在供桌前行礼。从入殓到出殡,死者后辈要日夜守在灵边,以尽孝道,俗谓"守灵"。亲人为死者穿孝衣名为"成服",也叫"戴孝"。

出殡与埋葬。出殡,亦叫"出丧""出大丧",有启灵、发引、摔老盆、哭丧、路祭等仪式。出丧具有较为完整的传统,由村中挑浆水,专人在前面引路,儿女亲友随后,从家中出发,前往土地庙,在土地庙前泼汤,仪式较为隆重,大致过程是:将翻花水(即河中水流遇石卵等障碍物时逆回反流之水,或将水缸之水舀起再倒入缸中时激回之水)放少许小米制成"迷魂汤"放入"浆水罐"内,由村中外姓一老者挑着罐,走在丧葬队伍之前,进入土地庙;后面跟进死者所有的女性晚辈。在死者家人痛哭之时,泼汤之人一遍遍舀汤浇在祭台上,意思是让死者忘却人间之事。泼汤之后,土地爷放出魂灵,勾掉了死者阳世的一切,还要接着在土地庙举行"指路"仪式:由神婆从土地庙中手捧死者魂灵给死者远房亲人,用衣襟兜着,送到扎好的纸马上面,然后由死者长子站在桌上,手持高粱秆,朝西给死者魂灵指出一条通往西天的大道。透过仪式,可以看到人们对生养于斯、死归于斯的土地的眷恋和崇拜。故谚曰:"土地,土地,住在石头屋里,不看见笑的,光看见哭的。"长子摔老盆,为逝者指路,方向以西或西南为多,取义西方极乐世界,受佛教文化影响。胶东地区多言西南,多与明朝从云南移民而来的传说有关。山东亦如其他地方,生前聚族而居,死后亦同地落葬,墓地多称为"林地",此乃曲阜孔林由来之源。墓穴通常是南北向,宽以三尺为准,所以有"天下棺,三尺三"的乡谚。以往多是尸身入棺而葬,现在火葬后也将骨灰入棺而葬。出殡结束后,主家要谢孝亲邻。

葬后祭礼。葬后第三天,死者亲属为新坟添土"圆坟"。自去世之日起,每隔七天到坟前哭祭,名为"烧七""一七(头七)""二七",直到"七七"为止。而后儿女集体祭祀主要有"烧百日""忌日""烧周年"。烧过三周年之后,子女就可以不再穿孝服,与死者的最后告别,俗称为"脱孝"。这是古代官员三年丁忧的文化缘起,因此三周年祭颇为重视。之后在去世九年的时候,儿女会给父母上十年坟,表示老人去世十周年。过此之后,女子就不再给老人上坟,仅有儿子逢年过节上坟。山东大部分地区的上坟活动都是家中男子参与,女子不得参与。不过也有例外,济南附近的几个县市,如商河、章丘、长清等地多是女子上坟，男子不参与。这是一个值得关注和研究的现象，与中国古代男权社会文化传统多有不符。

特殊葬俗包括童葬、客死、海上祭亡以及孔府葬礼等。曲阜孔府丧葬礼仪更多具有国家礼制规范，不具有山东的特点而不作赘述。这里重点说明海上祭亡。山东沿海区域广阔，人们主要靠出海打渔为生，浩瀚的海洋虽然能够为人们提供无限的生活必备品，但需要付出艰苦的劳动，而且往往面对海上变化莫测的情况，多会发生伤亡情况。在漫长的历史中形成了独特的海上祭亡民俗。渔民出海时，有人在船上去世，返航时在船桅上挂起大吊子(一种方形的旗)，到岸尸体离船后，船客就要举行净船仪式，鸣放鞭炮，敲锣打鼓，宰杀公鸡，将鸡血滴在船面上，去除亡灵的晦气，乞求下次出海平安。海上丧生未见尸体的，如死者已婚，其家属用木板钉一个小棺材，棺内放一块砖头，刻上死者的名字，或用写了名字的红纸包裹砖头，再放上死者的衣帽鞋袜等，出殡到坟地安葬，名为"出假殡""埋假坟"，一切仪式从简。海上遇难的未婚者，待其父母去世时一起出假殡，俗谓之"带葬假坟"。渔民在海上遇飘尸，无论完整与否，都要停下作业打捞上船，带上岸后，无人认领，即代为安葬。渔民不仅通过击败海神敬畏海洋保护自己，也通过大家共同努力，保护自身，守卫生命。

第三节　节日民俗

山东位于黄河下游，传统经济以农业为主，这与气候和自然环境的变化有着密切的联系，人们十分注重节气的变化，经过千百年形成了许多节日。从这些节日庆祝仪式中，人们希望获得的是人生的幸福，家庭的和睦，亲人的安康。节日是人们的精神寄托和现实生活的连通媒介。

一、春季节日

一年之计在于春。春天的节日主要是寄托对全年幸福的渴望。立春，俗称"打春"，是春季开始的标志，多是在正月，有时在腊月。这天山东的人们要到野外行走，谓之"迎春"。旧时风行"打春"，即鞭打泥塑的春牛。

春节，称元日、大年初一等，是正月初一，仅次于除夕的年节。这一称谓始自辛亥革命，传统社会称为"过年""过大年"。这一天的活动十分丰富。早晨，开门前先放一挂火鞭，男子在家长的率领下祭拜天地神灵。第一顿饭必吃饺子，甚至全天三顿都吃饺子。煮饺子时，要鸣放鞭炮，驱邪求吉。饺子要多煮，吃过"有余头"。饺子多为素馅，希望"素静一年"。饭后拜年是主要内容。首先由家里晚辈先给长辈拜年，平辈之间互相拜年；而后是出门给五服内的长辈拜年；最后是远拜，给出了五服的长辈和亲朋拜年。晚辈给长辈拜年，长辈要给"压岁钱"。此外，山东各地还有其他不同的习俗。如郓城、枣庄等地有"大年五更乞长"的习俗；邹城则有捣老鼠洞的特殊风俗，保证粮食不被鼠盗；胶东龙口、蓬莱等地女主人起床，用红烛照家中各处，用光明赶走邪气，名为"照虚耗"；窗台上放满面花，象征富足，名为"压窗台"；把一些硬币扔进水缸，据说这样做了可避旱灾，名为"放压缸钱"。

正月初一是传统过年的开始，一直持续到正月初五为初步阶段。这期间节日气氛最浓，而且这时候从年前祭祖和除夕请来的神一直停留在家中，与民同乐。到了初五则要送走它们，俗称"五末日""破五""五马日"。早晨一早起床祭祀天地。还有一些"送穷"、送瘟神等习俗。正月初十，传说讹"十"为"石"，称为"石头生日"，又称"石不动"。这一天忌搬动石头，也不准使用碾、磨、石臼、捶布石等石制器物。一些地方有祭石头神、抬石头神的习俗，以预测新年丰收与否。

正月十五日为元宵节，因元宵节特有的食品元宵而得名，又因观赏灯火，所以也称为"灯节"。曲阜、邹城等地称正月十五为"过小年""小年"。元宵节一过，春节的主要活动即告结束，正如乡谚说："过了十五过十六，过了十六就照旧。"胶东、鲁中和鲁西南地区，习惯用豆面和玉米面做各种灯，如做生肖灯，寓意人丁兴旺；囤形灯，俗称为"月"，用以卜各月水旱。元宵节的灯光，是吉祥之光，可以驱邪防病。这一天晚上在家中的每一个地方都要放灯，照亮所有地方，驱除鬼魅。一些地区认为借灯光预防疾病，民谣唱道："豆面灯，豆面灯，照照腚眼不招虫。"黄昏前，要向祖坟送灯，灯用萝卜与胡萝卜制作，到坟前点燃祭拜，俗称"给老祖宗照着抓虱子"。元宵节的白天各地也有丰富的游艺活动，如舞狮、舞龙、高跷、旱船、花棍、秧歌、灯舞等。此外，各地还有不少庙会和灯会。彩灯的花样繁多，套灯以《三国演义》《西游记》《聊斋志异》《红楼梦》里的人物故事为内容，散灯有"二龙戏珠""八仙过海""嫦娥奔月""木兰从军"等。在灯会中，还有"打花"的活动，火树银花，飞珠溅玉。

到正月十六日，"走百病"：妇女们穿起节日盛装，成群结队地走出家门，走桥渡危、登城祛病，摸钉求子，深夜方才归家。潍县（今潍坊市潍城区）"跑老猫"最有特色。妇女到真武祠，先暗中摩弄真武大帝陪神赵玄坛所跨的木虎，俗称"摸老猫"，相传如此一年不生病；又在神祠庭前，艾灸石老、石婆，能一年不生疮疖。"走百病"是明清以来流行的风俗。

二月二日，"龙抬头日"。济南附近称为青龙节、春龙节、龙头节，其他多数地区直呼为二月二。明清以来，山东此日有引龙、打灰囤、煎饼熏虫、击梁辟鼠、炒豆报捷等风俗活动。

寒食与清明本是两个节日，寒食节在前，但因为节期离得很近，现多寒食与清明相连。不过传统的日期是按照节气间的时间确定。冬至后105天为寒食节，从前这一天禁烟火，用冷食，因此又称为"冷节""禁烟节"，为纪念春秋时期晋国忠臣介子推。鲁中地区，这日早晨天未明前，要到墓地为祖坟添新土，民谚"一百五，燕子来添土"。春分后15天为清明，是祭扫祖坟的日子，故又称为"鬼节""冥节"。清明踏青，在山东极为普遍。此外，山东有插柳、戴松等习俗，或直接插在家门前，称"清明不插柳，死了变黄狗"。或用柳条和松枝轻轻抽打墙壁，边打边说："一年一个清明节，杨柳单打青帮蝎，白天不准门前过,夜里不准把人蜇。"儿童,则踏青放风筝、打秋千。随着社会的发展,这些儿童习俗逐渐被淡忘了。

谷雨因不同生产环境,习俗也不一样。农耕区正当春耕春种的时节,俗谚说:"清明忙耘麦,谷雨种大田。"养蚕的农妇,习惯在这天扫蚕。沿海渔民称"谷雨百鱼上岸""骑着谷雨上网场",从此进入春汛大忙,因此于谷雨日祭海。此外,各地还制禁蝎符,用以辟蛇蝎等毒虫。

二、夏季节日

五月初五是端午节,说法不一,较普遍的说法是为了纪念战国时期伟大的爱国诗人屈原。山东农村民众,以往多不知纪念屈原之说,而是相传为了纪念秃尾巴老李。各地都在大门口插艾,以防蝎子等毒虫,另传"端午不插艾,死了变个老鳖盖"。此日长辈要给小孩戴荷包、拴五色线,五色线又叫"长命缕""拴命线"。节日食品多为粽子和鸡蛋。从前有些地方习惯喝雄黄酒,儿童不喝酒,用雄黄酒涂在耳、鼻、口等处。

人们表达刻苦用功,多用到"冬练三九,夏练三伏"。三伏天是夏季最热的时候,为了能够顺利度过炎夏,山东人会在生活中做一些调整。入伏的一天,各地都吃面条,"立秋的饺子入伏的面"。入伏后是种秋菜的季节,农谚:"头伏萝卜二伏菜,三伏还能种荞麦。"

三、秋季节日

立秋是秋季的开始,夏秋季节转换容易滋生疾病,特别是肠胃疾病。因此,山东各地多有习俗应对换季。胶东和鲁西南,人们清晨搜集楸叶熬成"秋叶膏"以敷治疮疖。青岛等地,和豆沫煮菜为渣,认为说吃了可以防肠胃病,有民谣说:"吃了立秋的渣,大人小孩不吐也不屙。"

七月十五为中元节,多称为"过七月十五"。是日主要民俗是祭祖,又称"鬼节",供品中西瓜必不可缺。七月十五的节日习俗在发展中与佛教的盂兰盆会多有融合,祭祖多用盂兰盆,后来演变为放河灯,祭祀无主孤魂。一些地区,除祭祖之外还要祭祀后稷。

八月十五日为中秋节,也叫"八月半""仲秋节""八月十五"。这一天同全国人民一样,山东人讲求家人团聚,节前已嫁妇女必须回婆家过节,所以又称为"团圆节"。这是除夕之外,传统节日中最注重家人团聚的,是人情味最浓重的节日,无关乎鬼神,只是乞求家人能年中聚首。各地都有拜月、赏月的风俗。节日食品多是西瓜、月饼和其他水果,俗谚"八月十五月正圆,西瓜月饼敬老天。敬得老天心欢喜,一年四季保平安。"

四、冬季节日

人们对节气感知细微至极,冬至后的感受则是明证。从冬至日开始,白昼渐长,民间说:"过了冬,一天长一葱。"从冬至这天起"入九",是一年中最冷的一段时间。"冬至饺子,夏至面",山东许多地方都在冬至日吃水饺。还有民谣说:"冬至大似年"。

腊月初八为腊八节。节日食物是腊八粥,仅食材各异。鲁西北、西南大多数地区的腊八粥用八种粮食和果品做成,甚至粮食品种更多,其中必有象征吉祥的红枣。黄河口垦荒人家,家有新妇的,腊八日用黄米、红枣做糕,名为"吃碗糕"。一些地把腊八节作为济贫施饭的日子。胶东有些地方,腊八节可以在初八,也可以在十八,谚云:"腊八腊八,不是初几是十几。"

腊月二十三为祀灶日,民间称为"辞灶""送灶""醉司命",又称"过小年""小年"。祀灶时,摆上糖瓜、果品和一碗面汤,烧香叩头,烧掉旧灶神祃,意为送灶王上天了。一些地区会用酒糟涂抹灶神,意在醉倒它,免得言坏事。旧灶神祃烧掉后,有的当时就贴上新的灶神祃,有的等到除夕再贴。从辞灶之日开始,家家户户着手准备过年,俗称"忙年",谚曰:"辞灶辞灶,年下来到。"相传辞灶后,诸神上天,百无禁忌,民间家贫者多于此时嫁娶,称"乱岁"。

腊月的最后一天为年除日,晚上叫"除夕""大年夜"等,日期或腊月二十九,或腊月三十,不过习惯称大年三十。活动主要有挂祖谱、神像、贴春联、贴年画、贴窗花、祭天、请神种种。祭祖仪式最为隆重。上午挂家谱,黄昏墓地祭祖,请祖回家过年。是时长辈会带子孙一同前往,言传身教,传播祭祖传统。烧完纸,鸣放鞭炮,起身回家,到大门前叩头,口中念道:"爷爷、奶奶回家过年了,请门神让路。"在天井中支起来天地棚子,或简单的案桌,祭祀天地全神。此外,灶神和宅神也是祭拜的对象。人们希望通过祭拜神灵,能够让他们忘却过去一年的错误,保佑来年全家幸福安康。除夕夜,无论如何都会吃饺子。山东各地都有除夕守岁的习俗,全家团聚,一夜不眠,通宵达旦。在除夕夜,人们通过各种仪式将亲情、神灵和祖先都联系起来,形成了最具代表的精神世界。

第四节　游艺竞技习俗

劳逸结合,是人们劳动生活的重要观念,这一点可以在山东传统的游艺竞技习俗中寻找到踪迹。山东人民在古代的生产力不及现在,主要的时间忙碌于生计,但这并不妨碍他们在忙里偷闲,劳动之余发挥聪明才智,创造出丰富多彩的娱乐游艺生活。这些娱乐活动很多一直延续到了今天,也有一些被时代所淘汰,但其价值和存在是不能被忽视的。它们是山东人传统生活的重要组成部分,体现了人们活泼乐观的精神状态。

一、庙会

山东拥有丰富的神灵信仰,在历史的发展中,各个神灵大都有了自己的庙宇,以供栖身接受人们的朝拜。这些神灵如同人一样,都有一个诞辰或者特别的纪念日,人们就会在这一天前来祭拜,进香纳贡,形成了多种多样的庙会。庙会在发展中,许多娱乐功能被附加在其身上，会间往往还要唱大戏，后来渐有商贩加入，进一步使得庙会热闹非凡。如此一来，庙会从一个信众的朝拜集会，变为多数群众的娱乐休闲活动，形成了祭神、游乐、贸易的"三合一"。

山东的庙会又称古会、山会、庙市、香会等，参加庙会多称为赶庙会、逛庙会、赶山会。各地庙会每年都有几次甚至几十次，著名的有泰山庙会、济南千佛山庙会、青州云门山庙会、临清泰山行宫庙会、曲阜林门会、蓬莱阁庙会、烟台毓璜顶庙会等。虽然现在的人们并不会相信神一定存在，一定能够帮助自己排忧解难，但就是这种半信半疑的心态促使人们在生活中模棱两可，宁可信其有，不可信其无。这种心态有一种但求心安的意味。

泰山庙会又叫东岳庙会，是泰山最有影响的庙会。它的发展也伴随着历史的发展而不断变化，成为泰山地区历史文化变迁的缩影，其直接关乎统治者的封禅活动。泰山为五岳之首，是佛道并存的神山，泰山脚下的岱庙，供奉着泰山神——东岳大帝。传说泰山神生日是夏历三月二十八日，历代帝王多于这天在岱庙举行封禅大典。帝王封禅是国家对基层神祇的肯定，也是参与到民众生活的一种方式。因为帝王也是人，也有乞求平安长生的愿望。帝王的庆典活动、佛道的宗教活动以及民众的朝山进香活动，在岱庙一带形成了以贸易活动和娱乐活动为主要内容的东岳庙会。宋元以后，东岳庙会成为北方规模最大、影响最大的庙会。历史上的东岳庙会盛况，史籍中有不少记载。明末清初张岱在《岱志》中记述："东岳庙……阔数百亩。货郎掮客，错杂其间，交易者多女人稚子。其余空地，斗鸡，蹴鞠，走解，说书，相扑台四五，戏台四五，数千人如蜂如蚁，各占一方，锣鼓讴唱，相隔共远，各不相溷也。"1950年后，庙会转化为物资交流大会，"文化大革命"时中断。1986年泰安市恢复了泰山庙会，地点改在泰山环山路上，以红门、王母池为中心。新的庙会保留了传统庙会的一些内容，又充实了新的内容和展现了新的特色，集游、玩、吃、乐、经济贸易于一体，规模和影响在逐年扩大。

泰山庙会

济南的千佛山因为存有诸多的佛像而得名，它虽然没有一个主要的神灵，但是因为拥有大量佛像,加之有兴国禅寺,因此周边的人们都前往参拜。于是,千佛山逐渐形成了热闹非凡的庙会。神灵本身就是一种精神的想象,不同的神只是名字不同罢了,其都具有神力,都能够为心中愿景提供保佑。这是千佛山兴起的一个原因。每年夏历九月九日重阳节,人们要到千佛山登山,站在"赏菊岩"上赏菊。自元代开始,就定九月九日为千佛山庙会。千佛山附近盛产柿子,尤以大盒柿最为著名。庙会期间,适值大盒柿成熟上市,赶庙会者,多买柿子而归,故千佛山庙会有"柿子会"之称。每年庙会期间,从山脚下到山腰兴国禅寺间一公里多的山路两旁摆满了各种日用品、土特产、风味小吃、工艺美术品等,来自省内外的民间艺术团体在庙会上表演杂技、马戏、歌舞等,人山人海,盛况非凡。

济南除却千佛山庙会外,还有围绕药王庙而兴起的药市会。旧时济南趵突泉南门偏西有药王庙,传说农历四月二十八日是药王生日。每年这天,药商、药农和民众多到药王庙祭祀,庙内主持雇戏班演戏,观者如堵。药商、药农携各种中草药和中成药来此出售,其他商人也携各种商品来此交易,买卖者多达上万人,形成了以药王庙为中心的庙会,因庙会以买卖药材为主,后又称为"药市会"。药王庙会是在清初就兴起的,是全国三大药市会之一。19世纪70年代末,济南千佛山庙会恢复,药商、药农多赶千佛山庙会。这种变化的背后有现实各种原因,但不可排除同城庙会间的竞争,因为千佛山作为一个地理标志亘古不变,而药王庙极容易破落。

二、曲山艺海

山东文化不仅有孔孟之学,还有丰富的曲艺文化。人们在满足物质需求后,开始追求精神娱乐生活。山东民众的文化水平较低,喜欢精彩通俗的曲艺节目,多数是以讲说为主,故统称为"说书",演绎者叫作"说书的",根据不同的伴奏乐器而分为山东快书、山东大鼓、山东琴书等艺术形式。山东快书是现在依然十分流行的曲艺,而且十分具有特色。其讲演内容多是根据《水浒传》的武松而成,起源于运河领域的临清、济宁、兖州等商品经济发达的城市,形成于清代道光咸丰时期。主要伴奏乐器是两片瓦片,后来发展成竹板、钢板和铜板。山东琴书,主要是民间小调联唱,伴奏乐器是扬琴,初名"打扬琴",后改为"山东琴书",起源于鲁西南,后在山东不同的地域有不同的流派。山东大鼓,最先是农民敲打耕犁演唱,后来改为了铜制梨花片,称为梨花大鼓,流传到省内其他地区,形成不同流派。

在丰富的曲艺文化的基础上,山东形成了一个专门围绕曲艺的世俗集会——胡集书,极具山东地域特色。胡集镇位于山东惠民县,因为其发达的集市贸易,拥有大量的人口,人们在交易之余也可以娱乐一下,于是书会应运而生。山东胡集镇每年都在正月十二这天举行灯节书会。胡集书会从元朝兴起,至清初极盛,一直沿袭至今,已有700余年的历史。书会分为前节、正节、偏节。正月十一之前,来自八方的说书艺人带着乐器和被褥三三两两地云集胡集,曲艺爱好者也接踵而来,散住在镇上客栈中。艺人们来胡集的途中,沿途说书卖艺,称为"前节"。正月十二说书人都来到集上,摆摊扯旗挂牌,登场献艺,直到正月十六,为"正节"。从十七日至二十一日,称为"偏节",偏节过后,书会才散场。书会上曲种丰富多彩,有西河大鼓、木板大鼓、毛竹板书、评书、渤海大鼓、山东快书、山东琴书、渔鼓书等。书会期间,艺人们互相拜年,交换书目,切磋技艺,收徒拜师,极富乐群敬业精神。现在惠民县胡集镇政府还修建了一座大型曲艺厅,为书会提供了一个良好的演唱环境。

三、年画

年画在山东极为流行,有年节期间以年画装点农家的传统习俗。年画大体上可以分为以下几类:

第一类是神像。以各种各样的"门神"为最多,起源最早,分武门神与文门神两类:武门神有"神荼与郁垒""秦琼与敬德""赵公明与燃灯道人""关公与关胜"等,文门神有"五子门神""三星门神"等。

第二类是供欣赏的画。有房门画"麒麟送子""天女散楷""五子夺魁"等;炕头画"金玉满堂""男十忙""女十忙""包公上任""沈万三打鱼"和各种戏出画等;中堂画有"镇宅猛虎"等。这类画中最重要的是"横披"。因为主要是贴在农家炕头墙上的,又称"炕头画",由于生产时不像别的画那样用手工染色,而是全用木版套印,所以又名"模子画""草画"。此外还有"洋条子""金童子""大挂画""屏条""画对子"等。

五子夺魁

第三类是供装饰的画。如用以糊年节挂在照壁上万形灯用的"福字灯",装饰窗户用的"窗顶""窗旁""窗角",糊天棚用的花纸等。

第四类是实用的与游艺的画。如"泰山旅行图"、《天下地理图》、扇面、"各处秤头歌"、风筝、"八仙凤凰棋"等。

山东木版年画产地从前遍布各州县,分东西两大系统,东部以潍县(今潍坊市潍城区)杨家埠为中心,西部的中心是东昌府(今聊城市)。其中当属杨家埠最著名,与天津的杨柳青、苏州的桃花坞,并称为中国三大民间画市,有着自己的独特风格,散发着浓郁的乡土气息。杨家埠年画始于明代初期,发展成熟于清代中期,盛于清代末期,延续至今。东昌府年画,发源地是大运河边的张秋镇,是明代成化年间受河南朱仙镇年画影响而发展起来的,所产年画随大运河行销各地。

杨家埠木版年画

四、玩具

山东的民间玩具传统久远而影响较大的是泥玩具、竹木玩具和面塑玩具三项。潍坊泥玩具产地在高密、安丘、潍县一带农村,而以高密聂家庄最有代表性,据传聂家庄捏泥人儿始于明代。竹木玩具以郯城县樊埝最为有名,原料一般为杨木或梧桐木,以"虎头棒槌""龙刀""花枪""花篮"等最为著名。面塑玩具民间称作"捏面人儿"。面塑玩具一般塑在一根竹签上,便于儿童擎弄把玩,极受群众欢迎,以菏泽与冠县所产最为有名。

山东的玩具不得不提风筝,主要产地是潍坊。现在潍坊被誉为"世界风筝之都"。风筝又名纸鸢,潍坊又名鸢都。潍坊风筝兴自明代,至清代中期出现了专门的风筝艺人。清明节静放风筝成为当地习俗。

五、歌舞

山东民间舞蹈别具特色。秧歌是汉民族具有代表性的一种舞蹈形式,山东是秧歌的主要流行地区,山东秧歌流传年代久远,俗谚道"周朝秧歌唐朝戏"。山东秧歌流行各地。秧歌有鲁北的"鼓子秧歌""胶州秧歌",胶东的"海阳秧歌",鲁中的"平阴秧歌",而以"鼓子秧歌""胶州秧歌""海阳大秧歌"最为有名,号称"山东三大秧歌"。"鼓子秧歌"最早叫"打鼓子",亦称"大鼓子秧歌""跑秧歌"等,20世纪40年代以后才普遍称为"鼓子秧歌"。"鼓子秧歌"舞队包括"伞、鼓、棒、花、丑"五种不同角色,舞队按偶数搭配,队形排列要求对称,变化以圆形为中心,整个队伍少则五六十人,多则二三百人。"鼓子秧歌"还有一种程式是在大队表演之后,续上一些边歌边舞的表演,最常见的是"哈尔虎"。"胶州秧歌"的演出分舞蹈和演戏两部分。舞蹈是演戏前的"跑场",共分七个"场子"。秧歌剧有本戏、移植戏两种,常演的是"大别离""小别离""说媒"等。"海阳秧歌"的人物很多,由单人舞、双人舞、多人舞组成群体,表演程式分为"串街""进村""耍大场""跑阵势""演场""收场"六段。其他舞种还有高跷、龙灯、旱船、跑驴、抬鼓舞和跳花灯等。

山歌、儿歌、小调所在皆有,如日照的吣牛山歌,沂蒙山区的沂蒙山小调、赶牛山,潍坊的放风筝等。其中,以沂蒙小调《谁不说俺家乡好》最为著名,"人人那个都说,沂蒙山好……"立刻萦绕耳旁。

第五节　民间信仰与禁忌

趋利避害是人的本能。在古代社会中,人们充分发挥才智,创造丰富的物质条件保护自己,同时还在精神层面架构起较为完善的神灵信仰。以往人们看待神灵信仰,多认为是封建迷信,认为其对人们的生产生活根本没有任何帮助,从而多加批判。若从科学的角度,这种批判本无可厚非,但换角度分析,古代的人们可以通过塑造出功能完备的神灵信仰,在无法解决现实困难时,借此满足自己的精神需要,平衡现实社会的矛盾与苦痛,调节生活的心态,以达到积极面世的状态。这无疑对人们的生产生活有着很大裨益。

山东人们在古代也建造出了独具特色的神灵信仰,也在发展中吸收和融合外来的神灵信仰。山东滨海地区仙山仙人等蓬莱信仰与方士方术长期流行;后来道教和佛教作为山东非本土宗教,传入山东地区后广泛传播,其中王重阳的全真教在胶东大为盛行,逐渐形成道教两大圣地昆嵛山和崂山;近代山东民间秘密宗教的许多教派教门在社会基层此起彼伏。山东的许多民间信仰在发展中获得了国家肯定,成为全国性信仰,诸如历朝泰山封禅、黄河封神、东海封神等,都是对山东民间信仰的一种提升。山东的神灵信仰内部具有十分分明的山海特色分界,泰山信仰代表山岳文化,东海龙王、天后娘娘为代表的海神信仰(天后是南方传入的海神信仰)则是海洋文化。这是因为神灵信仰多是起源于人们对自身生活环境的观察,将自身的福祸诸事与环境相联系,进而塑造出了自己心目中的神灵。这些神灵信仰体现出的是山东人对美好生活的追求,对幸福的渴望,充满了对自身命运的关怀,满载着朴素的人文主义思想。下面就山东传统的民俗信仰做一分类介绍,大致可以分为自然神崇拜、人格神崇拜、宗教神崇拜和祖先崇拜四大类。

一、自然神崇拜

山东位于黄河下游,是古代重要的农业生产区,同时还拥有广阔的海洋,沿海世代从事着海洋农业。无论何种农业生产都是直接利用自然环境而产生的收获,山东人的收成很大程度上取决于其生产的环境。于是,他们对生产的环境格外关注,在经过千百年的丰歉生产经验积累后,对自然产生了无限的敬畏和感恩,并信奉自然界中的各种物品,认为它们关乎自己生产的丰歉,祭拜它们可以保证自己风调雨顺,谷粱满仓。这是一种充满现实主义的信仰,更是一种自然感情的流露,无关乎利益。

山东的自然神崇拜十分丰富,种类繁多,功能涉及广泛。这些自然神的崇拜不论按照何种分类方法划分,它们身上的功能是明确的,各自对应不同的生产需要,保佑着各行各界的生产需要。较普遍信奉的是天地神、日月星辰之神、山神、河神、海神、火神、城隍、土地、灶神、井神、路神、门神、厕神、雹神、蚕神、花神等。乡间工匠多信仰祖师神。如此看来,山东的自然神体系大多是对自然灵物的直接崇拜,也是生产中主要的接触者。这些神灵信仰与全国其他农业文明较为发达的地区大致相类似,故不一一详述,择之一二简要说明。

天地信仰是山东各地普遍信仰的,因为天地主宰世间万事万物,故称为"天地三界十方万灵真宰之神"。山东人在信仰天地中,并没有为之设立庙宇,只是在各家留有一定位置,以便摆放神主,亦没有塑像。不过在平时各地区也有天地神的位置存在。胶东半岛地区的人家多是在家中南墙开凿一个一尺见方的天地窝子,摆放天地神主。鲁中和鲁南地区,则是正方西窗前砌建一个香台子,以供奉天地神位。每年在春节期间,各地区大都在天井中设立天地棚子祭拜天地,摆放上书写有天地神全称的神主,称作"天地祃"。后来棚子就简化了,仅留有香案。神位以往是使用红纸折成,而今多用黄表纸。天地神并没有停留于自然神,而是进一步与人格化的玉皇大帝相融合,形成了天地人三界最高神祇。山东各地有数不清的玉皇阁、玉皇庙,泥胎塑作人间帝王的形象。其中,泰山极顶的玉皇大帝最受人们的信奉。这应该是与泰山的至尊地位有关,信仰都是不断地塑造、增加权威性和神秘感,以实现广传天下的效果。

山东农业文明发达,农业生产之中自然要围绕土地进行,土地是生产的基础、生活的重要来源,人们对之多怀有敬畏之心,以表达对丰收的渴望。于是,土地神成为人们普遍敬奉的神灵。土地原是社神演化来的,社神又称社翁,因此土地是个老公公。它的职责原来只是管理土地和农作物生长的事情,所以土地庙又称土谷祠。在西游记中经常见到孙悟空在不明方位之时,呼唤土地老儿,即土地神。它相当于"一村之长",拥有一定的庙宇。每一个村子都有一所土地庙,庙较简陋,土石结构,高不过丈,中塑男女两尊坐像,泥外用彩绘,分别为土地爷爷和土地奶奶,位置多在村头大路旁。"文化大革命"期间被摧毁,近几年又有所恢复,但更为简陋,甚至仅为石龛,两边植以松柏。祭祀土地神的日期多与破土动工生产有关,一是开春耕作之日,即在这天可以出门、做活,家家捎些祭品、纸香、鞭炮进行祭祀,然后用镢刨地三下,边刨边说"一刨金,二刨银,三刨刨出金宝盆",以祈五谷丰登,生活富裕。二是丧葬送殡前,旧时的"报庙"俗称"泼汤",即送葬队伍经过土地庙时,在此举行哭送死者仪式。人们以为,死去的人在没有下葬之前,魂魄羁留在土地老爷手中,便用哭送纸钱的方式要求土地老爷对死者多加关照。再者动土必须要告慰土地神,以免无故惊扰找亲人的麻烦,希望即将下葬的逝者,可以入土为安。

沂水龙山土地庙

　　山东属于丘陵地带,多低山,所以山神信仰也广泛存在。除泰山神之外,山神一般概称山神,无具体的名称,多指的是普通山的主神。在人们心中,山神要听命于泰山神,即东岳大帝,或者听命于玉皇大帝。山神有简陋的庙宇接受供奉,不过逐渐破落,现在农村的人们多是在山脚或自家的园地里祭拜,没有仪式,只是焚香烧纸叩拜。每年都要祭祀一次,多是告知山神要动土生产了,祈求它保佑作业安全,避免滑坡跌崖或被狼虫虎豹吃掉。祭祀的日期各地不同,祭山神的习俗至今仍然盛行,尤其是在开山挖矿之地,尤为隆重。

　　其中,最有特色的当数泰山神信仰,形成时间早,信众广泛,并上升为国家信仰。在秦汉以前中国没有天堂地狱的概念,后来佛教传播后才兴起,当时只有黄泉的意识。而泰山神,负责管理人死后的鬼魂。到唐代时,泰山神被封为东岳大帝,之后东岳大帝和道教的阎王、佛教的地藏王混合,这一融合完成于明代《封神演义》和《西游记》。这两本小说虽是通俗文学作品,而非宗教神学著作,但对当时人们的信仰影响很大。因为人们的信仰态度都是虔诚的,可是信仰的对象不是专一的,他们多是逢庙便拜,逢神便进香。山东的人们也是这样,他们信奉神灵都是为了很现实的目的,至于哪尊神明无关紧要,只要有人信,说明它就具有神力,或许未来某一天它就会显灵,拯救自己和家人于危难之间。待到碧霞元君出现之后,东岳大帝的地位就有所下降,其中的缘由难以详解。

　　山区的人们有山神,黄河沿岸的人们也拥有独特的神灵,他们普遍崇拜河神,河神大多是当年治河的"功臣"与"英雄",死后都被追封为"治河大王"。其中,较有影响的是金龙四大王谢绪、黄大王黄守才、白大王白英、朱大王朱之锡、栗大王栗毓美、宋大王慇宋礼。据说在宋亡后,谢绪悲愤投水而死,之后化身神灵保佑沿岸百姓,并在元明更替之际,显灵帮助明太祖朱元璋擒贼,被封为金龙四大王。明代嘉靖年间于山东鱼台建庙,以表彰他屡在黄河显灵,清顺治时封为显佑通济之神。民间还传说,大王现身的

东岳大帝

时候多以化身出现,其化身便是小蛇,这大概是因为蛇与传说中的龙相似,而且山东多称蛇为小龙。济南一带称为"金龙大王",常在河工中见有供奉一小黄蛇,说此即河神。

山东半岛三面环海,沿海居民几乎世代以海为生,海洋就是他们的农田,辛勤耕耘,期盼风平浪静,航海捕捞安全和收获喜人。经过千百年,形成了海神信仰,例如海龙王崇拜、鱼崇拜、狐仙崇拜等。海神一般说的龙王,因为龙主水。"海龙王"是民间信仰中最为普遍,各地多尊称为"龙王爷"。因为山东在东方,所临海域被称为东海,海神则称作东海龙王。这是山东本土产生的海神信仰,有别于后来由南方传入的天后娘娘信仰。古时海龙王信仰也得到了国家承认,被看作镇守东海的神灵,在山东信仰的基础上,修建东海神庙,纳入国家信仰体系。

虽然东海龙王和天后娘娘都是海神,但略有区别,龙王爷信仰多是渔民社会的信仰,海神娘娘信仰是海商社会的信仰。青岛即墨周戈庄渔民的上网节,祭祀的主神就是龙爷。旧时没有固定的日期,多采用皇历的方法,并结合潮汐的情况,择谷雨前后的一个吉日举行。

每日生活都要生火做饭,使用灶台,这也是关乎人们生活的重要物件。人们也想象出了一尊神灵——灶神。灶神的信仰比城隍、土地更为普遍,因为每家都供有一张灶祃。灶神,亦称"灶君",又称"灶王""灶王爷""东厨司命"。它原是古代的五祀之一,是玉帝派往每家每户的监察员,每年腊月去天庭汇报一次。古代祭灶在夏天,自汉代开始改为腊日,后定为腊月二十四日,祭过后送它"上天言好事",再等它正月初一"回宫降吉祥"。近代山东多在腊月二十三日辞灶,二十四日辞灶者极少。通常所见的灶神,是一张彩色木版年画,雕版和套印质量都相当粗劣,有大小两种。大者上有灶祃头,为墨印的二十四节气,类似现在的年历。上下分两格,上为彩印的财神和招财进宝童子等;下为彩印的灶神及其两位夫人,还有一鸡一狗。两旁是八仙镶边,每边四个。

小灶祃只有灶神,或者加一位夫人,无灶祃头和财神等。辞灶的供品主要是糖瓜、枣等黏食和甜食,以此黏住灶君的嘴,让其不得言语坏事。古有"男不拜月,女不祭灶"的说法,近世多由家庭主妇率领小儿女祭灶。

此外,传统社会中,对自然界中的许多动植物及其他自然物和人工物,山东人都相信它们具有特殊的功能,能够保佑自己和家人安康。常见的有狐狸、黄鼠狼、刺猬、蛇、凤凰、麒麟、桃枝、石榴等。它们因为具有神力,所以需要敬奉。例如,黄鼠狼,被称为黄大仙,司职宅神,黄鼠狼善于魅人,使人神经错乱,喜怒无常;刺猬为神虫,谁家草堆粮囤有它做巢,谁家就会有了好运气,迅速发起来,草烧不完,粮吃不尽。山东人遇到它们,要装作没看见,不可惊扰,更不能伤害他们,否则它们会寻机报仇,危害自己和家人的生命安全。蛇,多称为长虫,"小龙",并且山东人认为它是一宅之主,是宅神,主一宅平安,家运兴旺,故每到节时,以面捏其形象,叫"圣虫",谐音"剩虫",在家中见到则将其挑出家门即可,不可杀害。在除夕之夜,家里要准备供品祭拜,且供品要是生的。此外,微山湖一带,认为湖水之神的化身是蛇,黄河沿岸的河神也多化身为蛇。

二、人格神信仰

山东在神灵信仰中,也存在丰富的人格神信仰。这些信仰对象大都是一些自然神在发展中与具体的人物结合而成,或者是将一些人物赋予神力而成。究其原因,大概是因为人们在生活中将拥有相似性的人物与某项美好的夙愿和生活需要对应起来,不断地想象和塑造出其神灵形象,逐渐形成了信仰圈。山东的人格神信仰主要包括泰山老母、关老爷、八仙、天后娘娘、鲁班等。

关羽的信仰在全国广为流行,在山东亦有存在,多称为"关夫子""关老爷""关圣帝君",城镇乡村多为其建庙祀之,名"关帝庙""老爷庙"。关羽的忠义作为与山东人尊礼守德的精神相通,故广受赞誉。祭拜多在春节以祈福,或异姓兄弟结拜时到庙中换金当帖、盟誓。春节农村祭祖时,嫡长子家正堂供宗谱,分居的庶子家中则供关帝,挂关帝像。山东一些地区还认为关公是武财神。在胶东一带,即有此观点,年除日张贴绿袍红脸的关老爷于客屋墙上。这应该是胶东盛行经商的风气使然,他们在行商之中与各地商人交往,财神信仰也会产生融合,山西商人最为信奉关公,以其为财神。胶东的武财神信仰应与之有关。在关帝信仰中,其功能也不断地附加,山东部分地区的人们以关公为雨神。在天旱之时,人们便到关帝庙求雨。民间祈雨,多将关帝像抬出庙门,放于院落之中祭拜,直至下雨。一旦下雨,还要还愿,以示感谢。俗以为,五月十三是关帝诞辰日,也是关老爷磨刀之日,有俗语"大旱三年,不忘五月十三"。

泰山老母,又称碧霞元君、泰山老奶奶、泰山娘娘,全称为天仙圣母碧霞元君,是民间的生育之神,广受山东妇女的崇奉。泰山老母来历有多种说法,一说是东岳大帝的女儿,一说是泰山石敢当的女儿。这大概是为了说明碧霞元君的神灵地位来源于正统,而非凭空捏造出来。神灵世界与人类世界是相同的,因为神灵产生于人的感性认识的升华。现在,泰山顶上坐落着碧霞元君祠,山东各地大都建有碧霞元君行宫。每到一定时间,当地的人们就举行香火祭祀活动,三月十五是泰山老母生日,泰山有庙会,香客无论路途远近近皆结成香社,奔攀山顶;各地行宫也在四月十八日举行庙会,盛况空前。其中,尤以泰山庙会为最。赴庙会者,大多为妇女,目的是为泰山老母挂袍还愿,以谢其赐子之恩。泰山老母本身具有掌管生育的功能,在发展中与观音菩萨的功能重合,二者逐渐融合,形成了新的生育神送生娘娘。它没有固定庙宇,多立于泰山行宫的碧霞元君旁边,身上挂满泥娃娃,供祈子人取领。

泰山老母

在泰山信仰系列中,石敢当斗鬼辟邪的信仰经久不衰。传说石敢当是泰山附近祖徕山的农户,后来因为其女儿碧霞元君具有神力,附带上父亲也有了神力。当地传说,石敢当可以辟邪镇妖鬼,于是当自己家的房宅附近有桥梁、道路相对时,多会在墙面上镶嵌一块石敢当的石碑。现在仍有很多人家信奉石敢当辟邪镇宅。

山东沿海各地除去崇拜海龙王,还信奉一尊具有人间身份的神灵——海神娘娘,又称天后、天妃、天后娘娘,其为南方沿海产生的海神信仰,是宋元以后随着沿海航运的发展,北传进入山东的,并获得广泛传播。传说海神娘娘是五代时福建莆田林姓之女,梦中救过海上遇难者,后尊为海神,航海遇险,常显灵救助,元明以来由天妃晋封为天后,故各处都建有天后宫。山东沿海多建有天后宫,俗称海神娘娘庙,其中以庙岛显应宫的规模最大。各地祭祀海神娘娘的日期不同,但都十分隆重,足见沿海人们祈求海神娘娘保佑的心之深切。平日里,渔民、船民为祈愿出海安全,或者在海上遇到风暴,多会向海神娘娘祭祀祷告,出海安全或遇险无事归来后一定给海神娘娘献上一条仿照自己使用制作成精致的模型的船,称为"许愿船",又称"替身船",敬送娘娘庙中,因而得以陈列。

财神有最明显的人格神形象，全国各地虽多有不同，但所描绘的形象都是历史之中的著名人物。山东的财神形象多以文武双财神出现，而不是单祭祀一位，或只信奉赵公元帅。这文武兼备与山东文化中诗书传家的风尚和疾恶如仇的性格有关。文财神比干，武财神关羽。胶东供奉的财神像是上文下武，聊城的则是上武下文。比干纱帽红蟒，正襟危坐，关羽手持《春秋》，仪态俨然。钱财兴旺与否，关系着家庭生活美满程度高低，所以人们对执掌人间福禄的财神崇奉至诚。在春节期间的祭祀中，自然不会忘掉供奉财神。山东地界流传财神爷于七月二十二日过生日，这日各地举行财神会，供奉庆祝。现在随着经济的发展，商人日益重视财神的供奉，很多店面都会请一尊财神到店里。

三、祖先崇拜

除却以上三大类神灵信仰之外，山东人亦如其他传统中国人一样，十分重视对祖先的崇拜。祖先崇拜，缘起于古代人对灵魂的信仰，认为人是有灵魂的，而且认为人死后可以独立于人的肉身存在，而且具有了一定的超能力，能够保佑自己的子孙和亲人。祖先在现实中发挥长者的作用，呵护幼小的后辈孩孙，去世后应该一如既往地保护子孙。这种信仰为人们的生活提供了一种精神上的保障，给予心灵上的慰藉，减少生活的孤单感。同时这种信仰可以增强人们的感恩意识，长者现实中照顾后辈，死后后辈供奉他们，以报答养育之恩，反哺感恩。

祖先崇拜是最早和最普遍的鬼魂崇拜，而且随着人类社会的发展，血缘关系意识不断增强后，家族建设增强，利用家族制度规范化祭祖，祖先崇拜更为盛行。山东是仁孝礼仪之邦，在文化意识的影响下，各地至今还极为重视对祖先的献祭。传统祭祀祖先有家祭、庙祭和墓祭之分。山东的家族建设虽然不及江南地区，但仍有很大程度的发展，促进了祖先崇拜的发展。山东地区在祭祖时悬挂绘有先祖画像和世系树图的祖影，是北方地区较具有特色的祭祖形式。中华人民共和国成立后，家庙已基本绝迹，祖坟也多有破坏，但基本被保留下来，立牌位、挂影子的家祭也还存在。墓地祭祀多有如下集中形式：除夕请祖先，元宵节送灯，清明节扫墓，十月初一送寒衣等，有的家中生子要向祖先报喜，娶亲要告庙或者上喜坟，中试要祭祖，麦后和秋后要请祖先尝新等。

思考与讨论

1. 简述鲁菜的类型与特点。
2. 简述山东的主要庙会与特色。
3. 简述山东木版年画的两大系统。
4. 泰山信仰系列包含哪些内容？

第八章

山东旅游文化

在山东这片辽阔的地域上,名山大川星罗棋布,亭阁楼台不胜枚举,数千年的悠久历史留下丰富的文物史迹,展现着齐鲁文化的精神气质、历史进程与辉煌成就。自然景观、人文景观与民俗文化交相辉映,从而使山东成为中国文化旅游的胜地。近几年来,通过对山东文化的高度概括,山东创意推出"好客山东"现代旅游品牌,实现了传统文化与现代产业的有机结合,赋予了传统文化资源经济价值。

第一节 "好客山东"与齐鲁山水圣人文化

早在四五十万年前,沂源猿人就在这片土地上生存和繁衍。山东境内考古发现的北辛文化、大汶口文化、龙山文化遗址代表了山东史前文化的黄金时代。公元前21世纪夏朝时代,东夷各部族就活跃在山东地域。西周时期两个最大的分封国——齐国和鲁国,皆在今天的山东境内,所以山东又称"齐鲁之邦"。山东既有山川、湖泊、海洋等自然风光,又曾经出现过如孔子、孟子、墨子等对中华文明发展产生重要影响的文化名人。齐鲁文化在数千年中华文化的形成发展进程中发挥着重要作用,同时更多地积淀到山东人的为人处事和行为规范上,形成了具有显著地域特色的好客传统和文化。"好客山东"深深植根于齐鲁文化,高度概括了山东人的品德和齐鲁文化的内涵。

一、"山水圣人"

泰山、黄河和孔子是山东文化形象的杰出代表。

"国之大事,在祀与戎",说明泰山文化中心地位的便是"泰山封禅"。"封禅"是帝王祭天祭地与天地神进行对话的形式,是国家民族的最高典礼。《史记·封禅书》《论衡》《韩诗外传》等典籍均记载了自炎帝以来七十二王封禅泰山的故事,可知这种典礼是远古时代活动在泰山周围的部落或氏族自然崇拜的原始祭天仪式。

春秋时代,齐桓公欲行封禅之礼,被名相管仲以祥瑞不现即天帝不承认而阻止;鲁之季孙氏亦有泰山之旅,孔子讥为"僭越",即资格不够。即便是创立东汉王朝基业的光武帝刘秀,封禅泰山也被儒生讥笑,认为举止出格。

公元前219年,秦始皇东巡郡县,召集齐鲁之地的儒生博士七十余人到泰山,商议封禅的典礼,以表明自己受命于天。秦始皇的封禅大典分两步进行,首先劈山修路,从泰山之阳登上山顶,"立石颂秦始皇帝德,明其得封也",是为封礼。从泰山之顶下山,"禅于梁父,其礼颇采太祝之祀雍天帝所用,而封藏皆秘之,世不得而记也",是为禅礼。自秦始皇之后,有秦二世、汉武帝、汉光武帝、汉章帝、汉安帝、隋文帝、唐高宗、唐玄宗、宋真宗、清圣祖、清高宗共12位帝王(含秦始皇)来到泰山封禅、祭祀。

黄河是中华儿女的母亲河,黄河流域是中华民族的发源地,因此中华文化也被称为黄河文化,黄色文明。黄河自青藏高原发轫,滚滚东流,每经一地都播下了文化的种子,但也经常改道泛滥,带来灾难。直到下游入海,黄河将其携带的无穷泥沙淤积于泰山南北,形成了广阔肥沃的黄淮海平原,并长年累月地不断扩大增厚着这块沃土,提供着丰富的养料,有沧海变桑田之感。而下游地区也甚少水患,齐鲁文化得以持续传承。在这里,发现了连续发展四千多年而不中断的新石器文化,之后又出现经夏、商、周三代积累,再造辉煌的齐鲁文化。齐鲁地区的文化,是黄河母亲特别培育的结果,是黄河文化的集中表现,是中国文化的正宗源流。

公元前551年,孔子于鲁国诞生,他是齐鲁文化的产物,黄河文化的结晶,黄河与泰山结合的骄子。其产生有深厚的历史、地理渊源。泰山与黄河地区,文化积淀深厚,为文化发展和文化伟人的产生,提供了肥厚的文化沃土。

二、"好客山东"

2007年6月,山东省推出了"文化圣地,度假天堂"的旅游形象口号以及"好客山东"的旅游品牌形象标识,一经推出即得到山东本地的高度认同和外部地域的充分认知,引起广泛关注。

"好客文化"是齐文化、鲁文化共有的文化基因,已经沉淀为特色鲜明的"山东性格"。齐文化倡导宽松自由,兼容并包,是一种具有尚武、侠义、开放和革新精神的"功利型"文化传统。鲁文化则是一种尊传统、尚伦理、贵仁的道德型文化传统。尽管两种文化的气质走向不同,但崇仁尚义的内在品质和包容天下的地域胸怀得以合流,经过历代山东人的完善以及不断实践,形成了具有鲜明地域文化特色的"山东性格",即"重礼仪,讲义气,尚豪侠,贵朴质",也就是"注重诚信,质朴好客"。

"好客文化"在山东根深蒂固,已经完全凝练为充满仁爱的"山东精神"。山东是"孔孟之乡""礼仪之邦",仁爱精神奠定了"好客文化"的品德基础。齐文化的好客,更多地表现在政治上的开明、学术上的包容、思想上的创新和言论上的自由,体现了东方大国的开放心态和好客情怀。自齐两千多年以后的周村,依然保留着齐国的遗风流韵,以诚信重义、轻利好客的气质,吸引八方财富,聚集九州商贾,成为东方闻名的旱码头。

　　"好客文化"规范着山东人的行为准则,演变为品行合一的"山东民俗"。"耿直豪爽,行侠仗义,勤劳朴实,诚信善良"往往是外地人对山东人的第一印象。山东人在与外人交往的一个显著特征就是"热情好客"。这种好客情怀每每见于历代传奇。齐桓公,广招天下有识之士,"稷下学宫"成为吸纳诸子百家开展争鸣的学术殿堂;孟尝君,轻财下士,门下食客数千人;秦琼、程咬金、罗成等在瓦岗寨"以仁义结交天下",为朋友两肋插刀;梁山好汉宋江一百单八将,推崇"八方共域,异姓同心";辛弃疾"系爽气节,识拔英俊,所交多海内知名士"。

　　总之,山东人朴厚的心地、朴实的品性、朴素的感情、朴质的行为,构成了历代传承而相沿不辍的好客文化,这是山东旅游发展最重要的文化基础和道德资源。"好客山东"体现了山东旅游的本质,促进了旅游产品体系的提升与丰富。山东旅游曾先后出现过"一山一水一圣人""走近孔子、扬帆青岛"等多种不同的形象定位。这些定位大都是对"物"的定位,没有深入到旅游文化的深层次中。"人"是真正意义上文化的代表和反映,"好客山东"以人为本,抓住了山东旅游文化的核心,标志着对旅游产业规律的认识上升到了一个新水平。

　　"好客山东"提升了山东旅游核心竞争力,推动了旅游目的地形象的建设与完善。"好客山东"品牌与"文化圣地,度假天堂"旅游形象,使得大气山东、文化山东、魅力山东得到充分展示。山东17个地市形成了独具特色的旅游文化品牌,有"泉城济南、泉甲天下"(济南),"红瓦绿树、碧海蓝天"(青岛),"齐风陶韵、生态淄博"(淄博),"江北水乡、运河古城"(枣庄),"黄河入海,龙腾东营"(东营),"山海仙境、葡萄酒城"(烟台),"风筝故乡,幸福潍坊"(潍坊),"孔孟之乡、运河之都"(济宁),"中华泰山,天下泰安"(泰安),"走遍四海、还是威海"(威海),"阳光海岸、水运之都"(日照),"美丽雪野,幸福莱芜"（莱芜），"山水沂蒙、多彩临沂"（临沂），"中国太阳城、幸福德州"（德州），"江北水城、运河古都"（聊城），"孙子故里、生态滨州"（滨州），"花海林园，中国牡丹之都"（菏泽）。在2014年8月于省会济南举办的山东文博会上，"山海仙境、葡萄酒城"和"八仙传说"分别获得"香港人心目中的山东印象符号"之山东省城市符号和民俗符号第一名。

早在2500多年前，孔子就向世界发出"有朋自远方来，不亦乐乎"的真挚邀请。2500多年后的今天，热情好客的山东人民依然遵循先师的教诲，诚挚欢迎中外游客到山东观光旅游，休闲度假，热情好客的山东人将竭诚让每一位游客感受"文化圣地，度假天堂"的魅力与精彩，领略"好客山东"的热情与豪迈！

第二节　山东风景名胜、文物古迹与民俗旅游

在山东的辽阔土地上，名山大川星罗棋布，文物古迹精美绝伦，民俗文化源远流长。全省有世界地质公园1个，世界遗产4个，国家5A级旅游景区9个，国家4A级旅游景区153个，国家级旅游度假区1个，国家级自然保护区7个，国家森林公园43个，国家级海洋公园9个，国家重点风景名胜区6个，国家历史文化名城10个，历史文化名镇2个，历史文化名村5个，历史文化名街3个，中国传统村落16个，中国优秀旅游城市35个，中国旅游强县1个，中国旅游特色村1个，国家一级博物馆4个，全国特色景观旅游名镇（村）13个，中国温泉之城1个、温泉之乡1个，全省还有3000多千米黄金海岸，299个岛屿。

为适应国内外旅游消费升级的需求，山东旅游路线形成了东中西三大骨干、不同风格的旅游区域。东部：以青岛、烟台、威海、日照、东营、滨州为主体的黄金海岸旅游线，以黄河入海奇观和原始风貌为特征的东营黄河入海口旅游区。中部：以济南、泰安、曲阜延伸到邹城的"山水圣人"旅游区；以潍坊等鲁中地区城市为主体，以风筝、杨家埠木版年画、民俗风情为主体的民俗旅游、逍遥旅游区；以淄博齐国故城、殉马坑、蒲松龄故居为主体的齐文化旅游区。西部：以枣庄、聊城、德州为主的大运河风景区，以水浒故事为主线，梁山、阳谷为重点的"水浒"旅游区。

山东文物自然景观优美，文物古迹众多。有世界文化与自然双重遗产——泰山，有曲阜、济南、聊城、邹城、青岛、临淄、泰安、蓬莱等十座全国历史文化名城，中国旅游强县长岛县，中国旅游特色村南山村，国家级历史文化名镇2个、名村5个。

全省自然保护区86个，省级森林公园65个，省级历史文化名城10座，省级历史文化名镇26个、名村30个，省级旅游度假区39个，省级优秀历史建筑373处，省休闲农业与乡村旅游示范点65家。全国重点文物保护单位196处，省级重点文物保护单位1293处，市、县重点文物保护单位5222处，文物藏品135多万件。

同时，全国古籍重点保护单位14个，省级古籍重点保护单位30个，山东省入选国

家级珍贵古籍名录 945 部,省级珍贵古籍 7791 部。国家级非物质文化遗产项目共
153 项,省级非物质文化遗产项目 555 项。国家级文化生态保护实验区 1 个、生产性
保护示范基地 3 个,省级文化生态保护实验区 8 个、生产性保护示范基地 13 个。

一、山东著名山水景观

(一)名山

山东省境内中部山地突起,西南、西北低洼平坦,东部缓丘起伏,形成以山地丘陵
为骨架、平原盆地交错环列其间的地形大势。泰山雄踞中部,主峰海拔 1545 米,为山
东省最高点。黄河三角洲一般海拔 2—10 米,为山东省陆地最低处。境内地貌复杂,
大体可分为中山、低山、丘陵、台地、盆地、山前平原、黄河冲积扇、黄河平原、黄河三角
洲 9 个基本地貌类型。境内主要山脉,集中分布在鲁中南山丘区和胶东丘陵区。海拔
在 700 米以上、面积 150 平方公里以上的名山有泰山、蒙山、崂山、鲁山、沂山、徂徕山、
昆嵛山、五莲山、艾山、牙山、大泽山等。

泰山　泰山是世界文化与自然双重遗产,世界地质公园,全国重点文物保护单位,
国家 5A 级旅游景区,方圆 426 平方公里。主峰玉皇顶,海拔 1545 米,相对高差约
1300 米,绵延起伏长约 200 公里。

主峰玉皇顶气势雄伟磅礴,有"五岳之首""天下第一山"之称。山峰突兀峻拔,雄
伟壮丽。从山脚到山顶,沿途古迹名胜 30 多处,中路有王母池、斗母宫、经石峪、壶天
阁,西路有黑龙潭、扇子崖、长寿桥等。中西两路会合后为中天门,登天险十八盘,有南
天门、碧霞祠、瞻鲁台、日观峰。登日观峰看日出,更为胜景。

泰山山体雄伟壮观,景色秀丽。在古代神话传说中,相传为盘古死后头部所化。
西汉东方朔在其《封泰山》一文中形容"泰山吞西华,压南衡,驾中嵩,轶北恒,为五岳之
长"。古代传统文化认为,东方为万物交替、初春发生之地,故泰山有"五岳之长""五岳
独尊"的美誉。因其气势之磅礴为五岳之首,故又被誉为"天下名山第一"。

几千年来,泰山自然景观融入了帝王封禅、诗文渲染、工匠艺术以及科学考察等因
素,构成了泰山风景。泰山风景旅游区分为幽区、旷区、奥区、妙区、秀区、丽区六大风
景区,以泰山日出、云海玉盘、晚霞夕照、黄河金带四大奇观最为著名。风景区内形成
了以主峰为中心呈放射状分布、三重空间(以岱庙为中心的泰安城,城西南蒿里山的
"阴曹地府",南天门以上的"仙界天府")、一条轴线(连接这三重空间的景观带,主要是
岱庙中轴线北延直到玉皇顶)的景观格局。从海拔 150 余米的山麓泰安市区,至中天
门海拔 847 米,南天门 1460 米,玉皇顶 1545 米,层层迭起,构成泰山的独特景观。

自古以来,中国人就崇拜泰山,有"泰山安,四海皆安"的说法。在汉族传统文化
中,泰山一直有"五岳独尊"的美誉。自秦始皇封禅泰山后,历朝历代帝王不断在泰山
封禅和祭祀,并且在泰山上下建庙塑神,刻石题字。古代的文人雅士更对泰山仰慕备
至,纷纷前来游历,作诗记文。在泰山宏大的山体上留下了 20 余处古建筑群,2200 余
处碑碣石刻。

　　泰山与神话传说息息相关。在盘古开天辟地的神话故事中,泰山为其头部所化。盘古的第五代孙东岳大帝为泰山神,冠五岳之首,掌握人们的魂魄,主掌世人生死、贵贱和官职,因此泰山是万物之始成地。碧霞元君即天仙玉女泰山碧霞元君,俗称泰山娘娘、泰山老奶奶、泰山老母等。道教认为,碧霞元君"庇佑众生,灵应九州","统摄岳府神兵,照察人间善恶",是道教中的重要女神,也是中国历史上影响最大的女神之一。

　　数千年来泰山自然景观被融入帝王封禅、宗教神话、书画意境、诗文渲染、工匠艺术等文化因素,构成了庞大的泰山美学文化。孔子、杜甫等名人雅士更曾到访此山,并留下诗句,如孔子的名言是"登泰山而小天下",杜甫的诗歌《望岳》,姚鼐的散文《登泰山记》等。

泰山"五岳独尊"

泰山十八盘

　　沂蒙山　　沂蒙山是指以沂山、蒙山为地质坐标的地理区域,由数座大山、绵延丘陵及河间平原组成,其中主要山脉有沂山、蒙山、孟良崮等,主要河流有沂河、沭河、祊河等。历史上属于东夷文化,是古青徐海岱文化的重要组成部分,在近代则是红色革命老区,被无数革命后人誉为"两战圣地、红色沂蒙",是《沂蒙山小调》的诞生地。

沂蒙山同时也是一个旅游概念,沂蒙山旅游区位于山东省中南部,包含沂山、蒙山国家森林公园、蒙山龟蒙景区三大景区,核心景区面积148平方千米,是世界文化遗产齐长城所在地、世界著名养生长寿圣地,现为国家5A级旅游景区、国家森林公园、国家地质公园、国家水利风景区。

沂蒙是一片文化圣地,自古名人辈出、灿若群星,令人叹为观止,是齐文化的代表和翘楚。孕育出智圣诸葛亮、书圣王羲之、算圣刘洪、孝圣王祥、宗圣曾子,名相王导、匡衡,名将蒙恬、羊祜、左宝贵,著名书法家王献之、颜真卿,文学家颜之推、公䴖、鲍照,文学评论家刘勰,天文学家何承天,以及孙子、孙膑、荀子、郯子等众多光耀千秋的名人。

沂蒙还是红色旅游的圣地。沂蒙与井冈山、延安是中国革命战争时期最重要的三大老革命根据地,作为山东解放区的首府,有"华东小延安"之称。建党初期,中共一大代表王尽美就在临沂播下过革命的种子,刘少奇、徐向前、罗荣桓、陈毅、粟裕、谷牧、罗炳辉等老一辈无产阶级革命家曾在这里战斗、生活过,留下了大量的革命遗迹。抗日战争和解放战争期间,沂蒙老区420万人口中,有140万群众参军支前,3万沂蒙优秀儿女献身疆场。沂蒙红嫂,更是沂蒙山区的光荣和自豪。沂蒙人民在这块红色的热土上,创造了"爱党爱军、开拓奋进、艰苦创业、无私奉献"的沂蒙精神。

昆嵛山　昆嵛山地处胶东半岛东端,地跨山东省烟台市牟平区和威海市文登区,总面积24余万亩。方圆百里,巍峨耸立,峰峦绵延,林深谷幽,古木参天,多有清泉飞瀑,遍布文物古迹。大森林莽莽苍苍,景观千姿百态。春天,绿草茵茵,山花烂漫,最宜赏花踏青;盛夏,浓荫蔽日,凉爽宜人,最适消夏避暑;金秋,漫山红叶,层林尽染;隆冬,万里雪飘,银装素裹。昆嵛山群山环抱,地形复杂,沟谷曲折悠长,沟沟有水,处处有潭,潭瀑相连,佳景迭出。昆嵛山主峰海拔923米,登顶观望,一览众山小,沧海尽收眼底。素有"不是泰山,胜似泰山"之美誉。

昆嵛山有老子《道德经》的摩崖石刻,汉代永康石刻,金元圣旨碑、懿旨碑,丘处机手书石碑等。《齐乘》中称昆嵛山"秀拔为群山之冠"。北魏史学家崔鸿在《十六国春秋》里称昆嵛山为"海上诸山之祖"。秦始皇、汉武帝曾多次东寻游历昆嵛山,寻觅长生不老之术。

昆嵛山是道教圣地,历来有"仙山之祖"美誉。据《宁海州志》所载:自隋唐以来,昆嵛山便寺观林立,洞庵毗连,香火缭绕,朝暮不断。北五祖之首,东华帝君王玄甫曾隐于昆嵛山内,修仙炼性。全真祖师王重阳曾在此山中收全真七子为徒,开创了全真教。相传东汉女子麻姑,经王母娘娘指点,来此山中修行。数年后,终于在昆嵛山中得道成仙。始建于800多年之前的神清观是全真教的祖庭,在道教历史上拥有重要的地位,是我国道教宗奉的圣地。无染寺始建于东汉永康年间,曾经是香火盛极一时的胶东第一古刹。

梁山　梁山是水浒故事发生地,位于济宁市梁山县,是中国武术四大发源地之一。梁山民风淳朴,武术表演、斗鸡、斗羊别具特色。据《山东通志·疆域志》记载:"梁山,本名良山,以梁孝王游猎于此得名。"唐代时期梁山是佛教圣地,雪山峰下,寺院林立,教徒云集,香火兴盛,以莲台寺和法兴寺声望尤高。唐朝武则天两次驾临,许多文人墨客也前来观光览胜。北宋末年,晁盖、宋江等人凭借此地水泊天险,替天行道,除暴安良。明代小说家施耐庵依据民间流传的话本,创作小说《水浒传》,遂使梁山名闻天下。现建有水泊梁山风景区,占地 3.5 平方公里,主要景点有一关、二关、断金亭、黑风口、李逵像、黑风亭、观望台、疏财台、宋江马道、忠义堂、靖忠庙等。建筑实体粗犷、豪放、古朴、浑厚,气势磅礴、雄浑壮观,被评为"十佳山岳旅游区"。帝子遗碑,梁山叠翠,法兴夕照,莲台春色,石井甘泉,堪称五大胜景,其古迹尚存,典雅壮丽。

烟台山　烟台山是烟台市标志性景区,是烟台市名称的来源。烟台山初名北山。明朝倭寇肆虐中国沿海,洪武三十一年(1398)在宁海卫辖区内设奇山守御千户所,所城设在北山以南,并在山上设报警用的"狼烟墩台",又名"烟墩",自此北山改名为烟台山,成为后来烟台市名的源头。目前在烽火台原址附近建有通体乳白的烟台山灯塔,高 49.25 米,是烟台市市标。1861 年烟台开埠,先后有 17 国在此设立领事馆,其中 6 座设在烟台山上,周边地区发展为外国人聚居区,建有教堂、医院、学校、洋行等,是亚洲现存最大的近代领事馆建筑群。烟台山近代建筑群汇集了不同国家的不同历史文化特色,是中国半殖民地半封建社会的缩影和见证,已成为研究中国近代建筑史、中西文化交流史和中国近代社会发展史珍贵的实物资料。

烟台山

(二)江河湖泊

山东省分属于黄、淮、海三大流域,境内主要河流除黄河横贯东西、大运河纵穿南北外,其余中小河流密布山东省,主要湖泊有南四湖、东平湖、白云湖、青沙湖、麻大湖等。

黄河　黄河在东营入海,每年携沙造陆 3 万亩左右,是中国唯一能"生长"土地的地方。黄河入海为东营带来了中国最完整、最广阔、最丰富的湿地生态系统,著名的黄河三角洲国家级自然保护区被誉为"鸟类的天堂"。河海交汇处黄蓝分明的神奇景观,也有碧海蓝天的海滨特色。黄河河口的特点可以用"黄河口、大油田、红色圣地、黄金海岸"来概括。

黄河入海口"河海交融"

大运河 大运河全长 2700 公里,纵跨 8 个省、直辖市,历史延续 2500 余年。其中山东段流经 5 市,包括了 8 段运河以及 15 处遗产点,河段占据了总河段的近三分之一,遗产点超过四分之一,水源主要由泉水汇成,故山东大运河又被称为泉河。济宁市曾是明清时期管理大运河事务的河道总督衙门所在地,被称为"运河之都"。大运河与当地人民生活、经济发展唇齿相依,因此也被称作"山东的莱茵河"。2014 年中国大运河项目成功入选世界文化遗产名录,成为中国第 46 个世界遗产项目。

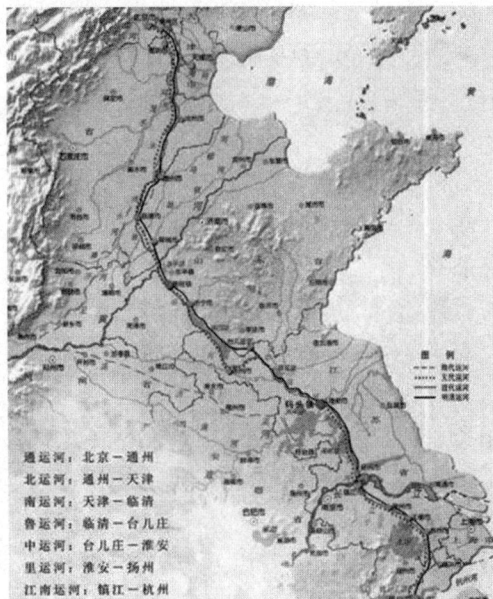

大运河路线图

微山湖　微山湖是昭阳湖、南阳湖、独山湖共同构成的南四湖的别称,位于山东省南部,是中国北方最大的淡水湖,是中国荷都、北方水乡,还是铁道游击队的故乡。微山湖南北长120公里,东西最宽处达25公里,水域面积达1266平方公里。是国家级风景名胜区,国家级生态示范区,国家级湿地公园,中国最佳旅游目的地,国家重点红色旅游区。

微山湖风光秀丽,美丽神秘,自然洒脱。山、岛、森林、湖面、渔船、芦苇荡、荷花池,还有落日夕阳、袅袅炊烟等景色,和谐统一地结合起来,构成了微山湖特有的美丽画面。这些风物中,尤以"花中仙子"之称的荷花最为耀眼,其美丽的身姿,洋洋洒洒地铺到湖面上,有的多达几十万亩,蔚为壮观,所以这里又被称作"中国荷都"。

湖区内有微山岛风景区和南阳古镇风景区。微山岛是微山湖中最大的岛屿,面积约9平方公里。岛上有微子墓、目夷墓、张良墓等文化遗迹。物产丰富,有"日出斗金"之说。特产乌鳢、麻鸭、老鳖、松花蛋、咸鸭蛋、大闸蟹、莲蓬、莲藕,可以让人大饱口福。

微山湖的大湖风光和渔民生活成为现代都市人憧憬大自然、回归大自然、休闲娱乐的首选,当地居民提供原生态的渔民生活体验,例如划渔民小木船、看鱼鹰表演、跟渔民捕鱼、看荷花、摘莲蓬等,并逐步开展原生态渔家餐饮和住宿等。

二、山东著名文化古迹

沂源人遗址　沂源人遗址位于山东省沂源县鲁山脚下。1981年9月,沂源县文物普查人员在此发现一块头盖骨、六颗牙齿、一块肱骨、一块肋骨、一块股骨和两块眉骨。伴随出土的有肿骨鹿、李氏野猪、巨河狸、虎、鬣狗等更新世中期常见动物骨骼化石。经中国科学院古人类和古脊椎动物研究所及北京大学、山东省博物馆等权威机构鉴定,这些猿人化石与"北京猿人"同时期,距今约四五十万年,是最早的山东人,也是黄河中下游地区最早的古人类。作为旧石器时代古遗址,2006年沂源人遗址成为全国重点文物保护单位。

大汶口遗址　大汶口遗址位于泰安城南30千米处的大汶河畔。1959年首次发现并挖掘,为距今5000—4000年的新石器时代晚期父系氏族遗址。"大汶口文化"内涵丰富,有墓葬、房址等遗存。出土文物有造型美观的背壶、钵型鼎、镂孔豆、高柄杯、彩陶豆以及磨制精细的石斧、石锛、石铲、石凿、骨器等。大汶口文化的发现,为山东龙山文化找到了渊源。1982年,大汶口遗址被公布为全国重点文物保护单位。

三孔　济宁曲阜的孔府、孔庙、孔林的统称。

孔府　孔府本名衍圣公府。位于孔庙东侧,为孔子嫡系子孙的府第。占地240亩,共有厅、堂、楼、房463间。九进庭院,三路布局:东路即东学,建一贯堂、慕恩堂、孔氏家庙及作坊等;西路即西学,有红萼轩、忠恕堂、安怀堂及花厅等;孔府的主体部分在中路,前为官衙,有三堂六厅,后为内宅,有前上房、前后堂楼、配楼、后六间等,最后为花园。

孔府系我国仅次于北京故宫的贵族府第,号称"天下第一家",是孔子嫡系长期居住的府第,也是中国封建社会官衙与内宅合一的典型建筑。孔府大门,为间五檩悬山式建筑,匾书"圣府"二字,为明朝严嵩所书。门两边有对联一副"与国咸休安富尊荣公府第,同天并老文章道德圣人家",其中"富"字上面少一点,寓"富贵无头","章"字一竖通到上面立字,寓"文章通天",此联概括出千百年来"圣人家"的气派。

孔府是我国一座名副其实的宝库,府内收藏着大批珍贵历史文物,其中最著名的为"商周十器",亦叫"十供",原为清宫所收藏青铜礼器,是清高宗于1771年赏赐给孔府的。"鎏金千佛曲阜塔"亦为孔府所藏珍品,此塔为唐代所制。其他还有明清几代数以千计的衣、冠、袍、履及名人字画、雕刻等,其中又以元代的"七梁冠"为国内仅有。

孔庙 孔庙始建于鲁哀公十七年(前478),历代增修扩建,经2400余年而祭祀不绝,是中国渊源最古老、历史最长的一组建筑物,也是海内外数千座孔庙的先河与范本。孔庙现今的规模是在明、清两代完成的。建筑仿皇宫之制,共分九进庭院,贯穿在一条南北中轴线上,左右对称排列。整个建筑群包括五殿、一阁、一坛、两庑、两堂、17座碑亭,共466间,分别建于金、元、明、清和民国时期。主要景观大成殿,面阔九间,进深五间,高32米,长54米,深34米,重檐九脊,黄瓦飞彩,斗拱交错,雕梁画栋,周环回廊,巍峨壮丽。擎檐有石柱28根,高5.98米,直径达0.81米。两山及后檐的18根柱子浅雕云龙纹,每柱有七十二团龙。前檐十柱深浮雕云龙纹,每柱二龙对翔,盘绕升腾,似脱壁欲出,精美绝伦。殿内高悬"万世师表"等十方巨匾,三副楹联,都是清乾隆帝手书。殿正中供奉着孔子的塑像,七十二弟子及儒家的历代先贤塑像分侍左右。历朝历代皇帝的重大祭孔活动就在大殿里举行。

孔林 孔林又称至圣林,是孔子及其后裔的墓地。坐落于曲阜城北,占地3000余亩,林内大小坟冢20余万座。它是我国规模最大、持续年代最长、保存最完整的氏族墓葬群和人工园林。孔林中神道长达1000米,苍桧翠柏,夹道侍立,龙干虬枝,多为宋、元时代所植。"墓古千年在,林深五月寒",孔林内现已有树10万多株。相传孔子死后,"弟子各以四方奇木来植,故多异树,鲁人世世代代无能名者",其中柏、桧、柞、榆、槐、楷、朴、枫、杨、柳、檀雒离、女贞、五味、樱花等各类大树,盘根错节,枝繁叶茂。野菊、半夏、柴胡、太子参、灵芝等数百种植物,也依时争荣。孔林可谓是一座天然的植物园。"断碑深树里,无路可寻看",在万木掩映的孔林中,碑石如林,石仪成群,有李东阳、严嵩、翁方钢、何绍基、康有为等明清书法名家亲笔题写的墓碑。因此,孔林又有碑林美名,堪称书法艺术的宝库。

蓬莱阁 蓬莱阁是"中国四大名楼"之一,素以"人间仙境"著名。它坐落在山东省蓬莱市北濒海的丹崖山上,始建于北宋嘉祐六年(1061),由蓬莱阁、天后宫、龙五宫、吕祖殿、三清殿、弥陀寺六大单体及其附属建筑组成,面积1.89万平方米。阁内处处可见文人墨宝、楹联石刻。如今发展成以蓬莱阁古建筑群为中轴,蓬莱水城和田横山为两翼,四种文化(神仙文化、精武文化、港口文化、海洋文化)为底蕴,山(丹崖山)、海(黄渤二海)、城(蓬莱水城)、阁(蓬莱阁)为格局,登州博物馆、古船博物馆、田横山、合海亭及黄渤海分界坐标等20余处景点为点缀,融自然风光、历史名胜、人文景观、休闲娱乐

孔庙大成殿

孔子墓

于一体的风景名胜区和休闲度假胜地。

　　蓬莱是中国道教传说中著名的神仙住所和人间仙境。史载秦始皇、汉武帝都曾为寻求仙药先后来此,传说方士徐福受秦始皇之遣由此乘船入东海去求仙丹,著名的"八仙过海"神话故事亦发生在此,自古为文人墨客雅集之地,历来是道教炼士修真之境,阁内各亭、殿、廊、墙之间,楹联、碑文、石表、断碣、琳琅满目,比比皆是,翰墨流芳,现存留历代文人雅士观海述景题刻二百余处,为蓬莱阁增色不少。

　　蓬莱阁高 15 米,双层木结构,重檐八角,四周环以朱赤明廊,供人极目远眺,阁上名人匾额楹联众多,犹以清代大书法家铁保书的"蓬莱阁"巨匾著称。蓬莱阁十大景:仙阁凌空、神山现市、渔梁歌钓、日出扶桑、晚潮新月、万里澄波、万斛珠玑、铜井金波、狮洞烟云、漏天滴润。海市蜃楼奇观也经常发生。

　　刘公岛　刘公岛位于山东半岛最东端的威海湾内,人文景观丰富独特,既有上溯千年的战国遗址、汉代刘公刘母的美丽传说,又有清朝北洋海军提督署、水师学堂、古炮台等甲午战争遗址,还有众多英租时期遗留下来的欧式建筑,素有"东隅屏藩"和"不沉的战舰"之称。其北部海蚀崖直立陡峭,南部平缓绵延,森林覆盖率达 87％,有"海

"人间仙境"蓬莱阁

上仙山"和"世外桃源"的美誉。它是国家 5A 级旅游景区,国家级风景名胜区、国家级海洋公园、全国红色旅游经典景区,也是全国著名的爱国主义教育示范基地和国内知名的休闲旅游度假胜地。

台儿庄古城　台儿庄古城坐落于山东省枣庄市,国家 5A 级旅游景区,占地 2 平方公里,有 11 个功能分区、8 大景区和 29 个景点。它既是民族精神的象征、历史的丰碑,也是运河文化的载体,至今仍保留有不少遗存,如京杭运河仅存的最后 3000 米古运河,被世界旅游组织称为"活着的古运河"。城内拥有 18 个汪塘和 15 千米的水街水巷,可以舟楫摇曳、遍游全城,是名副其实的中华古水城。同时这里还是全国首家海峡两岸交流基地,是两岸交流的重要平台。作为中国第二次世界大战纪念城市,与波兰首都华沙同属世界上仅有的两座因二战炮火毁坏而作为世界文化遗产重建的城市。"江北水乡·运河古城",已经成为枣庄的新城市名片。

台儿庄古城(图片来源:360 图片)

周村古商城 中国古商业文化的优秀代表,景区总占地面积 60.5 公顷,现有保存完好的明清古建筑 5 万余平方米。景区内古迹众多,街区纵横,店铺林立,建筑风格迥异,中西文化合璧,为山东仅有、江北罕见,且至今仍在发挥其商业功能,被中国古建筑保护委员会的专家誉为"中国活着的古商业建筑博物馆群"。目前已形成了千佛寺庙群、三益堂印刷展馆、谦祥益、瑞蚨祥、民俗展览馆、英美烟草公司展览馆、今日无税碑、状元府、票号展览馆、杨家大院、大染坊、魁星阁庙群、淄博艺术博物馆等多处具有较强的知识性和趣味性的景点,目前已初步形成了国家级历史文化古街、鲁商文化发源地、著名影视拍摄基地为主的三大品牌。

三、山东著名民俗旅游资源

潍坊风筝节 潍坊风筝节一般定于每年 4 月 20 日至 25 日举行。位于潍坊市区东北 15 千米的杨家埠村,是风筝的故乡。杨家埠风筝以做工考究、绘制精细、起飞高稳而闻名,分为串子类、板子类、立体类、软翅、硬翅和自由式六大系列,六十多个品种。潍坊风筝节与北京地坛庙会、哈尔滨冰灯节、自贡灯会并称全国四大群众文化活动,与大连国际服装节、洛阳牡丹花会、哈尔滨冰灯节一起并称为全国四大节会。

济南朱家峪 济南朱家峪位于济南东郊章丘市官庄镇,被誉为"齐鲁第一古村,江北第一标本"。朱家峪曾名城角峪、富山峪,明洪武四年(1371)朱氏入村,因朱系国姓,即与皇帝朱元璋同宗,故该村改名为朱家峪。古村大小古建筑近 200 处,大小石桥 30 余座,井泉 20 余处,庙宇 10 余处。康熙立交桥、文昌阁、魁星楼、关帝庙、朱氏家祠、双轨古道、坛井七桥、东领朝霞、古柏亭立、团山瀑布、碧塘倒影、狮子洞、云雾洞、朝阳洞、仙人桌、仙人桥等人文、自然景观数不胜数。2008 年,随着电视剧《闯关东》的热播,更是使朱家峪村名闻天下。

朱家峪

(图片来源:http://s4.sinaimg.cn/mw690/81b2806fge1a29cb080b3 & 690)

胶州秧歌　胶州秧歌又称地秧歌、跑秧歌,当地民间称扭断腰、三道弯,是山东省的汉族民俗舞蹈之一,属于三大秧歌之一。胶州秧歌有 230 多年的历史,清代胶州包烟屯赵姓、马姓两家于 1764 年逃荒关东,沿途乞讨卖唱,逐渐形成一种边舞边唱的形式。返回故乡后,多年相传改进,到 1863 年成型,舞蹈、唱腔、伴奏均有一定形式。成为第一批国家级非物质文化遗产。

烟台长岛"渔家乐"民俗文化旅游节　长岛是山东省唯一的海岛县,位于胶东、辽东半岛之间,在黄渤海交汇处。长岛县境内主要旅游景点有九丈崖、半月湾国家地质公园、庙岛古庙群、仙境源民俗风情公园、林海烽山国家森林公园、庙岛妈祖文化公园、北庄遗址,还可以享受赶海的乐趣。

"渔家乐"是长岛的特色旅游项目,是山东省沿海经济区影响力最大的海上观光休闲项目,每年都吸引来自全国各地的上百万游客。现有神秘海岛之旅、地质观光之旅、文化古迹之旅、妈祖香缘之旅、群鸥逐帆之旅、和谐生态之旅、休闲渔业之旅、渔家民俗之旅和祭拜妈祖之旅等多条特色旅游线路。此外还举行形式多样的民俗娱乐活动,舞龙舞狮、渔家号子、秧歌、渔家宴美食大赛、黄渤海"拔海"大赛,激情的篝火晚会等,游客可以吃在渔家、住在渔家,玩在海上,跟渔民出海撒网、下笼、抓蟹子,真正体验一次做渔民的感觉与快乐。

第三节　泉城济南,泉甲天下

济南因境内泉水众多,被称为"泉城",素有"四面荷花三面柳,一城山色半城湖"之美誉,是国家历史文化名城,首批中国优秀旅游城市,史前文化龙山文化的发祥地之一。济南作为泉城,旅游资源丰富,济南的文化突出"泉城"特色,全市遍布着大大小小 700 多处天然涌泉,仅在济南老城区 2.6 平方公里的范围内,就分布着趵突泉、黑虎泉、珍珠泉、五龙潭四大群泉、133 处泉水,众泉又汇集到景色秀丽的大明湖,构成济南独特的泉水景观。

济南有八大景观:锦屏春晓、趵突腾空、佛山赏菊、鹊华烟雨、汇波晚照、明湖泛舟、白云雪霁、历下秋风。有"十大泉群"与"七十二名泉","七十二名泉"好似珍珠般洒落在这"十大泉群"之中,有关七十二泉的名单历代诸家所记不尽相同,事实上济南泉水亦不止七十二处,世人常以七十二名泉,描述古城济南泉水之多。七十二泉的说法始于 700 年前,金代有人立《名泉碑》,列举了济南七十二个名泉。此后,便有济南七十二泉之说。元代地理学家于钦纂《齐乘》,书中把七十二泉的名字、位置转录了下来。

一、趵突泉

趵突泉,泉城济南的象征与标志,与千佛山、大明湖并称为济南三大名胜,居济南"七十二名泉"之首,被誉为"天下第一泉"。趵突泉是最早见于古代文献的济南名泉。

2002 年,有专家根据河南安阳出土的"甲骨文"考证,趵突泉有文字记载的历史,可上溯至我国的商代。趵突泉是古泺水之源,古时称"泺",为泺水的源头。早在 2600 年前的编年史《春秋》中就有"鲁桓公会齐侯于泺"的记载。北魏郦道元《水经注》载:"泺水出历城县故城西南,泉源上奋,水涌若轮,瀵涌三窟。"元代著名画家、诗人赵孟頫在《趵突泉》诗中赞道:"泺水发源天下无,平地涌出白玉壶。"《历城县志》中对趵突泉的描绘最为详尽:"平地泉源瀵沸,三窟突起,雪涛数尺。"

宋代曾巩任齐州知州时,在泉边建"泺源堂",并写了一篇《齐州二堂记》,正式赋予泺水以"趵突泉"的名称。所谓"趵突",即跳跃奔突之意,反映了趵突泉三窟迸发喷涌不息的特点。该泉亦有"槛泉""娥英水""温泉""三股水"等名。趵突泉泉池呈长方形,长 30 米,宽 180 米,深 2.2 米,泉池中央三股泉水成一条线紧密排列,齐声迸发,声势浩大,称"趵突腾空"。泉水一年四季恒定在 18℃左右,严冬,水面上水气袅袅,像一层薄薄的烟雾,一边是泉池幽深,波光粼粼,一边是楼阁彩绘,雕梁画栋,构成了一幅奇妙的人间仙境。

趵突泉东西之间南北向的小桥,名曰来鹤桥,原为木桥,明代万历初所建,天启末年重修,济南在中华人民共和国成立后扩建公园时将其改建为石桥。桥南首的彩绘木牌坊匾额朝南的一面上刻"洞天福地";朝北的一面是"蓬山旧迹"。"蓬山"指传说中东海神山的蓬莱、方丈、瀛洲三座神山,趵突泉为何称"蓬山旧迹"? 意为东海神山不过传说而已,谁也没有见过,但趵突泉的三股水其状如山,但不可攀,好像神话中的蓬莱仙山一般,所以称为"蓬山旧迹"。泉池西侧伸入水中的小亭叫观澜亭,此亭建于明朝天顺五年(1461),至今已有 500 多年历史,亭西墙壁上嵌刻的两块石碑,一块有"观澜"两个大字,取自《孟子·尽心》"观水有术,必观其澜",为明代书法家张钦的墨迹;另一块"第一泉"的石刻,是清朝同治年间王钟霖的手笔。亭东泉池中这块半浸水中的石碑,上镌三个雄健大字——趵突泉,为明代山东巡抚胡缵宗所写。细心的游客有的可能会发现"突"变成了"宊",缺了两点,传说劲挺柱涌的三股水把"盖子"顶掉了,使"突"字变成了这个样子,当然这只是形容泉水势强,人们的一种遐想。

泉池南岸透窗临池榭廊是中华人民共和国成立后所建,成了"闲时墨客会名优"京剧名流演出的舞台。趵突泉东池北岸,依水而著,窗明几净的建筑就是有名的蓬莱茶社,又称望鹤亭茶社,清代文人施闰章曾写诗歌曰:"仰而见山之青,俯而见泉之洁,清流激湍兮,孰浚其源? 潜蛟出蛰兮,飞虹蜿蜒。"说明这个地方在当时是极目远眺、俯首凝视、观赏领略远近山水之美的绝妙境地。据说当年康熙、乾隆两个皇帝都曾在这里临水静坐,品茗赏泉,领略趵突泉的万般风韵。当品尝到趵突泉水后,竟将南巡中携饮之北京玉泉水全部换为趵突泉的水,故有"润泽春茶味更真""不饮趵突泉的水,空负济南游"之说。趵突泉池北岸的大殿叫"泺源堂",紧挨泺源堂的两座大殿统称吕祖庙,也叫"吕仙祠""吕公祠""吕祖阁"。

趵突泉泉群还包括金线泉、柳絮泉、漱玉泉、马跑泉等 34 处名泉,共同组成一个颇大的泉群,并且几乎每个泉皆有一个动人的故事。其中"漱玉泉"为趵突泉泉群中水位最低的一个泉池,相传宋代著名女词人李清照常在此泉边梳洗打扮,面对泉水构思词句,其《漱玉集》即以此泉命名。泉边绿柳成荫,泉水清澈见底,水石相激,淙淙有声,犹如漱玉。泉北有李清照纪念堂,楹联为郭沫若所题写:"大明湖畔,趵突泉边,故居在垂杨深处;漱玉集中,金石录里,文采有后主遗风。"历代著名文学家、哲学家、诗人对于趵突泉群多有赞美。诸如宋代曾巩、苏轼、金代元好问,元代赵孟頫、张养浩,明代王守仁,清代王士禛、蒲松龄、何绍基等都有吟泉佳作。康熙、乾隆皇帝都曾在趵突泉边写诗刻石,颂扬名泉,当代文豪郭沫若等也都有赞颂的美文。

趵突泉

二、黑虎泉

黑虎泉位于济南市中心,是三大泉群之一,因其声、色特点而得名。泉源处于悬崖下一深 3 米、高 2 米、宽 1.7 米的深邃天然洞穴中。水清澈见底,寒气袭人。洞口由青石垒砌,内有巨石盘曲伏卧,上生苔藓,犹如猛虎深藏。泉水从巨石下涌出,湍击岩石,发出震天的鸣响。夜半朔风吹入石隙裂缝,惊人的吼声在洞中回荡,酷似虎啸,故名黑虎泉。早在金代以前,黑虎泉就已经闻名于世。泉水出于深凹形洞穴,通过三个石雕虎头泉水喷出,波澜汹汹,水声喧喧。明代晏璧在《七十二泉》诗云:"石蟠水府色苍苍,深处浑如黑虎藏。半夜朔风吹石裂,一声清啸月无光。"附近有玛瑙、白石、九女、琵琶、南珍珠、任泉、溪中、苗家、胤嗣、汇波、对波、金虎诸名泉及无名泉一处组成黑虎泉群,诸泉参差错落不已,泉既汇成河,河复又蕴泉,争相辉映各得佳趣。泉群附近假山平台,回廊曲径,夏日绿树荫荫,鸟语蝉鸣,是游人品茶、玩景之胜地。

有关黑虎泉的来历,还流传着一则神话传说。相传黑虎泉曾叫太平泉,被一条青龙霸占,兴风作浪,百姓苦不堪言,黑哥与虎妹决心除掉青龙。黑哥去南山拜千山佛祖为师,苦练武功,用佛祖赠送的龙泉宝剑与青龙决斗,虎妹用一块白石头朝恶龙扔去,正中龙眼。白石坠地,化作一股清泉。恶龙一声怪啸,扎入池底。黑哥立即扎入泉底,只见池里巨浪翻天,恶龙又蹿出水面,咽喉上还插着龙泉宝剑,痛苦地向南飞去,不多远就一头栽了下来,化作一座山,就是今天济南城郊的青龙山。黑哥却再也没有浮出水面,虎妹跳入泉中,纵身殉情,只听"轰轰"两声巨响,两股泉水冲池而出,冒个不停。从此,无论天下怎样大旱,这三股水从不停歇。为纪念黑哥和虎妹,人们把太平泉改名为黑虎泉,而那块白石化成的泉,就是今天与黑虎泉隔河相望的白石泉。

三、珍珠泉

珍珠泉位于济南旧城中心,是济南第三大名泉。明清时期其为山东巡抚驻地,匾额为乾隆皇帝御笔亲题。在它周围有许多小泉,如楚泉、溪亭泉、舜泉、玉环泉、太乙泉等,被称为珍珠泉泉群。

珍珠泉泉池长 42 米、宽 29 米,周围砌以雪花石栏,岸边杨柳轻垂,泉水清澈如碧,一串串白色气泡自池底冒出,仿佛飘洒的万颗珍珠,迷离动人;泉的西北角有濯缨池,是由泉水汇聚而成,泉水向北流经百花注洲后进入大明湖。珍珠泉区为一座清雅的庭园,松柏苍翠、杨柳低垂,泉池楼阁错落有致;园内罗锅桥西侧,有一株高五六米的宋代海棠,至今有千年的历史,相传是济南太守曾巩所栽。另外,在珍珠泉北边新建了一座人工湖,砌假山、植苍松,别具一番特色。清代王昶《游珍珠泉记》云:"泉从沙际出,忽聚忽散,忽断忽续,忽急忽缓,日映之,大者为珠,小者为玑,皆自底以达于面。"人们形容这里的景观是"跳珠溅雪碧玲珑"。

关于珍珠泉的来历,还有一个凄美的传说。相传珍珠泉的串串"珍珠"是当年虞舜的两个妃子娥皇和女英的眼泪所化。舜躬耕于历山(今千佛山),显示出超人的品格和才能,被推举为部落首领,后来尧将国君之位禅让于舜。舜勤于政事,常四方巡视。有一年,舜远行南方,而山东一带却遭受大旱,娥皇、女英跪祈上天降雨,但膝盖跪出了血,天空仍没有一丝云影。姐妹俩又带领大家向龙王要水,人人双手都磨出血泡,终于挖出一口深井。正在这时,南方传来舜帝病倒于苍梧的消息,娥皇、女英当即启程南行。看着挥泪话别的人们,她们禁不住一串串泪珠洒落大地。突然,"哗啦"一声,泪珠滴处,冒出一股股清泉,泉水如同一串珍珠汩汩涌出,这就是今天的珍珠泉。后人有诗曰:"娥皇女英异别泪,化作珍珠清泉水。"

四、五龙潭

五龙潭也称乌龙潭、龙居泉,位于济南市五龙潭公园内,南临趵突泉,北接大明湖。潭周名泉众多,形成五龙潭泉群,内有泉池 27 处,其中 11 处被评为济南七十二名泉,为济南四大泉群之一。据郦道元《水经注》记载,五龙潭北魏时水域颇大,为大明湖之一隅,称"净池"。据宋代乐史《太平寰宇记·卷十九》载,宋代这里又称"四望湖"。相传,五龙潭昔日潭深莫测,每遇大旱,祷雨则应,故元代有人在潭边建庙,内塑五方龙神,自此便改称五龙潭。五龙潭公园内,散布着形态各异的 26 处古名泉,构成济南四大泉群的五龙潭泉群。环绕诸多泉池,形成了庞大的五龙潭泉系并成为济南四大著名泉群中水质最好的泉群。

五龙潭景色极佳,碧波荡漾,澄澈如镜,水木明瑟,锦鱼戏游。公园的建园风格兼具南北造园之精华,是以潭池溪港等景观构成,以质朴野逸为特点的园林水景园,此水城风景秀丽、锦鱼嬉戏,素有"夹岸桃花,恍若仙境"之美誉,风景幽雅,独具特色。

五、大明湖

大明湖是济南三大名胜之一,是繁华都市中一处难得的天然湖泊,也是泉城重要的风景名胜和开放窗口,闻名中外的旅游胜地,素有"泉城明珠"的美誉。它位于济南市中心偏东北处、旧城区北部。大明湖是一个由城内珍珠泉、濯缨泉、芙蓉泉、王府池子等诸泉汇流而成的天然湖泊,有"众泉汇流"之说,面积甚大,几乎占了旧城的四分之一,荣膺"中国第一泉水湖"称号。现今公园面积 103.4 公顷,湖面 58 公顷,经年水位固定,沿湖水深 1 米,最深处 4.5 米,平均水深 2 米左右。市区诸泉在此汇聚后,经北水门流入小清河,向东注入渤海。

西晋永嘉年间,建分割大湖,基本规模延续至今未变。北魏郦道元编著的《水经注》中称之为"历水陂",唐朝时期称"莲子湖"。北宋文学家曾巩称之为"西湖""北湖"。金代文学家元好问在《济南行记》中称为"大明湖",从此沿袭至今。

大明湖风景秀丽。湖上鸢飞鱼跃,荷花满塘,画舫穿行,岸边杨柳荫浓,繁花似锦,游人如织,其间又点缀着各色亭、台、楼、阁,远山近水与晴空融为一色,犹如一幅巨大的彩色画卷。大明湖一年四季美景纷呈,尤以天高气爽的秋天最为宜人。春日,湖上暖风吹拂,柳丝轻摇,微波荡漾;夏日,湖中荷浪迷人,葱绿片片,嫣红点点;秋日,湖中芦花飞舞,水鸟翱翔;冬日,湖面虽暂失碧波,但银装素裹,分外妖娆。沿湖八百余株垂柳环绕,柔枝垂绿,婀娜点水。湖中现有四十余亩荷池,碧叶田田,白荷红莲,交相辉映,争奇斗艳,荷香飘溢,沁人心脾。波光粼粼的湖面上,时有鱼儿跳波,偶见鸢鸟掠水。碧波之上,画舫穿行,小舟荡波。各处游客云集,指点观赏,欢声笑语,一派繁华景胜,俨若北国江南。济南八景中的鹊华烟雨、汇波晚照、佛山倒影、明湖泛舟均可在湖上观赏。清代乾隆志书《历城县志·山水考四》所载:"湖光浩渺,山色遥连,夏挹荷浪,春色扬烟,荡舟其中,如游香国,箫鼓助其远韵,固江北之独胜也。"马可·波罗在《中国游记》中写大明湖"园林美丽,堪悦心目,山色湖光,应接不暇"。清朝刘鹗的《老残游记》、老舍的《济南的冬天》,均写到大明湖的美景。

大明湖一带古代建筑甚多,素有"一阁、三园、三楼、四祠、六岛、七桥、十亭"之说,所有建筑建造精美,各具特色。历下亭、月下亭、铁公祠、小沧浪、北极阁、汇波楼、南丰祠、遐园、稼轩祠等,吸引历代文人前来凭吊、吟咏。其中包括唐朝的李白,宋代的曾巩、苏轼,金元时期的元好问、张养浩,明代的李攀龙、王象春,清代的王士祯、蒲松龄等。晚清大文学家刘鹗对"佛山倒影"的描写,更是引人入胜:"到了铁公祠前,朝南一望,只见对面千佛山上,梵宇僧楼,与那苍松翠柏,高下相间,红的火红,白的雪白,青的靛青,绿的碧绿,更有那一株半株的丹枫夹在里面,仿佛宋人赵千里的一幅大画,做了一架数十里长的屏风。正在叹赏不绝,忽听一声渔唱。低头看去,谁知那明湖业已澄净得同镜子一般。那千佛山的倒影映在湖里，显得明明白白。那楼台树木，格外光彩，觉得比上头的一个千佛山还要好看，还要清楚。"

大明湖的四大怪，由来已久。明末的左诗坛巨擘王象春，就曾经在自己所写的《齐音·大明湖》中有过详细的记载——"湖在城中，宇内所无，异在恒雨不涨，久旱不涸；至于蛇不现，蛙不鸣，则又诞异矣"。后该文又被清朝人收录在《历城县志》中，应该是较早对明湖四怪提出的文字记载。这也就是济南的人家喻户晓的大明湖"四怪"——青蛙不鸣，蛇踪难寻，久旱不落，久雨不涨。

作为一处天然湖泊，大明湖水质清冽，天光云影，游鱼可见，水源充足，排水便利，故有"恒雨不涨，久旱不涸"的长处，"四面荷花三面柳，一城山色半城湖"正是大明湖风景的最好写照。

大明湖全景

六、千佛山

千佛山是泰山的余脉，海拔 285 米，占地 166.1 公顷，位于济南市中心南部。千佛山峰峦起伏，林木森森，恰似济南的天然屏障。千佛山古称历山，春秋时期称靡笄山，战国称靡山，相传上古虞舜帝曾躬耕于历山之下，故亦名舜山、庙山、舜耕山。据记载，隋朝开皇年间，山东佛教盛行，虔诚的教徒依山沿壁镌刻了大量的石佛，建千佛寺而得名千佛山。唐贞观年间，重新修葺，将"千佛寺"改称"兴国禅寺"，后经历代不断增建，规模渐大，千佛山遂成为香火胜地。寺门外西南上方的山崖上刻有"第一弥化"四个篆体字。千佛崖上有隋代石佛 60 余尊，年代悠久，具有很高的艺术价值。千佛山之东，佛慧山上也有雕刻石佛。其中主峰山麓有一佛龛，内有一尊头部佛像，高 7 米，宽 4 米多，俗称"大佛头"，这是一种十分罕见的石雕。

千佛山,东西横列,奇伟深秀,从远处望去,犹如一架巨大锦屏。山腰处建有"兴国禅寺""历山院"。兴国禅寺依山而建,共有7座殿堂,分4个院落,禅院深邃幽静,殿宇雄伟壮观,殿堂分布错落有致。整座寺庙迤逦山腰,古朴庄严。院内有大舜庙、文昌阁、鲁班祠和碑廊等。山门朝西的门楼上的黑色大理石上雕刻着当代中国佛教协会主席、书法家赵朴初先生题写的"兴国禅寺"四个苍劲端庄的金色大字。大门两侧石刻有一副对联——"暮鼓晨钟,惊醒世间名利客;经声佛号,唤回苦海梦迷人",为清末秀才杨兆庆书丹。大雄宝殿在寺内东侧,坐东朝西,雄伟壮观。殿内正中莲花宝座上,供奉着佛祖释迦牟尼塑像,两侧菩萨、罗汉侍立,南北侧分别塑普贤、文殊菩萨和阿难、迦叶等十大弟子。释迦牟尼塑像背后,南无观世音菩萨塑像面东站立,左右侍童子。殿后北侧架长廊,壁嵌董必武、郭沫若、赵朴初游千佛山诗刻题记。

除此之外,千佛山还散落着"唐槐亭""齐烟九点"及"云径禅关坊"等。登山远望,近处大明湖如镜,远处黄河如带,泉城景色一览无遗。

第四节 "红瓦绿树,碧海蓝天"——青岛

青岛位于山东半岛南端,依山傍海,风光秀丽,气候宜人,是一座独具特色的海滨城市。青岛拥有众多头衔,如国家历史文化名城、重点历史风貌保护城市、首批中国优秀旅游城市、国际滨海旅游度假胜地、国家园林城市、全国文明城市、国家卫生城市、中国品牌之都、世界啤酒之城、世界帆船之都等,有崂山风景名胜区、青岛海滨风景区等国家级风景名胜区。山东省近300处优秀历史建筑中,青岛独占131处,拥有国家重点文物保护单位34处。青岛历史风貌保护区内有重点名人故居85处,已列入保护目录26处。

青岛市城在山中、海在城边。青岛的老城区,红瓦绿树、碧海蓝天是对它最好的概括,置身此处,让人仿佛置身于欧洲。青岛啤酒、即墨黄酒、琅琊台酒、青食饼干、大泽山葡萄、流亭猪蹄已经成为享誉中国乃至世界的美食品牌。2013年、2014年连续两届举办世界杯帆船赛,2014年世界园艺博览会、2015年世界休闲体育大会也在此举办。

一、崂山

崂山,古称劳山、牢山,位于山东省青岛市崂山区,黄海之滨,是中国著名的旅游名山,主峰巨峰(又称崂顶)高1132.7米,是中国海岸线第一高峰,有"海上第一仙山"之美誉。当地有一句古语说:"泰山虽云高,不如东海崂。"

崂山分布有佛教和道教两派宗教,而以道教为盛。春秋时期已有方士在崂山修身养性。明代志书曾载"吴王夫差尝登崂山得灵宝度人经"。到战国后期,崂山已成为享誉国内的"东海仙山"。西汉时期,张廉夫到崂山授徒布道,奠定了崂山道教的基础。从西汉到五代,崂山分布有太平道和天师道,宗派主要为楼观教团、灵宝派、上清派。

以宋代崂山道士刘若拙的华盖派为盛。金元时期,是崂山道教的兴盛时期,全真派这一时期在崂山大兴。其上道教宫观太清宫为全真第二大丛林,1983年获称道教全国重点宫观。崂山分布的道观有"九宫、八观、七十二庵"之称,可见其道教的影响力。

崂山山区共有27处文物保护单位,其中省级文物保护单位3处、市级文物保护单位14处、县级文物保护单位10处。出土铜器1045件,另有铜钱26斤,出土铁器20件,现存于青岛市和崂山区博物馆内。

崂山

二、海洋旅游文化品牌

青岛是一座历史文化名城,得天独厚的山、海、城等自然风光和人文景观及其意蕴丰厚的文化积淀,使青岛成为著名的海洋旅游胜地。

(一)栈桥

栈桥是青岛市的标志性建筑,始建于清光绪十八年(1892)。最早是军事码头,为便于部队军需物资的运输而建。当时长 200 米,宽 10 米,石基灰面,桥面两侧装有铁护栏。经过不断重修和改建,目前全长 401.5 米,采用钢混结构。桥南端筑半圆形防波堤,堤内建有民族形式的两蹭八角楼,名"回澜阁",游人伫立阁旁,欣赏层层巨浪涌来。

青岛栈桥是青岛历史的见证。1897 年,德军以演习为名,从栈桥所在的青岛湾登陆,武力占领了青岛,栈桥成为德军侵占青岛的见证。1914 年,日军效仿德军在栈桥上举行阅兵仪式,以此证明其对青岛享有"充分主权"。1922 年,中国北洋政府收回青岛后,中国水兵亦在此阅兵,以显示中国主权的收回。

青岛栈桥是青岛的品牌形象。游人漫步于栈桥海滨,可见青岛外形如弯月,栈桥似长虹卧波,回澜阁熠熠生辉。所谓"长虹远引""飞阁回澜"所指即此。远处小青岛如螺,岛上树影婆娑、绿荫浓浓,一座白灯塔亭亭玉立。湾东侧和北侧,红瓦绿树交相辉映,各式建筑参差错落地分布在海岬坡地之上。湾西侧的现代化高层建筑紧靠海岸拔地而起,壮丽恢宏。沿岸的防波堤由花岗岩垒砌,高出水面十余米。涨潮时,惊涛拍岸,激起簇簇雪白浪花,引来无数游人观看;潮退后,赭色岩礁和金色沙滩露出水面,海滩上满是赶海拾贝的游人。

青岛栈桥与小青岛

(二)五四广场

五四广场因纪念1919年的"五四运动"捍卫青岛主权而得名。五四广场北依青岛市政府大楼,南临浮山湾,总占地面积10公顷。分南北两部分,北部为中心广场,南部为海滨公园。隐式喷泉、点阵喷泉、"五月的风"雕塑、海上百米喷泉等分布于中轴线两端,富有节奏地展现出庄重、坚实、蓬勃向上的壮丽景色,在大面积风景林的衬托下显得更加生机勃勃,充满现代气息。在五四广场海滨,可以饱览浮山湾、燕儿岛、太平角等景观。2008年奥运会水上帆船比赛场地就选在浮山湾和燕儿岛。

广场著名的主体雕塑"五月的风",高30米,直径27米,重700吨,采用螺旋向上的钢体结构组合,以单纯洗练的造型元素排列组合为旋转腾升的"风"之造型。雕塑采用火红色,体现了"五四运动"反帝、反封建的爱国主义基调和民族力量。这里已成为新世纪青岛的标志性景观之一。

五月的风

(三)青岛国际奥帆中心

青岛国际奥帆中心是第29届北京奥运会和13届残奥会帆船比赛地。奥帆基地规划了三条南北向轴线环境景观,即西轴—海洋文化轴、中轴—欢庆文化轴、东轴—自然文化轴,组成了意向的"川"字。以"欢舞·海纳百川"为主题,寓意开放的青岛正以宽广胸襟向世界敞开大门。在奥帆中心的山海之间,坐落着青岛奥帆博物馆,它以奥帆赛及奥帆文化为主线,以实物、图片等资料为基础,以现代化展示手段为补充,形成室内展览与室外场景互动的国家级奥运遗址类大型专题博物馆。

(四)青岛第一海水浴场

青岛第一海水浴场即汇泉海水浴场,始建于1901年,是青岛海滨风景区的精华所

青岛国际奥帆中心

在,位于汇泉湾畔,沙滩长 580 米,宽 40 余米,曾是亚洲最大的海水浴场。浴场呈半月形,面广沙平,既无暗礁隐壑,又无旋涡狂涛,这里三面环山,绿树葱茏,现代的高层建筑与传统的别墅建筑巧妙地结合在一起,景色非常秀丽。海湾内水清波小,滩平坡缓,沙质细软,作为海水浴场,自然条件极为优越。每年 7 至 9 月,内地酷暑难熬,青岛却凉爽宜人,每天接待游泳 20 余万人次。

(五)青岛海底世界

青岛海底世界位于青岛汇泉湾畔,毗邻青岛著名风景区鲁迅公园、青岛第一海水浴场和五四广场,总建筑面积 7000 平方米,水体 4000 吨。它整合了青岛水族馆、标本馆、淡水鱼馆等原有旅游资源,与依山傍海的自然美景相融合,整个海底世界被礁石环绕,形成山中有海的奇景。独特的地理位置、现代化的展示手段与水族馆、标本馆、淡水鱼馆的良好整合和互补,使其成为全国独具特色海洋生态大观园。

(六)八大关

八大关占地 70 余公顷,是首批中国历史文化名街,也是青岛的主要名胜之一,是最能体现青岛“红瓦绿树、碧海蓝天”特点的风景区。所谓“八大关”,是八条古代军事关隘命名而来(现已增加到十条),包括纵向的紫荆关路、宁武关路和韶关路,以及横向交织的武胜关路、嘉峪关路、函谷关路、正阳关路、临淮关路、居庸关路和山海关路,俗称为八大关。

八大关的特点是把公园与庭院融合在一起,到处是郁郁葱葱的树木,四季盛开的鲜花,十条马路的行道树品种各异。如韶关路全植碧桃,春季开花,粉红如带;正阳关路遍种紫薇,夏天盛开;居庸关路是五角枫;紫荆关路两侧是成排的雪松,四季常青;宁武关路则是海棠⋯⋯从春初到秋末花开不断,被誉为“花街”。在这片区域中,有 200多栋建筑,包括了俄国、英国、法国、德国、美国、日本和丹麦等 20 多个国家的建筑风格,被誉为“万国建筑博览会”。

八大关别墅曾经为一些著名人物所拥有,如王正廷、韩复榘、何思源、沈鸿烈等。

蒋介石、宋子文、孔祥熙等曾在此下榻。毛泽东 1957 年在此畅游大海，召开政治局会议。刘少奇、周恩来、邓小平等领导人及柬埔寨西哈努克亲王等曾下榻山海关路 9 号。山海关路 17 号因为有彭德怀、刘伯承、贺龙、罗荣桓、徐向前、叶剑英 6 位元帅的下榻而被称为"元帅楼"。

青岛八大关

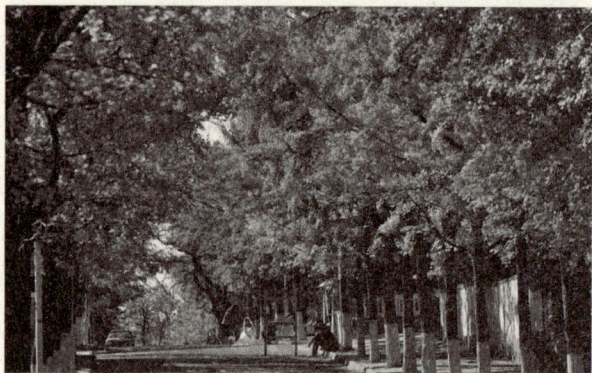

八大关秋景

青岛是一座现代化的城市，同时也孕育保留了丰厚的传统民俗节庆。节庆作为旅游形象与地方形象的塑造者，提高了城市声誉，使得现代文明与民俗文化交相辉映。青岛著名的节庆有青岛国际啤酒节、青岛国际海洋节、青岛萝卜会、元宵山会、青岛海云庵糖球会、青岛樱花会、大泽山葡萄节、青岛酒吧文化节、金沙滩音乐节、中国秧歌节、田横祭海节、新正民俗文化庙会等。

思考与讨论

1. 山东的旅游文化品牌是什么，有何深意？
2. 山东的旅游路线与区域如何分布？

3.山东有哪些国家级重点风景名胜区？

4.试举几例说明山东有哪些著名的文博古迹，并做简要解说。

第九章

山东教育文化

教育是立国之本,山东作为一个教育大省,有着丰厚的教育资源。春秋时孔子创办私学,提出"有教无类""因材施教"的教育理念;战国时期齐国稷下学宫的设立,使得百家争鸣发展到顶峰;两汉时山东传统教育模式基本确立,以儒家经传为主要传授内容;隋唐时确立科举制,形成了比较完备的学校教育体制;宋元明清后山东传统教育进入衰败期,教育成为统治者实行专制统治的工具,变得单一化和封闭化;从晚清开始山东教育由传统向现代转变,出现了由传教士创办的登州文会馆、齐鲁大学和官办的山东大学堂、国立山东大学等学校,为山东现代教育的发展提供借鉴。

第一节　山东教育发展的基本脉络

综观整个山东教育的发展历史,可以看出,它与山东政治、经济、文化的变迁紧密联系,但教育毕竟不是政治、经济,它有自身的运行规律,在许多时候,与政治、经济的发展并不保持同步关系。如果将山东教育置于从传统向现代转变的整个历史大环境下,就能清晰地看到山东教育发展的基本脉络。

一、山东教育的萌芽期

山东境内现在所发现的最早人类是"沂源猿人",属于旧石器时代早期,大约距今有四五十万年。此后,生活在山东地区的是东夷人,这包括了从北辛文化(约前5400—前4300)、大汶口文化(约前4300—前2400)到龙山文化(约前2400—前1900)、岳石文化(约前1900—前1600)4个文化阶段的人类。

在原始社会时期,山东地域内的人类已有了基本的原始教育。原始教育十分简单,基本局限于一些原始的生产劳动、社会生活和原始宗教活动方面的教育,尚未从生产、生活中独立出来,也没有专门的场所和人员来从事教育活动,教育只是融会在劳动和生活过程中进行的。

随着生产力的提高,教育从生产和劳动中独立出来逐渐成为现实。特别是在山东地区出现了最为原始的文字,更是加速了山东教育的产生。

山东莒县大尊口陶文和邹平丁公陶文
(http://sd. wenming. cn/sd_zt/qfly/qfly/201109/t20110920_330244. shtml)

虞舜时代,山东出现了被称为"成均""虞庠"的学校。"成均"被认为是传说中五帝时代的"大学",是以"乐教"为主的"宫廷"学校;"庠"不同于成均,主要承担对一般氏族贵族子弟的五伦教育。

二、山东传统教育模式的建立期

从夏朝开始,山东进入了阶级社会。与此相对应,山东最初的学校都仅对奴隶主贵族开放。

夏、商、西周时期,学校由官府垄断,即所谓的"学在官府",因此一般平民很少有受教育的机会。"官师合一"是"学在官府"的主要表现,即学校的教师由官吏兼任。学校的教学内容也已基本稳定,即以"六艺"为纲。

春秋战国时期,由于铁器的广泛使用,社会生产力有了长足的进步,社会处于急剧变化中。社会的大变动,也对原来的教育制度产生了巨大冲击。官学衰落,私学兴起,"天子失官,学在四夷"[①]的时代来临了。

在倡办私学的大军中,齐、鲁两国无疑走在各诸侯国的前列,出现了孔门私学、墨

---

① 《左传·昭公十七年》。

家私学等。私学并非创自孔子,但孔子私学却是当时办学规模和影响最大的私学,据传有弟子3000人。孔子的私学以"学而优则仕"为办学目的,以"有教无类"为办学方针,以"六经"为教学内容,适应了当时平民对教育的渴望与要求。于是,"学在官府"的格局渐为遍地兴起的私人讲学所代替。齐国稷下学宫的兴起,是此时齐鲁教育的又一亮点。"稷下学宫是一个官办之下有私学,私学之上是官学的官私合营的自由联合体"①,它积聚了当时差不多天下各家各派人物,他们互相辩驳、争鸣,收徒讲学,参议国政,蔚为大观,达到了战国时期百家争鸣的顶峰。

墨子讲学

(http://gb.cri.cn/1321/2008/11/26/542s2338880.htm)

到汉代,从汉武帝实行"罢黜百家,独尊儒术"政策开始,儒学被置于官学的地位而受到尊重。虽然这一时期传授私学的包括各家各派,但汉朝政府无论是贤良方正、孝廉,还是秀才、明经、童子科,都以儒家经传作为主要考察内容,当时邹鲁就有"遗子黄金满籝,不如一经"②的谚语。因此,西汉中期以后,教授儒家经传的私学越来越有市场,私学儒学化也就越来越严重。

---

① 毛礼锐、沈灌群主编:《中国教育通史》第1卷,山东教育出版社1985年版,第181页。
② 《汉书·韦贤传》。

至此,山东传统的教育模式已基本建立起来。该模式为:以官学、私学为基本教育形式,以儒家经传为主要学习内容,以选官制度为强化手段,以培养封建专制的统治人才为最终目的。

三、山东传统教育模式的发展期

魏晋南北朝时期的山东,社会动荡不安,长时间处于不同政权的争夺之下,文教变化不定。由于政权更迭,汉代所形成的儒学独尊的局面被打破。这导致了传统教育模式中,作为主要学习内容的儒学被弱化。

同时,九品中正制选官制度的实施,又使得传统教育模式中的强化手段发生错位。九品中正制又称九品官人法,它将郡县未入仕士子根据德才、门第评定出 9 个品级,按等级高低选拔官员。九品中正制的实施,带来了极大的弊端,造成"上品无寒门,下品无势族"的现象,严重制约了社会不同阶层积极性的发挥。

教育内容的弱化、强化手段的错位必然带来教育形式的偏离。人们斤斤计较于门第高低,因此山东出现了官学不兴、家学盛行的景象。

隋唐时期,统治者开始恢复和加强传统教育模式。

首先采用新的选官制度,以科举制代替九品中正制。这一制度不问家世,不须举荐,主要以考试成绩决定取舍,比世卿世禄制、察举制以及为豪门世族服务的九品中正制更具公平性,是对中下层读书士子的一次解放。

科举制实行后,首先打破了山东士族、庶族的固有格局。许多庶族地主借助科举制,获得了进入统治阶级上层的机会。如山东的孙逖家族,便是典型的借助科举上升而成为庶族地主之例。其次,对山东学校教育产生了重大影响。随着科举制的发展,科举成为入仕最为重要的手段之一,社会上一般士子即以科举作为唯一的出路,学校逐渐成为科举的附属品。

隋唐两代,山东普遍设置地方学校,形成了较为完备的学校体制。山东地方官学包括府、州、县学,而各级地方学校又大体分为经学、医学和崇玄学,县学只有经学。但随着科举制的实行,山东地方官学普遍存在着重应试而不重养士的倾向,严重影响了学校教育的正常发展。

私学与官学一般呈现出跷跷板的特征,此起彼伏,此伏彼起。唐初,官学较为兴盛,私学不畅。但随着科举制的实行,加之安史之乱的打击,山东地方官学一蹶不振,私学得到了发展的机会。

四、山东传统教育模式的衰败期

宋元明清时期,中国文化专制日益强化。作为文化一部分的教育,在社会生活中愈来愈成为专制统治的工具,逐步走向单一化和封闭化。

以科举制为主的选官制度,作为传统教育模式的强化手段,逐渐变为教育的支配力量。科举制在吸纳下层知识分子方面的积极作用毋庸讳言,但宋代以后的统治者,逐渐将科举制变为笼络、钳制知识分子的工具。及至明朝中叶以后,在内容上要求应试举人完全按照"四书""五经"及官方指定的注疏,"代圣贤立言",不准发挥己意。到了清代还增加了《圣谕广训》之类的东西,更把读书人的思维框得死死的。人们除了宋明理学以外,不知有其他学问;除了圣人、君上意志之外,不知有个体欲望的追求。特别是八股模式,将科考者的思维钳进一个僵死的框子里,成为"代圣贤立言"的机器,用不着实际的空话和陈词滥调凑成所谓的"文章",以此为入仕的敲门砖。

在科举制的指挥棒下,官学、私学均变成了科考的预备场所,科举考试的内容就是山东地方学校的学习内容。虽然从北宋起,书院作为私人讲学的场所在山东开始出现,但明代以后,山东的书院开始官学化,逐渐变成考课式书院,也成为科举的附庸。

五、山东传统教育向现代教育的过渡期

西方列强的大炮,震醒了睡梦中的中华帝国。但面对西方的入侵,清代统治者却无法找到抵御侵略的人才。这不仅是对传统社会的挑战,更是对传统教育的挑战。于是,山东传统教育开始谋求向现代教育过渡。

这种过渡是艰难而曲折的。首先是教育内容的变化。在四书五经的传统教育中,逐渐加入了声光化电、人文历史等新鲜内容。其次,在教育形式上,兴办新式学校,并将书院、府州县学改为学堂。再次,废科举制,终止传统教育中的强化手段。但遗憾的是,无论晚清政府还是北洋政府都强调旧的纲常伦理不可改变,或主张"以四书五经纲常大义为主"[①],或主张"以孝弟忠信礼义廉耻为人道之大经"[②],坚持培养"忠君""爱国"的所谓人才,严重制约了新式教育的成长速度。

在这一过渡中,西方教会学校的教育模式给山东教育的转变以较大的启示。

六、山东建立现代教育模式的尝试期

自中华民国建立始,资产阶级革命派就试图建立全新的现代教育模式。由革命党人蔡元培任总长的教育部,曾颁布命令,废止清朝学部颁布的教科书,使用符合共和民国宗旨的教科书,废止旧学制改用新学制,大力进行国民教育。

1932年,南京国民政府颁布《小学法》《中学法》,试图建立现代教育新模式。山东国民政府也制订了《山东省政府教育厅教育行政纲要》,明确教育宗旨为"以三民主义为中心的全民教育",试图建立革命化、平民化、科学化、民生化、人格化、纪律化、艺术化、团体化的所谓新教育。

但为与追求专制独裁相适应,国民党千方百计要将各级各类学校的管理纳入其"以党治国"的轨道。

---

① (清)朱寿朋编:《光绪朝东华录》(四),中华书局1958年版,总第4719页。
② 《民国经世文编》第40册,沈云龙主编《近代中国史料丛刊》第50辑,台北文海出版社1966年版,第5249页。

中国共产党领导的抗日根据地、解放区,实行的是新民主主义教育。1943 年 8 月 1 日,中共中央山东分局通过了新的《山东省战时施政纲要》,其中提出:"发展新民主主义的文化教育事业。"1946 年 2 月,山东省人民政府发出《关于发展中等教育的指示》和《关于整顿和发展小学教育的指示》。这一教育的特点是:教育与实际相结合、与生产劳动相结合、与文化宣传相结合,以培养有阶级观念、劳动观念、群众观念的反帝反封建革命知识分子为目的。办学形式灵活多样,无论在学制、课程、教学方法、组织形式等方面都因地、因时、因情况而宜。新民主主义的教育,为山东现代教育模式的建立找到了一条新路。

第二节 学校教育的兴起与发展

一般认为,虞舜时代中国就已出现了学校。但对于此时的学校,相关记载极为缺乏,即使有一些记述,也是距虞舜几千年的后人追记的。因此,关于学校的早期形态,只能是一个大概的推测。早期学校的名称,一为"成均",一为"虞庠"。学校教育一般来说,包括官学和私学两种。

一、官学

官学是指由中国历代朝廷直接举办和管辖的学校,它分为中央官学和地方官学两种。山东在各个时期的官学主要指的就是地方官学。

山东在夏、商时期,学校教育均由官学承担,即所谓"学在官府",其教育对象均为贵族子弟。夏代的学校称为"庠""序""校",商代的学校名称有左学、右学、小学、大学、瞽宗、庠、序等。

西周的教育制度已经有了一个较完整的系统,明确地分出小学和大学二级学制,而小学和大学又分为中央设置的和地方设置的两种,分别称为国学和乡学。西周的大学,规模较大,有四学、五学之称,但一般的诸侯没有设立大学的权力。地方的小学一般称乡学,它包括塾、庠、序等。由于鲁国在周代享有特权,其学校系统显得比其他诸侯国复杂。它设有与大学相当的"泮宫",还设有庠、序、瞽宗等。西周学校的教育对象主要是贵族子弟及平民中的优秀分子,教学内容以"六艺"为纲。"六艺"就是礼、乐、射、御、书、数,它是周代要求学生掌握的 6 种基本能力。

春秋战国时期是一个大变革的时代。"学在官府"的垄断教育形式由于失去了原有的经济支柱和政治依据,变得越来越不符合时代的要求,官学衰落,私学兴起,"天子失官,学在四夷"的时代终于来临了。在官学衰落的总趋势下,齐国的稷下学宫作为特例,却异常繁荣。

稷下学宫一般认为创建于齐桓公田午时期,创始人为齐桓公田午。稷下学宫从创立起,到公元前 221 年齐为秦所灭稷下学宫随之消失,共历时约 140 年。

稷下学宫的创立起自公室养士,但又有别于一般的用士养士,它有教师,有学生,是有教有学的育士学校,是为封建官僚制度服务的官学。然而,稷下学宫毕竟是一个特殊形态的学校,它虽是田齐创办的官办大学,但其基本细胞是私学。它由各家私学所构成,各家来去自由。因此,"稷下学宫是一个官办之下有私学,私学之上是官学的官私合营的自由联合体"①。

稷下学宫之所以成为战国时最有名的学府,不仅因为其规模宏大、人员众多,而且因为它具有鲜明的办学特色。首先,稷下学宫是一所集讲学、育才、著述、议政功能为一体的官办高等学府。稷下先生多为各学派的代表人物,他们来到稷下学宫,经常举行讲学活动,一来为了本派教学的需要,二来为了招收弟子、扩大本派影响。同时由于各学派集中居住,客观上使他们可以跨越学派界限,广泛求学,甚至在稷下学宫还有定期的学术讨论会、交流会。讲学、论辩促使了学术的交流,使稷下先生的思想更为完善,他们将教学和科研相结合,纷纷著书立说。其次,稷下学宫实行"不任职而论国事""不治而议论""无官守,无言责"的办学方针,使稷下先生们在毫无压力的环境下,收徒讲学,议论时政,进行学术交流。再次,有着较为健全的学校管理制度。战国时各学派的私学已很盛行,各私学的名人都带着学生游学稷下,像孟子、荀子都曾游学于此,聚徒讲学。人们称稷下学宫的学者为稷下先生,其门徒则被誉为稷下学士。其实稷下先生就是稷下学宫的教师,其门徒就是稷下学宫的学生。稷下学宫对教师和学生都有相应的管理规则。《管子》中有一篇《弟子职》,其主要内容是讲学生对老师的礼节和义务。稷下学宫还有一种常规性的教学和学术活动——"期会"。"期会"就是定期聚会,进行学术讲演、辩论和交流。大家设疑问难,互相论辩,兼容并包,各显所长,加深了交流,形成了"百家争鸣"的景象。"期会"既延伸了教学的内容,又是教学的一部分,通过"期会"这一方式,大大提高了稷下学宫的教学质量和学术研究水平。

汉代地方学校始于蜀郡太守文翁,时间大约为公元前2世纪中期。山东设立官学的时间,大约也是在此前后。至平帝时,王莽秉政,规定郡国、县、邑、乡、聚分别设立学校——"郡国曰学,县、道、邑、侯国曰校,校、学置经师一人。乡曰庠,聚曰序,序、庠置《孝经》师一人"②,山东地方官学系统正式建立。汉代山东地方官学,由于资料的缺乏,已很难详细描述其状况了。

魏晋南北朝时期,山东地区的州郡都曾开办官学,但由于战乱影响,朝代频繁更迭,其发展呈现出纷繁复杂的状态。加之历朝政府都没有形成完整的学校体系,地方学校一般也无定制,各地官学兴办的好坏,全视地方长官重视教化的程度,因此官学的发展时断时续。

唐代的地方官学包括府、州、县学,各级政府的学校又大体分为经学、医学和崇玄学,县学只有经学。府、州、县学为一般庶民子弟所设,学生入学年龄及修业年限并无

---

① 毛礼锐、沈灌群主编:《中国教育通史》第1卷,山东教育出版社1985年版,第181页。

② 《汉书·平帝纪》。

稷下学宫

（http://tupian.baike.com/a1_16_05_0130000024748612313105926263_jpg.html）

具体规定,但不低于中央官学。按照唐朝政府的规定,山东府、州、县应按以下要求设校:"大都督府、中都督府、上州各六十人,下都督府、中州各五十人,下州四十人,京县五十人,上县四十人,中县、中下县各三十人,下县二十人。"①唐代山东地方官学的情况已不可详考。

宋代官学基本上承袭了隋唐的制度,但地方官学办理的时间较晚,因此后来有"国初未有学,天下惟四书院"的说法。实际上,宋初在地方也曾办有少量官学,山东的奉符(今属山东泰安市)县学就创建于宋初的开宝年间(968—976)。庆历四年(1044),宋统治者掀起第一次兴学运动,下令诸路州、府、军、监均设官学,学者 200 人以上的县,许立县学。山东各地开始大规模兴学,又经熙宁四年(1071)、崇宁元年(1102)两次兴学运动,各府州县地方学校基本建立起来。据记载,北宋山东有确切创建记录的地方官学为 26 所,三次兴学运动促使山东出现了三次兴学高潮。庆历前后新建学校 5 所,占北宋新建学校总数的 16％;熙宁前后 7 所,占 28％;崇宁前后 7 所,也占 28％。由此可见,三次兴学运动对山东地方官学的兴建作用是很大的。

北宋时期,为解决地方学校的经费问题,创设了学田赡学的制度。学田,即旧时为学校所置之田产,以田租收入,作为学校的办学经费。山东是较早尝试建立学田的

---

①　《新唐书·选举志》。

地区。

进入南宋时期,山东长期在金的统治之下。金统治者也注重地方官学的设置,并形成了相对完整的学校系统。世宗大定十六年(1176),金开始设府学,共设 17 处,可容纳学生千人,又置节镇、防御州学 60 余处,增养千人。大定二十九年(1189),金代大规模扩充地方官学,在大定旧制之外,置府学 24 所,学生 905 人。其中,东平府学生 60 人,益都府 50 人,济南府 40 人;置节镇学 39 所,615 人。其中莱州、密州、兖州各 25 人;防御州学 21 所,235 人。其中博州、德州、棣州各 15 人,其他州各 10 人。另外,金还在地方设有女真府学,东平、益都均设有女真学校。据不完全统计,金代山东新建地方官学 14 所,而建于熙宗皇统年间的学校达 5 所,占新建学校总数的 41.67%。由此可见,山东地方官学的兴旺期是在金熙宗时期。

元代的地方官学分为三类:普通性质的地方官学、特殊性质的官学、社学。普通性质的地方官学指的是路、府、州、县学,又称“儒学”或“庙学”,它是对宋代庙学合一制度的强化和扩展。元代山东地方官学中,东平府学最为繁盛。元代十分重视医学教育,因此山东还有特殊性质的官学——诸路医学。诸路医学归太医院下属的医学提举司管理。由于资料所限,山东诸路医学的详细情况已不为人知了。山东还存有一种社会教育组织形式——社学,始建于世祖至元七年(1270)。由于时间久远,山东社学只有零星记述。据记载,至正年间,高密县有社学 40 处。

明清时期,学校、科举、官制已紧密结合,成为三位一体。因此,这一时期学校教育极为发达,全国每一州县皆设学校。明代府、州、县学之设起于洪武二年(1369),山东也在府、州、县设立学校。当时,府学设教授(从九品)1 人,训导 4 人;州学设学正 1 人,训导 3 人;县学设教谕 1 人,训导 2 人。府、州、县的学额由府学 40 名、州学 30 名、县学 20 名,后分别增至 180、60、40 名。清代山东地方官学的设置,仍然沿用明代旧制。学额,府学(直隶州)有正式学员 40 名(廪膳生),额外增用 40 名(增广生),共 80 名;州学 60 名(廪膳生,增广生各半);县学 40 名(廪膳生,增广生各半)。

另外,山东还有卫儒学,明代有鳌山卫学、大嵩卫学、灵山卫学、德州左右卫学、成山卫学、安东卫学;清代大多将卫学并入各府州县学,大嵩卫裁撤后立海阳县,成山卫裁撤后立荣成县,原卫学都改为县学,山东只保留了德州卫学和安东卫学。

明清时只有府、州、县学的生员才有资格参加科举考试,这就大大提升了官学的地位。因此,山东地方官学不乏重修、增建的纪录。

明清山东府州县学教师领取一定俸额,而儒学生员则享受一定的经济待遇。据史料记载:府学教授为月米 5 石,州学学正为月米 2.5 石,县学教谕以及各学训导月米各 2 石。洪武二年(1369)十月,朱元璋曾颁布谕令,规定府、州、县学的师生,每月每人配米 6 斗。洪武十三年,复定儒学师生廪膳,每人每天给米 1 升。此外,地方政府还供应一定数量的鱼肉盐醯。

明清山东各地儒学的基本维持费用主要来源于学田、个人捐纳和地方政府的各种津贴等。

山东在明清时期还有一种特殊的官学——四氏学,它是中国封建帝王崇奉儒学,专门为孔、颜、曾、孟四氏设立的庙学机构。

二、私学

私学是相对于官学而言的,由私人收徒办学的教学组织形式。它出现的最早时间已很难考证,据现在掌握的资料来看,邓析在郑国办学,讲授法律及诉讼技巧,是较早的私学,时间当在公元前536年前后。与邓析几乎同时,周室的老聃、郑国的壶丘子林也开始收徒讲学。到孔子时期,创办私学的人越来越多,除了孔子的私学外,鲁国的少正卯、王骀、柳下惠、常枞等也加入到开办私学的大军中。

在这些私学中,受教育者已经不再是单纯的贵族子弟,普通庶民如要学以求仕进,都可以通过交纳束修的方式,到私学中来学习。私学中的教师最初大多由流落民间的周王朝或诸侯国的文化官员担任,私学的教学场所一般是教师自己的家室或借用公共场所,教学条件相当简陋。私学的教学内容大都以私学教师所擅长的知识为主,或重视政治思想、伦理道德,或重视生产技能、科学逻辑,或重视法学、耕战之策等,丰富而且实用,各有特色。

春秋时期影响最大的私学乃是孔子创办的儒家私学。

孔子是一个有政治抱负的人,他的政治理想是“仁政”“德治”,他的社会理想是西周的礼乐宗法社会。孔子开设私学的目的,是为实现他的政治、社会理想服务的。孔子从30岁开始开办私学,大体经过了4个时期——初创期、发展期、维持期和全盛期。在此后的40多年里,孔子私学培养的学生据传有3000人。孔子的私学实行“有教无类”的办学方针,即教育的对象,不分地区,不分年龄,不分贵族与平民,一切自由人(当然不包括妇女)均可入学。在这一办学方针的指导下,一切付得起学费、搭得起时间的人都可到孔子的私学中学习。孔子私学的课程设置与教学内容,由于文献记载的局限,已很难具体、准确地给予描述了。根据零碎的史料,还是可以得出一个大概情况。孔子的课程设置与教学内容可分为三个方面:(1)“四教”,指文、行、忠、信。(2)“六艺”,指礼、乐、射、御、书、数。(3)“六经”,指诗、书、礼、乐、易、春秋。在私学中,孔子采取灵活而人性化的教学方法和管理模式,以至于弟子盈门。比如,孔门私学设有固定的“教室”,称为“堂”,但孔子的教学活动则不受其限制,除在“堂”内授课外,孔子还注意随时随地利用一切机会进行教学。孔子十分注重“因材施教”,即针对不同的弟子有不同的教学要求。另外,对于来私学学习的人,孔子一概遵照来去自由的原则,以至于有“三盈三虚”的说法。

孔门后学,也继承了孔子的事业,纷纷开办私学,如曾子、子思、孟子等。

秦代实行“禁私学,以吏为师”的政策,忽视学校教育,不设官学,但私学没有禁绝;汉代统治者从秦代禁止私学的错误中吸取了教训,因此从一开始就对私学采取了宽容乃至鼓励的政策。

汉初,儒家各门经学在山东民间的教学均开展起来。如济南人伏生是汉初最早传

孔子讲学

（http://www.cssn.cn/shujvkuxiazai/xueshujingdianku/zhongguojingdian
/zb/rj/kzjy/201311/t20131120_850583.shtml）

播《尚书》的私学大师。齐人浮丘伯据传为荀子门人，早年研习《诗》，收刘交（即后来的汉楚元王）、鲁人申培公、穆生、白生等人为徒。与此同时，鲁人高堂生、齐人胡毋生、田何等都在当地收徒讲学，或传《士礼》或传《公羊春秋》或传《易经》。由于汉初统治者急于从各家学说中吸取治理国家的指导思想，故私学的复苏很快，除上述的儒家私学外，黄、老、法家私学也很兴盛，同时也还存在杂家、纵横术、律历等类的私学。相传，济南人孙邕少年时就曾师事北海王和平，学习道术，这是一个典型的道家私学。

汉代山东私学按其程度可分为三个层次：一是以识字为主的启蒙教育，即蒙学；二是继续进行读写训练，并开始以学《孝经》《论语》为主的初步经书教育；三是以研习五经为主的专经教育。汉代山东私学还可按教育的形式来分，有拜师受业和家教两种。山东私学的学生分为"著录弟子"和"及门弟子"两类，"著录弟子"指登记在册，认可其师生关系，但不来聆听教义的学生；"及门弟子"亦称受业弟子，即不仅登记注册，亦到校受业的学生。

魏晋南北朝时期，山东的地方官学虽不发达，但私学却相当繁盛。原因有三：第一，山东地区在魏晋南北朝时期，大部分地区处于连绵更迭政权的结合部，战乱不断，文教政策不够稳定，官学不兴。私学与官学具有跷跷板特征，一般来讲，官学起而私学伏，官学败而私学兴。魏晋南北诸朝时期世道浊乱，士儒多趋向山野，于学业之中求得自娱和寄托，私学相应也兴旺起来。第二，山东有兴办私学的优良传统。第三，山东世家大族较多。山东的世家大族多产生于汉魏之际，魏晋南北朝时，已遍及全境，许多大族"一宗近将万室，烟火连接，比屋而居"。面对官学时兴时废，官方教育未能起到教化民众作用的现实，拥有实力的山东世家大族为巩固世家地位、传播世家文化，自发地投身教育，或创办私学于乡里，或教授祖传知识与技艺于家庭。

该时期山东私学可分为山林讲学、学者开门授徒及家学三种类型。山林讲学一开始是为躲避战乱，后来由于山林清静悠远，适于读书，便被一些官场失意的学者看中，成为讲学的场所。学者开办的私学，在山东也称为"书舍""学舍"。家学是由世家大族开办的、针对其本族子弟进行的家族教育，是私学教育的一种特殊形式。魏晋南北朝时期，士族门阀制度兴盛，山东世家大族为保持自己门第的地位，纷纷兴办家学。于是，山东出现了许多有名的家学世族，如琅邪王氏、东海王氏、清河崔氏、高平王氏、琅琊颜氏等。

由于魏晋南北朝时期战乱不止，儒学的地位明显下降，尽管许多私学仍以经学为主要学习内容，但已经出现教学内容多元化的现象。东莞莒（今属山东莒县）人臧荣绪在南朝，参阅诸家所著晋史，删取王隐、何法盛等所纂的两晋书，成《晋书》110卷。后隐居讲授，其中讲学的内容恐怕很多应为史学；步熊，阳平发干（今属山东冠县）人，他的私学教授的是数术；东清河郓（今属山东临朐县）人崔光，则聚集门徒大讲佛法；清河东武城（今属山东武城县西）人崔彧"善医术"，他开设的私学，教授的内容主要是医学；渤海饶安（今属山东乐陵县北）人刁冲，"学通诸经，偏修郑说，阴阳、图纬、算数、天文、风气之书莫不关综""不关事务。惟以讲学为心，四方学徒就其受业者岁有数百"。①据此推测，刁冲私学教授的内容可能更为庞杂。

隋唐时期，山东私学开始走向正规。

唐初，官学较为兴盛，私学不畅。但随着科举制的实行，加之安史之乱的打击，中央官学和地方官学一蹶不振，私学便得到了发展的机会。唐玄宗开元二十一年（733）发布诏旨："许百姓任立私学，欲其寄州县受业者，亦听。"这其实是对私学发展状况的一种肯定。从此以后，人们参加科举，既可以走私学—乡贡—省试的路，也可以走私学—州县学—生徒—省试的路，这无疑大大拓展了私学的生存空间。

当时山东的私学包括私人讲学、私塾、隐居读书、家学等几种形式。唐代山东的私人讲学之风并不盛行，主要原因是科举制下的私学，不再以研究学问为目的，而以科考为目的。但有人还是慕儒学大师之名，跟随学习。山东的私塾，是一种家庭开设的私学。唐高祖、唐玄宗都曾鼓励地方在乡里设置学校，但由于政府力量有限，乡里学校多为私人办理，即所谓的私塾。隐居读书，也是当时山东私学的一种形式。它又包括两种类型：一类是为求得山林清净之所，而隐居读书。齐州历城人崔从，少孤贫，寓居太原，与哥哥同隐山林，苦心力学。后来，进士登第。冀人孔巢父曾隐居徂徕山，与李白、韩沔、裴政、张叔明、陶沔等切磋学问。另一类则是佛道之人隐居修行读书。隋唐时期的家学仍沿袭了南北朝时的传统，但已不如那时兴旺，著名的家学世族有琅琊颜氏、清河崔氏、曹州南华刘氏等。

宋元山东的私学继续发展，其办学定位更加清晰，以讲学为主的私学逐渐发展为书院，而私塾、家学等以识字为主的私学逐渐向蒙学教育发展。

明清时期山东的私学包括社学、义学和私塾。

---

① 《魏书·儒林·刁冲传》。

社学本起于元代,但明清时元代社学得以成长的社会环境已不存在,因此,此时的社学已转变为以乡村公众办学形式进行启蒙教育的一种私学。明洪武八年(1375),朱元璋下诏"令有司更置社学,延师儒以教民间子弟",开始恢复乡村的社学。不久,明太祖特别强调,社学的设置"有司不得干预"。这事实上是将社学归入让民间任意兴办的私学之列。山东的社学也在此后兴办起来。此时山东多有兴修社学的记载,如明洪武四年(1371),方克勤出任济宁知府,曾"立社学数百区";万历年间,平原县社学旧有47所,46所久废,1588年重建40所;与此同时,莱州知府龙文明在当地也兴修社学,并使学田数目达到900余亩。清朝统治者也对社学表现出相当浓厚的兴趣,顺治初年令地方"每乡置社学一区"。但由于资金等各方面问题,很快热情大减。山东各地的社学也因办理不善而陷于停顿。不久,全省社学完全为义学取代。

义学是民间为孤寒子弟开办的蒙学教育机构,属私学性质,多为地方家族控制,教授本家族子弟。清代义学最初是在偏远地区和少数民族中推行,康熙五十二年(1713)始将义学推至全国。清代义学有官办与民办两种。山东各府州县,也办有义学。在清代山东县志中,有关地方办理义学的记载很多。

私塾是明清时期遍设于城乡的蒙学教育,是一种收费教育,它有多种类型:有塾师自己办的教馆、学馆、村塾,有富裕人家设立的家塾、家馆,还有各种民间力量捐款兴办的义塾。私塾一般收取6至15岁儿童,以教授儿童识字和学习基本知识为主,以《三字经》《百家姓》《千字文》和四书五经等为教材。教法大多为先教学生熟读背诵,然后在适当的时候由教师逐句讲解。除读书背诵外,有习字课。学童粗解字义后,则教以作对,为作诗做准备。读完四书五经后,开始学习作文。清代山东安丘人王筠写有《教童子法》一书,对蒙学教育方法提出自己的独特见解。

第三节　书院

"书院"一词最早被使用是在唐玄宗开元年间,李唐政权在洛阳设立了丽正书院,后又改名为集贤书院。但此时书院只是作为藏书、校书、咨询等用的机构,并非后世聚众讲学意义的书院。书院形成于唐末五代,北宋时发展兴旺起来,出现了应天书院、岳麓书院、嵩阳书院、白鹿洞书院四大书院。清光绪二十七年(1901),将书院改为大、中、小学堂,至此存在一千多年的书院历史基本结束。书院在社会教化、人才培养、收藏书籍等方面都有积极的影响;同时,书院这个中国传统教育组织,也被朝鲜、日本、越南等国家仿效建立,促进了世界文化教育事业的发展。

一、山东书院的发展

书院是唐末以来一种重要的教育组织形式。至于它到底是怎样一种性质的教育组织,目前众说纷纭。比较一致的看法为,书院是以私人创办和组织为主,将图书的收藏与校对、教学与研究合为一体,是相对独立于官学之外的民间性学术研究和教育机构。书院教育的本质特征是私人藏书、聚徒讲学。它萌芽于唐末,形成于五代,大盛于宋代。

中国的私人讲学之风可以追溯到先秦。孔子开拓了私人讲学之风,明确提出“有教无类”的办学思想,他号称弟子三千,单单身通六艺者即达七十二人之多,可见其私学的规模。而比孔子稍晚的墨子,也以广招门徒,私人讲学而闻名,他的“弟子弥丰,充满天下”,更形成了有严格纪律和制度法仪的近乎“结社”的团体。而齐国临淄的稷下学官则是战国时期的东方文化圣地,被英国的李约瑟博士称为“稷下书院”,其官私合办、自由讲学的组织形式更是对后世书院的形成有很大的影响。

唐末五代数十年间,战乱不止,社会动荡,经济萧条,文教衰落。读书士子无由显身,只有选择幽静之地建舍聚徒、授学论道,私家讲学之风遂兴,书院教育应运而生。当时的青州临淄(今淄博临淄)人石昂,家有藏书数千卷,致使许多士人慕名前来求教,有些人竟吃住在石昂家里,而石昂并不感到厌烦,仍主动邀请周围的人聚众讲学,一时传为美谈。石昂聚众讲学之所已无从考察其名称,但其书院的特征是再明显不过的了。一般认为,南唐建立的东佳书堂和白鹿洞学馆(亦称“庐山国学”),具有了私人藏书聚徒讲学的特征,是书院教育诞生的标志。

宋时统一海内,乱世渐平,民生安定,文风日起。读书士子纷纷要求就学读书,国家也需要大批统治人才。社会的需求刺激了教育,书院便呈现出繁荣兴旺的状态。据有些学者统计,北宋先后存在的书院达百余所,是唐五代书院的3倍。但书院的分布并不平均,存在着严重的地域差异。据曹松叶先生《宋元明清书院概况》统计,如将宋代书院以河流所经地域计算,长江流域占74.76%,珠江流域占21.53%,黄河流域仅占3.52%,南方书院的数量远远超过北方。书院数量在5所及以上的省份及其数量分别为江西23所、湖南8所、山东5所、河南5所。山东的5所书院分别是汶上的圣泽书院、泰安的泰山书院、郓城的岳麓书院、莒州的文学书院以及益都的白龙洞书院。

南宋政权被消灭后,中国古代书院又进入了一个新的发展时期。就全国而言,宋元两朝的兴废更替中止了南宋时期书院蓬勃发展的局面。但对于山东而言,元朝的建立迎来了书院发展的兴盛期。据不完全统计,在元朝存在的短短97年间,山东共新建书院22所,修复书院2所。官学化是元代书院发展的一个最显著特点。书院教育的组织形式在两宋时期就已有官学与私学性质之分,元代只是继续了宋代以来书院官学化的进程。但与两宋不同的是,元代书院的官学化更加全面、彻底。尽管如此,书院仍保留其明显的特征。不少书院保留了宋代以来的传统,一直是以教学和学术研究为中心。

明清两代,山东的书院继续发展,无论从数量上还是从规模上,都大大超过了宋元时期。但值得注意的是,这一时期封建君主专制达到登峰造极的地步,封建统治者对学子的钳制进一步加强,因而对书院的控制呈现出逐渐加深的趋势。书院的聚徒自由讲学的特质逐渐削弱,书院官学化程度继续加深。

就明清山东书院发展的过程来看,从朱元璋推翻元朝统治定都南京的1368年算起,至20世纪初济南泺源书院改为山东大学堂,前后约530年。在这五个世纪的时间里,山东书院的发展经历了一个沉寂→兴盛→再沉寂→再兴盛→消亡的历史过程。

道光末年,历史的脚步踏入了近代的门槛。由于内忧外患纷至沓来,政局动荡,吏治腐败和国家财政危机,书院发展也进入了腐败衰落的新阶段。20世纪初年,慈禧太后迫于内外压力,实行新政,书院改学堂作为教育方面的一项新政,再次提到议事日程上来。1901年9月14日,清政府颁布上谕:"著各省所有书院,于省城均改设大学堂,各府及直隶州均改设中学堂,各州县均改设小学堂。"紧跟清政府教育变革的步伐,山东巡抚袁世凯于11月16日抢先将原济南泺源书院改为"山东大学堂",这是中国最早的一所省立大学堂,校址在济南城里原"泺源书院"。山东大学堂的建立,加快了清末书院变革的步伐。许多省争相效法,将省城书院改为大学堂。至1905年,绝大多数书院均改为学堂。存在千余年的古代书院,终于为新式学堂所代替。据张洪生《宋元明清山东书院一览表》统计,当时山东共有81处书院改为学堂。

山东大学堂开校教职官员合影
(http://tupian.baike.com/a1_28_38_013000011452781305913896633427_jpg.html)

二、山东书院的类型

山东历史上的书院,依照不同的分类标准,可分为不同的类型。

首先,按教学宗旨与内容分,山东的书院可分为讲学式书院、考课式书院和专科书院。讲学式书院是指书院的宗旨以发扬学术为重,这是书院传统的基本精神,代表了书院应有的发展方向,但这种书院在山东数量有限。泰山书院与徂徕书院就是山东最早的讲学式书院;考课式书院,是指单纯或主要以考课为教学形式,以训练写八股文,参加科举考试为办学目的的书院。它兴起于明代,而在清代达到极盛,山东书院绝大多数属于这一类型。武城的弦歌书院、济南的济南书院、平度的胶东书院是其代表。专科书院是以进行专门教育为主的书院,譬如专门进行医学教育,或者专门进行军事教育等。鄄城的历山书院就是一所进行医学教育的专科书院。

其次,按书院的性质,可分为家族书院、乡村书院、祭祀书院和少数民族书院。家族书院是由一个家庭或一个家族创建、为家庭或家族使用的书院。肥城同川书院、育英书院、后山书院、邹县的三迁书院是这一类型中的典型。所谓乡村书院,就是建于乡村的书院,招收对象为乡民子弟。肥城是山东拥有较多乡村书院的县。清末,肥城有书院10所,其中的牛山书院、金峰书院、岱南书院、孝堂书院为乡村书院,占全县书院总数的40%。祭祀书院是一种特殊的书院,它是为祭祀先贤及有功于经学的汉儒而设立的,其中的先贤多为孔子及其门人。山东是儒学的发祥地,先贤不断,名家辈出,因此为褒扬先贤而设立的书院遍布各地,数不胜数。为祭祀孔子而设的书院有:曲阜的尼山书院、洙泗书院、春秋书院、石门书院,汶上的圣泽书院,济阳的闻韶书院,肥城的大成书院。祭祀孔子的弟子及其门人的书院有:邹县的中庸书院(祀子思与孟子)、郯城的一贯书院(祀曾子)、济南的闵子书院(祀闵子骞)。祭祀历代儒学大师的书院有:邹平的伏生书院(祀汉儒伏生)、郑康成书院(祀汉儒郑玄)、德州的醇儒书院(祀汉儒董仲舒)、莱州的东莱书院(祀宋儒吕祖谦)。随着时间的推移,有些祭祀先贤的书院逐渐改变了自己的职能,只管祭祀不事教学,于是祭祀书院便产生了。祭祀书院一般为祭祀孔子的书院。山东的少数民族书院主要指满族书院,供满族儿童学习之用,有德州的正宜书院、青州的海岱书院。

在山东书院发展的历史上,先后出现的书院有320余所。

三、著名书院

泰山书院　泰山书院又称泰山上书院,是北宋初年山东境内最早建立的和最为著名的书院之一。泰山书院的创建者为孙复、石介。孙复(992—1057),字明复,晋州平阳(今山西临汾)人。石介(1005—1045),字守道,兖州奉符(今泰安东南)人。石介在南京任职期间认识了流落京城的孙复,两人一见如故。宋景祐二年(1035),孙复应石介之请来泰山讲学,石介为其于泰山之麓构筑学馆。孙复在泰山最初的讲学处设在岱庙东南的柏林地,称信道堂。后来岱庙扩建,信道堂址并入岱庙院内,孙复又到泰山南麓、六朝古刹普照寺西北、唐代道家诗人周朴读书和修炼的栖真观,在那里重整院落,修葺房台,构筑厅室,聚徒讲学。康定元年(1040)石介为书院作记,始称泰山书院。与此同时,泰州的胡瑗也在此读书。孙复被称为"泰山先生",石介被称为"徂徕先生",胡瑗被称为"安定先生",三人共同钻研,各有成就,并称"宋初三先生"。"宋初三先生"不仅是北宋早期著名经学家、文学家,同时也是卓有成就的著名教育家。他们以倡明儒道、继承孔(子)、孟(子)、董(仲舒)、杨(雄)、王(通)、韩(愈)的儒学传统自居,认为尧、舜、禹、汤、文、武、周公、孔子之道,万世常行,不可改变,提倡"学者学为仁义""以仁义忠孝之道发于文章"。正是由于有深厚的学术研究为基础,加以开放的办学风格,刻苦自励、勤奋学习的学风,尊师重道的优良品质,泰山书院吸引了一大批好学的士子前来学习,姜潜、杜默、张洞、李缊、刘牧等人都相继受业于孙复、石介门下。不仅如此,当时的一些达官贵人如文彦博、祖无择、孔道辅、吕锡哲等也前来泰山研讨学问,进行学术交流。

尼山书院与洙泗书院 孔子是我国伟大的思想家、教育家,历代帝王对他和他的嫡系后裔都以高职封谥,称为"圣人""圣公",在古代为尊崇褒扬他而设立的书院遍布各地。尼山书院与洙泗书院均属于这种书院,但由于这两处书院位于孔子的家乡,因此在中国书院史上有着极为重要的地位。尼山书院坐落于尼山五老峰东麓,因尼山得名,由祭祀孔子的庙宇转化而来。宋仁宗庆历三年(1043),孔子46世孙孔宗愿即庙为学,增广祠堂,设学田,置祭田,开始成为授徒讲学的地方。元顺帝至元二年(1336),中书左丞王懋德奏请朝廷置尼山书院,并保举彭璠为山长,获得批准,尼山书院因此正式诞生。现在的尼山书院,建筑大都是清道光二十七年(1847)重建。书院占地约1.6万平方米,有殿、堂、祠、亭等建筑80余间,是五进院落。前有智源桥、棂星门。中路有大成门、东西两庑、大成殿、寝殿等,主祭孔子及夫人。西部有启圣王殿、寝殿和毓圣侯祠,前者主祭孔子父母,后者主祭尼山神。东部设有讲堂、后土祠等。中路再往北是书院,这是一处民居式的四合院,正房3间、东西厢房各3间。前有门屋,门内设照壁,东有茶房一间,四周绕以围墙。庭院虽然平淡无奇,环境却极清幽。门外左旁树立"尼山书院"四大字碑一通。后人常以此小院为尼山书院,而将尼山书院称为尼山孔庙,这正说明了尼山书院庙学合一的特性。洙泗书院,又名洙泗讲学书院,位于曲阜城北偏东4公里处。孔子当年聚群弟子于洙泗之间,讲道授业,删诗书、定礼乐、赞周易,专心从事教育及著述,因而"洙泗"便成为孔子"教泽"的代称。后建书院,亦以之为名。今天的洙泗书院,占地1.94万平方米,有建筑40余间,大都建于明代、重修于清代。书院红墙周匝,为三进院落,院门3间,前有讲堂3间,中有大成殿5间,东西两庑各3间。两侧原有礼器库、神庖、神厨,殿后为学舍,现均已荡然无存。

历山书院 山东境内有两处历山书院,一在鄄城,一在济南。鄄城的历山书院由元人千奴创建于鄄城历山之下,该书院是一个以医学教学为主、多学科多专业共同发展的综合性书院。书院除像其他书院一样设文学教师外,还设有医学教师,开展文、医两科教学。书院存有大量图书,据记载有万卷左右,其中有相当数量被称为"方书"的医学图书。历山书院在中国书院史上是第一所也是唯一的一所实行医科教学并开办门诊业务的书院。济南的历山书院,又名白雪书院,明万历四十二年(1614)巡盐御史毕懋康创建于趵突泉东,为当时济南最大的书院。清初顺治十一年(1654),山东布政使张缙彦重修历山书院,为纪念李攀龙,建白雪楼一座,历山书院也因此改称"白雪书院"。康熙帝东巡济南时,特意为历山书院题写"学宗洙泗"匾额,书院的发展也达到了它的顶峰。道光元年(1821),布政使程祖洛将其改为义学。光绪年间废。

泺源书院 山东最大的书院,雍正十一年(1733)由巡抚岳濬设立。一开始设于白

尼山书院

(http://travel.sina.com.cn/china/2013-09-29/1050220134.shtml)

雪书院原址,但因原址地方狭小,遂将其迁移至城内明代都指挥司旧址,更名为"泺源书院"。道光二十一年(1841)巡抚托浑布重修后,泺源书院有大门3间,文昌阁1处,讲堂2处8间,斋舍164间,门屋20间,厨房2间。正是泺源书院的不断扩充,规模越来越大,吸引了大批优秀的教师和省内向学的士子,泺源书院逐渐成为山东最大的书院。作为山东最大的书院,泺源书院所处的地位与其他书院不同,因此在官学化的道路上不如其他书院走得远,仍然保留了教学与学术研究相结合的学风。毕沅、桑调元、沈起元、何绍基、匡源等人的到来,使泺源书院文风十分兴盛,誉满齐鲁。正因如此,其门人不乏有出息有作为的后起之秀,如潍县曹鸿勋、福山王懿荣、胶州柯劭文等。在清末书院改革中,泺源书院被袁世凯于1901年改为山东大学堂,不久山东大学堂改名山东高等学堂,在济南杆石桥西修建新校舍,泺源书院旧址改为山东第一师范学堂。

麓台书院　麓台书院位于潍县县城(今潍坊市潍城区)西南20里的程符山(今称符山)上。明代中期,南京刑部尚书刘应节(潍县人)被罢官归里,捐资于麓台之上修建了麓台书院,并亲自主讲十余年。他的好友高桂丁忧后未有补官,亦教授于麓台书院。清乾隆年间,阎循观、韩梦周等先后到麓台攻读。自从麓台书院有讲学活动后,来这里读书的人越来越多,原来的学舍不敷使用,遂将修贞观南的凹地填平,扩建书院。建成南屋10间,东屋3间,再加以修贞观的讲经堂5间,共可容百余人就读。与阎循观、韩梦周二人共同在此讲学的还有阎循中、阎学伊、刘以贵等学者,声势浩大,从游人数众

20 世纪初的洙源书院
(http://news. 163. com/11/0822/02/7C1FNHCA00014AED. html)

多,许多人不远数百里来此听讲,有滨州的杜受田父子、枣强袁氏、掖县(今莱州市)毛式郇父子,以及莱阳、高密、诸城等地学者。这种盛况就连朝廷也有所闻,山东巡抚派出的学政不时来书院视学选贤。但随着时光的推移,麓台书院也逐渐衰落。民国时期,麓台书院和修贞观全部被拆除。

第四节　传统教育的近代转型

1840 年鸦片战争以后,中国被迫签订了《南京条约》《天津条约》《北京条约》等一系列不平等条约。原本已经岌岌可危的晚清统治,在列强不断的盘剥、掠夺下更加举步维艰。中国的有识之士面对"数千年来未有之变局"开始"开眼看世界",学习西方的先进技术、制度和文化。除了聘请洋人和派遣留学生到国外学习外,晚清政府也开始对传统教育制度进行变革,确立了新的教育体制,晚清山东的教育也随之发生变革。

一、晚清山东教育变革

晚清教育的改变是与当时的社会状况相一致的。自从外国资本主义势力侵入的那一天起,中国社会就面临严峻的考验,其中就有人才的危机。传统教育培养的人才不足以应付西方的挑战,而外来传教士创办的各类教会学校又为中国人展现着西式教育的魅力。在这种情况下,教育变革不可阻挡地到来了。

山东是较早建有教会学校的省份,而最早在山东办学的则是美国长老会传教士倪维思。倪维思毕业于美国普林斯顿神学院,1854年来华,先在宁波传教并负责办理男女寄宿学校,1861年偕夫人来到登州。1862年,倪氏夫妇在登州观音堂办了一所女童寄宿学校,免费供给食宿和衣服等物,有3名学生。这也是近代山东出现的第一所女学。

随着美国长老会建立起第一所教会学校,进入山东的新教教会纷纷办学。美国美以美会、英国圣公会、德国同善会、柏林会、瑞华浸信会等都办有大量教会学校。到20世纪20年代,新教教会学校数已发展至1124所,学生达21354人。

新教传教士所办学校,有小学、中学、大学。在中学中,登州文会馆是其代表;在大学中,以齐鲁大学最为著名。

登州文会馆是由1864年狄考文所办蒙养学堂发展而来。蒙养学堂从1873年起设置中学课程,1876年改称文会馆,成为一所教会中学。1905年,文会馆迁至潍县与广德书院合并。1873年以前,登州文会馆的课程包括宗教知识、中国传统儒学、简单的西方科学常识等。1873年后,狄考文将大量西方科学知识加入文会馆的课程中。据1908年统计,从1864年起到1905年,登州文会馆共招收学生约405名,其中毕业205名,肄业200余名。

20世纪初年,美国长老会办的登州文会馆和英国浸礼会办的青州广德书院合并,校名为"广文大学",新校址设在潍县。此后,山东境内的基督教学校再次合并,成立了"山东基督教共合大学"。1917年,学校各部统一集中到济南,校名也正式定为"齐鲁大学"。

齐鲁大学

(http://wenshi.dzwww.com/zhongbangtoutiao/201209/t20120930_7495315.html)

齐鲁大学从1917年成立,到1952年结束,共存在35年。在近代中国,它是与北京的燕京大学、南京的金陵大学、上海的圣约翰大学、成都的华西协和大学等齐名的教会大学。20世纪30年代,齐鲁大学基本建成,成为多学科综合性教会大学。

到 1950 年,齐鲁大学毕业生情况为:文理学院 805 人,医学院 553 人,共 1358 人。这些毕业生绝大多数后来成为教会学校的教师,有一部分进入山东的各行各业,为山东的发展做出了贡献。

教会学校的兴办,既传播了西学知识又体现了西方的学校教育体制。教会学校开设有小学堂、中学堂以及女子学堂等各种类型和级别,这对建立中国近代学校系统有借鉴作用。教会学校的课程设置突破了传统的四书五经,包括有宗教、儒家经典和自然科学等多种课程,动摇了中国传统学校中儒学的统治地位。

教会学校的启示、清政府的"维新"上谕,使得山东地方当局于 20 世纪初年开始尝试教育变革。更为重要的是,山东地方当局在社会变迁中逐渐认识到培养新式人才的重要性,如在山东机器局、中兴矿局等一系列大型洋务企业的兴办中就曾出现过新式人才匮乏的现象。

紧跟清政府教育变革的步伐,山东巡抚袁世凯于 1901 年 11 月 16 日抢先将原济南泺源书院改为"山东大学堂",这是中国最早的一所省立大学堂,校址在济南城里原"泺源书院"。学堂共聘用中学教习 6 名,西学华人教习 6 名,西学洋人教习 3 名。山东大学堂的课程虽仍以四书五经为主,但却加入了声光电化、天文测量、英德法文及各国政治历史一类新课程。

1902 年,清政府拟定了《钦定学堂章程》,是中国近代教育史上第一次法定学校系统。这就是著名的"壬寅学制"。1903 年 12 月,张百熙与张之洞等又拟定了《奏定学堂章程》即"癸卯学制",再次规定了清政府的学校系统,此章程一直沿用至清朝灭亡。

山东也根据 1903 年新章程建立学堂,当时的山东巡抚周馥即委任藩司朝廷干、分省补用道张士珩、在籍翰林院编修孔祥霖总理全省学务,并派补用道陈恩焘总办省城高等学堂(1904 年由山东大学堂更名而来)。

在高等学堂成立前后,山东新式学堂纷纷建立,它基本包括高等学堂、中学堂和小学堂 3 个阶段,小学堂又包括初等小学堂与高等小学堂两种,除此之外还有师范学堂、讲习所、蒙养学堂、半日学堂等。

二、民国山东建立现代教育模式的初步尝试

1911 年,辛亥革命推翻了清王朝的统治,结束了中国长达两千多年的封建制度,标志着一个新时代的来临。南京临时政府新教育的宗旨是"注重道德教育,以实利教育、军国民教育辅之;更以美感教育完成其道德",即以资产阶级的民主思想、民主精神作为教育的准绳和归宿。1913 年,南京临时政府公布了《壬子癸丑学制》,1922 年北洋政府又公布了《学校系统改革令》,也称"壬戌学制",这两个学制分别将中国的学校教育分成 3 段 4 级 3 个系统。3 段是指初等教育、中等教育、高等教育;4 级是指初等小学、高等小学、中学校、大学;3 个系统即普通教育、师范教育、实业(职业)教育。《壬戌学制》与《壬子癸丑学制》基本相同,所不同的是:过去模仿的是日本,现在模仿的是美国。

　　山东初等教育在民国初年有了迅速发展。1912 年底至 1913 年,山东省依照教育部颁《小学校令》,将省内的官立小学堂改为小学校。以济南为例,1915 年,济南的省立小学增至 27 所(高等小学 1 所、两等小学 2 所、初等小学 24 所),历城县小学 251 所(高等小学 1 所、两等小学 5 所、初等小学 245 所),在校生 6899 人。山东的适龄儿童入学率开始增加,以滨州地区为例,1919 年本地区学龄儿童入学率为 30.4％,其中,滨县为 51.3％、无棣县 40％、邹平县 38.4％、齐东县(1958 年 12 月裁入邹平和博兴二县)35.2％、长山县 32.7％。山东在 1912 年至 1915 年 4 年间小学数量与学生人数分别是:1912 年,5195 所,118376 人;1913 年,10121 所,246857 人;1914 年,13490 所,328683 人;1915 年,14954 所,390615 人。到 1922 年,山东初等教育规模进一步扩大,设立的小学达 23252 所,在校学生数为 777771 人,在全国居第 2 位。值得注意的是,此时初等教育中的私塾仍占相当比例。据林修竹编修的《山东各县乡土调查录》的调查数字显示:1917 年,聊城有私塾 259 余处,堂邑(1956 年划入聊城和冠县)有私塾 180 处,济南的历城县则有私塾 136 处。1920 年,淄川有私塾 350 处,临淄 180 处,桓台 100 余处。

　　此时山东的中等教育,包括中学、师范、实业教育,其中以中学和师范发展最为迅速。1912 年山东根据教育部的统一要求,将所有官立中学堂一律改为中学校,1913 年又改为省立中学校。1914 年,加大对中等教育的整理力度,经过裁并,将原有 16 所中学校并为 10 所。1919 年,在临清增设省立中学 1 所,1922 年,在济南设省立女子中学 1 所。除省立中学外,山东还注重地方中学的设立与发展,1927 年县立中学即有 23 所。总之,北洋政府时期中学校发展迅速,据记载,1918 年,山东有中学 21 所,学生 3443 人。至 1925 年,山东有中学 66 所(包括教会学校),学生 13207 人。这一时期中等师范学校的发展步履维艰。1914 年,山东把全省分为岱北、岱南、济西、胶东 4 区,这样原有的 14 所省立师范于是就被合并为 4 所。为了解决省立师范的不足,山东还大力发展县立师范讲习所,1921 年全省有省立师范 5 所,县立师范讲习所 84 所,至 1927 年省立师范增为 6 所,师范讲习所则剧减为 31 所。

　　北洋时期,山东的高等学校主要有 6 大专门学校,分别为山东公立法政专门学校、山东公立农业专门学校、山东公立商业专门学校、山东公立工业专门学校、山东公立矿业专门学校、山东公立医学专门学校。1926 年,张宗昌督鲁期间,为沽名钓誉,将以上 6 大专门学校合并成立省立山东大学。合并后的省立山东大学包括文科、法科、工科、医科和农学院,富有特色且有利于民生的矿业、商业学校从此销声匿迹。

　　1928 年 6 月 1 日,山东国民政府在泰安成立,标志着国民党在山东统治的确立。在全面抗战爆发以前,虽有济南惨案、中原大战造成的社会动荡,但总体上山东社会处于一段较为稳定的时期。在此期间,山东国民政府制定一系列教育政策,整顿各级各类教育,确立了以三民主义为指导的教育制度,促进了山东教育事业的发展。但由于国民党坚持一党专政,"以党治国"的专制理念又严重地制约了山东现代教育的发展。

　　该时期山东教育仍沿袭了北洋时期的学制框架,包括初等教育、中等教育和高等

1926 年省立山东大学门口

(http://www.chinanews.com/cul/2014/06−30/6334821.shtml)

教育。

1928 年省教育厅成立后,把初等教育的恢复、发展作为工作重点。1930 年 2 月,教育厅专门成立了山东省义务教育委员会,编制山东省实施义务教育分年计划、实施义务教育大纲,订立《山东县市义务教育委员会暂行规程》。为加强义务教育阶段的初等教育质量,山东省教育厅对小学教员开始实施"检定",明确规定担任小学教员的任职资格。自 1930 年春始,省教育厅用一年多的时间,对全省 1 市 108 县的小学教员进行了全面检定,然后根据试验成绩,分别发给任职年限不同的"许可状"。到 1932 年,山东共举行 3 届小学教员检定,合计检定人数 28666 人。为促进初等义务教育的普及,山东省教育厅还采取措施改良私塾。与此同时,省教育厅还制定了《乡村小学充实学额办法》,大力发展乡村小学。经过省教育厅的不断努力,山东小学教育有了较大的发展。自1931 年开始,小学学校数量和在校学生人数连年递增。1931 年,山东有小学 33477 所,在校学生数为 1238917 人;1935 年,小学为 38924 所,学生 1626925 人;1936 年,学校数量和在校生数量分别达到 42555 所和 1968208 人,学龄儿童入学率达到 47.72%。

1928 年 6 月,山东省教育设计委员会针对山东中等教育存在的诸多问题,重新调整学校布局,划定济南、济宁、东昌(聊城)、益都、临沂、烟台 6 个学区中心,以促使全省中等教育能够均衡发展。教育厅将原省立山东大学附属高中单独设校,称山东省立高级中学;将省立八中从蓬莱迁至烟台,与私立东海中学合并,仍称省立八中;惠民的省立第二女子中学并入同处惠民的省立四中,改为四中女子部,在省立四、五、六、八中添设高中部。同时,遵照《山东省政府教育厅教育行政纲要》第四条:力"求男女教育机会之均等"的规定,为扩大女子入学机会,规定除女子中学外,其他学校一律男女兼收。经过调整,到 1930 年,山东共有公立中学 37 所,其中省立中学 14 所,县立中学 23 所。

在实业教育中,1929 年,山东全省有 7 所省立职业学校,24 个县设有县立职业学校。但这些学校大多教学设备不完善,缺乏教学实践环节,难以适应社会需求。1930 年,省教育厅着手对省立职业学校进行调整,充实各校的教学实习设备,调整学习科目。至1931 年,山东共设职业补习学校 31 所,其中工科 5 所、农科 2 所、商科 9 所、蚕科 15 所,共有学生 2000 余人。国民党山东省政府成立后,十分注重教师队伍的培养,大力发展师范教育。全面抗战爆发前,山东省共有省立师范学校 5 处,省立女子师范学校 1 处,省立简易师范学校 9 处,县立乡村师范学校 19 处,数县联立的乡村师范学校 4 处。

这一时期山东的大学有国立山东大学(其中有段时间称国立青岛大学)和省立医学专科学校。1929 年,山东省政府迁回济南后,奉国民政府大学院的命令将北洋时期的省立山东大学改为国立山东大学,并设筹备委员会。在筹备过程中,由于时局动荡,决定将校址设在青岛,国立山东大学筹委会改称国立青岛大学筹委会。1930 年 5 月筹备工作完成,使用原私立青岛大学校舍,组建成立国立青岛大学,同时任命杨振声为校长。国立青岛大学先设文、理两院,文学院分中国文学系、外国文学系和教育学系,理学院分数学系、物理学系、化学系和生物学系。1931 年,教育学系扩充为教育学院,内设教育行政与乡村教育两系。另外,国立青岛大学还在济南分设工厂和农事试验场。1932 年,国立青岛大学改名为国立山东大学。1932 年 6 月,山东省政府决定在济南设立医学专科学校,9 月 15 日学校正式开学。山东省立医学专科学校学制 5 年,课程设有公共必修课、基础理论、专业医术、实习四类课程,实行学分制。抗战时期,该校奉命内迁至四川万县,继续办学。

国立山东大学
(http://www.sdu.edu.cn/2010/lsyg.html)

三、山东抗日根据地与解放区的教育

从抗日战争到解放战争,在中国共产党领导下,山东根据地和解放区的广大干部群众,在争取民族解放、民主发展的艰苦战争环境中,逐步探索和建立起新民主主义的文化教育体系,这开辟了山东教育发展史上的新篇章。

抗战之初,为开展游击战争,发动和教育群众,急需有政治和军事斗争经验的优秀领导人才,由此,山东抗日根据地重点开展干部教育,创办了一些军政干部学校,主要有山东抗日军政干部学校、鲁西政治干部学校、鲁西抗日军政干部学校、胶东抗日军政干部学校、抗日军政大学第一分校等。后来,在抗日战争中后期,这些军政干部学校发展成为几种不同类型的学校。一类是军政干校,主要包括原有的抗大一分校以及新成立的抗大一分校第二支校,抗大一分校胶东支校(第三支校),主要以培养军队和地方干部为主;一类是建国学校,创建建国学校的宗旨是"长期培养抗战建国的政权、司法、财经、民运干部,提高现有干部的政治文化水平,以及吸收大批进步青年,参加根据地建设";最后一类是从属于继续教育的公学,主要包括山东公学、胶东公学。这是民主政府为培养各级行政干部而设立的学校。此外,根据地还通过各级政府举办各种培训班,以扩大干部训练范围。

为团结根据地知识青年,培养他们为抗日民主政权服务,山东抗日根据地开始尝试举办中等、初等教育学校。根据地中等教育又称继续教育,教育对象主要是受过基础教育的儿童和成年人,主要办学形式包括公学、中学、师范和职业学校四种。到1942年,山东抗日根据地共设立中等教育学校16所,学生2957人。小学教育是根据地教育发展的基础,也是根据地教育事业的主体。1941年2月,山东省文教委员会颁布了《战时小学课程标准总纲草案》,规定了小学教育总目标、学制与授课时间、作业范围、教学通则等各项内容,有利于促进小学教育的规范化。这些措施,有力地促进了山东抗日根据地小学教育的发展。至1942年,小学在校生已达41万多人。到1944年,根据地实行教育改革,原则为"干部教育应该重于群众教育",中等、初等教育开始向干部教育倾斜。各地着手缩减普通中学,新设或加强了干部学校,轮训在职干部;将高小划分为两种办学形式,公办高小每县设1—2处,以轮训村干部为主,民办高小无固定校址,采用分散与集中相结合的教学方式。这样,1945年1月,胶东取消了6所普通中学和14所师范学校,成立了3所干部训练班性质的中学,即西南海中学、东海中学、北海中学。鲁中、滨海、鲁南强行取消了高小,并将全日制小学改为"识字班",教育教学的组织形式也随之发生了变化。据统计,1945年,鲁中地区各种形式的成人教育都比1944年有了较大幅度的增加:识字班增加1004处,学员增加17812人;夜校增加1145处,学员增加31241人;变工学习组增加2925组,组员增加20710人。

抗战胜利后,山东解放区面积迅速扩大,各项工作的开展急需补充大批干部,但前期教育改革导致大批普通中学和高小的取消,使得知识干部的后备明显不足,新解放的城市和县城的许多学生面临着无普通学校可上的境遇,已经翻身的广大群众对于儿

童教育的被忽略乃至被荒废也表示不满。于是,山东解放区开始着手对中学和小学教育政策进行调整,将中学教育和小学教育改回到普通国民教育。

山东解放区大力发展并整顿中小学教育,力图纠正教育改革中出现的某些偏向,促进了全省教育的发展。据 1946 年 1 月的《大众日报》报道,胶东区的国民教育恢复工作取得很大成绩,已恢复中等学校 11 处,即胶东中学、胶东师范、东海中学、西海中学、北海中学、南海中学、滨北中学、烟台中学(省立)、烟台市立一中、昌潍中学、威海中学,学生 5000 余人(内含师范生 1000 余人)。全区恢复小学 6200 所,学生 615930 人。至 1946 年夏,解放区已有中等学校 45 所,学生 1.5 万人;高级小学 1413 所,学生超过 10 万人;初级小学 28879 所,学生 165 万人,全省在职小学教师 45415 人。

思考与讨论

1. 稷下学宫的性质及其办学特色是什么?
2. 简述孔子对中国私学发展的贡献。
3. 山东书院的类型有哪些?
4. 简述齐鲁大学和山东大学的由来。

第十章

山东运河文化

　　运河文化是运河区域人们在长期社会实践中创造的物质财富和精神财富的总和，是中华民族文化大系中南北地域跨度大、时间积累长、内容丰富多彩的区域文化。山东运河有两千多年的历史，在南粮北运、繁荣经济及文化交流方面发挥了重要作用。运河区域的文学、艺术、风俗、信仰等，都有鲜明的特点，留存至今的文化遗产十分丰富。运河里流淌的是逝者如斯、不舍昼夜之水，留给人们的是永不磨灭、历久弥新的文化。

第一节　历史之河

　　水上运输轻便省力，所以水路交通在中国很早就得到了利用。中国的自然水道大都是东西走向，南北之间无法直接通航。怎样建立南北之间的水上通道？唯一的办法是开挖人工河道。公元前5世纪前后，中国人就开始了这样的尝试，在江淮流域的很多地方开挖人工运河。山东西部地处华北平原中部，乃南北交通必经之地，自然水系比较发达，自春秋之后，历代都曾在这里开挖经营运河。运河、河道工程及管理制度，是一种物化的、制度化的文化现象。所以对运河文化的讨论，应先从运河工程、管理制度的历史变迁说起。

一、东周至宋金时期的山东运河

　　菏水　春秋后期，以今苏州市为中心的吴国强大了起来。吴王夫差在位时，战胜了地处长江中下游的楚国，越国的君主勾践也做了他的俘虏。夫差自恃国势强大，南方无人能敌，于是打算进军北方，和强大的齐国、晋国争夺中原地区霸主。

　　苏州一带是水乡泽国，"以船为车，以楫为马"①，吴人北上作战，路途遥远，陆路运

---

　　①　赵晔:《吴越春秋》卷六《勾践伐吴外传》。

送军队给养十分困难。吴国、楚国都有人在南方开挖过运河，积累了不少经验。于是，公元前486年，吴王夫差调集人手，从现在扬州附近的长江北岸开始，向北开挖运河，一直到现在的淮安附近，与淮河连通。这就是中国历史上著名的运河——邗沟。第二年，夫差率领大军沿运河北上，打败了齐国。当时，山东境内的泗水与济水之间是一片沼泽地，除了水面广阔的大野泽之外，还有雷泽、菏泽等，相距都不远，夫差继续向北开凿了一条沟通泗水和济水的河道，这条河道就是菏水。沿济水向西进军，一直到达了黄河岸边的黄池（今河南封丘南）。夫差虽然没能当上中原霸主，但他在山东地区开挖的运河却没有废弃。后来，菏水一直是鲁西地区的重要运道。

过了一百多年，到战国时期，移都到大梁（今河南省开封市）的魏国势力强大了起来，为了控制广大东方地区，魏惠王在黄河与淮河之间开挖了运河，这就是中国历史上有名的鸿沟。鸿沟不是一条单一的水道，而是由几条分支河道共同构成的水系，其中流过今山东境内的是汳水。汳水本是一条自然水道，开挖鸿沟的时候对它进行了疏浚、整理，使之成为鸿沟的支流。汳水流到今河南兰考和蒙城（今河南商丘北）之间称甾获渠，至商丘北进入今山东曹县、单县境内，往东称获水，再往东至彭城（今江苏徐州）流入泗水。

汴水与桓公沟　秦、西汉时期没有在山东境内开挖新的运河。东汉时大力治理黄河，使之有了固定河道。中原一带鸿沟水系的许多人工河，因黄河泛滥多年而淤塞废弃，最后只剩下流经山东西南部的汳水，东汉改称汴渠。由于漕运需要，东汉政府十分注重修治汴渠。景帝永平年间王景曾在汴渠接黄河的水口处修建水门，控制黄河流入汴渠的水量。顺帝阳嘉年间大举动工，由汴口到淮口，沿岸积石为堤，加固堤防。灵帝建宁年间又在汴口增修石门。东汉末年，天下大乱，兖、豫诸州为群雄割据争战之地，汴渠残破埋塞，不复为用。

据史书记载，东晋穆帝时，荀羡出兵与前燕慕容兰作战，在鲁西南地区由洸水通汶水，向北开挖运河，直达济水岸边的东阿（今山东东阿南）。晋废帝太和年间，桓温北伐，当时汴渠残破，难以整修，于是重新开挖运河。桓温开挖的运河分为两段，一段自薛训渚（今山东嘉祥附近），向南和源自巨野泽的黄水合流，再向东南流经今山东金乡县，东入于泗水；一段向北流与汶水合流，再北流与济水汇合。这两段合在一起长约三百里，纵贯鲁西南地区，后人称其为桓公渎或桓公沟。

永济渠　隋的建立结束了西晋末年以来长期分裂割据局面，为运河的开凿带来了新契机。隋文帝时，关中开挖了广通渠，修整了邗沟。薛胄任兖州刺史，令人在兖州城东筑成石堰，拦截泗水使之西流，使那里的沼泽地变为良田，而且可以用于水上运输，后人将这条运河称为"薛公丰兖渠"。隋炀帝迁都洛阳，乃以此为中心，先后开挖修整了通济渠、邗沟和江南运河，同时开挖了从今山东西境流过的永济渠。

大业四年（608）春，炀帝"诏发河北诸郡男女百余万，开永济渠，引沁水南达于河，北通涿郡"[①]。由于史料缺略,关于永济渠的起止地点、河道路线等许多细节,至今仍聚讼纷纭,但大体情况是可以说清楚的:永济渠的渠首在沁水入黄河处。沁水水量丰富,解决了永济渠的水源问题。引沁水向北流,通清水,入曹操开挖的白沟,过馆陶县向北,进入今山东与河北交界的地区,以下是汉代屯氏河的旧道。过永济县之后,向东北流经今山东临清市西,过今武城县至今德州,再往北流出山东境,入曹操开挖的平虏渠,下游利用桑干水(永定河),由今天津市流到北京附近。

唐代永济渠在山东境内的路线大体与隋代相同。从《元和郡县图志》的记载看,永济渠在馆陶县附近进入今山东境内,然后沿今山东、河北省界东北流,经过今临西、清河到德州,又北流进入河北境内。政府十分重视对它的维护与治理,贞观、永徽、开元年间,都曾组织民工修筑石堰、开挖支渠,对于减少水患、保证河道畅通起了重要作用。

御河与广济河 唐末五代时期,黄河连年决口,流经鲁西北地区的永济渠淤塞严重。北宋建立后,永济渠北端涿郡一带乃契丹人管辖区域,南端沁水入黄河的河口淤塞不通,只剩下中间一段可以通航,当时称为御河。河北各地军饷全经御河运输,所以朝廷十分重视对它的治理,除经常征发兵民疏浚整修外,还设置专门官吏管理。起初,御河水量尚且充足,卫州(治今河南汲县)以下,一年四季有水,可以通行载重三四百石的船只。庆历、熙宁年间,黄河多次决口,或横穿御河,或夺御河河道,或纳御河于黄河堤内,御河河道紊乱不堪,水运大受影响,沿岸水灾连年不断。

山东境内的广济河是北宋时期的一条重要运道。广济河原是唐朝武则天时开挖的湛渠,渠宽五丈,故又名五丈渠或五丈河,北宋初年更名广济河。唐末到五代军阀混战时期,社会动荡,广济河失修淤塞。后周显德年间周世宗征发民工加以疏浚,将汴河水引入。宋代的广济河在开封附近与汴河相接,由此沿东北流过山东定陶,达济州合

---

① 魏徵等:《隋书》卷三《炀帝纪》。

蔡镇(今山东巨野西北)入梁山泊,由梁山泊进入济水。朝廷向东部地区运送军需,多赖此河。后重新开挖菏水,整修泗水河道,使广济河的运输能力及通航地区有所扩大。广济河地近黄河,时常受其侵淤,疏浚浅滩,修筑堤岸,工程连年。但直到北宋末年,广济河仍然可以通航,南宋初宗泽留守东京时,仍时加修浚。

金朝政府十分重视对北方运河的治理。当时流经山东境内的运道有两条,一条是北清河:南宋建炎元年(1127)黄河决口,水入梁山泊,后分南北两支流出,南流者曰南清河,乃黄河之岔流;北流者曰北清河,乃济水之旧道。金朝整修北清河,使之成为重要水运道路。另一条是御河:金章宗泰和年间规定,运河所经之州县长官皆加管河之官衔,如恩州(今武城县北)长官加"提控漕河事",将陵(今德州市)、武城、夏津、馆陶(今馆陶北)、临清(今临清市南)等地长官均加"管勾漕河事",负责养护河堤、督运漕粮。但是终金之世,运河水源匮乏的问题一直未能解决,运河承载的运输任务始终不大。

山东西部地区地势低平,河流水系比较发达,所以古人在这里开挖了不少运河。黄河自河南孟津以下形成巨大的冲积扇,向东抵鲁西南山地西侧。冲积扇的中轴部位淤积较高,成为华北平原的分水脊,从而将鲁西平原分割为南北两部,南部为淮河黄河水系,北部为海河水系。所以历史上开挖黄河、淮河之间的运河,均利用了南部水系;开挖黄河与海河间的运河,则利用北部水系。这些运河大都从鲁西平原边境流过,对鲁西自然环境影响不大,对区域社会经济文化的促进作用也不十分明显。元代以后,这种状况发生了根本改变。

二、元代的济州河与会通河

济州河 元朝定都大都(今北京市),政治中心移至北方,而经济重心却在东南。京城官兵民众甚多,粮食等生活物资均需南方补给,急需建立起联结南北的可靠的粮食运输线。当时运河年久失修,已不能全线贯通,漕船只能先沿江南运河、江淮运河旧道入黄河,溯流而上,过开封起陆,转入御河,经临清、德州北达京城。道路迂远曲折,水陆转徙,运输成本高,于是元廷尝试开辟海运路线。由张家港入海北上,绕过山东半岛的成山角进入渤海到达直沽,然后转运京师。路途遥远,危险重重。元世祖至元十七年(1280),莱州人姚演上奏,建议从胶州胶西县东陈村海口西北到莱州掖县海仓口之间,开一条穿越山东半岛连接黄海与渤海的运河,以缩短海运航程。大臣皆以为可行。次年,世祖下令拨钞万锭、调发军民数万人开挖胶莱运河。沿途多山,开凿困难,进展甚慢。越一年初步开通。当年运粮二万余石,后继续开凿,两年后运输量增至近30万石。但胶莱运河河床高于海平面,漕船只能等到涨潮时进入,河口多暗礁,河道多浅滩,漕船大量损坏。至元二十二年,弃用胶莱运河,改行新的海运路线。

海运成本低,运输量大,但风险也大,"风涛不测,粮船漂溺者,无岁无之"。有时一年之内,漂失漕粮数十万石,溺死漕卒五六千人。为了避免海运风险,改变水陆转运的艰难,元政府决定对大运河进行改造和疏浚。

古代开挖运河系政府行为,无论是运输漕粮还是运送军需,都是以都城为起点或中心。隋唐建都长安,因地理原因,无法开挖直通南北的运河,只能东出关中,入黄河到达中原洛阳附近,而后向南、向北开挖运河。北宋政治中心移至中原,黄河漕运废止,运河的格局无须改变。元代建都北京,地理位置较前朝发生根本变化。京城地近北方,政治中心与军事重心地区重合,运河的走向应该是直通经济重心区域,无须绕到中原地区的洛阳附近。由江浙到达北京,如果走隋唐时期大运河路线,其道为"〈"形,甚为迂远。为了缩短河运距离,元政府决定弃弓走弦,截弯取直,弃汴河、御河南段不用,使运河不经安徽、河南中原之地,在山东西部地区开挖新河道,使大运河由曲折变为顺直。当时,江南运河与江淮间运河经唐宋政府屡次修治,运道基本畅通;苏北至山东南部一段,利用黄河、泗水天然水道可以通行;天津以南的卫河与天津以北到通州的河道,整理后舟船亦可通行。因此济宁以北到临清间的水路交通,成为当时亟待解决的问题。

元世祖至元十九年(1282)十二月,政府下令开挖济州河,从济州任城(今山东济宁市)向南至鲁桥镇与泗水沟通。向北经南旺、袁家口至须城之安民山(今梁山县小安山)入济水(大清河),全长一百五十余里。为解决运河水源问题,"于兖州立闸堰,约泗水西流,堽城立闸堰,分汶水入河,南会于济州"[①]。在兖州城东泗水上筑金口坝,拦截泗水使之西流;在堽城(今山东宁阳北堽城里村)筑坝拦截汶水,使其南流入洸河;洸河在兖州西与西流之泗水汇合,流至任城西注入马场湖,然后南北分流,南流以增泗水之流量,北流至安民山入济水。济州河开通后,南来漕船可经此直接进入济水,而后从利津入海。因为这条运河以济州为中心,所以当时称为济州河。

堽城坝遗迹

(图片来源:王利、傅吉峰、胡冰:《图说济宁运河:追溯运河之都的文明与繁荣》,天津古籍出版社2008年版)

---

① 宋濂等:《元史》卷六十四《河渠》一。

会通河　从济州河、济水入海这条运道只维持了三年,就因济水入海口发生沙壅漕船难以出海而停止。所运漕粮不得不"舍舟而陆",改从东阿陆运至临清入御河北上。陆运中茌平一段,地势低洼,夏秋多雨,道路泥泞,车辆牵挽,艰难万状。继续开挖通往临清一段运河势在必行。

至元二十六年(1286)正月,元世祖采纳寿张县尹韩仲辉、太史院令史边源的建议,征调民夫三万人,开挖会通河。由小安山接济州河开始,经寿张(今梁山县寿张集)西北至聊城,再西北行至临清,接通御河,全长二百五十余里。六月河成,世祖赐名会通河。由于济州河与新开会通河联为一体,故此二河合称会通河,济州河之名废而不用。会通河开通后,不仅使得南起余杭(今杭州市)北至京城的大运河全线贯通,而且较之隋唐时期的京杭大运河,航程缩短上千里。

起初,元政府开挖济州河的目的是连通泗水和济水(大清河),寻求出海的漕运路线。出海受阻后,不得不继续向北开挖会通河至临清。两段运河并非通盘设计,因此在路线选择上不尽合理。其次,会通河水量分配不合理,山东运河水源主要来自汶水和泗水,汶、泗之水自任城入运河后南北分流,济宁地势,北高而南低,输入运河之水,南流顺畅,北流受阻,船过济宁向北,浅阻难行。另外,运河本身开挖规格偏低,"河道初并,岸狭水浅,不能重负"①。加上黄河决口,侵淤运河,所以通过运河运至大都的漕粮每年最多不过二三十万石,不及漕粮总量的十分之一。明代针对会通河进行了改造,使其运输能力大大提高。

三、明代的山东运河

修治会通河　明朝建都金陵(今南京市),东南漕粮运送京师,由长江可以直接到达,道近而易。失去运输漕粮的功能,运河的作用便不那么突出。但是为了向北扫除元朝残余势力,运输军需物资,明政府也曾对元代运河进行了局部修治。大将军徐达在济宁以西二十里开耐劳坡口,自曹、郓二州引黄河水入牛头河,东南流至鱼台的塌场口与泗水相连,于是舟船可由淮入泗,经牛头河达于山东,西出耐劳口则可由黄河达河南。洪武二十四年(1391),黄河决于原武黑洋山(今河南原阳县南),漫曹州境流入安山湖,东流淤会通河道。南来货物只能从济宁卸船,陆运至德州,然后运抵北方。

永乐初政治中心北移,漕运形势发生根本变化。京师及北边粮饷,全部仰仗东南。因运河山东段淤塞,所以只能是河运、陆运和海运并行。海运艰险,漕船亡失甚多,而河运又难以直达京城,其中陆运170里,需历八处递运所方能入卫河,每处递运所发民丁3000,车200余辆,役重而民困。永乐初年便有人提出重新修治前代运河,后来济宁同知潘叔正上书,力主修治会通河。朝廷采纳了他的建议,派工部尚书宋礼、都督周长等前往勘察。

永乐九年(1441)二月,明政府征发山东济南、青州、兖州、东昌等府民夫15万,登

---

① 　傅泽洪:《行水金鉴》卷九十九引《山东运河备考》。

州、莱州二府愿役民 1.5 万,南直隶徐州、应天、镇江等府民夫、军卒 10 余万,令宋礼总领其事,周长及刑部侍郎金纯等协助,并力开挖会通河。六月,工程告竣。疏通后的会通河由济宁至临清全长 385 里,河道深 1.3 丈,宽 3.2 丈。同时修复元代所建水闸控制水量,济宁至临清间共增修水闸 15 座,每座水闸都有专门机构按照政府规定的制度进行管理。

新修会通河的河道线路较元代有所改变。元代运河自汶上县过袁口(今梁山县袁口村),至安民山西南,经寿张城东门,傍安山湖西,西北流至东昌。此水道接近黄河、济水,虽便于引黄河之水,但黄河一经泛滥,极易淤塞。明代新修之会通河自汶上县袁口改道,东徙约 20 里,傍安山湖东,经靳口、安山镇(今东平县安山村)、戴庙而达张秋,新开河道约 130 里。安山湖可为新河之调蓄水柜,黄河向东决口后,有湖作为缓冲,亦不致淤塞运道。

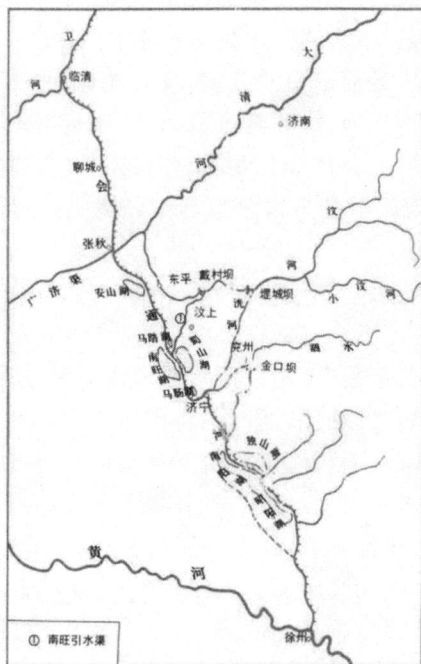

明代会通河

(http://www.chinabaike.com/article/316/334/2007/2007022259629.html)

袁口改道后,大运河已全线贯通,但水源不足、水量分配不合理的问题仍未解决。宋礼采纳汶上管泉老人白英的建议,在东平州东 60 里汶水上修建戴村坝,在戴村附近开汶渠(小汶河)90 里至南旺,引汶水注入运河。汶水经堽城坝拦截后一部分由洸河至济宁入运,一部分继续北流,复经戴村坝拦截后由汶渠到南旺入运。后来,洸河不断淤塞,由洸河流至济宁的水量逐渐减少,堽城坝由运河水源的主要枢纽工程降为辅助设施。万历年间,春雨过多,济宁一带湖水上涨,冲决运河堤防,乃堵堽城闸,不使汶水南流,于是堽城坝完成了历史使命,汶水全由戴村坝拦截入汶渠,沿途汇集诸泉水流至南旺注入运河。南旺在济宁北九十里,地势较济宁高出三丈,是山东河道最高点,由此地分水,可合理地安排运河水南北流量,避免会通河南旺以北段水量不足而影响通行。

起初南旺分水口只是一个河口,汶水从东来,与南北走向的运河垂直,冲向运河西岸,然后折回,南北分流。南北分水的比例受地形、风向、水量、流速等诸多因素影响,难以控制。成化年间,管河右通政杨恭修建了南旺南北水闸。南闸在分水口南五里,称柳林闸,又叫南旺上闸;北闸在分水口北五里,称十里闸,又叫南旺下闸。定时启闭闸门以控制南北的分水量,"闭诸北闸则南流,闭诸南闸则北流",从而达到了"水如人意"的目的①。南旺一带流传着"七分朝天子,三分下江南"的民谣,说的是由汶渠注入运河的水量,70%流向北方,30%流向南方。从此南旺以北至临清段运河水量不足的问题基本上得到了解决。

古运河南旺分水枢纽
(图片来源:《图说济宁运河:追溯运河之都的文明与繁荣》)

张秋治河 黄河可为山东运河补给水源,但黄河泛滥又会冲毁淤塞运道,运河对黄河的依赖及二者之间的矛盾始终困扰着古人,成为一个难解的症结。正统年间,黄河多次决口,漫阳谷县及东昌府,冲毁运河堤防,淤塞运河河道。治黄保运,系国家大政,政府虽着力堵塞河口,但旋堵旋决,卒无成效。景泰年间,黄河两次冲毁张秋沙湾运河堤岸,运河水东泄入大清河,漕舟受阻。景泰四年(1453)十月,任徐有贞为左金都御史,前往沙湾治河。徐勘察地势后,提出用开河分水、置造水门大堰、疏浚运河三种办法进行综合治理。获朝廷批准后,于次年十一月起施工。首先,徐调动民工,开挖广济河以分黄河水势。广济河西起河南新乡东,通于沁水、黄河,向东流经开州(治今河南濮阳市)、濮州(治今河南范县西南南)、范县(今范到东),至张秋入运河。广济河修成后,运河河水大则可分其水势,运河水小则可引黄济运。其次,在沙湾运段修筑大堰

---

① 参见傅泽洪:《行水金鉴》卷一百二十一引《治水筌蹄》。

与水门,堰高 3 丈 6 尺,厚 36 丈,长 360 丈;水门广 3 丈 6 尺,厚 7 丈 2 尺。大堰高于平水 5 尺,水大则漫过大堰溢流入海,水小则拘水以济运。再次,由于山东段运河长期淤积,河道变高,遂由沙湾北至临清,南至济宁,普遍加以挑浚。另外,在东昌府之龙湾、魏湾等地建减水闸八座,用以调节水量;在开州、濮州筑堰以围黄河之水,使东阿以西、鄄城以东、曹州以南、郓城以北的积水得以排泄,灌溉高地凡数十百万顷。至景泰六年七月,上述工程均已完成,运河得以畅通。

弘治二年(1489)五月,黄河在开封黄沙冈、苏村、洛里等六处决口,后又决于金龙口,其中较大的一股水流由金龙口经黄陵冈,东流过曹州、濮州,至张秋流入运河,冲毁堤岸,淹没河闸。九月,遣户部左侍郎白昂前往修治。白昂提出"北堵南疏"的治河办法,在黄河以北的阳武筑堤,以防黄河北决冲张秋;在黄河以南则疏浚各河道,以分泄河水。这次治河共塞决口 36 处,开月河十余条,设减水闸多处。弘治五年七月,黄河先决开封兰阳等地,又决金龙口,再次冲毁张秋运河堤岸,运河决口于张秋戴家庙。于是"漕集张秋,帆樯鳞次,财货山委,决口奔猛,戒莫敢越"[①]。次年二月,任刘大夏为都察院副都御史,前往治河。是年夏,河水又冲决张秋运河东堤,决口宽达九十余丈。弘治七年(1494)春,运河之水尽从决口处东流,航道淤浅,漕船无法通行。刘大夏调集民工,在运河上流西岸开月河三里以接旧河,使漕船由月河绕过决口处北行。同时在黄河决口处上游开新河、疏浚贾鲁旧河,导水入淮、入运,使黄河水势减小,时近冬季,水势回落,遂堵张秋决口。其又在决口处筑起石堤,加打木桩;在上流用石块筑起减水坝,张秋决口得以彻底治理。乃改张秋为安平镇,立庙于决口附近。此役共用民工四万余人。在堵塞张秋运河决口的同时,刘大夏又调发河南夫役 5800 人,堵黄陵冈口、金龙口等黄河决口凡七处,其中黄陵冈口屡堵屡决,最为难治,封堵后乃筑堤三重,严加保护。又在黄河北岸修筑防护大堤,金龙口东西各 200 余里,黄陵冈口东西各 300 余里。此后,黄河北决之水多在济宁、鱼台以南侵淤运河,对于张秋段运河不再造成威胁。

南阳新河与泇河 明前期的治黄保运工程,有效防止了黄河泛滥对山东运河北段的侵害,但是黄河下游河段决口泛滥并没有得到有效治理,明中期以后,济宁至徐州一段运河,不是被黄河冲毁就是被黄河淤塞。

明中期以前运河出济宁向南,走南阳湖、昭阳湖西岸,经沛县、留城到达徐州入黄河。南阳湖和昭阳湖一带地势东高西低,黄河一旦决口,河水便会冲向湖西,冲毁运河堤防,淤积运河河道。嘉靖五年(1526)六月,黄河泛滥,东北流至沛县北截运河入昭阳湖,汶、泗河水东溢,山东运河南段一片汪洋,泥沙填淤数十里。左都御史胡世宁提出将运河河道东移避黄的建议。后来,总督河道右都御史盛应期提出了废除旧河、开挖新河的具体办法。嘉靖七年,政府征发丁夫 98000 人在昭阳湖东开挖新河,遇大旱道乏水,盛应期被弹劾革职查办,工程过半而停止。此后数十年间,无敢言改河者。嘉

---

① 王鏊:《安平镇治水功完之碑》,《明经世文编》卷一百二十。

靖四十四年(1565),黄河在沛县决口,大水漫过昭阳湖,淤运道百余里。工部尚书朱衡实地勘察后,发现盛应期所开河道未遭黄泛之水淹没,乃提议继续开凿新河。次年正月动工,九月完成,历时八个月,动用民工九万余人。新河在旧河东三十里,自留城脱离旧河道,向北经夏镇(今微山县城),至南阳闸入旧河,共一百四十余里长,建船闸八个,减水闸二十个,堤坝十二座。这条新开的河道后来被称为"南阳新河"或"夏镇新河"。新河开通后,原会通河南段的运输条件大为改善。

南阳新河的开通,使山东运河南段避开了黄河决口的侵害,但是留城以南的运道靠近黄河,水患不息,时常受到黄河决洪的侵袭。运河堤岸被毁,河道淤塞,漕船时常受阻。万历二十二年(1594),总河舒应龙奏请于微山湖以东的韩庄(今微山县韩庄镇)开渠四十里,由彭河水道入于洳河,以泄微山、昭阳诸湖积水。这就是韩庄新河,即后来洳运河的上流河段。

万历二十九年(1601),总河刘东星受命继续整理洳河,由万家庄经台儿庄、侯家湾、良城等地"山岗高阜"处,开凿成河,又在韩庄以北傍微山湖开支河四十五里。所经之地多砂石,开挖异常艰难,历时两年,工程仅完成十分之三。后刘病故,工程遂搁置。万历三十一年,黄河在单县、曹县、沛县决口,漫昭阳湖,夏镇至徐州运段悉被淤平。次年,工部侍郎李化龙出任总河,继续前人未竟之功,经过半年努力,工程基本完成。当年就有三分之二的漕船通过此河北上。万历三十三年(1605),后任总河曹时聘完成了收尾工程。这段新开的运河由夏镇东十里之李家口出南阳新河,汇合承水、沂水,向南注入直河口泗水故道,跨苏鲁两省,流经江苏者约百里,入山东后一百六十里,全长共二百六十里,历史上称其为"洳河新道"。从翁大立提议开挖洳河到曹时聘最终完成此工程,共经历了三十多年时间,此后山东运河基本定型。洳河的开通,使山东运河最终避开了黄河的侵害,改变了黄河泛滥则运道不畅的局面。

明代对会通河的开发与治理在京杭运史上占据着举足轻重的地位。运河山东段改造工程量大,经历时间长,动用人力多,成就也最显著。这段工程解决了两个问题:一是水源问题。疏浚改造济宁至临清的会通河,虽然有"避黄"的因素考量,但主要是为解决水源问题,筑戴村坝引汶水至南旺,合理分配入运的水量;疏通泉流以补给运水;设置水柜以调蓄运河水量,由此保证了会通河北段的顺利通航。二是黄河泛滥冲淤运河的问题。运河袁口改道,开南阳新河、洳河,主要是为了避开黄河决口侵害及借黄行运中徐州、吕梁二洪的艰险。这一系列工程使得山东运河线路基本稳定,京杭运河全线畅通,运河成为漕粮的唯一运道,其运量由元初的每年不足十万石,明中期以后增加到年均四百万石,运河航运进入了最繁荣的时期。

四、清代以后的山东运河

河道管理　经过明代上百年的经营,山东段运河的路线大体定形,重大运河工程也已完成,清代只是做了一些整理与维护的工作。

清代运河管理机构大体沿袭明朝,但也有所变化。明代整治、管理运河黄河的最高长官为总理河道,简称总河,为中央政府的派出官员,常以工部侍郎、尚书领其职。总河之下,分段管理。河段划分常有变化,如成化七年(1471)将运河分为三段,中段管辖范围为德州至沛县,大体为山东运河河段;成化十二年(1476)改为以济宁为界分南北二段。万历年间黄患频繁,运河事务复杂,又将运河分为四段,其中北河段管理机构驻张秋,管理山东运河事务。各河段管理以工部郎中长官,下辖若干分司,分司设主事管理。如明后期北河段曾先后设置临清分司、宁阳分司、济宁分司、南旺分司、沽头分司、夏镇分司。运河流域各省府、州、县也都分派官吏参与运河河道的管理。沿运各省在职司风宪的按察司内设管河按察副使(有时设管河按察佥事),或在职司民政的布政司内设管河布政参议,其权限职掌地位皆如工部所派之郎中,直属于总理河道官。沿河各府设管河同知或通判,州置管河判官,县置管河主簿、员各一人,负责河防事务。

清代管理黄河运河的最高长官为河道总督,简称河督,秩位同于地方总督,综理军政事务,位高而权重。清代河督初驻济宁,后因江南河工紧张,乃于康熙十六年(1677年)移驻清江浦(今江苏淮安市)。雍正年间,为进一步加强对运河的管理,分设三河督:管理江苏安徽两省黄、淮、运河者仍驻清江浦,称江南河道总督,简称南河总督;管理山东、河南两省黄河、运河者驻济宁,称河东河道总督,简称东河总督;管理直隶境内海河水系各河及运河者初驻天津,称直隶河道总督,简称北河总督,后多由直隶总督兼任。河道总督的职责是"掌治河渠,以时疏浚堤防,综其政令"[①]。总督之下分设道、厅、汛三级。道大体相当于明代的都水分司,通称河道,东河总督下设四河道——山东运河道、兖沂曹兼管黄河道、开归陈许道、彰卫怀道,道设道员,俗称道台。又设武职官员河标副将、参将等。厅大体相当于明代府、州管理机构,设同知、通判等,武职官员设守备。汛相当于明代县级管理机构,设丞、主簿等,武职官员设千总。总体说来,清代从中央至地方都加强了对运河河道的管理,从而保证了运河航运的安全通畅。

挑河建闸 清政府十分重视对运河山东段的修治,多次下令管河官员及地方政府及时修筑堤岸,疏浚河道,以保证运道畅通。清代会通河淤浅的问题十分严重。顺治初年,黄河多次决口泛滥,水漫曹、单、金乡、鱼台等县,于南阳等地流入运河,侵淤河道,又曾流至汶上决入蜀山湖。顺治七年(1650),河决荆隆口,直趋沙湾,张秋以下运河堤溃,自大清河东入海。康熙、乾隆年间,黄河也曾频繁决口,侵入运道。清代山东运河因黄河决口泛滥导致河道毁坏的问题虽不像明代那样严重,但是由于黄河漫流及发源流经鲁中山区的泗水、汶水、大沙河等河流挟带大量泥沙流入运河,运河河道淤浅的现象相当严重。所以,挑挖疏浚、定期修治成为清代治理山东运河的主要任务。清代对运河的修治分为大修与小修,小修一般每年一次,称小挑或小浚;大修则隔年或几年一次,称为大挑或大浚。一旦运道出现严重淤塞,政府还会临时组织大规模修治,以保证河道正常通航。

元代开挖会通河,针对河道地势落差大,水源匮乏的问题,便建闸二十七座,以节

---

① 赵尔巽等:《清史稿》卷一百一十六《职官》二。

制水流。明代更增至六十七座。水闸常年受激流冲击、泥沙淤积,极易损坏。入清以后,各闸均因年代久远存有不同程度损坏,清政府对它们进行了大规模修整。如康熙年间,就曾对朱姬庄西岸闸、张阿南岸闸、嘉祥利运闸、南旺湖十字河斗门及丁庙、顿庄、侯庄、台庄、德胜、戴村等闸坝进行了重修,新建了藤县修水闸、杨家坝减水闸。雍正年间,重修戴村、坎河三坝,新建六里石闸、沙湾大坝。乾隆年间,再次重修戴村坝及戴庙、七级、新店、师庄、枣林、万年、顿庄各闸,新建了张秋平水三闸、彭口闸、湖口闸。这个时期,几乎是年年治河,年年修坝修闸,保证了运河的畅通。

山东运河衰败　咸丰五年夏六月,黄河下游水位猛涨。十七日,大雨倾盆,兰阳(今河南兰考)一带一片汪洋,黄河水势更大,许多地方河水与堤岸相平。十八日,铜瓦厢附近黄河决口三四丈。二十日,全河溃决。河水一泄如注,脱离河道,向北流去。流到长垣,分几股沿东北流入山东省境内,后汇流到张秋,冲毁堤防,穿过运河,向东夺大清河,至利津入海。张秋以南到安山镇,运河全被淤塞。黄河冲决张秋运河后,清廷朝野震惊,原打算立刻动工堵塞决口,年内合拢。值太平天国及捻军起义如火如荼,政府军队粮饷供应紧张,哪里还有力量筹措治河费用? 于是,治理铜瓦厢黄河决口之事只好搁置。改道后的黄河在张秋附近将运河斩为南北两段,汶水无法注入张秋以北运河河道,明清以来会通河的水源体系被彻底破坏,从根本上降低了运河的整体通航运输能力。后来,有很多人主张堵塞铜瓦厢决口,使黄河回归故道。从理论上讲,这种主张是正确的,但是同治年间,铜瓦厢决口宽度已达十里,旧河身高于决口以下水面二三丈,要想堵塞这么宽的决口,再把黄河旧故挖深几丈,对于内外交困的清王朝来说是难以做到的,所以这种意见没有被采纳。光绪十三年(1887)朝廷做出决定:不再讨论黄河回复故道之事。从此,黄河回归故道之议平息,黄河北徙夺大清河入海成为定局。

运河能否在张秋穿越黄河,恢复全线通航? 有人提出在黄河穿运处修南北二堤,酌情留出运口,作为漕船出入黄河的门户,并筑草坝,漕船过去以后堵闭,以免黄河水倒灌入运河。但筑运口使黄河滞流,是何等危险的事情! 所以政府绝不敢做这种尝试。又有人提出,在郓城一带,遏黄河东流,可保南路运道,疏通张秋一带运河的淤积,可通北上的漕船。这种主张似有道理,但遏黄河水东流,谈何容易,所以清政府也不敢实行。这时的清政府已处于风雨飘摇之中,政权尚且难保,哪里还有精力顾及运河之事。

进入民国以后,军阀割据,连年内战;帝国主义入侵,特别是日本帝国主义发动大规模侵华战争,给中华民族带来深重的灾难。当此社会动荡年代,处于民族危亡之际,运河的疏通管理自然无从谈起,济宁以北运河各河段均出现极度衰败的景象。

济宁以南运河通航　20世纪50年代初,为了灌溉、排涝和发展航运,政府组织民工对济宁运河的部分河段进行了疏通和改造。1955年有关部门开始对运河工程进行统一规划。1959年以后的几十年中,相继在南四湖西堤外开挖了新航道,疏浚了湖东岸的旧河道,多次开挖济宁至梁山的新运河,开挖了位山引黄闸经聊城西至临清的新河道。经过几十年的整修和改造,如今已建成了自济宁至杭州的近千公里的可以通行五百吨到上千吨船舶，集航运、灌溉、防洪、排涝、供水、渔业、旅游为一体的水上通道。济宁以北至梁山境，运河常年有水，可通行小船。黄河以北位山至临清新开的运河，整修后承担了向天津输水的任务，船只无法通行。临清至德州的卫运河，时常水浅干涸，也失去了内河航运的功能。山东境内黄河以北的运河河段，断航已经一百多年，因为水源缺乏，维护成本高，故何时通航，尚难期以时日。

第二节　社会之河

运河是中国历史上最伟大的水利工程之一，它对中国古代社会的影响广泛而深远。经过长期的历史积淀，形成了以运河为载体的政治文化、漕运文化、商业文化和城镇文化。山东运河居京杭大运河中段，工程繁多，管理复杂，数百年畅流不息，文化积淀尤其丰厚。

一、王朝的政治命脉

中国运河的开挖是一种政府行为，它的原动力在于国家政治、军事和经济需要。大体说来，隋唐以前，开挖运河的目的以满足国家政治军事需要为主，隋唐以后，运送漕粮成为开挖运河的根本原因。作为运送军队和军需物资的重要通道，山东运河在古代国家统一过程中发挥过重要作用。因交通而造就的重要军事战略地位，使这里成为兵家争战之地，发生在中原地区的许多大规模战争，都与山东运河发生过直接或间接的关系。

春秋时期，南方的吴国北上争霸，为运送人员军需，开挖邗沟以后，继续向北，在山东境内开挖菏水，正是因为有了这条水道，吴王夫差顺利地到达了黄池。尽管他争当中原霸主的美梦最终落空，但预示着在军事领域，用开挖运河、开辟水路交通的办法，解决远距离作战时运送军需的困难，已经成为军事家们的一种选择。

战国时期魏惠王开挖鸿沟，除了水利方面的原因之外，更重要的是开辟通往东方各地的水上交通路线。鸿沟下游河道一直延伸到今鲁西南到苏北地区，增强了位居中原的诸侯国对齐鲁、荆楚地区的政治影响力和军事干预能力。

秦始皇平定六国后，派大军五十万分五路南下征讨南越。当时水路交通已相当发达，秦朝的"楼船之士"大概由秦都城所在的关中地区沿渭水进入黄河，顺流而下，再转入鸿沟进入山东境内的济水，沿济水入淮水，通过邗沟入长江，过洞庭湖转入湘江，而后可到岭南。秦军攻占番禺（今广州市）后继续向西进军，受到西瓯的顽强抵抗。那一带山峦起伏，粮草给养运输困难，军队前进受阻。后来，监御史禄在今广西兴安县北开凿了灵渠，沟通了湘江和漓江。此后，由关中通过山东运河直到今两广地区，万里行舟，无所阻滞。它不仅推进了秦朝统一的进程，而且对于秦以后国家的长期统一，对于加强南北之间的政治联系，密切中国各民族之间的友好交往，起到了重要作用。后来，汉武帝派五路大军平定南粤之乱,其中有水军也是通过运河到达番禺的,运河的军事战略地位之重要,由此可见一斑。

东汉末到南北朝数百年战乱,许多有作为的军事家也都注重开挖运河,为军队提供便捷的通道和稳定的物资供应。为了与袁绍决战、继续平定北方割据势力,曹操在黄河以北开挖了流经山东西北部的白沟等几条运河,保证了军需的补给。官渡之战的胜利与开挖运河有关,在清除袁氏残余势力,抵御北方少数民族侵扰方面,运河也发挥了重要作用。据《晋书·穆帝纪》及《荀崧传附荀羡传》记载,东晋穆帝时,前燕慕容隽攻占冀州,继而攻段龛于青州(今山东淄博市东南),东晋将领荀羡前往救援。燕将慕容兰退至东阿,荀羡开通洸水、汶水与济水间的运河,兵抵东阿,斩慕容兰,大败燕军。晋废帝太和四年(369),桓温第三次出兵北伐,他的军队分作两路,一路由涡水北上攻取荥阳附近的石门,一路由淮、泗入济水,北攻前燕的都城邺城。当时,汴渠水浅,难以整修,为了顺利进军邺城,桓温只好重新开挖泗水与济水之间运河,后人称其为桓公沟。桓温的舟师由泗水通过桓公沟进入济水,由济水北行,至四渎口(今山东临邑县东)入黄河,逆水而上,转到枋头(河南浚县西南)。后因石门水道未能开通,军粮不继而为敌所败。

隋炀帝开挖运河,也是出于政治和军事目的。开挖通向江南的运河,是为了便于在政治军事上控制东南地区。开挖由鲁西一带通往北方的永济渠,更是直接出于军事需要。隋朝时候,北方突厥势力强大,经常骚扰隋朝边境,抢掠人口财富,隋朝常年屯兵数万人,抵御突厥进犯。当时,地处辽东的高句丽也出兵攻占隋朝疆土,为隋军击退。隋炀帝即位后,国势强盛,乃征发大军,进攻高句丽,怎样向前线运输军事物资?隋炀帝决定开挖通往北部边境的运河。炀帝三次出兵高句丽,这条运河成了最繁忙的军事运输线。尽管这是几场失败的战争,但从这里可以看出运河与政治军事的关系何等密切。

唐代安史之乱时,运河交通断绝。安史之乱后,政府立即着手整修运河,东南地区财赋通过运河源源运至都城,使得唐政权得以继续维持。唐末黄巢军队转战中原各地,一度占领开封、商丘等运河重镇,运河交通再次断绝,"一向靠运河把军事政治重心的北方和经济重心的南方联系起来而发荣滋长的大唐帝国,就是在这种情形下崩溃的"[1]。

隋唐以后,运河的政治功能常常被它的经济作用所掩盖,但是在战乱的年代里,运河军事运输和政治控制的作用也会凸显出来。北宋极力经营御河,因为它是向北部边境运送军事物资的通道。金朝为了便于向南方用兵,也十分重视对御河的培护。元朝在进攻南宋的过程中,曾经在山东境内疏通河道,开挖运河,为输送军需提供了便捷的通道,也为开挖贯通南北的大运河积累了经验。元明之际,朱元璋军队北攻元朝大都,大将军徐达曾在济宁一带开耐劳坡口、塌场口,舟船由淮河入泗河,而后达于山东、河

---

① 全汉升:《中国经济史研究》,中华书局2011年版,第296页。

南。清代康熙、乾隆皇帝为了加强对南方地区的控制，多次沿运河南巡，运河的政治功能更加彰显了出来。乾隆年间的王伦起义，一度攻占山东运河重镇临清，截断漕路，震动清廷。太平天国军攻占镇江，三进扬州，其北伐军逼近天津，失势后沿运河南撤山东，攻占临清、高唐，与清军在山东运河区域展开殊死战斗。后来的捻军起义，也以山东运河区域为活动中心。这说明，直到清末，运河特别是山东运河区域，仍然具有重要的军事战略地位。

大运河不是一般的水上通道，它是一条政治、军事之河。

二、漕运乃国家大政

在传统社会中，国家向农民征收田赋钱粮，其中部分粮食运送京城或供应军需，这些粮食大都通过水道运往指定地点，被称为"漕运"①。山东是古代重要的农业区，乃漕粮征收地，山东地区的运河也是漕粮运输的重要通道。

早在秦汉时期，政府每年就要通过黄河、渭河及关中漕渠将山东、河南等地的粮食转运到京城长安，于是建立了漕运制度。隋唐时期，东南江浙地区成为粮食重要产地，京杭大运河开通后，方便了漕粮运输，南粮北运的格局形成了，运输漕粮也成为大运河的主要功能。元朝建都北京，将隋唐大运河截弯取直，运河贯穿山东西部地区，从此鲁西运河成为漕运的重要通道。

明初建都南京，南粮北运的压力不大，永乐年间迁都北京后，对会通河进行改造疏通，每年运输至京的粮食在 400 万石以上。从此，大运河成了"国家命脉攸关"的漕运之河，鲁西也成了"漕运之咽喉"。明代的漕运，起初实行"支运法"，交纳漕粮的民户将漕粮运送到指定粮仓，然后由专门负责漕运的军丁分段运输，先由浙江、南直隶漕军运到徐州，转交京卫漕军运至德州，最后由山东、河南漕军运到通州粮仓。民户运粮距离甚远，负担过重，妨害农业生产。宣德年间改行"兑运法"，南方诸省民户将漕粮运到淮安、瓜洲等地，交兑给军丁，由军丁运送至京，民户按路程远近给予运军路费耗米。粮户运送漕粮的路程大大缩短。成化年间，又改行"长运法"，运军直接去各有漕省份取粮，然后一直送到京城或指定地点，此后成为定制。"长运法"实行以后，民运日减，军运骤增，长途运输取代了分程接运，各级政府的漕运管理机构日益健全，漕运军丁人数大量增多。明中期以后，运军大约有 12 万人，来自有漕省份的 121 个卫所，其中山东有卫所 9 个，分布在德州、聊城、济宁等运河沿线地区。

明代漕运的管理机构十分健全。漕运总督为专门管理漕运事务的最高长官，凡漕粮征收、解运、入仓等均由其署理。总督之下，设置各种管理漕运具体事务的官职。攒运官，负责督促漕船按期开行。监兑官，督察各地官员征收漕粮。有漕省份设置漕政官职，掌管本省粮储及漕粮征收起运。漕军按军事编制管理，每一漆船有运军十人，设

---

① 《说文解字》："漕，水转谷也。"以车运粮称转，以水运粮称漕。《史记·平准书·索隐》有"车运曰转，水运曰漕也"。

一旗甲,旗甲带本船十名运丁的姓名圆牌,上面书写运卒的年龄相貌;五只漕船编为一甲,选择有能力的人担任甲长,一船出现问题,其余四船连坐。为了保证漕粮运输安全准时,明政府制定了若干法规条例,漕粮开仓兑运时限、漕船至京时限均严格规定。漕船须逐日填写行止时间,供各段巡漕官吏稽查。不能按时至达的船只,粮入德州仓,以免阻碍后来船只,运军军官受降级处罚;运输过程中漕粮出现损失,漕运官兵承担赔偿责任,同时受相应处罚。

清朝因袭明朝的制度,漕粮主要征自浙江、江苏、江西、安徽、湖南、湖北、山东、河南八省,征收数额大体与明朝相同。漕运管理机构更加完备,从漕粮征收、兑运到抵达通州交仓,每个环节都有专门管理机构。这些机构既上下统属,又各自负责,形成了一个严密的管理体系。设漕运总督驻淮安,负责漕粮征收到运抵通州的全过程。有漕各省一般设"粮道",总管一省漕粮收兑、运输、交卸,协助漕督管理运军及漕运事务。有漕各州县设监兑官,负责监督漕粮交兑,查验漕粮成色数量,严防运丁勒索、胥吏舞弊等,漕粮装船后,监兑官亲自押送。各有漕省份均设押运官一名或数名,负责督押漕粮,约束运军。领运官,由各卫所守备、千总担任,每个船帮设一至二人,负责管束运丁、按期行运、漕船修理等事。运河各重要河段均设"催运官",漕船入境后,即按规定时限催促漕船行驶,不使滞留。另外,上自地方督抚,下至州县文武官员,都有催促漕船近期行驶的责任。此外,清代加强了漕运监察,派巡漕御史数人,分别巡视各河段。

漕运是政府组织的由运河承载的经济活动,它不仅支撑着京城和北部边地的以粮食为主的物资消费,而且对运河沿线地区产生了很大影响。明清时期漕船常年保持在万只以上,漕运兵丁十余万人,加上漕粮征收运输过程的大量官员、杂役,使运河沿岸城市常住人口和流动人口大量增加;漕船夹带商品,在运河沿线买卖,漕运兵丁在运河沿线从事各种消费活动,刺激了运河沿线商业和服务业的发展,改变了运河沿线城镇的产业结构;清代大量失业农民、城市贫民及罪犯土匪等加入漕丁队伍,后来形成势力很大的帮会,对运河沿线城镇的社会风气也有一定影响。

三、星罗棋布的商人会馆

会馆是客居外地的同乡人在寄居地建立的用来联络乡谊、祭祀鬼神的特殊社会组织场所。明清时期的会馆按其性质可分为两类:一是政治性会馆,多为官员士绅所建,用于同乡往来和应试者居住,其中以京城居多;一是商业性会馆,乃工商业者所建,是他们社交、存货、祭神的地方,多建在工商业发达的城镇,其中以运河沿线为最多。

明清时期,从德州的桑园镇(今属吴桥县)到峄县台儿庄(今枣庄市台儿庄区),运河沿线城镇中,分布着来自全国各地的商人商帮建立的大大小小数十座会馆、公所,成为明清时期运河商业文化的载体和见证。其中有山西商人建立的山西会馆、西晋会馆,山西、陕西商人合建的山陕会馆,山西、陕西、河南商人共建的三省会馆,安徽商人建立的安徽会馆、福建商人建立的天妃宫,江西商人建立的江西会馆,浙江商人建立的浙江会馆、武林会馆,江苏商人建立的苏州会馆、金陵会馆,湖南商人建立的湖南会馆等等,其中以山西商人会馆为最多。聊城市古运河畔,矗立着一座保存十分完好的古朴华丽的清代山西、陕西商人馆舍建筑群——山陕会馆。会馆始建于清乾隆八年(1743),至嘉庆十四年(1809)方具现在之规模。会馆坐西面东,南北阔四十四米,东西深75米,占地3300多平方米,有山门、戏楼、夹楼、钟鼓楼、南北看楼、南北碑亭、大殿、春秋阁等共计160余间。画栋雕梁,飞檐挑角,金碧辉煌。在这所极具民族建筑风格的会馆内,还保存有记述历年修建、扩建事项的碑刻19通,楹联13幅,照壁及折壁人物、花鸟、山水等石刻画12幅,浮雕、透雕的精制木质额坊42方,戏楼化妆间四壁有晚清到民国年间艺人留下的各地戏班名称、演出剧目、打油诗等文字及漫画。整个会馆内充溢着浓厚的文化氛围。这种氛围糅合了儒、道、释以及新兴的市情文化,展示了山陕商人的经商理念,价值取向,经营方式,消费观念,欣赏水平和人生追求。

聊城山陕会馆
(图片来源:中国网)

西晋会馆
(图片来源:《图说济宁运河:追溯运河之都的文明与繁荣》)

　　明代,运河区域徽商势力最盛,他们主要经营盐业、典当、茶叶、木材及米谷、棉布、丝绸、纸墨、瓷器等商品,有行商,有坐贾,也有的兼营手工业。清代晋商凭借着与清政府的特殊关系,控制了整个北方中国市场,山东运河流域也出现了晋商独执商界牛耳的局面。以聊城为例,嘉庆、道光年间,运河畅通,这里商业十分繁荣,前来经商的多为外省人,其中"殷商大贾,晋人为多"。据现存山陕会馆碑刻记载,当时山陕人在聊城开设的店铺不下八九百家。他们经营的行业十分广泛,以经营粮食、食盐、典当为主,还有茶、棉布、丝绸、铁、炭、木材、钱庄、衣、帽、皮货、毛毡、丹、油、书、纸、墨、烟、酒、漆、烛、杂货、海味等。江苏经济发达,而且处于运河中段,得天时地利,在运河沿线经商者多。其中苏州洞庭山的洞庭商人、南京的江宁商人、太仓商人、无锡商人在运河沿线城镇最为活跃,在白布业、绸缎业称雄有年,领尽风骚。他们还经营茶、糖、竹、酱菜、粮食、锡铂等行业;浙江商人以经营绸缎、毛竹为主,兼营稻米、典当、日用杂货、桐油等行业;江西商人以经营瓷器为主,兼营纸张、药材。另外,来自闽广、辽东的商人也常常出现在运河区域。山东运河区域土著人经商的也很多,但有势力的商帮却很少,只有以经营布匹、粮食、药材著称的济宁商帮,在东南地区十分活跃。

　　来自全国各地的商人商帮,由于地域及文化背景不同,在经营理念、运作模式、营销货物品种以及生活方式等方面,既有相通之处,也有许多差异。其中很多人长期在某一城镇生活,后来落籍定居,完全融入当地居民中去。他们经营的货品涵盖了明清时期运河区域社会生产与生活的方方面面,给运河沿线民众的生产方式和生活方式带来了深刻影响。他们组织地缘性商人集团,建立地域性商人会馆,同时参与当地的公益活动,修建桥梁、古迹、寺庙、考棚,设置义冢,树立良善诚信的商人形象,改善经商环境,这种惠人惠己的做法是一种双赢的经营策略,也是中国古代商人的优良传统。

四、繁华的商业城镇

　　明清时期京杭大运河开通后,运河区域交通状况得到根本改善。以运河为轴心形成的纵横交错的水陆交通网,承载着向运河输入、输出商品的功能。在这个交通网的诸多结点上,形成了大大小小商业繁华的城镇。

　　由直隶沿运河入山东境,是一个叫桑园的小镇,这里建有良乡水驿,还有水次仓。南行四十里是德州,金元时期这里便建有粮仓,明朝初为北方重要军镇和屯粮之所。永乐年间运河贯通后,更成为南北水陆交通要道。河里漕船、官船、民船往返如梭,陆路车马舆乘川流不息,商业从此发展起来。嘉靖、万历年间,城外靠近运河的地方发展为工商业社区,城西门外浮桥口的大小竹竿巷出现繁华街市。清代德州经济进一步发展,粮食、棉花等商品交易量很大。直至近代,城中尚有棉花商店上百家,其中鲁德规模最大,每天在高唐、夏津、恩县、平原、武城、陵县等地收购棉花数万斤。

　　由德州沿运河南行到四女寺,这个小镇离德州仅十余里,但商业却十分繁荣。又向南十余里运河西岸是直隶故城县。再向南是甲马营,明代这里设有发巡检司、水驿。再向南是武城县,再南行约六七十里,是山东运河沿线规模最大的商业城市临清。明初运河畅通以后,位于会通河与卫运河交汇处的临清很快发展为北方重要的商业中心城市,弘治年间由县升为州。临清的商业社区与政治社区是相互分离的。明景泰初年所修的砖城大体呈方形,城内有州治、兵备道、临清卫等官署,规模宏大的粮仓及各种宗教建筑,是典型的传统政治中心城市的空间结构布局。后来,会通河南支与北支之间的中洲及会通河、卫运河两岸,形成了新兴的商业社区,这里有许多专门经营某种商品的街巷或市场,见于地方志记载的以商品名称或手工业部门命名的街巷有茶叶店街、草店街、冰窖街、酱棚街等。市有锅市、马市、鸡市、青碗市、姜市、饭市、柴市、猪市、米市、菜市、羊市、牛市。巷有果子巷、大白布巷、小白布巷、白纸巷、钉子巷、银锭巷、鼍鼓巷、竹竿巷、琵琶巷、箍桶巷、粜米巷、纸马巷、曲巷、故衣巷、手帕巷、弓巷、窨冶巷、鞍子巷、豆腐巷、打狗巷、马尾巷、油篓巷、皮巷、香巷等,另外锅市街、碗市街、马市街两旁也分布着各业店铺。在商业兴盛的同时,手工业有了长足发展。其中纺织业兴起于明代,入清最盛,"全境机房七百余,浆坊七八处,收庄十余家,织工五千人"①。产品运销京师、宣化、开封,祭神用的"帛货"哈达等远销至西藏、青海等地。临清从事羊皮与绒毡制品生产的很多,居于城北部的回民"制皮作裘"者数千家。皮制品有的"列肆于市",多数运往北方,雍正年间曾被列为贡品,岁进三千张。小手工业作坊数量更多,光是竹竿巷中就有家庭作坊七十余个,产品上百种。临清设置钞关征收商税。嘉靖年间,临清钞关的年商税额达白银 83000 两,超过了地处京师的崇文门钞关而居于全国八大钞关之首。到清代,其商税额大体每年 5 万至 6 万两,在全国 20 多个钞关中居中等地位。明中后期著名政治家、文学家李东阳写诗描绘临清城的建筑规模、昌盛繁华景况道:"十里人家两岸分,层楼高栋入青云。官船贾舶纷纷过,击鼓鸣锣处处闻。"②

从临清沿运河向南,过戴家湾、魏家湾、梁家浅几个小镇,便可到达聊城。这里是东昌府治所,明初便是京杭运河沿线商业比较发达的城市,永乐年间山东巡按陈济曾上疏说:"淮安、济宁、东昌、临清、德州、直沽,商贩所聚。"万历《东昌府志》也说:"聊城为府治,居杂武校,服食器用竞崇鲜华……由东关溯河而上,李海务、周家店居人陈椽其中,逐时营殖。"聊城的商业区,一部分集中于城内的东街与西街,一部分集中于城东关以外到运河岸边。城内以光岳楼为中心点建有交叉垂直的四条大街,街长各 2 里。府县衙门位于城内西部,衙门附近的楼西大街建有很多店铺,其中饭馆居多,另外还有粮店、酱园等。楼东大街距运河较近,这里的商业最为繁华,大型商号鳞次栉比,"书业德""善成堂"等大书庄都在这条街上。书业德在康熙年间创办,后发展为房舍百间的大作坊,有书版上千种,在太原、济南等十多个城市设有负责销售的分号,书籍销往附近几省及京津、上海等地。民国初年,上海商务、中华、世界等几个大书局的发行所也都设在这条街上。清代,聊城山西、陕西商人势力最大;清中期以后,临清商业呈衰落趋势,聊城的商业规模日渐扩大;咸丰年间,仅山陕商人的店铺就多达八九百家。

聊城向南,李海务、周店、七级、阿城都是商业繁华的小镇,阿城作为盐运码头,"市

---

① 民国《临清县志》八《经济志》。
② 李东阳《怀麓堂集》卷九十一。

肆殷繁,人烟稠密",尤其繁华。再向南行便到达被称为三界首的张秋镇。张秋镇居济宁与临清之间,为阳谷、寿张、东阿三县所共辖,这里有大清河通运,为南北及东向交通枢纽。万历年间于慎行作《安平镇新城记》云:"安平在东阿界中,枕阳谷、寿张之境,三邑之民夹河而室者以数千计,四方工贾骈至而滞鬻其中……其廛以数百计……齐之鱼盐、鲁之枣栗,吴越之织文纂组,闽广之果布珠琲、奇珍异巧之物,秦之阘毳,晋之皮革,皆荟萃其间。"清代张秋的牙行有43家,收税的商品行业以屠行、曲行最盛,其次是杂货、缎行,又其次为梭布、平机布、瓷器、铁器、篓纸、板片等,又其次为白纸、夏布、瓶酒、草鞋、盐鱼、竹货、葛布、茶、腌猪、绒毛、绸褐、羊、姜、石灰,还有席、炭、茼、香油、白炭、伞扇、菜籽、手帕、青靛、广锅、黄丹、瓦缸、香末、红花、蒜、绒麻、麻姑酒、沙条黄腊、漆器等。日用商品,应有尽有。

张秋向南,依次分布着戴家庙、安山、袁家口、开河、南旺、大长沟等商业繁华的小镇。过了安居镇,又到一个商业繁华的城市——济宁。济宁的商业发展也开始于明代会通河畅通之后。到万历年间这里已经十分繁华,"江淮百货走集,多贾贩,民竞刀锥,趋末者众",成为鲁西南地区的货物集散地。"江南之材,从河入漕;山西之材,从沁东下,由济濮故渠入漕","服食器用,鬻自江南者十之六七"[①]。入清以后商业持续发展,康熙年间济宁州征收商税1300余两,乾隆初年增至7900余两。道光年间,城内街巷从原来的45条增加到107条,四关厢街巷由原来的45条增加到183条,南关外运河岸边的街巷由原来的24条增加到90条。东关街巷由原来的8条增加到57条。新商业区的街道多以工商业门类为名,如:鸡市口大街、布市口大街、驴市口街、炉坊街、纸坊街、糖坊街、粉坊街、曲坊街、皮坊街、杀猪街、花(指棉花)街、纸店街、枣店街、姜店街、七铺大街、打铜巷、竹竿巷、小竹竿巷、葛被巷、大油篓巷、小油篓巷、打绳巷、果子巷、烧酒胡同、瓷器胡同、糖坊胡同、打水胡同、香铺胡同、银子胡同、徽子胡同、棉花市、豆腐市、筝子市、菜市等。济宁手工业也很发达,光绪年间这里较大的皮毛作坊达20余家,资金总额达白银20余万两。从事烟草收购加工者有6家,雇佣工人4000多名。

济宁向南,鲁桥、南阳、夏镇(今微山县城)、韩庄、台儿庄,也都是运河岸边的繁华小镇。其中南阳镇是鱼台县通向运河的货物中转地,夏镇的商业辐射驿县、沛县,台儿庄因地理位置重要,清代发展尤为迅速。

因运河畅通而兴起的这些小城镇,大都是纯粹的商业城镇,主要承担区域商品集散功能。它们有一定的经济辐射能力,是某一县乃至数县通向运河的交通枢纽和商品中转站。这些分布广泛的商业城镇,将运河区域的广大乡村纳入运河商业网络中去,扩展了运河经济区域的空间范围。

在中国的传统社会中,运河因运输漕粮而被国家视为经济命脉,但它对国家乃至区域社会最显著的影响则是商业发展和城市带的兴盛。

---

① 万历《兖州府志》卷四《风土志》。

济宁古南门

济宁老南门口

(图片来源:《图说济宁运河:追溯运河之都的文明与繁荣》)

第三节 文化之河

　　运河本身是一种物化的文化现象,但同时它也是区域文化的载体。就主流文化而言,它造就了文风昌盛,学术繁荣;就非主流文化而言,它促进了市民文学发展,民间艺术传播,民间信仰多样化及区域文化的交流。它留下大量物质的和非物质的文化遗产,是中华民族的宝贵财富。

　　一、书院、科举、藏书

　　山东是儒家文化的起源地,也是古代文化教育事业最发达的区域。唐宋以后,随着全国经济重心南移,南方文化教育事业发展迅速,宋代全国数百所书院,绝大多数分布在南方几省,山东境内只有五所。元代以后,山东境内书院数量有明显增加,当时全国书院近千所,长江流域占三分之二,黄河流域约占五分之一。在北方新增书院中,山东占了相当大的比重,而且出现了几所著名书院,如洙泗书院、泰山书院、尼山书院等,这些书院大都在运河流域。明朝中期书院发展迅速,全国有书院一千九百余所。山东省新建书院八十七所,修复前代书院九所,其中有四十二所在运河流经的区域。这些书院大多创建于嘉靖、万历年间。这正是明政府在山东大规模开挖新河、泇河,会通河全线畅通的时期,也是运河沿岸经济发展的鼎盛时期和南北物资文化交流的黄金时期,这一切都为书院的兴建和发展提供了极为有利的条件。明朝后期,鲁西地区书院纷纷建立,正是运河交通带动文化交流和社会进步的突出表现。入清以后政府一度禁止新建书院,雍正年间,随着民族矛盾的缓和,汉族文化影响不断加深,政府乃鼓励创设书院,从此书院数量迅速增加,乾嘉时期达到极盛,全国各府、州、县几乎都有书院之设。据统计,清代书院总数约为 4365 所,其中山东 213 所,仍有 86 所分布在沿运地区。书院数量多,既是运河区域经济文化发展的结果,也是文化兴盛的表现。

洙泗书院

(图片来源:http://www.liketrip.cn/zhusishuyuan/jieshao/)

　　明清时期山东运河区域的书院大都具有官办的色彩。书院的创办者或主持者,几乎全是地方政府官员。这里的书院不像江南东林书院、岳麓书院那样以学术讲会为主,而是以考课制艺为主,书院成了科举训练所。反过来,它也促使山东运河区域出现科举昌盛的局面。在山东运河畅通的明中后期到清中期,沿运河各州县的举人数量占全省的半数以上,尤其在运河管理最称完善的明朝后期,该区域的举人数占到了全省举人数的近 70%,这恰恰又与这一时期该区域创建的书院的数量比例相吻合。可以看出,运河畅通对沿运区域文化事业的促进作用十分明显。清朝山东运河区域举人比例有逐渐下降的趋势,这与清朝山东经济格局的变化息息相关。清朝前期,京杭运河还算畅通。但日久弊生,各级官吏借漕运及河道管理刻剥勒索,运道上税卡林立,闸坝相隔,致使商船民舶裹足不前,多数改走陆路。清中期后,山东运河河道淤浅难行,闸河漕弊日甚一日,海禁开启,胶东沿海转贩贸易渐渐兴盛,促使山东东部半岛经济迅速发展。至咸丰同治年间,胶东和济南、昌邑一带的经济发展已超过西部运河区域。而这一时期,鲁西一带天灾频仍,涝灾、旱灾、蝗灾不断,其受灾之重、频率之高,为全国之冠。加之咸丰年间太平军北伐、捻军起事、黑旗军转战鲁西、光绪年间的义和团运动,使山东运河区域经济及文化事业遭受巨大打击,因而出现山东经济文化重心由西向东转移的趋势。至清末,运河淤废,漕运改折,山东运河区域失去了水路交通和物资流通的优势,经济和文化发展均呈现停滞状态,举人数量也逐渐减少。

除了大量举人出于运河区域外,明清时期沿运州县还出现了一批被世人目为天下魁首的文武状元,据马文卿统计,中国历代状元,有籍贯可考的397人,其中山东籍36人。明清两代,山东籍状元26人,运河区域各州县有12人,占了总数的46%。

私家藏书的兴盛,是区域学术文化发展的结果,又是促进区域文化发展的重要条件。山东自古就是中国文化的中心区域,私家藏书,蔚成风气,唐宋以前,藏书家数量尤居全国之冠。即使到了经济文化落后于江南的明清时期,齐鲁士人们仍醉心学术,孜孜于典籍收藏整理。在诸多藏书家中,聊城杨氏海源阁藏珍善本书数量多,来源广,历时久,影响也最大。海源阁乃清季著名私人藏书楼,当时与常熟瞿氏铁琴铜剑楼、归安陆氏皕宋楼、钱塘丁氏八千卷楼齐名,其书之富赡珍秘,远在陆氏、丁氏之上。后陆氏、丁氏书转归他人,仅余海源阁与铁琴铜剑楼遥相辉映,故有"南瞿北杨"之称。据记载,海源阁共藏宋元版、精校名抄本书四百六十余部,一万一千多卷;藏普通版本书三千余部,二十八万多卷。宋元版书中,不乏珍本、孤本,精校名抄本多出自黄丕烈等著名藏书家、校勘家之手。普通版本中,明版约占四分之一,清刻约占四分之三,皆精刻精印,今皆可归入善本书之列。自20世纪20年代末开始,海源阁书陆续损毁散出。其中包括"四经四史"等镇库珍籍在内的九十二种宋元版书,初抵押给天津盐业银行,抗日战争胜利后,为政府收购,交北平图书馆,今藏国家图书馆。此外,国家图书馆历年留意海源阁散出之书,购获颇多,今共收藏有海源阁书一百七十余部。当时的普通版本二千多种,则为山东省图书馆收藏。其余书籍或为各图书馆、藏书家零星收藏,或毁于兵燹匪乱。

除海源阁外,明清山东运河区域还有许多藏书家,如明正德年间濮州李廷相的来鹤楼、双桧堂,积古书万卷;康乾时德州卢见曾的雅雨堂,藏书十万余卷,刻书亦达数百卷之多;乾隆年间曲阜孔继涵的微波榭,藏书数十万卷,抄书刻书甚多;晚清临清徐坊的归朴堂,其声誉几乎"与南瞿北扬齐驱并驾"①。据王绍曾先生统计,明代山东藏书家84人,数量少于江苏而多于浙江;清代349人,远远超过了江浙。自宋迄清,山东境内藏书家10人以上的州县共18个,其中属于运河区域州县者8个,占了将近45%。

---

① 傅增湘:《双鉴楼善本书目序》,转引自王绍增、沙嘉孙《山东藏书家史略》序。

海源阁
(图片来源：http://www.29trip.com/jd/5506.html)

二、小说与戏曲

谈起产生于运河区域的小说，人们首先会想到《金瓶梅》。此书写成于十六世纪初，以《水浒传》中"武松杀嫂"的故事作引子，描写清河县破落财主西门庆发迹到败落的故事。它的作者"兰陵笑笑生"到底是谁，目前有几十种不同说法，不过，人们所论及的《金瓶梅》的作者，绝大多数认为出生或生活在运河区域。小说的内容更是与运河密切相关：书中展示了临清城市的繁华，可与当时其他书籍相印证；七八十处对临清景物的描摹，在临清地方志中大都可以找到真实的记述；特别是对临清钞关、娱乐业、服务业、运输业的描绘，更说明作者对临清有全面深入的了解。

如果阅读研究更多的明清小说，就会发现，这个时期小说的发展繁荣与大运河有十分密切的关系。通俗小说是市民文学的重要组成部分，而市民文学兴起的先决条件是城市工商业繁荣，市民阶层力量的壮大。明清运河畅通推动了城市经济发展，在运河城镇中，工商业、服务业人口占很大比重，从业人员的物资生活水平比农民高，对精神生活的需求比农民也高，通俗小说的出现适应了这样的需求。

明代小说中，影响最大的是被称为"四大奇书"的《三国演义》《水浒传》《西游记》《金瓶梅》，这四种小说都和运河有一定的关系。《三国演义》的作者罗贯中祖籍太原，后来长期生活在运河南端城市杭州。《水浒传》的作者施耐庵，也曾长期生活在运河区域的泰州、杭州、淮安，小说中故事的发生地是运河附近的梁山泊，情节的展开也是以山东运河区域社地为背景。那些行侠仗义、替天行道的起义领袖们身上所表现的，正是明清时期山东运河区域民众使酒任侠、刚武尚义的品格。《西游记》的作者吴承恩出生于淮安府，长期生活在运河区域。这些著作中表现出的积极向上的思想倾向，与压迫者抗争的进取精神、曲折生动的故事情节，都是当时运河区域城市经济繁荣的产物。

生活在运河区域的文人，出入于市井，受商业文化浸染，开始关注商人的经营活动与个人生活,逐渐改变了不屑与商贾为伍的清高态度,在他们创作或改编的小说中,商人生活题材的作品很多。"三言"一百二十篇小说中,写到商人生活和以商人为主人公的有五十多篇,"二拍"中商人题材作品占的比重超过了"三言"。这种情况,恰恰与运河区域"争弃农务贾"的社会风气相契合。

运河交通的发达,促进了戏曲的传播和交流。宋元时期南方戏曲有了长足发展,入明以后,南戏沿大运河及其他交通路线向北传播,与当地民间戏曲相结合,形成了许多新剧种。入清以后,运河区域戏曲延续了明代的繁盛局面,其中江浙一带及京津地区戏剧创作演出最为兴盛。运河畅通为各地戏班来往京城提供了方便。乾隆后期,秦腔、山西梆子、徽戏都来京演出。此后,北京城中的各种戏曲相互渗透,相互融汇。以唱西皮、二黄为主的徽戏声腔,逐渐吸收了其他剧种的唱腔和剧目,使用北京地区的语言,接受北京地区的风俗习惯,形成了一个新剧种——京剧。京剧形成后,很快沿运河向南方传播,到辛亥革命时期,京剧已经在上海等地扎下根来,赢得了许多观众。地近北京的山东运河区域更是京剧的沃土。民国初年,聊城京剧十分盛行,连小学生都能唱上几句,有的学校甚至开了京剧课,商界也有不少喜欢京剧的票友。临清的京剧水平更高,票友曾和当时的名演员登台合作演出,一时传为文艺界佳话。

山东运河沿线城市密集,交通便捷,经济发达,文化兴盛,文人艺人南来北往,或从这里经过,或在运河城市居住,推动了运河区域戏曲艺术的发展。徽戏、昆曲、秦腔等戏曲演员沿运河往来演出,将戏曲艺术留在了这里,当地艺人将它们进行改造,加入适合本地人需要的艺术成分,使用当地语言演出,创造了许多新剧种。山东运河区域原有的各种地方戏,不断吸收其他戏曲的长处,也形成了新风格。到民国年间,山东沿线地区已经出现了许多影响较大的地方戏,如茂腔、柳子戏、五音戏、山东梆子、两夹弦、四平调、哈哈腔、化装坠子、八角鼓、木偶戏等,另外,河南梆子、河北梆子等,在这里也十分流行。

聊城山陕会馆戏楼后台与两侧室的墙壁上,留下了道光末年到民国初年各地艺人演出期间书写涂画的文字墨迹,内容多为演出剧目、演出时间、戏班名称,还有艺人名字、艺人生活、愤懑言辞、戏谑俚语及图案漫画等。墨记中所见戏班名称可辨认者近三十个,分别是道光年间的山西双魁社、复盛社、德义社;咸丰年间的邱县四喜班、连升班、喜庆班、万庆班、鸿庆班、本城小三班、本城盛凤班、四喜班、泰和班、德凤班;同治年间的安徽同庆班、福庆班、万庆大班、春台班;光绪年间的福顺班、喜寿班、全盛班、三盛班、四盛班、茌平万庆班;民国年间的教育部易俗社;年代不明者有三庆班、魁益班、万顺班、顺合班、太原府红盛班。这些戏班分别来自山西、陕西、安徽、河北,也有不少本地戏班。演出的剧种包括上党梆子、山西中路梆子、秦腔、徽戏、河北梆子、京剧及地方戏等。这些戏班,有的是路经此地临时安排演出,多数则由商家约请而来。这些演出活动,加强了各地区之间的戏曲文化交流,丰富了当地人们的精神生活,促进了鲁西地区戏曲文化的发展。

三、中外文化交流

明成祖建都北京后,鼓励海外国家来京朝贡。郑和下西洋以后,东南亚国家前来朝贡者增多。这时,京杭运河全线畅通,前来朝贡的诸国使者,大都从东南沿海登陆,沿运河乘船北上,到达北京。前来朝贡的东南亚国家,见于记载的有四十多个。他们一方面寻求政治上的庇护,另一方面通过与明朝的朝贡贸易获取经济利益。他们带来各种宝石、香料及地方特产贡献给朝廷,同时挟带大量私货,在沿海各登陆口岸销售,或在北上途中运河沿线各城镇、码头销售。明朝廷对来朝贡的使者赏赐十分丰厚,所赐物品主要是银钞及纺织品。因为朝贡贸易有利可图,所以东南亚各国来华朝贡甚为频繁。按照明政府规定,藩外诸国二至三年可朝贡一次,但东南亚各国常常是每年朝贡一次,甚至每年朝贡两次。在山东运河沿线,常年可见东南亚各国朝贡的船只靠岸售货购物,各运河城市也都有东南亚各国的香料特产出售。

在大运河岸边的德州市郊,有一座明代外国国王的陵墓——苏禄王墓,它是明清时期东南亚国家使团沿大运河往来的见证。苏禄国位于菲律宾南部的苏禄群岛,有东王、西王、峒王三个国王,其中东王地位最高。永乐十五年(1417)八月,苏禄国三王率领家属、随从三百四十余人来北京朝贡,朱棣隆重接待,赠送他们丰厚的财物,并且赐给封号。九月,使团沿运河南下回国。行至德州,东王病逝。明成祖闻讯,赐谥号"恭定",亲自撰写祭文,派礼部郎中陈士启前往德州致祭,并抚慰其家人随从,按诸侯王葬制为其修建陵墓。按照中国礼俗,明成祖让苏禄东王的长子回国继承王位,次子安都禄、三子温哈剌及王妃、随从等十余人留在德州,守墓三年。令户部每人每月给口粮一石、布匹、银钱若干,祭田二百三十八亩,永不征税。且令山东历城马、夏、陈三姓回族为其服役。三年过后,苏禄王的两个儿子及王妃等不愿离去,后获准定居德州,长期为苏禄王守墓。他们死后也都葬在了苏禄王坟墓旁。按照中国的姓氏习俗,安都禄的后裔改姓安,温哈剌的后裔改姓温,苏禄王陵墓附近逐渐形成了安、温二姓居住的村庄。宣德年间,政府在东王墓附近建清真寺一所,供信奉伊斯兰教的苏禄王后人及当地回民祈祷礼拜。清代,中国与苏禄国仍然保持着密切的外交关系,政府多次对苏禄王墓进行大规模维修,苏禄国来华使者路过德州,均前往苏禄王墓祭拜。居住在德州的安、温二姓,光绪年间已有五十六户,近三百人,其中温宪曾做过四品道员。

唐代以后,中国与日本之间的经济文化交流一直十分密切。元代京杭运河开通后,不少日本商人、文人、学者经由运河到达北京,在运河区域从事商业和文化交流活动。明代日本与中国间的朝贡贸易很发达,这种贸易要经过朝廷批准,发给许可证明"勘合金牌",所以也称勘合贸易。据《漂海录》记载,弘治年间,崔溥等人从宁波沿运河乘船北上,路过济宁以南的鲁桥镇时,岸边民众误认为他们是日本人,所以用日本语向他们打招呼。可见当时来往于山东运河沿线的日本人甚多。明政府与日本进行勘合贸易的主要目的是满足其"四方宾服""治隆唐宋"的自大心理需求,同时希望通过双方交往抑制倭寇对沿海的侵扰。而在日本方面则主要是通过朝贡贸易获取经济利益。

德州苏禄王墓

(图片来源:http://www.liketrip.cn/suluwangmu/photo-53489.html)

但在客观上,使节的往来促进了双方的经济文化交流,使得中国文化在日本得到更广泛的传播。元代以后,从海路到中国来的朝鲜人很多,他们大都从浙江、福建沿海登陆,然后沿大运河到达北方各地。当时仅浙江一省,就有庆元、温州、橄浦(今浙江海盐南)、杭州四个口岸可与朝鲜通商。商品数量多,品种达二百余种,贸易形式也比较灵活,除朝贡贸易外,还有官方和私人贸易。明中期以后,朝鲜人大都从陆路来北京,很少经过运河了。

西方使节、商旅和传教士,也有不少人沿运河往来,或活动在山东运河区域。元世祖忽必烈在位的时候,意大利著名旅行家马可·波罗在中国居住任职期间,就曾经从北京出发,沿大运河南下,在他的"游记"中,记录了山东运河沿线城市及运河区域的风土人情。二十多年后,著名的意大利旅行家鄂多立克从威尼斯出发,经印度到广州,而后经泉州、福州、到杭州,由扬州入运河,经济宁、临清,最终到达汗八里(北京)。元朝对外来宗教采取放任与宽容的政策,刺激了欧洲人前来中国传教的热情,罗马教廷和欧洲的君主纷纷派遣传教士到中国来。他们有的是由陆路到达元上都和林,有的则是走海路,到中国东南沿海登陆,再由扬州入运河,走山东运河,到达元大都(北京)。明朝中期以后,又有不少西方传教士到中国来,他们大都是在中国东南沿线港口登陆,然后沿运河到达北京或北方各地。意大利传都士利玛窦由南京乘船去北京,曾在山东运河区域的临清、济宁逗留,《利玛窦中国札记》中也有不少山东运河城市的记载。清代,西方使节来华,也都沿运河往返。西方人在运河区域的活动,传播了西方宗教和价值观念,但同时他们也把西方先进的科学技术带到了这里,客观上对运河区域与西方的经济文化交流起到了促进作用。

四、运河文化遗产

千百年来,在运河开挖、修治、管理和使用过程中,由于自然环境和人文因素的双重作用,在运河区域形成了一条独具特色的文化长廊,积淀了丰富的物质和非物质文化遗产。运河文化遗产内容丰富,既包括河道、闸坝、堤防、驿站、码头、榷关、桥梁、城镇等有形的物质文化遗产,又包括文学、戏剧、民俗、信仰、礼仪、节庆等无形的非物质文化遗产。这些类型多样、特色鲜明的运河文化遗产,凝结了劳动人民的创造智慧,具有很高的历史、科学和艺术价值。

山东运河开挖维护难度大,工程多,投入的管理人员多,商业发达,城市密集,因此文化遗产最为丰厚。就物质文化遗产而言,存世数百年的会通河河道堤防至今仍纵贯鲁西大地,黄河以南济宁、枣庄境内的运河,经改造后至今仍流淌不息,船只南来北往;黄河以北的河道虽早已成为历史遗迹,但许多地方仍保留完好,成为珍贵的明清文化遗存。建于成化年间的聊城北土桥闸,2010年进行了全面发掘,是目前大运河上被完整发掘的第一座船闸,2011年被评为全国文物考古十大新发现。张秋镇附近的荆门上下闸,经过文物部门的修复,也都基本恢复了明清时期的原貌。临清钞关虽已残破不堪,但尚存仪门、正堂、穿厅、舍房近八十间,弥足珍贵。聊城山陕会馆是全国保持最完好,最具代表性的会馆之一。南旺汶河入运的水口处,有分水龙王庙建筑群,运河废弃后,建筑年久失修,大都倾塌,最近在旧址上重新修建,主体建筑渐次竣工。济宁古运河北岸三丈八尺高的城墙上,建有雄伟壮观的太白楼,乃沿运河往来的官员文人登高远眺、游览聚会之所,城外运河岸边,有全国闻名的清真东大寺。济宁以南的南四湖区,运河文化遗存更丰富,作为运河水柜的南四湖,今天仍然是华北第一大湖。因元代建南阳闸而得名的南阳镇,居湖中岛上,庄严古朴的风格至今犹存。微山岛附近的水上人家,还保留着传统的节庆仪式和生活习俗。恢复重建的台儿庄古城,处处都可以看到运河文化的印痕。这些密如繁星的物质和非物质文化遗产,深深地嵌在古老的运河上,经过千百年的历史磨砺,而至今更炫目生辉。

运河文化遗产作为不可再生的、不可逆的珍贵资源,包含运河及区域文化的全部内容和历史信息。今人应该珍爱并且有计划地发掘整理、科学地保管维护、合理地开发利用这些文化遗产。

思考与讨论

1.简述运河形成的历史过程。
2.明清运河两岸有哪些繁华城镇?商业如何?
3.为什么说运河是文化之河?

第十一章

山东军事文化

　　山东古称齐鲁之地,是中国兵学文化的重要发祥地,久负"齐国兵学甲天下"或"齐鲁兵学甲天下"的盛名。中国古代的军事理论家和兵学著作多出自山东,他们对先秦乃至整个封建社会的军事文化都产生了重大影响。翻开山东军事历史的长卷,"故国神游",你会发现一幕幕旌旗猎猎、战马嘶嘶、喊杀震天、波澜壮阔的宏伟画面,它们在诉说着历史的刀光剑影。

第一节　光辉灿烂的先秦齐鲁兵学文化

　　先秦齐鲁之地军事文化成就蔚为大观,能君良将辈出,军事经典迭现,后世知名的"武经七书"——《孙子兵法》《吴子兵法》《司马法》《六韬》《尉缭子》《黄石公三略》《唐李问对》中,先秦时期的有五部,其中四部出自齐国。这些兵学典籍,博大精深,"著述罕闻,古今卓绝",与先秦齐鲁的杰出将领和军事家一起构成了先秦山东军事文化的主体。

一、兵家鼻祖姜太公与《六韬》

　　姜太公,本姓姜,名尚,字牙,尊称子牙,东海上人(今山东省日照市人),因其先祖伯夷在尧舜之际辅佐大禹治水有功,被舜举为四岳,封国于吕,后世亦从其封姓,称其为吕尚。又因周文王得之于渭水之滨,云"吾先君太公望子久矣",故号"太公望",俗称"姜太公"。

　　姜太公是中国历史上杰出的政治家、军事家,一生颇具传奇色彩,他生当殷纣之际,博闻多谋,却因生不逢时导致前半生坎坷多磨,"尝屠牛于朝歌,卖饮于孟津"。后闻周西伯(周文王)贤德,遂"以渔钓奸周西伯",终遇明主,辅佐文王、武王灭商兴周。在周朝稳固,天下更始之际,为屏藩周室,周武王及周公"封建亲戚,以藩屏周",姜太公被分封于齐地,创建齐国,"通商工之业,便鱼盐之利",奠定了齐国强盛的基业。

姜太公

（图片来源：http://news.86wan.com/201009/52680.html）

无论是在辅周灭商的过程中还是在缔造齐国的过程中，姜太公的文治和武功都为后世所津津乐道，尤其是在武功方面，他不但是一位有着丰富军事实践经验的优秀统帅，还是一位智谋超群的军事理论家。其军事思想、军事谋略，在中国古代军事思想发展史上占有十分重要的地位，齐国兵论、兵略、兵书之所以冠天下，亦都与姜太公有密切关系。

纵观姜太公的军事谋略，主要体现在这样几个方面：

第一，"阴谋修德以倾商政"，这实际上是姜太公辅周灭商的指导思想和总的战略方针。即以退为进、韬光养晦，表面上对商纣王表示臣服，放松其警惕，减少正面阻力，暗地里继续施行仁政吸引各方诸侯来归。同时，利用商纣王许可的征伐诸侯的权力，对不归附的诸侯国大加讨伐，剪除纣王的地方羽翼，最终一举灭商。据《史记·周本纪》记载，周西伯施政以仁德著称，敬老，慈少，礼贤下士，受到诸侯的拥戴，也吸引了诸如伯夷、叔齐、太颠、闳夭、散宜生、鬻子、辛甲大夫等一批贤人来归，影响力日益壮大。西周实力的壮大，引发了商纣王的不安，纣王的亲信崇侯虎趁机进谗言说："西伯积善累德，诸侯皆向之，将不利于帝。"①纣王于是将其囚禁于羑里（今河南汤阴县）。为营救周西伯，闳夭、散宜生和姜太公搜集"有莘氏美女，骊戎之文马，有熊九驷"献与纣王，纣王大悦，将其释放。回到西岐后，为了消除纣王的疑惧之心，周西伯听从姜太公建

———

① 司马迁：《史记》卷四《周本纪》，中华书局1959年版，第116页。

议,营造放纵的假象,修筑灵台,广征美女,日日歌舞升平。周西伯的改弦更张彻底打消了纣王的疑虑,纣王甚至赐弓矢斧钺给周西伯,赋予其征伐诸侯的权力。借此,周西伯名正言顺地向不归顺周的诸侯出兵。姜太公主张要征讨不顺之国,尤其是其中的险要之国、强盛之国,以杀一儆百,威慑诸侯,并陆续攻占了犬戎、密须、耆、邘、崇等国。通过广施仁政和武力征服,诸侯国要么叛商归周,要么被占领征服,到周文王末年形成了"天下三分,其二归周"的局面,灭商的条件渐趋成熟。

第二,善于捕捉战机,适时发动军事进攻。突出表现在,不信天命,抓住战机决战牧野。周文王去世后,周武王即位,即以"太公望为师,周公旦为辅"[1],加紧了灭商的步伐。虽然此时商纣王已经觉察到周的威胁,并打算对周用兵,但由于东夷的再次叛乱而无力西征。当商军主力鏖战于东方战场时,武王联合各路诸侯,东渡黄河,在孟津进行了一场军事演习,史称"孟津观兵",不期而至的诸侯有八百之多,说明周武王已经具备了相当的号召力。观兵孟津两年后,商王朝内部的矛盾达到白热化,纣王的叔父比干因直言进谏被剖心处死,庶兄微子启愤然出走,重臣箕子佯狂被囚,就连太师和少师也持祭器和乐器投奔西周。商王朝众叛亲离,分崩离析在即,决战纣王的时机成熟。开战之前,武王命人用龟甲进行占卜,结果是不吉,又用蓍草占卜,竟是"大凶"。面对此结果,武王及绝大多数大臣都产生了畏惧心理,战战兢兢不敢发兵。唯有姜太公力排众议,他推开蓍草,足踏龟甲,说"枯骨死草,何知吉凶"[2],劝谏武王即刻出兵。伐纣大军行至汜水牛头山时,突遇雷雨大风天气,鼓旗毁折,武王的骖乘竟然惊惧而死。周公认为,"今时逆太岁,龟灼告凶,卜筮不吉,星变为灾",建议立即班师回朝。姜太公则认为:"好贤而能用,举事而得时,此则不看时日而事利,不假卜筮而事吉,不待祷祀而福从。"并疾言道:"纣刳比干,囚箕子,以飞廉为政,伐之有何不可? 枯草朽骨,安所知乎?"遂"援枹而鼓,率众先涉河。武王从之,遂灭纣。"[3](《通典》卷162)赢得一场战争,详察敌情,抓住战机,出其不意,攻其无备是决胜的关键。姜太公深谙此道,他不信天命,抓住时机,因势利导,最终辅佐武王完成灭商大业。后来在建立齐国的过程中,他果断出兵战莱夷,平武庚、三叔叛乱,稳定东方局势,巩固了齐政权,为拱卫宗周的东大门立下了汗马功劳。

第三,《六韬》与姜太公的军事谋略。关于《六韬》的作者和成书年代曾一度引起学者们的争论,有学者认为此书非姜太公所作,也非成书于商周之际。但也有学者分析认为,此书即便不是姜太公亲撰,也与其用兵韬略、治国策略有着密切关系,能够代表姜太公的基本思想。《六韬》包含《文韬》《武韬》《龙韬》《虎韬》《豹韬》《犬韬》6卷,共60篇。姜太公的军事思想集中体现在后五篇中。《武韬》包括《发启》《文启》等5篇,认为在战争中对内要争取民心,对外要瓦解敌人,要以最小的代价取得战争胜利,主张"全

---

① 司马迁:《史记》卷四《周本纪》,中华书局 1959 年版,第 120 页。

② 王充:《论衡》卷二十四《卜筮篇》,中华书局 1985 年版,第 259 页。

③ 杜佑:《通典》卷一百六十二《兵十五·推人事破灾异》,中华书局 1984 年版,第 859 页。

胜不斗,大兵无创";强调"慎谋""凡谋之道,周密为宝"。《龙韬》包括《王翼》《论将》等13篇,主要论述选将、通讯和临机制敌的战术问题。《虎韬》包括《军用》《三阵》等12篇,主要论述在开阔地区作战的战法和军器使用的方法。《豹韬》包括《林战》《突战》等8篇,主要论述在森林、山地等特殊地形作战的战法。《犬韬》包括《分合》《武锋》等10篇,主要讲述如何训练士兵以及各兵种的作战特点和协同作战的韬略。

纵观姜太公一生的建树,无论是在军事谋略方面还是政治韬略方面,都有卓越贡献,其中尤以军事为最,所以司马迁曾评价:"其事多兵权与奇计,故后世之言兵及周之阴权皆宗太公为本谋。……天下三分,其二归周者,太公之谋计居多。"①姜太公被认为是兵家鼻祖、智慧谋略的化身。在历代文人墨客的渲染下,姜太公还跃上中国的神坛,成为一位居众神之上的神主,被视为武神、智神,被奉为"太公在此,百无禁忌"的护佑神灵。

二、司马穰苴与《司马法》

司马穰苴即田穰苴,春秋末期齐国人,生卒年月不详,因治军有方,官至大司马,故称司马穰苴。司马迁记载他是田完的后裔,与孙武同宗。在齐景公时期,曾任大将,带兵抵御晋、燕两国的进攻。他深谙兵法,长于用兵,尤以军纪严明著称。

司马穰苴

(图片来源:http://baike.baidu.com/view/56761.htm)

---

① 司马迁:《史记》卷三十二《齐太公世家》,中华书局1959年版,第1478—1479页。

齐景公统治时期,政尚严苛,赋税沉重,人民怨声载道,军队战斗力低下,在对外战争中屡屡失利。约在齐景公二十年(前 528),晋国攻打齐国阿(今山东阳谷县东北)、鄄(今山东鄄城县一带),燕国入侵河上(今河北沧州市和山东德州市以南地区),齐军力战不能支,节节败退。危难之际,齐相晏婴向齐景公举荐了"文能附众,武能威敌"的司马穰苴。

当时,司马穰苴只是一个久不见经传的小人物,其能力如何齐景公并不清楚。为此,他专门召见司马穰苴,并就兵法和齐国战事与之进行了讨论。经过一番问答,齐景公认为司马穰苴确实见解非凡,足以担当带兵御敌的重任,遂任命其为大将率兵抵御晋、燕军队的入侵。

临危受命,且平步青云,司马穰苴深知人微权轻,以自己的威望和资历不足以赢得士卒和百姓的亲附,士卒不亲附,法令就难以推行。因此,他请求齐景公派一名位高权重的宠臣为监军。齐景公遂派其最宠信的臣子庄贾为军队的监军。大军出发前夕,司马穰苴跟庄贾约好,第二天正午在军门汇合。翌日,司马穰苴先到军中,立表下漏,一边等待庄贾,一边整饬军队。庄贾自恃位高权重,并未将其与司马穰苴的约定放在心上。出行之日,同僚亲友为了奉承他,纷纷赶来送行,一干人等宴饮不休。直至傍晚时分,庄贾才出现在军营。司马穰苴严肃地说,将领从接受国君率兵出征命令的那天起,就应该忘掉家庭,投身军营就应忘记自己的亲朋,战况紧急冲锋陷阵时就应不顾自身安危。现在,外敌入侵,国内骚动不安,士卒风餐露宿,国君寝不安席,食不甘味,百姓的身家性命都系在你身上,你却迟迟不到,因亲友相送而耽搁时日。遂按军法,要将庄贾斩首。庄贾大为恐慌,急忙派人向齐景公求救。为严肃军纪,司马穰苴先斩后奏,在齐景公的使者还未到达时将庄贾斩首,并宣示于三军。三军将士无不震惊,深感军纪的威严,对司马穰苴充满了敬畏之心。

当齐景公的使者持节带着景公的赦免令赶至军中时,因情况紧急直接乘车驶入军中。对于齐景公的赦令,司马穰苴指出,将在外,军令有所不受;对于使者冲撞三军的行为,按军法当斩。司马穰苴认为国君使者不可杀,但军法如山,不可不治罪,下令杀了为使者驾车的人,同时砍断马车左边的立木,杀掉左边拉车的马,并通报三军。随后,司马穰苴派人将斩庄贾、惩罚使者的情况回报齐景公,然后率领三军出征。

行军途中,司马穰苴恩威并施,以军法立威,对士兵爱护有加,亲自过问士兵的吃穿住用。遇到士兵患病,他都亲自问候。他与士卒同甘共苦,把所得俸禄和口粮也分给士兵,对身体羸弱者更是关怀备至。司马穰苴严格执行军纪和关心爱护士兵的治军方法,赢得了士兵的爱戴,鼓舞了士气,士卒归心,军威大振,全军上下摩拳擦掌,争相赴战杀敌。晋国入侵的军队听闻齐军整肃而来,自知不能抵挡,撤兵而去;燕国军队也主动渡过河水向西北撤退。司马穰苴乘胜追击,收回被晋、燕占领的全部土地后凯旋。齐景公听闻司马穰苴一击制敌,大喜过望,亲自出城犒赏三军,举行隆重庆典,并封司马穰苴为"大司马",后世子孙称司马氏。后因齐景公听信谗言,司马穰苴被罢黜,未几抑郁发病而亡。由于年代久远,其事迹流传不多,但其军事思想的影响无疑是巨大的。

唐肃宗时将司马穰苴等历史上十位武功卓著的名将供奉于武成王庙内,被称为武庙十哲。宋徽宗时追尊司马穰苴为横山侯,位列宋武庙七十二将之一。

司马穰苴精研兵法,有著述流传。《史记》记载说:"自古王者而有《司马法》,穰苴能申明之。"[①]到战国时期,"齐威王使大夫追论古者《司马兵法》,而附穰苴于其中,因号曰《司马穰苴兵法》"[②]。在历代的记载中,出现了《军礼司马法》《司马法》《司马兵法》《司马穰苴兵法》等不同的称谓,记载不一,彼此之间的关系扑朔迷离,学术界亦争论不休。有学者认为上述四本书实际上是同一本书,只是称谓不同;有学者则认为《司马兵法》与《司马穰苴兵法》系两本书;还有学者认为后世《司马法》中有司马穰苴兵法的内容,各种观点不一而足。宋代《司马法》被列为武经七书之一。

《司马法》原有 155 篇,现仅存《仁本》《天子之义》《定爵》《严位》《用众》5 篇。《仁本》篇开宗明义阐明以仁为本的战争观,强调"国虽大,好战必亡;天下虽安,忘战必危";《天子之义》篇强调军事教化的作用,认为"士不先教,不可用也";《定爵》篇综论用兵作战的基本规律和原则,包括军法、兵器、用间、阵法运用等;《严位》篇也谈用兵作战的基本规律,涉及士气、兵甲、驻兵、教化、将帅修养等内容;《用众》篇主要论述临阵待敌、用众用寡、避实击虚等作战方法和原则。

《司马法》"宏阔深远",保存了西周时期一些古老的军法、军礼,为今人全面了解军事思想的嬗变轨迹提供了必要资料。书中应该也保存了齐威王令人追述的司马穰苴的兵学思想,具有较高的军事学术价值。

三、兵圣孙武与《孙子兵法》

孙武,字长卿,生卒年不详,春秋末期齐国人,大约与孔子同时代而略晚,后世尊称孙子。据《新唐书·宰相世系表》记载,孙子的先祖陈完本是陈国贵族,因避陈国内乱举家迁至齐国,并改姓与陈发音相近的田姓。孙武的爷爷孙书在齐景公时期,由于征伐莒国有功,赐姓孙氏,并食采乐安(今山东惠民,一说广饶),田书一支正式改姓孙。孙武的父亲孙凭为齐卿,祖父、曾祖父都是齐国高官,在这样的文化氛围中,孙武受到了良好的教育,为其写作《孙子兵法》奠定了基础。

齐景公统治后期,齐国田、鲍、栾、高四大家族为争夺权势混战不休。为逃避纷乱的局势,孙武避到吴国,隐居山中。目睹诸侯争霸,干戈不休的严酷现实,孙武着手兵书的写作。他从关注国家存亡和军民生死的角度审视战争给国家和人民带来的巨大灾难,以战略家高瞻远瞩的目光从纷繁复杂的战争现象中提炼出战争基本规律,从各具千秋的兵法理论中概括出战争的基本原则,从诸子百家的学说中提取合理内核,一一融入兵法中。

一个偶然的机会,孙武与吴国大将伍子胥结识,通过一番交谈,伍子胥认定孙武有

①　司马迁:《史记》卷一三〇《太史公自序》,中华书局 1959 年版,第 3313 页。
②　司马迁:《史记》卷六四《司马穰苴列传》,中华书局 1959 年版,第 2160 页。

孙武

(图片来源:http://baike.baidu.com/subview/22676/6486195.htm)

大将之才,遂向吴王阖闾举荐。前后举荐了七次,最后一次推荐孙武时,《孙子》十三篇已经著成。伍子胥的屡次推荐终于引起了吴王的兴趣。据银雀山汉墓出土的《孙子兵法》残简记载,吴王亲自到"孙子之馆"会见孙武。伍子胥先将兵法十三篇转呈吴王,又陪同孙武觐见吴王。通过兵书,吴王发现孙武确实有经天纬地之才。见面之后,吴王就天下形势和兵法问题与孙武展开了讨论,每有所问孙武皆能引经据典对答如流。吴王对孙武很是佩服,但又想试试他有没有真本领,就挑选了一批宫女让孙武操练。孙武将宫女分为两队,任命吴王的两个宠妃为队长,对她们进行队形操练。操练过程中,这些宫女根本不听从孙武指挥,嘻嘻哈哈极不严肃。对此孙武首先检讨自己的过错:约束不明,申令不熟,是将领的过错。随后,他再次说明操练要求。然而,三令五申之后,宫女们嬉笑如故。孙武大怒,要对两名队长执行军法。吴王赶忙求情,但无济于事,孙武说"既已受命为将,将法在军,君虽有令,臣不受之"①,下令斩了两名队长。之后,另选两名宫女为队长,继续操练。吓得魂飞魄散的宫女们严格执行孙武的每一个指令,令行禁止。队伍训练好之后,孙武请吴王检阅。虽然孙武斩了两位宠妃,令吴王万分不快,但其"将在外,君命有所不受"的为将之道和信赏明罚、以法治军的态度向吴王证明孙武确有带兵的真本领。

公元前512年,吴伐楚,欲乘胜攻打楚国都城郢,孙武认为,吴国民众劳顿,时机不成熟,还需等待时机。公元前506年,楚国起兵围攻蔡国,蔡国向吴国求援,唐国国君也因不满楚国勒索,主动与吴国结盟,"三国合谋伐楚"。吴楚决战的时机成熟,吴王亲征,以孙武为将,倾全国三万水陆大军伐楚,揭开了柏举之战的序幕。按照孙武"以迂

---

① 赵晔:《吴越春秋》卷二《阖闾内传》,中华书局1985年版,第56页。

为直""攻其必救"的战略,吴、蔡、唐三国联军"以兴师救蔡为明为虚,以破楚入郢为暗为实",佯装解救蔡国之围,主力却深入楚国腹地,楚军被迫仓皇应战,结果大败。吴军乘胜追击,五战五胜,攻入楚都郢。孙武一战成名,《史记·孙子吴起列传》说吴"西破强楚,入郢,北威齐晋,显名诸侯,孙子与有力焉"[①]。

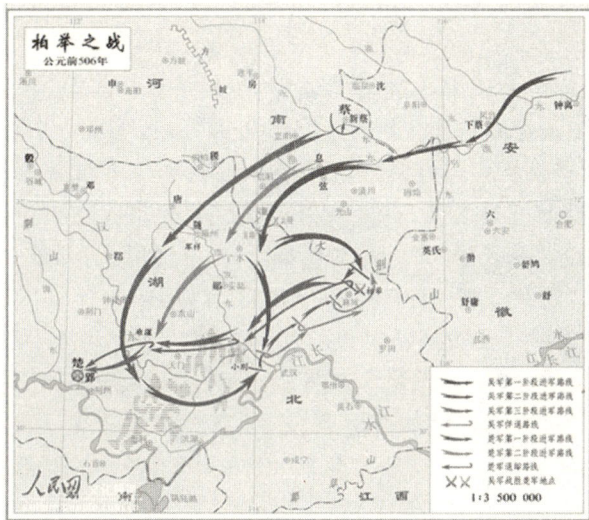

柏举之战(图片来源:辉煌科技)

孙武晚年的情况,由于史籍记载不详,已无可考。一说破楚之后,吴王论功行赏,孙武不愿做官,归隐山林,客死吴国。但其著作《孙子兵法》却成为影响古今中外两千多年的兵学圣典,孙武也因此被誉为"兵圣"。

《孙子兵法》词约义丰,具有缜密的军事、哲学思想体系。《计篇》是全书的总纲,提出了战争预测的"庙算"思想,从宏观上对双方决定战争胜负的"五事七计"进行比较、分析,对战争的结局进行预测。《作战篇》讲"庙算"后的战争物资准备,着重分析了战争对经济的影响,并围绕如何减轻战争之害,提出了两条解决方法:速战速决和"因粮于敌"。《谋攻篇》主要论述谋划攻敌的策略,最理想的状态是全胜——不战而屈人之兵,退而求其次则要破中求全,从战争对抗策略上阐明应以小的代价换取大的胜利。《形篇》主要阐述了静态军事实力与战争胜负的关系,认为要取得战争的胜利必须有强大的军事实力,要"先胜"然后求"易胜"。《势篇》从动态角度谈军事实力,论述将帅如何发挥主观能动性,创造有利态势,让已有的军事实力发挥成倍的战斗力。《虚实篇》讲述力量的具体运用,通过分散集结、包围迂回等"避实击虚",造成预定攻击点上的以实击虚,从而以多胜少。《军争篇》讲通过"以迂为直""以患为利"等方式,掌握战争的主动权,赢得战争的胜利。《九变篇》论述将帅应根据不同情况,灵活选择作战策略。

---

① 司马迁:《史记》卷六十五《孙子吴起列传》,中华书局 1959 年版,第 2162 页。

《行军篇》论述军队在不同地理条件下如何行军作战、驻扎安营以及观察敌情等一系列具体战术问题。《地形篇》论述了利用地形的意义以及在六种地形条件下的用兵原则。《九地篇》从战略地理学的高度,论述了在九种作战地域下的用兵原则,强调要根据不同作战地区官兵的不同心理,采取不同的作战原则和处置方法。《火攻篇》讲述了火攻的种类、目的、条件及实施方法。《用间篇》论述了间谍的重要性及五种间谍的使用原则和方法。

《孙子兵法》内容博大精深,思想深邃富赡,逻辑缜密严谨,是中国古代军事文化遗产中的璀璨瑰宝,中国优秀传统文化的重要组成部分,备受古今中外学者和军事家的赞誉。司马迁说:"世俗所称师旅,皆道《孙子》十三篇。"①东汉末年曹操所撰《孙子略解》自序曰:"吾观兵书战策多矣,孙武所著深矣。"②唐太宗说:"朕观诸兵书,无出孙武。"③明代戚继光说:"孙武子《兵法》,文义兼美,虽圣贤用兵,无过于此。"④茅元仪《武备志·兵诀评》说:"前孙子者,孙子不遗;后孙子者,不能遗孙子。"⑤美国战略家柯林斯说:"孙子是古代第一个形成战略思想的伟大人物。……孙子十三篇可与历代名著包括二千二百年后克劳塞维茨的著作媲美。"⑥《孙子兵法》的影响决不仅限于军事领域,进入 20 世纪,它被广泛应用于商业、外交、体育竞技等领域,在全球掀起了一股研究和应用孙子的热潮。诞生于 2500 多年前"丘牛大车"时代的这部古老兵法,在现代化的今天依然绽放着耀眼光芒。

四、孙膑与《孙膑兵法》

孙膑,生卒年不详,名字不详,因后来受过膑刑,史称孙膑,出生在齐国阿(今山东阳谷东北)、鄄(今山东鄄城北)交汇地区,是孙武后代,史载:"孙武既死,后百余岁有孙膑。"⑦齐威王时曾任齐国军师,与齐将田忌一起指挥了桂陵之战和马陵之战,大败魏军,使"齐国强于诸侯"。

孙膑生活的时代,诸侯国之间的兼并战争频繁,新兴地主阶级掌握政权,为扩张实力积极笼络人才,以变法图强、富国强兵。孙膑早期的情况,史书记载不详。据《史记·孙子吴起列传》载,孙膑曾与庞涓一起学习兵法,或相传师从鬼谷子,史无确证。学成后,庞涓去魏国,获得魏惠王赏识,被任命为将军。青云直上,庞涓却对昔日同窗孙膑的聪明才智忌惮不已,他怕孙膑会威胁到自己的仕途,就派人邀请孙膑至魏国共事。孙膑信以为真,赶到魏国之后,却被庞涓设计施以膑刑,使其无法行走;继而又被

① 司马迁:《史记》卷六十五《孙子吴起列传》,中华书局 1959 年版,第 2168 页。
② 《孙子十家注·孙子序》,中华书局 1985 年版,第 1 页。
③ 《唐太宗李卫公问对》卷中,中华书局 1991 年版,第 21 页。
④ 戚继光:《止止堂集·愚愚稿(上)·〈大学〉经解》,中华书局 2001 年版,第 262 页。
⑤ 故宫博物院编:《武备志》(第 1 册)卷一《兵诀评》,海南出版社 2001 年版,第 27 页。
⑥ 柯林斯:《大战略》(内部参考),中国人民解放军战士出版社 1978 年版,第 8 页。
⑦ 司马迁:《史记》卷六十五《孙子吴起列传》,中华书局 1959 年版,第 2162 页。

孙膑

（图片来源：http://baike.sogou.com/v133677.htm）

刺字于面上，使之无法见人。危急之际，恰逢齐国使者出使魏国，孙膑想方设法见到齐国使者，说明事情原委。齐国使者大为惊奇，秘密将孙膑带回齐国。来到齐国，孙膑受到齐国大将田忌的礼遇。田忌虽不知孙膑究竟有多大才能，但其遭遇足以说明此人绝非平常之辈。不久之后的一场赛马，田忌见识到了孙膑的不凡才智。田忌与齐威王及诸公子赌赛马，下重金为赌注。参赛的马匹分上、中、下三等，参赛各家的三等马优劣相差不多。孙膑为田忌献计，以田忌的下等马对其他参赛的上等马，以田忌的中等、上等马分别对其他参赛的下等、中等马。田忌依计而行，三局两胜，赢得千金。通过改变参赛的次序，最终改变比赛的结局，孙膑齐都赛马成为千古美谈。而他小露的这一手，让田忌对他的才能有了更深一步的认识，遂将其推荐给齐威王，"威王问兵法，遂以为师"。由此，孙膑凭借自己非凡的军事才能，在风云变幻的战国时期奏响了一曲激昂澎湃的名将之歌。

孙膑的军事思想主要体现在他的兵学著作《孙膑兵法》中。此书在大约东汉末年失传，直到1972年银雀山汉墓竹简出土，这本古兵法才又重见天日。由于年代久远，竹简损毁严重，经过整理，文物出版社于1975年出版了简本《孙膑兵法》，共收竹简364枚，分上、下编，各15篇。张振泽《孙膑兵法校理》认为，上编15篇是孙膑原著，下编15篇体例与上编不同，似非孙膑之书。所以，现印行的多数版本不录下编内容。

孙膑不仅是一位著名的军事理论家，还是一位出色的军事实践家。虽然现存的《孙膑兵法》残缺很多，不能窥见孙膑思想的全貌，但其中所包含的"批亢捣虚""必攻不守"等精华思想在其指挥的桂陵之战和马陵之战中得到了生动的体现。

公元前 354 年,魏国以庞涓为将率兵攻打赵国,兵围邯郸。次年,邯郸守军力不能支,情势危急,赵国向齐国求援。齐威王打算任孙膑为将,带兵救赵。孙膑却以受刑之人不可为将为由推辞,于是齐威王以田忌为将,孙膑为军师,率兵解救赵国的围困。田忌本欲带兵直趋赵国,孙膑却提出了"批亢捣虚""疾走大梁""必攻不守"的用兵策略。他分析,魏国精锐部队都在围攻赵国,国内必定空虚,此时攻打魏国都城大梁,魏军一定会放弃攻赵的计划回兵自救,齐军主力在魏军必经的桂陵设伏,就会打败魏军。田忌依计而行,果然大败魏军于桂陵,这就是历史上有名的"围魏救赵"之战。

公元前 341 年,经过十余年的修养,魏国联合赵国攻打韩国,韩国告急,向齐国求救。齐威王采纳孙膑"深结韩之亲而晚承魏之弊"[1]的建议,在魏赵与韩国几经激战,各自疲敝之后,再次以田忌为将,孙膑为军师出兵解救韩国之围,兵锋直指魏国大梁。鉴于桂陵之战的教训,魏国以太子申为上将军、庞涓为副,回师救援。孙膑利用魏军强悍且轻视齐军的心理,用减灶之法诱敌。庞涓一路追击,看到齐军生火做饭的灶由十万减到五万再减到三万,认为齐军怯懦,大量逃亡,便丢弃辎重和步兵,率轻骑精锐穷追。孙膑预计魏军天黑时分会到达马陵,此处道路狭窄,便于伏击,于是令齐军夹道设伏。孙膑还命人将当道的大树树皮剥掉,写下"庞涓死于此树之下"一行字,命令伏兵,看到树下有火光就放箭。当夜,庞涓果然追至树下,看到树上有字,点燃火把想看个明白,不料齐军万箭齐发,魏军大败,庞涓自刭而死。这就是著名的马陵之战。

马陵之战改变了诸侯国之间的格局,魏国实力被削弱。《战国策·魏策》载,经此一战,魏国"覆十万之军"。《史记·魏世家》载梁惠王言:"太子虏,上将死,国以空虚。"至此,魏国独霸天下的局面一去不返。公元前 334 年,魏惠王到齐地徐州会见齐威王,互尊为王,共分霸业。《史记·孙子吴起列传》称:"孙膑以此名显天下,世传其兵法。"

孙膑的军事成就为他赢得了与孙武齐名的地位,后世将二人并称孙子,孙武被称为吴孙子,孙膑则被称为齐孙子。

第二节　足智多谋的三国魏晋南北朝韬略文化

三国两晋南北朝时期,群雄逐鹿,混战不休,战争的频繁为英雄豪杰提供了广阔的历史舞台,军事名家和名著应战争的需求而生,诸葛亮和檀道济正是这一时期的杰出代表,他们的作品《诸葛亮兵法》《三十六计》也成为流传千古的名著。

一、诸葛亮与《诸葛亮兵法》

诸葛亮(181—234),字孔明,琅琊郡阳都县(今山东沂南)人。三国时蜀汉丞相,是中国历史上著名的政治家、军事家和思想家。他出身于一个具有家学传承的官宦之

---

[1]　司马迁:《史记》卷四十六《田敬仲完世家》,中华书局 1959 年版,第 1893 页。

家,其先祖诸葛丰在西汉元帝时曾任司隶校尉,其父诸葛珪在东汉末亦做过泰山郡丞。不过,诸葛氏家族传至其父一代,已是时运不济,家道中落。诸葛亮幼年屡遭不幸,四岁丧母,八岁丧父,由叔父诸葛玄抚养。迫于战乱,随诸葛玄辗转流徙,最后投奔于荆州牧刘表。在荆州,他一面"躬耕陇亩",一面刻苦攻读,广交师友;同时,关心时事,纵论天下大势,博得了人们好评,获得了人中"卧龙"的美誉。

建安十二年(207)冬,刘备慕诸葛亮之名,三顾茅庐,向其请教"兴复汉室"、统一天下的大计。诸葛亮感刘备知遇之恩,提出了有名的《隆中对策》(或称《草庐对》)。他走出茅庐,竭力辅佐刘备,联吴抗曹,稳定了刘备阵脚,改变了刘备"寄人篱下"的境遇,占据荆、益,取得了三分天下的鼎足之势。刘备死后,他又辅佐后主刘禅,开府治蜀,安定内部,平定南中叛乱。为了"复兴汉室,还于旧都",他又五出祁山,北伐曹魏,最后病死五丈原。诸葛亮辅佐刘备、刘禅父子28年,"鞠躬尽瘁,死而后已"。他一生"竭股肱之力,效忠贞之节,继之以死"[1],为蜀汉政权的创建、西南地区的民族团结、经济发展等都做出了不可磨灭的贡献。历代统治者,都给予他很高的赞誉,不断给他加官晋爵,赐庙封号。三国司马懿称他是"天下奇才",西晋陈寿称他是"识治之良才,管、萧之亚匹"[2]。

诸葛亮的足智多谋,主要表现在如下几个方面:

第一,以超人的战略眼光为刘备政治集团谋划了一套比较完整的战略构想。在《隆中对策》中,他提出的兴汉成霸的战略目标,制定的外结孙权、西和诸戎、南抚夷越的策略主张,以及"三步走"的战略步骤,既富有远见又切合实际,为刘备摆脱困境、壮大势力发挥了不可磨灭的伟大作用。这一战略思想,是以进攻为主旨的。"跨有荆、益,保其岩阻",建立巩固的根据地,是实施战略的第一步;西和诸戎,南抚夷越,外结孙权,建立孙刘联盟,共同抗击曹魏,形成"三足鼎立"之势,则是实施战略的第二步;待天下有变,伺机而动,兵分两路,"以向宛洛","出于秦川",复兴汉室,完成统一大业,则是实施战略的第三步。这一战略构想,切合当时政治、军事形势,符合刘备集团的实际和发展要求,成为刘备治国安邦的大政方针和军事行动路线。事实表明,诸葛亮的预见基本是正确的,刘备集团正是在这一战略方针的指导下,逐渐打开局面,并一步步走向成功。

第二,在战术运用上,善于出其不意,巧于设伏,运用灵活多变的战法以弱胜强。在二十余年的征战生涯中,诸葛亮多次亲提大军,临阵决机,运用灵活多变的指挥艺术,以弱抗强、以少胜多。在研究前人阵法的基础上,他结合自己的作战经验,推陈出新,作"八阵图",赋予八阵以新的内容,提高了蜀军的战斗力。八阵图充分体现了诸葛亮战术中灵活多变的思想。除了推演八阵法外,在具体的战斗实践中,他又总结了如下作战原则:首先,强调用兵要把握"四欲"的作战指导原则,即"战欲奇,谋欲密,众欲

① 陈寿:《三国志·蜀书》卷三十五《诸葛亮传》,中华书局1982年版,第918页。
② 陈寿:《三国志·蜀书》卷三十五《诸葛亮传》,中华书局1982年版,第934页。

静,心欲一"①。要求将领在用兵作战时,要做到出其不意、计划周密、沉着冷静和团结一致。其次,强调"因时、就地、依人"的作战原则,认为用兵作战要顺应"天势",利用"地势",依靠"人势",只有把握这三势,才能所向无敌,取得大胜。其三,强调"因机立胜"的作战原则,认为夺取战斗胜利的关键是把握战机。正如他《将苑·应机》中所说:"必胜之术,合变之形,在于机也。"而把握战机的方法则在于出其不意,所谓"见机之道,莫先于不意"。其四,从"兵者凶器"出发,提出了"用兵之道,攻心为上,攻城为下;心战为上,兵战为下"的作战原则。其五,强调"慎战"的用兵思想,主张"先胜而后求战"。在用兵作战之前要审时度势,做到知己知彼,充分了解敌我双方的力量对比和战场形势,只有做好充足准备才可出兵作战。其六,强调运用弱军战胜强敌的战术战法。他在《将苑·便利》中提出了"游逸""不意""潜伏""日暮""清晨""捷次""博前击后"等以弱抗强的战法。另外,通过多年的实战经验,他又提出了 17 种"察情识敌"的方法,6种对付不同类型敌将的方法,以及各种不同地形的作战方法,如"山陵之战""水上之战""草上之战""平地之战""道上之战"等。针对少数民族的特点,诸葛亮又提出了相应的用兵作战方法。

第三,损益"连弩",创造"木牛流马",以革新装备,加强后勤保障。诸葛亮不仅善于治军用兵,而且十分重视武器装备和后勤支援问题。他认为,军队以"器械为用,委积为备。故国困于贵买,贫于运输。攻不可再,战不可三,量力而用,用多则费"②。诸葛亮运用独特的巧思智慧,在前人所制连弩的基础上,创制了威力更大的新式连弩"元戎"。这种连弩,"以铁为矢,矢长八寸,一弩十矢俱发"③。此外,为了应对战争需要,解决粮食运输问题,他又先后创制了木牛、流马两种运输工具。木牛,"载一岁粮,日行二十里,而人不大劳";流马,"肋长三尺五寸,广三寸,厚二寸二分,左右同","形制如象","每枚受米二斛三斗"④。这两种运输工具大大提高了粮食的载运量。木牛流马的创制,改善了粮草的运输条件,对北伐的后勤保障发挥了重要作用。诸葛亮这种独特的创造发明和主观设想,在中国古代军事史和科技史上亦占有一定的地位,对后世产生了很大影响。

第四,著成集政略与战略相融合的兵典——《诸葛亮兵法》。诸葛亮的军事思想,集中体现于他的兵法著作中,为行文方便,后人将其兵学著作统称为《诸葛亮兵法》,或《武侯兵法》《孔明兵法》。《诸葛亮兵法》的最大特点就是政略与战略的融合统一。在论述兵法思想时,总是把文与武、君与臣、军事与政治结合起来论述。此外,《诸葛亮兵法》又具有显著的战略前瞻性与军事实践性的特点。

综观诸葛亮的一生,他的文治武功,他的用兵智慧,他的道德情操,一直为后世所

---

① 诸葛亮著,张天夫注译:《诸葛亮将苑注译·将善》,陕西人民出版社 1987 年版,第 44 页。

② 诸葛亮:《便宜十六策·治军》,中国人民大学出版社 2007 年版,第 109 页。

③ 陈寿:《三国志·蜀书》卷三十五《诸葛亮传·裴注》,中华书局 1982 年版,第 927 页。

④ 陈寿:《三国志·蜀书》卷三十五《诸葛亮传·裴注》,中华书局 1982 年版,第 927 页。

诸葛连弩

(图片来源 http://zhongguogongfu.baike.com/article－100469.html)

敬仰。千百年来,诸葛亮在中国人的心目中已经成为智慧的化身,他羽扇纶巾的形象、指挥若定的作战艺术,早已深入人心,为人们所津津乐道。《三国志通俗演义》的问世,更使他的艺术形象家喻户晓、妇孺皆知。

二、檀道济与《三十六计》

檀道济(？—436),高平金乡(今济宁金乡)人,南朝宋著名军事将领。东晋末年,他跟从刘裕一起讨伐桓玄,北伐后秦,是南朝刘宋政权的开国元勋。在刘裕称帝建立南朝宋后,受封永修县公爵,任丹阳尹、护军将军。后来,又出任镇北将军、南兖州刺史。刘裕死后,少帝刘义符即位,他受命为顾命大臣。宋文帝时,进封武陵郡公,后又升任征南大将军、开府仪同三司、江州刺史。然而,鸟尽弓藏,由于他功勋卓著、享有威名,加上左右心腹都是百战之将,诸子又多有才气,因此引起朝廷猜忌,最后文帝以密谋造反之名,将其父子和心腹部将诛杀。时人深知其冤,编出歌谣"可怜《白浮鸠》,枉杀檀江州(檀道济任江州刺史)"[①],以示缅怀和追思。

檀道济是一名杰出的军事将领,领兵作战善用谋略,出奇制胜。在刘裕灭后秦的战斗中,檀道济为前锋,进军迅速,"所至望风降服"。在攻破洛阳时,为了收拾民心,他将所获俘囚尽行释放,使得"中原感悦,归者甚众"。在征伐北魏之时,"唱筹量沙"的机智多谋及"白服乘舆"的脱身之计,更是说明了他的韬略智慧。据《南史·檀道济传》载,檀道济由于孤军深入、粮草难继,恰恰屋漏偏逢连夜雨,有士兵投降北魏告知宋军缺粮。为了迷惑敌人,造成粮草充足的假象,檀道济连夜"唱筹量沙,以所余少米散其上",从而使北魏信以为真,将所降宋兵杀掉。同时,为了摆脱不利态势,他又心生一计,让士卒全穿上盔甲,自己穿上显眼的白色服装,坐在车上,带领部队从容出走。檀道济的从容不迫让北魏军队疑窦丛生,恐前有伏兵不敢追击。宋军得以全身而退。这些作战上的智慧,体现了他高超的作战艺术及沉着的临阵指挥能力。

除了实战,檀道济奇谋变诈的用兵策略集中体现在一部书——《三十六计》中。关

---

① 李延寿:《南史》卷十五《檀道济传》,中华书局 1975 年版,第 446 页。

北邙元魏西平琓春
長城晚壞滿眼胡塵

檀道济

（图片来源：http://baike.so.com/doc/5864492.html）

于《三十六计》的作者及成书年代，学术界多有争议，有人认为是秦朝咸阳人杨南柯，也
有很多学者认为作者就是檀道济。另外，还有一些学者认为其成书在晚明之后，清中
叶之前，其作者应是精通《易经》，深受明代军事家赵本学理论影响之人。总之，关于
《三十六计》作者及成书年代的争论，学术界曾莫衷一是。不过，随着 2003 年隋代玉简
《三十六计》在檀道济祖籍地济宁的发现，这一争论基本可以停止，关于《三十六计》作
者是檀道济的说法也逐渐得到了学术界的认可。从历史实践看，檀道济实属一代名
将，也完全具备著书立说的素质和实践基础。《南齐书》中所说"檀公三十六策，走是上
计"①，绝不是空穴来风，《三十六计》的确是出自檀道济之手。不过，隋代玉简《三十六
计》，没有现在版本的"总说"和"六套计"（胜战计、敌战计、攻战计、混战计、并战计、败
战计）的题目及"按"。而"按"中多用春秋战国及汉代战例，但也有两处提到宋、辽、金
之事。因此，"总说"和每计的"按"可能是后世深谙兵法理论、精通易经之人加上去的，
其进一步深化、解析和充实了《三十六计》。

　　《三十六计》是我国古代兵家计谋的总结，它与古老的《孙子兵法》交相辉映，被誉
为军事史上的"双璧"、东方文化宝库中的经典，在世界军事史中占有重要地位。在众
多兵书中，《三十六计》由于其独特的编纂体例、行文特点及以《易》论兵的思想，而独树
一帜。下面就对此略作分析。

---

　　①　萧子显：《南齐书》卷二十六《王敬则传》，中华书局 1972 年版，第 487 页。

第一,富含深意的体例结构。全书前有总说,后附跋语,在全书"三十六计"中每六计为一套,共分六套:胜战计、敌战计、攻战计、混战计、并战计、败战计。这种体例结构蕴含着作者独特的军事哲学思想。其中前两套为"优势之计也",中间两套为"败战之计",后两套为"劣势之计也"。而且,"每套之中,皆有首尾次第。六套次序,亦可演以阴……"①这反映了作者推演谋略的基本着眼点和方法。另外,作者又以"阴阳燮理"的角度安排三十六计的"首尾次第",不仅在思想方法上,还是结构形式上,都深受《易经》的影响。

第二,深入浅出的行文语言。《三十六计》不像其他兵书文辞深奥、晦涩难懂,而是通晓易读、形象生动。其每计的名称,有的源于古代战例,如"围魏救赵""假道伐虢";有的源于古代军事术语,如"以逸待劳""声东击西";有的源于历史故事,如"上屋抽梯";有的源于古代诗文或成语,如"李代桃僵""擒贼擒王""抛砖引玉""指桑骂槐"等等。这些计名易懂易记,在社会生活中流传非常广泛。

第三,以《易》论兵的思想智慧。《三十六计》的最大特色是以《易》论兵,以《易》推谋。它不仅总结了我国军事史上一些具体的谋略用兵方法,还揭示了这些具体方法背后的谋略原理。在论述用兵之道时,将军事谋略与《周易》哲学进行了有机结合,把具体的历史经验上升到具有普遍性的"易理"高度。通过阴阳的矛盾和运动变化来论述有关谋略的推演和运用,以揭示其中的"诡道逻辑",因而每一计中都包含着朴素的军事辩证法思想。

总的来说,《三十六计》是我国古代文化宝库中的瑰宝,其所包含的谋略思想和文化哲理,已不仅应用于军事理论研究,还广泛运用于社会生活的各个领域,其影响由古至今,享誉海内外。

第三节　叱咤风云的隋唐宋元英雄草莽文化

说起英雄草莽,人们就会想到那些急公好义、疾恶如仇、劫富济贫、除暴安良的江湖豪侠和绿林好汉,典型代表就是《水浒传》中的梁山 108 将,还有隋末瓦岗寨群英。这两批人都与山东有着密切关系,梁山好汉汇聚山东,不仅扛起了英雄草莽代表的旗帜,还是山东大汉的代言人,瓦岗寨中的山东英雄更是比比皆是。正是由于这些人的存在,山东成为英雄草莽文化最具代表性的地方。而为何会产生这种现象,亦不难理解,说到底就是齐文化尚"武"、尚"智"传统的积淀。

一、出身瓦岗寨的山东英雄

隋末,隋炀帝大兴土木、穷兵黩武,他大规模征发徭役和兵役用以开凿大运河、修

---

① 　于汝波:《三十六计的智慧·跋》,陕西师范大学出版社 2006 年版,第 261 页。

建行宫、搜罗奇珍、出兵高句丽。沉重的徭役和兵役使得民不聊生,不堪重负的人们纷纷揭竿而起,翟让的瓦岗军就是其中著名的一支。在瓦岗军中,有一批义薄云天、名动一时的山东英豪,李勣、秦琼、程咬金、单雄信,在他们身上,草莽文化中忠、勇、义的品质得到生动体现,尤其在李勣身上,这些品格更是体现得淋漓尽致。

李勣原名徐世勣,字懋功,也称徐茂公,曹州离狐(今山东菏泽东明县)人。后由于追随秦王李世民平定四方,功勋卓著,被唐高祖赐姓李氏,故名李世勣,后因避唐太宗李世民的讳,又改名李勣。历事唐高祖、太宗、高宗三朝,恩宠不衰,深受朝廷倚重。李勣的备受信任,与他忠、勇、义的品格密切相关。

李勣的"忠"体现在,对他所效忠的对象始终倾心以待。最初,李勣参加了翟让的瓦岗军,尽心为翟让出谋划策。他建议翟让不要在家乡掠食,而是转战商旅众多的宋、郑地区,劫掠官私财物以供养军队,很快就使队伍发展到一万多人。后来翟让让贤,李密成为瓦岗军的最高统帅,李勣配合李密打了几场胜仗,义军声威大震。然好景不长,义宁元年(617),瓦岗军内讧,李密设计杀死翟让,李勣也被砍伤。重伤且受到李密猜忌的李勣不得已退隐黎阳。此时,李密与王世充的争战正如火如荼地展开,结果李密战败,率部投降大唐。李勣仍带领李密的其余部众,据守黎阳等十郡之地。李密投降之后,李勣对长史郭孝恪说:"魏公既归大唐,今此人众土地,魏公所有也。吾若上表献之,即是利主之败,自为己功,以邀富贵,吾所耻也。今宜具录州县名数及军人户口,总启魏公,听公自献,此则魏公之功也。"[1]随后,清点士兵和土地数目,登记造册,派人送给李密。唐高祖李渊听闻此事,对李勣大加赞赏,称其"感德推功,实纯臣也",封其为黎阳总管、莱国公,赐姓李氏。不久,李密叛唐被杀,李勣上表请求朝廷准其收葬。唐高祖感其忠义,答应其请求。李勣服重孝,以君臣之礼,与从前的僚属将李密安葬在黎山南面,朝野闻讯都赞叹他的忠义。

李勣重"义",突出表现在与瓦岗旧友的关系上,他收葬李密,天下人感其忠义。在瓦岗时,李勣与单雄信交好,后来单雄信投靠王世充,兵败被俘,因其在战场上险些杀死李世民,李渊下令将其处死。李勣上表赞扬单雄信的武艺,并请求用自己的官爵赎单雄信的死罪,李渊不准。临行刑时,李勣号啕痛哭,割下大腿上的肉给单雄信吃,以示"生死永诀,此肉同归于土"。单雄信死后,李勣收养其子,确是千古义气的典范。

李勣的"勇"表现在作战中屡立战功,瓦岗起义时就展现了他不凡的军事才能,他阵斩张须陀、计败王世充、力克黎阳仓、大败宇文化及,壮大了义军的声势;归唐后,他又跟从唐太宗平窦建德、降王世充、破刘黑闼、平徐圆朗、败突厥颉利可汗,为巩固初唐政权立下了汗马功劳。唐太宗曾对侍臣说:"隋炀帝不能精选贤良,安抚边境,惟解筑长城以备突厥,情识之惑,以至于此。朕今委任李世勣于并州,遂使突厥畏威遁走,塞垣安静,岂不胜远筑长城耶?"[2]将李勣比作长城,可见评价之高。李勣的功绩让其在唐

---

① 刘昫:《旧唐书》卷六十七《李勣传》,中华书局 1975 年版,第 2484 页。

② 同上书,第 2486 页。

初三朝出将入相,唐肃宗还把他与李靖一起,列入历史上十大名将之中,认为二人的功绩,只有汉代的卫青和霍去病才可与之并议,并令配享武成王(姜太公)庙,接受祭拜。

除了李勣,秦琼和程知节也是出身瓦岗寨的草莽文化的代表人物。秦琼,字叔宝,齐州历城(今山东济南)人。初为隋将,后从义军,几经辗转才归顺大唐。他跟随李世民南征北战,因勇武过人名震天下,是一位在千军万马中取人首级如探囊取物般的传奇人物,史称:"叔宝善用马矟,拔贼垒则以寡敌众,可谓勇矣。"[①]最初,秦琼在隋朝大将来护儿的帐下担任亲兵。秦琼母亲去世,来护儿派人吊唁,其他士兵为来护儿对秦琼的另眼相待感到奇怪。来护儿解释:"此人勇悍,加有志节,必当自取富贵,岂得以卑贱处之?"[②]此时,秦琼已表现出其过人之处。之后又陆续跟随张须陀、裴仁基、李密、王世充等人,虽作战勇敢,但才能始终得不到施展。直到投奔李世民,秦琼的才智勇猛得以充分发挥,每逢战场之上遇精锐骁勇敌兵,秦琼必定身先士卒,在战场上"跃马负枪而进,必刺之万众之中,人马辟易",是一员不可多得的猛将。玄武门之变中,助李世民夺得大位,因拥护有功,拜左武卫大将军,得封邑七百户。秦琼一生戎马倥偬,历经大小二百多战,战功赫赫,也伤病累累。贞观十二年(638)秦琼病逝,追赠徐州都督,陪葬昭陵,墓前雕刻石人石马以彰显其显赫战功。贞观十三年,唐太宗改封秦琼为护国公,贞观十七年,将其画像放入凌烟阁,成为永垂青史的大唐英雄。

程知节,原名咬金,后更名知节,字义贞,济州东阿人(今山东东平西南人)。他骁勇善战,善用马槊,曾入瓦岗军、投王世充,最后才归顺李渊,隶属秦王李世民麾下。遇到明主,程知节的勇武善战得到了用武之地,跟随李世民先后击败宋金刚、窦建德、王世充,因身先士卒,屡立战功,被封为宿国公。武德七年(624),因李建成、李世民兄弟争位,程知节被太子李建成外任为康州刺史。有感于形势的严峻,他向李世民进言:"大王手臂今并剪除,身必不久,知节以死不去,愿速自全。"在玄武门之变中,因讨伐李建成立下战功,拜太子右卫率,升右武卫大将军,实封七百户。史书评价:"知节志平国难,拜隼旟则致命辅君,可谓忠矣。"[③]程咬金去世后,唐太宗下令陪葬昭陵,谥号忠壮,画像入凌烟阁,受后人瞻仰。

与其他草莽英雄不同,出身瓦岗寨的山东群英大多数人能审时度势,辗转投奔明主,实现了从草莽到精英的转变。

二、宋江起义

北宋末年,宋朝廷为了筹集对外乞请求和、对内奢侈挥霍的款项,变本加厉地压榨人民,加重赋税,夺民田地。宣和元年(1119),宋廷下令将今山东东平湖一带梁山泊八百里水域全部收归"公有",百姓若要入湖捕鱼、种藕、割蒲,都要依船只大小缴纳重税,

---

① 刘昫:《旧唐书》卷六十八《秦琼传》,中华书局1975年版,第2508页。
② 同上书,第2501页。
③ 刘昫:《旧唐书》卷六十八《程知节传》,中华书局1975年版,第2504、2508页。

若有违规犯禁者,则以盗贼论处。贫苦的农民和渔民交不起重税,逼不得已奋起反抗,遂爆发了以宋江为首的起义。

宋江,字公明,山东郓城县人,绰号"呼保义"。宣和元年十二月,他聚集36人,在京东东路所辖黄河下游地区的梁山泊起义,以"杀富济贫、替天行道"为旗帜,很快就吸引了大批渔民、百姓的加入。起义军凭借梁山泊易守难攻的地势,与前来镇压的官兵展开斗争。由于朝廷军队久不征战,缺乏训练,而以宋江等36人为首的起义军皆为勇猛之士,且足智多谋,故宋廷的征剿不但没有消灭起义军,反而使其威名远扬。随后,义军转战于山东、河北一带,"横行齐、魏,官军数万无敢抗者",坚持斗争两年多,成为一支令统治者闻风丧胆的队伍。宣和三年二月,宋江率部攻下淮阳(今江苏睢宁西北古邳镇东)后,乘船从江苏沭阳进攻海州(今江苏连云港西南海州镇),结果陷入海州知州张叔夜的重兵埋伏,损失惨重,船只被毁,退路被封死,走投无路之下只得招安于朝廷。

宋江起义只是宋代众多起义中规模和影响都比较小的一次,且又以失败而告终,但宋江在战场上屡破强敌、指挥若定的过人才智,其"杀富济贫、替天行道"的口号,无不为渴望反抗压迫的民众所崇敬。南宋龚开撰《宋江三十六人赞并序》,记载了36人的姓名和绰号,赞扬宋江"识性超卓,有过人者"。南宋时编印出版的《宣和遗事》,把宋江起义史事演义化、故事化;明代的《水浒传》,将宋江起义故事描述得更加生动感人,塑造了梁山108将的经典形象,使宋江的忠、晁盖的义、林冲的武、鲁智深的勇、吴用的智都更加深入人心,从而使这次规模不大的起义产生了深远影响,广泛流传于民间,以至家喻户晓。之所以会出现这种现象,究其原因在于,起义者身上体现的草莽道义获得了世人的认同,并不断被放大。《水浒传》中宋江本是郓城县的押司,对朝廷忠心耿耿,但后来由于"义",私放了劫取生辰纲的晁盖,而被牵连下狱。后又因在浔阳楼题反诗被判死罪,梁山好汉舍命劫法场。双方皆投桃报李,不顾自身安危,其兄弟之义可见一斑。

其他如晁盖和柴进等也是讲求兄弟情义的典范。晁盖是宋江的同乡,曾任东溪村的保正,虽不富贵,但对前来投奔他的人总是慷慨相助。正因为仗义,他结识了众多江湖朋友。在劫取生辰纲后,他带领众兄弟前往梁山,取代王伦成为梁山之主,将梁山"打家劫舍"的宗旨变为"劫富济贫",塑造了梁山的侠义之名,使水泊梁山声名远扬,不少江湖豪杰慕名前来投奔。在听闻宋江因题写反诗要被朝廷问斩时,他立即带领梁山好汉劫法场,请宋江上梁山,对其加以重用。

柴进,五代后周皇室后裔,因广交天下英雄豪杰,被称为"柴大官人"。他为人仗义疏财,爱结识天下好汉,不仅像孟尝君一样家中养着三五十个好汉,还敢于收留反抗朝廷的人。如林冲手刃陆谦,火烧草料场,犯了官司;宋江怒杀阎婆惜,命案在身;武松酒后斗气,重拳伤人,都投奔柴进,躲灾避难。柴进也义不容辞,推荐林冲上梁山,收留宋江,襄助武松,不顾贫贱,做足江湖道义。

仗义疏财、疾恶如仇、不畏强权、为朋友两肋插刀,梁山好汉所表现出的这些品格,正是他们结识进而惺惺相惜的基础,而这也正是梁山好汉经典形象得以久传不衰的原因所在。

草莽文化不是山东的特产,但山东的草莽文化有着深厚的文化底蕴,自先秦时期的齐国就已崭露头角,历经隋唐宋元的不断积淀,内容日渐丰富,并形成了深入世人骨髓的梁山情结,成为山东军事文化的重要内容之一。草莽文化的这种魅力也潜移默化地影响着山东人,使得山东成为豪杰辈出之地。当代山东人正直、豪爽、乐于助人的品格也正是草莽文化的延续。

第四节　波澜壮阔的明清山东海防文化

明代以前,历代中央王朝的主要威胁都来自北方游牧民族,海上鲜少敌患,故统治者在边防问题上都重北轻南,重陆上轻海洋。直到明清时期,中国的海疆安全遭遇前所未有的威胁,先是倭寇频频骚扰,继之西方国家的坚船利炮横行中国沿海,面对骤然严峻的海防形势,为了抗倭御侮,统治者开始重视和加强海防建设。山东海岸线漫长,沿海岛屿众多,是拱卫京师的重要门户,海防战略地位非常重要,是明清国家整体海防链条上重要的一环。

一、明代山东倭患与海防建设

中国古代真正意义上的海防建设是从明代开始的,虽然明代之前的沿海政权,如先秦吴国、三国时期的吴国等,都曾建有水师,也曾进行海上激战,但还没有固定的海防设施和编制。明朝建国时,日本正处于南北朝混战的分裂时代,诸侯割据,干戈不休,由于战乱,一些溃兵、败将、武士、不法商人及失去生产手段的浪人聚集海上,勾结中国沿海不法商人和割据沿海的张士诚、方国珍等残余势力,进行武装走私和烧杀劫掠,形成沿海倭患。山东作为联结中日海上交通的重要航道,成为洪武年间罹患倭寇侵扰较为严重的地区之一。

洪武二年(1369),倭寇入侵山东沿海郡县,掠民男女、离人妻子;洪武三年,倭寇掠夺山东之后,南下转掠温州、台州、明州沿海居民,入侵福建沿海郡县;洪武四年,倭寇入侵胶州,劫掠沿海人民。之后,直到洪武三十一年(1398)的近30年间,倭寇9次入侵山东沿海州县,杀人越货。南方的苏州、崇明及浙江、福建、广东沿海州县,陆续受灾。倭患愈演愈烈,明代的海防建设愈发迫切。为了抵御倭寇,明初统治者多管齐下,在政治、外交和军事上采取措施积极备倭,并进行大规模海防建设,以防倭寇侵扰。

明初山东海防建设的基本措施有三:

一是设置卫所、修建城寨和烽堠墩堡。卫、所是水师驻扎,海疆防御最主要的军事据点。仅洪武一朝,山东沿海就设置了包括青州左卫、莱州卫、鳌山卫、登州卫等在内的11卫,以及胶州所、福山所、奇山所等6所。因卫所作用重大,因此选址十分重要,除青州左卫设在内地外,其他卫所都选在"要害可以泊舟之处"①,具有重要的海防战略地位。此外,明政府还在沿海要地设置巡检司、建筑城寨、墩堡,以协助卫所,巡检司的职能是稽查盗匪、盘诘奸伪,墩堡的职能是以备瞭哨,一旦发现倭寇入侵,各墩堡间点燃烽火,迅速传递信息。这些卫所、巡检司以及城寨、墩堡等设施,星罗棋布,分布在山东沿海,点线结合,为防御和打击倭寇起了重要作用。

二是加强水军建设,充实沿海守备兵力。水军是海防建设的中心,也是海上战斗力强弱的重要标志。明建国之初,以防敌于海上为主,在原有水军的基础上,继续加强水军建设。洪武三年七月,"置水军等二十四卫,每卫船五十艘,军士三百五十人缮理,遇征调则益兵操之"②。这是一支由中央直接控制的较为强大的水军,拥有 13 万多将士,1200 艘战船,担负沿海地区的机动作战任务。洪武七年,朱元璋以靖海侯吴祯为总兵官,令其率广洋、江阴、横海、水军四卫舟师,每年春天出海巡捕倭寇,秋天还归各卫所,从而在山东到广东沿海建立起了严密的海上巡逻线,并几次歼灭倭寇。同时,扩充沿海卫所的守备兵力,每个卫所在初设时都配备了相应的船只和水军。《明会要》载:洪武初年,"沿海卫所,每千户所,设备倭船十只,每百户一只,每卫五所共五十只。每船,旗军一百户"③。之后,又将方国珍、张士诚残余兵士陆续编入沿海卫所。洪武四年十二月,靖海侯吴祯将方国珍所部温州、台州、庆元三府的士兵及兰秀山无田粮之民 11 万余人划拨到各卫所。山东沿海的抗倭力量也得到相应发展,近海防御力量得到加强。

三是设立海防守备营,作为都指挥使司和卫所的中间军事指挥机构。永乐年间,为加强海防,永乐帝对原有的防御体系进行调整和充实。在山东半岛沿海海域,建立特设的海防守备营。永乐二年(1404)建即墨营,七年建登州营,之后,宣德四年(1429年)建文登营。三营成掎角之势,下辖 24 个卫所,隶属于永乐六年建立的备倭都司,统管海防事宜,迅速传达军令,便于各卫所及时策应,以应对海上的突发侵扰事件。海防守备营的设立,加强了山东半岛和北京东南方向的守备。

明初,山东的海防建设得到了很大发展,山东沿海建立起了一道以卫所为依托,以水军为机动作战部队的海上和海岸相结合有一定纵深的海防作战体系,在防御倭寇方面起了重要作用,这也是洪武时期倭寇未在山东酿成大患的重要原因。但从总体上看,统治者的海防政策是趋向保守的,尤其是从洪武八年起,随着沿海卫所的建立,明太祖的海防部署战略更偏重于海岸防御,忽视海上防御。为了切断倭寇与内地的联系,阻敌于海上,明太祖在部署海防的同时,还厉行海禁,规定沿海居民不得私自出海。试图借此从根本上解决倭寇问题。然而事与愿违,虽然由于永乐、宣德等朝继续巩固海防,沿海倭患有所缓解。但正统之后,明政府内忧外患加剧,海防废弛,致使倭患愈

---

① 尤淑孝、李元正:《即墨县志》,乾隆二十九年(1764)刻本,卷 10,第 19 页。
② 《明太祖实录》,卷 54,中央研究院历史语言研究所校印本,第 2 页。
③ 龙文彬:《明会要》,中华书局 1956 年版,第 1195 页。

演愈烈。为了抵御倭寇的入侵,一批抗倭名将应时而生,戚继光就是其中的杰出代表。

二、戚继光山东抗倭

嘉靖三十一年(1552)四月,"漳、泉海贼勾引倭奴万余人,驾船千余艘,自浙江舟山、象山等处登岸,流劫台、温、宁、绍间,攻陷城塞,杀掳居民无数"①。"嘉靖倭乱"自此开始。承平日久的山东海疆形势骤然严峻。这年,倭寇入侵靖海卫,幸赖山东兵民合力击退。翌年三月,"汪直勾诸倭大举入寇,连舰数百,蔽海而至。浙东、西、江南、北,滨海数千里,同时告警"②。此时的山东海防已经窳败废弛,若不及时整顿,必将酿成大患。在海疆危难之际,这年六月,明廷擢升戚继光为登州备倭都指挥使,负责山东沿海的防倭重任。

戚继光

(图片来源:http://baike.baidu.com/subview/10438/6777005.htm)

戚继光(1528—1588),字元敬,号南塘,晚年号孟诸,山东登州(今山东蓬莱)人。明代著名抗倭将领、军事家。他出身将门世家,从其五世祖戚斌开始,就世袭登州卫指挥佥事一职。戚继光自幼潇洒倜傥,志向高远,酷爱兵书,博通经史。嘉靖二十三年(1544),父亲戚景通去世,年仅17岁的戚继光袭职登州卫指挥佥事,开始了他的军旅生涯。两年后,受命管理登州卫屯田事务。在这段日子里,戚继光大刀阔斧地革除卫所积弊,操练士兵,整修战舰,积累了一定的治军经验。嘉靖二十八年(1549年)十月,22岁的戚继光参加了山东乡试,中武举。第二年,蒙古鞑靼部族首领俺答率众进犯京师,明政权受到严重威胁。戚继光被委以戍守蓟门的重任。在戍守蓟门的岁月里,戚继光"一年三百六十日,多是横戈马上行"③。积累了不少带兵经验和边防斗争经验。正是戚继光卓越的军事才能和精忠报国的可贵志向,将他推上了备倭山东的军事

---

① 《明世宗实录》,中央研究院历史语言研究所校印本,卷384,第5页。
② 张廷玉:《明史》,中华书局1974年版,第27册,第8352页。
③ 戚祚国:《戚少保年谱耆编》,中华书局2003年版,第12页。

舞台。

嘉靖三十二年,戚继光到任后,立即采取有效措施,整饬山东海防。

第一,修整海防工事,整顿军队。由于海防卫所日渐废弛,沿海防御设施年久失修,损毁严重,军队久不操练,纪律散漫,缺员现象严重,战斗力低下。针对这种情况,戚继光一边积极加紧海岸防御工事的修建,一边积极整顿军队。

在海防工事的修建方面,戚继光投入了大量精力,他要求各卫所在沿海30里设一驿站,10里设一墩,以提高情报信息的传输速度,加强卫所间的联络。在任山东备倭署都指挥佥事的两年多时间里,他的足迹遍及山东沿海,每到一个地方,都要仔细检查海防设施,发现损坏的则及时整修。

在水师建设方面,戚继光坐镇登州水城,亲自督造战船,编练水师,将登州水师编为5营10哨,指挥水师出海巡哨,进行海上操演,以提高水师的战斗力。他还身先士卒,亲率舰队巡洋,加固海岸和水上两条防线,力图使水城成为进可攻、退可守的海上堡垒。

为了加强沿海防御力量,戚继光在整顿卫所屯田、补充卫所缺员的同时,积极组织和训练当地民兵,以代替客兵,提出以鲁人守鲁土,让民兵吃"马粮"(官粮)。民兵除农忙季节参加农业生产外,平时进行军事训练,一遇敌情即可上阵,协助卫所士兵抗击倭寇。沿海的防御力量得到加强。

第二,整顿卫所领导机构。戚继光认为,"练兵之要,先在选将"。将领有将才,能实心任事,才能带出有战斗力的军队。戚继光初到任时,山东沿海有些卫所的军官或已亡故,或老弱多病,或不能胜任,严重影响了军队的战斗力。对此,戚继光大刀阔斧地调整卫所将领,他撤换了一批因年老、有病不能胜任的官员,提拔重用了一批年富力强、富有朝气的将领。

第三,严肃军纪军风。针对山东沿海卫所士兵纪律松弛,号令不严,违法乱纪现象丛生的现象,戚继光在整顿军纪方面做了一系列卓有成效的工作。对于尸位素餐、违法乱纪的官员,戚继光绝不姑息,根据情节轻重坚决予以查处。当时,戚继光的舅父在军中任职,仗恃长辈身份,公然藐视军队号令。为了严肃军纪,戚继光铁面无私,按律对其进行处罚。当晚,他又以外甥的身份设宴向舅舅谢罪。舅父心悦诚服,表示再也不违抗命令。这件事情在军中影响极大,"由是风声远播"。军士纷纷议论说:"法不讳亲,公也;先国后己,让也;舅且不假,况在门墙为之属吏者乎!苟或不载,祇自速罪戾耳。"[①]事后,军中闲散怠惰的风气有了明显好转。

第四,清理卫所钱粮,惩贪肃弊。钱粮是重要的军需物资,也是稳定军心的物质保障。随着卫所体制的废弛,山东沿海卫所的钱粮管理十分混乱。不法官员擅自贪挪公款,克扣军饷俸粮,致使库藏空虚,军心浮动,一些士兵因为粮饷不足,纷纷逃匿。戚继光多方收集信息,对此类案件进行了认真审查和严肃处理。

---

① 戚祚国:《戚少保年谱耆编》,中华书局2003年版,第14页。

第五,惩抑地方恶势力,维护地方治安。当时,沿海卫所所在地方的风气也十分败坏,恶势力仗势欺人、偷盗等不法现象屡见不鲜,严重影响了地方安定和百姓的正常生活。为稳定地方,伸张正义,戚继光采取措施,严厉打击地方恶势力和各种不法行为。即墨地方有一恶霸,横行乡里很多年,百姓不堪其荼毒,屡次向官府告发。但官府徇私枉法,屡屡纵虎归山,任其为害一方。戚继光得知这一情况后,决定严查。恶霸闻风潜逃,戚继光派人秘密追查,最终将恶霸缉拿归案,百姓拍手称快。戚继光的上述举措,扫除了地方的不良风气,安定了地方秩序,赢得了民心,为巩固海防提供了强大的民众力量。

戚继光在山东备倭两年多,成效显著。在他的努力下,原已废弛的海防大有起色,使山东沿海居民免受了倭寇之害。自嘉靖三十二年以后,山东沿海虽也有几股倭寇窜扰,但没有酿成大的危害。而在同时期,江苏、浙江、福建沿海地区则频频遭到倭寇的入侵,倭患空前严重,危害惨烈,远在山东之上。

戚继光在山东备倭任上的业绩,颇受时人的称道。当时的御史雍公焯称赞说:"即举措而见其多才,占议论而知其大用。海防之废弛,料理有方;营伍之凋残,提调靡坠。谋猷允济,人望久孚,用是誉溢朝端,佥曰'良将才也'。"[1]

"封侯非我意,但愿海波平。"[2]正是怀着这样忧国忧民的意识,万历十六年(1588),戚继光因老病复发,辞归故里后,依然关注着山东海防建设。他"输资百余缗"[3],捐资修筑了蓬莱水城,在生命中的最后岁月里,仍不忘为巩固山东海防贡献一己之力。

从26岁投身到沿海抗倭第一线,十余年间,戚继光辗转于山东、浙江、福建、广东沿海,先后担任署都指挥佥事、参将、副总兵、总兵,创建了闻名遐迩的戚家军。他率领这支军队屡摧倭寇,"计全胜八十余战",取得台州大捷、横屿大捷、平海卫大捷、解仙游之围等重大胜利,前后歼灭倭寇数万人,解救出被掳掠的群众数万人,为平息东南沿海倭乱立下了不朽功勋。

东南沿海倭乱平息后,戚继光又北调蓟门,总理蓟州、昌平、辽东、保定练兵事务,担负起领导抵御蒙古部落入犯的责任。

戚继光不仅是一位抗击外敌、功勋卓著的将领,还是中国历史上继孙子之后,对中国古代军事理论卓有建树的军事理论家之一。他在戎马倥偬中写成了《纪效新书》《练兵实纪》等著作,在士兵的选择和训练、将领的培养和使用、作战阵形的变化及武器的配置与创新等方面提出了一些新的见解。他提出的算定后战、攻防结合、集中优势兵力、车步骑协同作战等战略战术思想,创建的"鸳鸯阵"等在御倭斗争中发挥了巨大威力,对后世产生了深远的影响,给后人留下了宝贵经验。戚继光的军事思想,继承了

① 戚祚国:《戚少保年谱耆编》,中华书局2003年版,第16页。
② 戚祚国:《戚少保年谱耆编》,中华书局2003年版,第9页。
③ 汪瑞采,等:《蓬莱县续志》,光绪八年(1882)刊本,卷12,第9页。

《孙子兵法》的精华,又在实践中不断丰富、发展,将中国古代军事理论上升到一个新高度,尤其在军事训练方面,形成了完整的理论体系。戚继光堪称中国古代继往开来的杰出军事家。

三、威海卫之战

威海卫,洪武三十一年(1398)年五月为防御倭寇侵扰而设,取威震海疆之意。位于今山东半岛东北端威海市,濒临黄海,西连烟台蓬莱,北隔渤海海峡与辽东半岛旅顺口隔海相望,是明清拱卫京津的海上门户,素有"渤海锁钥"之称。光绪十四年(1888),清廷在此设立水师提督衙门,作为北洋水师的军港基地。

威海卫

(图片来源:http://www. goofb. cn/index. php? doc－view－91362)

1894 年 7 月,甲午中日战争爆发,战火迅速从朝鲜半岛蔓延至中国东北的辽东半岛、黄海海面。由于北洋水师战舰落后,李鸿章指挥不利等因素,平壤海战、黄海海战中,清军节节败退,11 月下旬,旅顺口失陷,日本海军在渤海湾获得重要的根据地,深藏威海卫港内的北洋水师门户大开,战局急转直下。由于渤海湾即将进入冰封期,不便于登陆作战,日本侵略者遂决定海陆配合进攻威海卫,意图全歼北洋水师,以便于之后进攻直隶。

为进攻威海卫,日本做了充足准备,日本本土组成了 2.5 万余人的"山东作战军",于 1895 年 1 月 10 日由日本广岛赶赴中国辽东半岛的大连湾,集结待命。随即,日本大本营令联合舰队护送"山东作战军"赴山东登陆,以配合海军进攻威海卫。

1 月 20 日,日本"山东作战军"在联合舰队掩护下悍然登陆荣成湾,威海卫保卫战打响。虽然驻守清军全力阻击,但无法抵御日军的炮火猛攻,全部日军登陆荣成龙须岛。之后,分南、北两路向西进犯,旨在分别夺取威海的南帮炮台和北帮炮台,从陆地包抄威海卫的后方,与海上正面进攻的日本联合舰队前后夹击,攻占威海卫,消灭北洋水师。战事的发展,基本按照日军的作战部署进行。

30 日,日军对南帮炮台发起总攻,右路纵队的攻击目标直指南岸制高点摩天岭。

摩天岭战略位置重要,但守卫薄弱,仅有清军一个营的守备力量。面对日军的疯狂进攻,营官周家恩率军进行了拼死抵抗。北洋水师的"定远""镇远""来远"号也炮击日军,协助摩天岭守军。终因寡不敌众,周家恩壮烈牺牲,守军全部战死。日军虽占领了摩天岭,但也付出了沉重代价,日军左翼队司令官大寺安纯被清军炮弹击毙,这是日本在甲午战争中唯一阵亡的将军。摩天岭被占后,日军利用此处的炮台向南帮炮台南侧的虎山发动进攻,意在切断南帮炮台清军的退路。守军刘树德临阵脱逃,士兵溃散,虎山失手。继之,龙庙嘴、鹿角嘴、所前岭、皂埠嘴炮台先后沦陷,其中龙庙嘴、皂埠嘴炮台官兵全部为国捐躯,鹿角嘴炮台官兵大部牺牲。南帮炮台落入敌手。

南帮炮台沦陷,威海卫失去了半边屏障。迫于北洋舰队炮火的威力,日军改变了沿海岸直趋威海卫的计划,转而从西路迂回。驻守西路的清军有十几个营的兵力,除孙万龄部和李楹部奋勇抵抗外,阎德胜部擅自撤退,防守北帮炮台的戴宗骞部以及协防的北洋海军前广甲舰管带吴敬荣不战而逃,北帮炮台沦陷。至此,威海城及南帮、北帮炮台尽落敌手,威海港的出口也被日本海军封锁,丁汝昌坐镇指挥的刘公岛成为孤岛,北洋水师陷入孤立无援之地。

2月3日,日军水陆并进,对刘公岛发动猛烈攻击。岛上清军在丁汝昌、张文宣指挥下,竭力抵抗,双方炮火齐发,战斗非常激烈。"来远""威远""靖远"号相继被击沉,"定远"号被击伤后仍然做"水炮台"使用,直至弹药告罄。为免"定远"号被日军利用,管带刘步蟾下令沉船,之后自杀殉国。正当战斗激烈进行时,北洋鱼雷艇管带王平贪生怕死,率10余艘鱼雷艇和2艘汽船乘机逃跑,被日舰追及,大部分鱼雷艇被击沉,北洋舰队损失惨重。因援军迟迟不到,弹药给养日渐减少,清军士气日益低落。鉴于形势之严峻,在北洋舰队中任职的英国人泰莱、德国人瑞乃尔等人,串通清军威海卫水陆营务处候补道员牛昶昞等,密谋投敌,并劝丁汝昌投降,丁汝昌严词拒绝,宁死不降。援军不到,突围无望,万般无奈之下,丁汝昌下令沉船,却遭到有心投降官员的抵制。2月12日,丁汝昌见大势已去,愤然自杀殉国。牛昶昞及洋员竟盗用丁汝昌的名义向日本投降,双方签订《威海降约》。残存的"镇远"等4艘战舰,"镇东"等6艘炮舰,以及刘公岛各炮台和岛上全部军用物资,全部拱手让与日本。日军占领刘公岛,北洋舰队全军覆没。

威海卫之战,清军节节败退,北洋舰队全军覆灭标志着洋务运动的全面失败,其结局令人震惊,发人深省。究其原因有四:其一,国家政治制度的落后。战争爆发时,日本经过"明治维新",已经跃居资本主义强国的行列,而清朝还沉迷于细枝末节的改良中,顽固的守旧派阻挡了清朝走向强大的可能。其二,清廷决策失误。统治者一直以来奉行妥协投降的政策,没有加紧备战,对敌人的战略企图判断失误,直接导致了其后战略防御部署错误、兵力无法有效集结抗敌等一系列问题,困于一港、无力回天。其三,指挥员指挥方针错误。前期李鸿章死守其"保船避战"原则,后期丁汝昌又坚持守港待援的方针,一再丧失了战场的主动权,酿成了北洋水师坐以待毙、全军覆灭的可悲结局。其四,将帅离心。抗战中虽有孙万龄、刘步蟾、丁汝昌等忠勇之士,然贪生怕死之徒更多，一遇生死关头纷纷逃窜，失败也就在所难免。

第五节　无私奉献的红色沂蒙文化

　　八百里沂蒙红旗漫卷，十一载抗战壮怀激烈。沂蒙是一块红色的热土，是全国著名的革命老区，在这块光荣的土地上，沂蒙人民在中国共产党的领导下浴血奋战，为抗日战争和解放战争做出了巨大贡献。十余年间，先后有二十多万优秀沂蒙儿女参军，有数十万将士牺牲在这片英雄的土地上，百万人民拥军支前，他们用鲜血和生命诠释了革命信仰，铸就了"吃苦耐劳、勇往直前、永不服输、敢于胜利、爱党爱军、开拓奋进、艰苦创业、无私奉献"的伟大沂蒙精神。

一、无私奉献的沂蒙红嫂们

　　在战争年代，沂蒙山区有一群伟大的女性，她们送子参军、送夫支前，缝军衣、做军鞋、抬担架、推小车，舍生忘死救助伤员，不遗余力抚养革命后代，谱写了一曲曲血乳交融的军民鱼水之歌。她们有着很多称呼——"沂蒙红嫂""沂蒙母亲""沂蒙六姐妹"，她们以母性的伟大书写着无私奉献的大爱无疆。

　　明德英　"沂蒙红嫂"的代表人物，1911 年出生于山东省沂南县一个贫苦的农民家庭，两岁时因病致哑。受尽恶势力欺压和生活的磨难，目睹日军的侵略暴行，义无反顾地投身到抗日的队伍中。1941 年冬，日军对沂蒙山区再次发动大规模扫荡，大批日伪军包围了驻沂南马牧池的八路军山东纵队司令部。八路军一名小战士在反"扫荡"突围中身负重伤，逃到马牧池乡横河村，身后一群追击的日军。明德英发现后，急忙把小战士藏起来，又故意给鬼子指了错误的方向。当搜捕的日军走后，伤员因失血过多，缺水休克，在周围没有水源的情况下，正在哺乳期的明德英毅然用乳汁救活了伤员。随后，她又和丈夫李开田杀掉家里仅有的两只鸡为伤员滋补身体。经过半个多月的照顾，战士的伤口基本痊愈，返回部队。1943 年，明德英和丈夫又从日军的枪林弹雨中抢救出八路军山东纵队军医处香炉石分所 13 岁的看护员庄新民，精心照料后，助其返回部队。后来，明德英救护八路军战士的情节被写入小说《红嫂》，编入京剧《红云岗》、舞剧《沂蒙颂》，大型水上实景演出《蒙山沂水》，电影《沂蒙六姐妹》。沂蒙红嫂用乳汁救伤员的故事随之传遍全国，家喻户晓，明德英也被公认为沂蒙红嫂的生活原型，赢得了人们的敬重和爱戴。中华人民共和国成立后，她仍不忘爱党爱军，先后把儿子、女儿、孙子等送入子弟兵行列，体现了爱党爱军的沂蒙精神。国防部原部长迟浩田上将在探望她时，题词"蒙山高，沂水长，好红嫂，永难忘"。

　　王换于　伟大的"沂蒙母亲"，山东省沂南县圈里村（今属蒙阴县）人。1938 年冬加入中国共产党，不久被选为村妇救会长和艾山乡副乡长。1939 年夏，中共中央山东分局和八路军第一纵队机关、《大众日报》社等先后进驻东辛庄。她见罗荣桓、王建安、

明德英

（图片来源：http://baike.so.com/doc/6217244.html）

胡奇才、陈沂、艾楚南、江华等领导干部及工作人员的子女和一些革命烈士子女无人照顾，便主动提出把 20 多个无人照顾的孩子安排到附近可靠农户抚养，免除他们后顾之忧，以集中精力反"扫荡"。有一次，王换于前往西辛庄查看烈士寄养的孩子，发现寄养的家庭生活贫困，烈士的孩子没有奶吃，孩子瘦得很厉害。王换于就将孩子抱回了家。当时，王换于的二儿媳正在哺乳期，除了自己的孩子，同时还抚养了几个抗日将士的孩子，奶水已不够吃。王换于跟二儿媳商量，让自己的孩子吃粗粮，让烈士的孩子吃奶，不能让烈士断了根。从 1939 年秋到 1942 年年底的三年时间里，由于安排周全，各户抚养的 40 多名孩子均健康成长。1943 年后，又有革命将士的 45 名孩子由王换于抚养长大。而王换于的四个孙子，却均因营养不良，先后夭亡。

王换于

（图片来源：http://baike.so.com/doc/257797.html）

沂蒙六姐妹　解放战争期间支军支前的代表，她们居住在蒙阴县野店镇烟庄村，分别是：张玉梅、伊廷珍、杨桂英、伊淑英、冀贞兰、公方莲。在 1947 年、1948 年莱芜战役、淮海战役、孟良崮战役陆续打响后，成年男子都随部队到前线，村里只剩下老弱妇孺。六姐妹主动挑起村里拥军支前的重担,发动全村男女老幼,为部队当向导、送弹药、送粮草,不分昼夜烙煎饼、洗军衣、做军鞋、护理伤病员。战役期间,六姐妹和乡亲们有时一天只吃一顿饭,忙时饭都顾不上吃,为了筹集粮草、传送消息,有时每天来回20多里山路。据不完全统计,在孟良崮战役期间,她们带领全村为部队烙煎饼 15 万公斤,筹集军马草料 3 万公斤,洗军衣 8000 多件,做军鞋 500 多双,捐赠鸡蛋 450 多个,运柴火 1700 多斤,为战役胜利做出了突出贡献。中华人民共和国成立后,六姐妹把对子弟兵的深情厚谊,化做新时期爱党爱军的实际行动,积极投入到新时期双拥共建活动中去。原国防部部长迟浩田上将高度评价"沂蒙六姐妹"在革命战争年代和社会主义建设中做出的突出贡献,为她们题词"沂蒙六姐妹,拥军情永不忘"。

沂蒙六姐妹

(图片来源:http://baike.so.com/doc/5416862.html)

"**沂蒙红嫂**" 是一个特殊的群体,由"沂蒙红嫂"引申出来的"红嫂精神"已成为"沂蒙精神"的象征性标志。"红嫂精神"是在战争中涌现出来的许许多多优秀沂蒙妇女爱党爱军、艰苦奋斗、无私奉献的优良传统和高尚品德的集中升华和体现。据不完全统计,从抗日战争到解放战争的 12 年间,临沂地区的妇女共做军鞋 315.13 万双,做军衣 121.68 万件,碾米磨面 11715.9 万斤,妇女共动员 39 万人参军,共救护伤员 5.9万余人,掩护革命同志 9.4 万人,这些惊人数字充分体现出"沂蒙红嫂"朴实善良、无私奉献、艰苦创业的伟大精神。

二、"中国抗日第一村"渊子崖村

在莒南县板泉乡渊子崖村北面的山岭上,有一座用紫砂岩建成的纪念塔——渊子崖村保卫战纪念塔。纪念塔为六角形,分为七层,塔身刻有 147 名烈士的姓名及领导人的题词。正是这 147 个不屈的血肉之躯,用生命抵挡住了日军的进攻,保卫了自己的家园,让渊子崖村这个小村落成为抗日战争史上不能被忽略的存在。

渊子崖村,位于山东省莒南县县城西面 15 公里处,抗战期间属沭水县,当时正处在敌我交错的拉锯区。老百姓深受土匪、日寇、伪军之害,苦不堪言,度日如年。1941

渊子崖抗日保卫战纪念塔

（图片来源：http://baike.baidu.com/view/4866131.htm？fr＝aladdin）

年初，八路军到这一带开展游击战争，其严明的纪律和一心为民的工作宗旨，很快就赢得了百姓的拥护。村民在八路军的组织和带领下，成立了抗日自卫队和游击小组，开展抗粮抗捐斗争，抗日情绪高涨。也正因如此，渊子崖村成了驻守沭河西岸的敌伪军的眼中钉、肉中刺。

1941年12月，盘踞在沭河西岸小梁家据点的伪军，通知渊子崖村缴纳鸡、肉、酒等物品和大洋1000块，遭到村长林凡义的拒绝。为避免敌人恼羞成怒进攻村子，这个年仅19岁的村长立即组织全村人做好抗战准备。19日，小梁家据点的156名伪军果然包围了渊子崖村。村自卫队沉着应战，用土炮将来犯的敌人击退，并迫使他们退回沭河西岸。敌人退走后，村民们加紧修补防御工事，以备敌人反扑。

20日上午，伪军带领日军骑兵、步兵1000余人，小山炮4门，扬言要血洗渊子崖。面对来势汹汹的敌人，渊子崖村男女老少齐上阵，用土枪土炮，大刀长矛拼死抵抗。村民林端五牺牲了，他的父亲抹了把眼泪，举起长矛继续战斗；林九乾牺牲了，他的妻子和父亲顾不上悲伤，继续加固围墙；林崇岩一家两辈10个男人都在炮位上，有人被炸伤，有人倒了下去，却没有人后退。宁愿战死不投降，正是在这样的信念支撑下，村民们浴血与数倍强大于自己的敌人奋战，一次次打退敌人的进攻。直到太阳偏西敌军才冲进村子，村民誓死不降，用原始的武器，甚至农具与日伪军展开逐屋逐户的巷战。傍晚，八路军山东纵队二旅五团一个连及县、区武装赶来支援渊子崖村民，敌人被迫撤退。此次保卫战中渊子崖自卫队员共歼灭日伪军 100 余人,但也有 147 名男女村民在战斗中献出了自己宝贵的生命。

渊子崖民众英勇抗敌,保卫家园的事迹,在莒南党史和山东革命斗争史上谱写了辉煌的一页。在延安《解放日报》上,毛泽东主席高度评价该村是"村自卫战的典范"。1942 年,为表彰该村群众的英雄事迹,纪念在战斗中牺牲的烈士,滨海专署授予该村"抗日模范村"称号;1944 年春,沭水县政府在村北小岭上建起了这座纪念塔。中华人民共和国成立后,华东革命烈士陵园纪念堂刻浮雕再现了这次战斗,山东省博物馆展出了村民使用过的大刀、长矛,中国革命军事博物馆设专版介绍渊子崖村战斗。渊子崖保卫战闻名全国,该村被誉为"山东抗日第一村"。

三、孟良崮战役

孟良崮本是蒙阴县东南的一个小山,山上花岗岩遍布,曾经无水无树,久不见经传,却因为一场战役——孟良崮战役,在解放战争史上一战成名。

1947 年 3 月,国民党对全国解放区发动全面进攻失败后,将重点进攻的矛头指向陕北和山东解放区。在山东,国民党调集 24 个整编师,60 个旅共约 45 万人,以其精锐主力整编第 11 师、第 74 师和第 5 军为骨干,编成 3 个机动兵团,由陆军总司令顾祝同统一指挥,决定采取集中兵力、密集靠拢、稳扎稳打、步步推进的战法夺取山东解放区。由于敌人保持了高度警觉和稳扎稳打的新战法,华野大量歼敌的计划没有实现。4 月上旬,占领鲁南解放区后,国民党军队兵分三路向鲁中进犯,先后侵占鲁中地区的蒙阴、新泰、莱芜、河阳等地,并继续向北推进。

为了诱敌深入,华东野战军在陈毅、粟裕的指挥下,主动进行战略转移,让敌人误以为华野"攻势疲惫",可能继续向东北方向的淄川、博山方向撤退。蒋介石命令各部兼程前进,跟踪追剿,以实现在鲁中山区与华野主力决战之目的。为全线追击,敌人一改之前的谨慎小心,急躁冒进。尤其是南线的第一兵团司令官汤恩伯,不待第二、三兵团统一行动,即以整编 74 师为主,整编 25、83 师左右两翼配合,以沂蒙公路上的坦埠为主要目标,从蒙阴东南的垛庄东西地区北犯。推进过程中,由于整编第 25、83 师没有及时跟进,致使整编 74 师陷入孤军深入的险境。华野司令部果断抓住战机,下达了歼灭整编 74 师、整编 25 师的命令,孟良崮战役拉开帷幕。

整编 74 师原为国民党军 74 军,全师美械装备,号称国民党五大主力之一,曾参加过淞沪会战、徐州会战、长沙会战等战役,获得"抗日铁军"的称号。师长张灵甫毕业于黄埔军校第 4 期,抗日战争时期曾被誉为模范军人,深得蒋介石倚重。1947 年 5 月 13 日晚,战斗打响。14 日,华野司令员陈毅由小王庄抵达前线指挥所,与粟裕一起指挥孟良崮战役。华东野战军第 1、第 8 纵队迅速出击,从整编第 74 师两翼插入纵深,攻占了天马山、蛤蟆崮、界牌、桃花山、鼻子山等要点,切断了第 74 师与第 25 师、第 83 师的联系;第 4、第 9 纵队发起正面攻击,占领马牧池、隋家店一线。马牧池等地失守后,整编 74 师被迫向孟良崮、垛庄撤退。15 日拂晓,华东野战军乘胜追击,攻占垛庄,截断了敌之退路。至此,整个74师和83师的一个团,被完全包围在孟良崮、芦山地带。

　　孟良崮高山野岭,人烟稀少,粮食、水源俱无,整编74师进退维谷,处境堪忧。蒋介石紧急下达了两道命令,一面命令张灵甫坚守阵地,吸引共产党军队主力,一面严令孟良崮周围的10个整编师,特别是李天霞、黄百韬的部队尽力支援,以期内外夹击,聚歼华东野战军于孟良崮地区。陈毅随即命令各阻击部队坚决挡住国民党援军,同时命令部队立即对孟良崮发动总攻,务必24小时内歼灭74师。战斗进行得异常激烈,国民党军队拼死抵抗,华野战士全力猛攻,每攻占一个山头,都要经过殊死争夺,有时是反复争夺。经过一天一夜的激战,16日,整编74师3.2万人全部被歼,师长张灵甫阵亡。蒋介石痛失虎将,哀叹74师被歼是他"最可痛心、最可惋惜的一件事"。而为了取得这次战役的胜利,华东野战军也付出了沉重代价,伤亡1.2万余人。

　　孟良崮战役,是在诱敌深入、持重待机、最大限度地集中兵力这一指导思想下取得的。华东野战军以百万军中取上将首级的气魄,在广大人民的大力支援下,一举全歼国民党军精锐"五大主力"之一的整编第74师,沉重打击了国民党军队,粉碎了国民党军对山东的重点进攻。对于此次胜利,当时新华社评论说:打击了蒋介石最强大的进攻方向,打击了蒋介石最精锐的部队。加之,此次胜利出现在解放区进行全面反攻的前夕,因而具有特殊意义。毛泽东称赞说,歼灭整编74师,"付出代价较多,但意义极大"。此战不仅挫败了国民党重点进攻山东的计划,还鼓舞了广大军民的斗志,预示着全面反攻的条件成熟。

思考与讨论

1.齐鲁之地兵学文化兴盛的原因是什么?
2.《孙子兵法》对现代社会有何影响?
3.戚继光山东备倭有哪些贡献?
4.从沂蒙精神中我们能学到什么?

参考文献

[1] 实业部国际贸易局纂. 中国实业志·山东志[M]. 实业部国际贸易局, 1934.

[2] 安作璋. 山东通史[M]. 北京：人民出版社, 2009.

[3] 安作璋, 王志民. 齐鲁文化通史[M]. 北京：中华书局, 2004.

[4] 山东省地方史志编委会. 山东省志·宗教志[M]. 济南：山东人民出版社, 1998.

[5] 山东省政协文史资料编委会. 山东文史集萃·民族宗教卷[M]. 济南：山东人民出版社, 1993.

[6] 黄松. 齐鲁文化[M]. 沈阳：辽宁教育出版社, 1995.

[7] 马若孟. 中国农民经济——河北和山东的农民发展, 1890－1949[M]. 史建云, 译. 南京：江苏人民出版社, 2013.

[8] 栾丰实, 宫本一夫. 海岱地区早期农业和人类学研究[M]. 北京：科学出版社, 2008.

[9] 逄振镐, 江奔东. 山东经济史[M]. 济南：济南出版社, 1998.

[10] 曾雄生. 中国农学史[M]. 福州：福建人民出版社, 2012.

[11] 肖爱树. 山东历史文化撮要[M]. 北京：知识产权出版社, 2008.

[12] 郭墨兰, 李梅训. 齐鲁历史文化大事编年[M]. 济南：山东文艺出版社, 2004.

[13] 郭天佑. 山东重大考古发掘纪实[M]. 济南：齐鲁书社, 1998.

[14] 徐北文. 灿烂的古代文化[M]. 济南：齐鲁书社, 1984.

[15] 王守功. 山东龙山文化[M]. 济南：山东文艺出版社, 2004.

[16] 山东省科学技术协会. 山东科技[M]. 济南：山东友谊书社, 1989.

[17] 王晓鹤. 中国医学史[M]. 北京：科学出版社, 2000.

[18] 吴慧. 中国商业通史(第3卷)[M]. 北京：中国财政经济出版社, 2005.

[19] 范金民. 明清商事纠纷与商业诉讼[M]. 南京：南京大学出版社, 2007.

[20] 朱正昌. 齐鲁商贾传统[M]. 济南：齐鲁书社, 2014.

[21] 王赛时. 山东海疆文化研究[M]. 济南：齐鲁书社, 2006.

[22] 郭半溪, 侯德彤, 李培亮. 胶东半岛海洋文明简史[M]. 北京：中国社会科学出版

社,2011.

[23] 曲金良.海洋文化概论[M].青岛:中国海洋大学出版社,1999.

[24] 张守禄.蓬莱历史文化丛书[M].天津:天津大学出版社,2004.

[25] 刘凤鸣.山东半岛与东方海上丝绸之路[M].北京:人民出版社,2007.

[26] 中国社会科学院考古研究所.胶东半岛贝丘遗址环境考古[M].北京:社会科学文献出版社,2007.

[27] 朱亚非.古代山东与海外交往史[M].青岛:中国海洋大学出版社,2007.

[28] 孟祥才.山东思想文化史[M].济南:山东人民出版社,2011.

[29] 孟祥才,胡新生.齐鲁思想文化史[M].济南:山东大学出版社,2002.

[30] 刘德龙.人文山东[M].济南:山东人民出版社,2008.

[31] 李秀珍.山东精神山东人[M].济南:山东画报出版社,2008.

[32] 张起.山东书画家[M].济南:山东文艺出版社,1986.

[33] 赵浦根,朱赤.山东寺庙塔窟[M].济南:齐鲁书社 2002.

[34] 纪学艳.齐鲁艺术地理[M].济南:山东美术出版社,2005.

[35] 山曼,孙丽华.齐鲁民俗[M].济南:山东文艺出版社,2004.

[36] 曲金良.中国民俗知识·山东民俗[M].兰州:甘肃人民出版社,2008.

[37] 山曼,李万鹏,姜文华,等.山东民俗[M].济南:山东友谊出版社,1988.

[38] 叶春生.区域民俗学[M].哈尔滨:黑龙江人民出版社,2004.

[39] 高增伟.中国民俗地理[M].苏州:苏州大学出版社,1996.

[40] 尹德娟,王景华.山东旅游一本通[M].济南:山东友谊出版社,2004.

[41] 齐子忠,杨殿嘉.山东旅游综览[M].济南:山东省地图出版社,2002.

[42] 王松毅.山东旅游文学[M].北京:中国旅游出版社,2007.

[43] 李德明.山东旅游行与思[M].济南:山东科学技术出版社,2007.

[44] 毛礼锐,沈灌群.中国教育通史(第1—6卷)[M].济南:山东教育出版社,1985—1989.

[45] 王建军.中国教育史新编[M].广州:广东高等教育出版社,2003.

[46] 白新良.中国古代书院发展史[M].天津:天津大学出版社,1995.

[47] 赵承福.山东教育通史[M].济南:山东人民出版社,2001.

[48] 李伟,魏永生.山东教育史[M].济南:山东人民出版社,2011.

[49] 宣兆琦,李金海.齐文化通论[M].北京:新华出版社,2000.

[50] 赵承凤.齐鲁兵学[M].济南:济南出版社,2012.

[51] 李海生.草莽文化[M].上海:上海书店出版社,2012.

[52] 赵红.明清时期的山东海防[D].济南:山东大学,2007.

[53] 李金陵.铜墙铁壁——山东军民抗日斗争纪实[M].北京:中共党史出版社,2005.

后 记

　　山东历史悠久,文化灿烂,从史前的大汶口文化、龙山文化到春秋战国时期形成的齐鲁文化,汉代以后在中国思想界占据统治地位的儒学文化,再到抗战时期形成的红色文化,直到新时期山东文化。经历了长达五六千年之久的发展历程,是历代山东人留给后人的一笔博大精深的宝贵财富。山东文化是中国传统文化中的重要组成部分,其文化中的精华也是构成中国社会主义核心价值观的重要来源之一。因此全面了解和正确认识山东文化,对于提升山东居民文化素质,加强精神文明建设,开拓山东文化资源,为文化强省服务,全面培育文化人才,加快文化产业的开发都具有很强的现实意义。

　　目前已有多所山东省内高校开设了地方史和地方文化史的课程,这些课程密切联系山东省情,宣传山东文化和山东精神,极大地提高了学生的文化素质及爱国爱家乡的情怀。可以说山东文化教程的推出,对于高校地方文化类课程的改革,是一个非常好的尝试,势必对学生们学习和研究地方历史和文化的热情,起到极大的推动作用。浙江工商大学出版社推出的分省文化系列教程,是一件十分有益的工作。

　　本书由山东大学、山东师范大学等省内高校十余位教师参加编写,他们多是从事山东地方历史、地方文化教学和研究多年的教师,对所撰写的内容比较熟悉。当然由于时间紧,又是经多人之手撰写而成,难免在内容上有所欠缺,在写作风格上不尽一致,还望读者提出批评,以便再版时进一步改进。

　　各章撰稿人员:

　　导　　言　朱亚非(山东师大)

　　第一章　山东农业文化:周尚兵(山东师大)

　　第二章　山东科技文化:肖爱树(济宁学院)

　　第三章　山东商业文化:谭景玉(山东大学)

　　第四章　山东海洋文化:赵　红(烟台大学)

　　第五章　山东思想文化:布明虎(山东博物馆)

　　第六章　山东艺术文化:张贵芳(山东师大)

第七章　山东风俗文化:董文强(山东大学)

第八章　山东旅游文化:张登德、初志伟(山东师大)

第九章　山东教育文化:李　伟(山东师大)

第十章　山东运河文化:李　泉(聊城大学)

第十一章　山东军事文化:梁娟娟(滨州学院)

李伟教授作为本书副主编,协助主编校审修订全稿,王吨吨、王超两位研究生为本书做了校对工作。

浙江工商出版社社长鲍观明与本书责编王黎明对于本书出版付出了大量心血,特此表示感谢。

朱亚非

2018 年 4 月